Schwerpunkte Band 10/2 Waltermann · Sozialrecht

Schwerpunkte

Eine systematische Darstellung der wichtigsten Rechtsgebiete anhand von Fällen
Begründet von Professor Dr. Harry Westermann †

Sozialrecht

von
Dr. jur. Raimund Waltermann
o. Professor an der Universität Bonn

3., neu bearbeitete Auflage

CFM
C.F. Müller Verlag
Heidelberg

Die Deutsche Bibliothek – CIP-Einheitsaufnahme

Waltermann, Raimund:
Sozialrecht / von Raimund Waltermann. – 3., neu bearb. Aufl. –
Heidelberg : Müller 2002
(Schwerpunkte ; Bd. 10/2)
ISBN 3-8114-0829-1

Umwelthinweis
Gedruckt auf säurefreiem, alterungsbeständigem Papier aus 100% chlorfrei gebleichtem Zellstoff (DIN-ISO 9706).

Satz: Textservice Zink, Schwarzach
Druck und Bindung: Gulde Druck GmbH, Tübingen
ISBN 3-8114-0829-1

Pauline
gewidmet

Vorwort

Die Neuauflage bringt das Buch auf den Gesetzesstand vom 1. Juli 2002.

Gegenüber der zweiten Auflage war insbesondere die Rentenreform 2001 nunmehr vollständig einzuarbeiten, das Job-AQTIV-Gesetz machte eine Vielzahl von Änderungen im Arbeitsförderungsrecht notwendig, mit dem neuen SGB IX waren nicht nur Änderungen im eigentlichen Behindertenrecht verbunden, und die Zahl der an allen Ecken und Enden zu ändernden „Kleinigkeiten" (angefangen bei Änderungen im Datenschutz und Infektionsschutz über Änderungen im sozialgerichtlichen Verfahren bis zur Währungsumstellung) war beträchtlich.

Die Neubearbeitung hätte ohne die sachkundige und tatkräftige Unterstützung der seit der ersten Auflage an dem Vorhaben beteiligten Mitarbeiterinnen und Mitarbeiter nicht rechtzeitig vorgelegt werden können: Herr Wiss. Mitarbeiter Benjamin Schmidt hat neben vielem anderen das Arbeitsförderungsrecht eigenverantwortlich auf den neuen Stand gebracht. Die im Vierten und Fünften Teil zu beachtenden sehr zahlreichen Gesetzesänderungen hat Frau Referendarin Sylvia Hahn eingearbeitet, die Koordinationsarbeit lag wieder bei Herrn Referendar Björn Grahn. Alle drei haben zudem Rechtsprechung und Schrifttum gesichtet und mir viele Anregungen gegeben. Die Texterfassung und die Betreuung des Manuskripts hat Frau Elke Ullrich schnell und präzise erledigt. Allen danke ich auch an dieser Stelle herzlich für ihren großen und kompetenten Einsatz. Die Neuauflage berücksichtigt schließlich zahlreiche Anregungen von Herrn Richter am Bundessozialgericht Dr. Rainer Schlegel, Lehrbeauftragter an der Universität Gießen, für die ich mich vielmals bedanke.

Hinweise und Anregungen bitte an: Lehrstuhl für Bürgerliches Recht, Arbeitsrecht und Sozialrecht, Adenauerallee 10, 53113 Bonn.

Bonn, den 2. Juli 2002 *Raimund Waltermann*

Aus dem Vorwort zur 1. Auflage

Das Sozialrecht ist von größter gesellschaftlicher und praktischer Bedeutung. Sein Platz in der juristischen Ausbildung steht dazu in krassem Gegensatz. Welche Bedeutung das Sozialrecht für die praktische (nicht nur juristische) Tätigkeit hat, zeigt sich, sobald man berufstätig ist. Das gilt auch für die große Zahl derjenigen Juristen, die (zB als Rechtsanwälte oder Richter) an sich vorwiegend privatrechtlich arbeiten: Man merkt schnell, dass dort praxisrelevante Bereiche wie das Haftungsrecht, das Unterhaltsrecht oder das Arbeitsrecht ohne Sozialrecht nicht ordnungsgemäß bearbeitet werden können. Will man sich nicht damit begnügen, aus dem nicht leicht überschaubaren, gleichermaßen umfang- wie detailreichen Sozialrecht ein paar nützliche Einzelheiten zu kennen, muss man sich einen zusammenhängenden Überblick verschaffen. Dieses Buch hat zum Ziel, ein Grundwissen und das Grundverständnis der Materie für Studium und Praxis zu vermitteln. Es ist auf dem Stand vom 1.10.1999, berücksichtigt also die aktuellen Gesetzesänderungen namentlich im Sozialversicherungsrecht.

Das Buch bezieht sich auf die dogmatischen Schwerpunkte und die wichtigsten rechtlichen Gesichtspunkte. Es verfolgt vor allem ein didaktisches Anliegen. Wo nötig, weist die Darstellung den Weg zum anspruchsvolleren Lehrbuch, zu weiterführenden rechtswissenschaftlichen Abhandlungen und zu Problemkreisen, die Rechtsprechung und Schrifttum beschäftigt haben. Fälle, Beispiele, drucktechnische Hervorhebungen und zusammenfassende Übersichten wollen die Einarbeitung erleichtern und die Wiederholung unterstützen. Die Darstellung aktueller Entwicklungen und der geschichtlichen und gesellschaftlichen Zusammenhänge soll die Bedeutung des Sozialrechts in unserer Rechtsordnung verständlich machen.

Das Buch wendet sich zum einen an Studierende, die nach den jeweils einschlägigen juristischen oder sozialwissenschaftlichen Prüfungsordnungen der Universitäten, aber auch der Fachhochschulen und Verwaltungs- und Wirtschaftsakademien über Kenntnisse im Sozialrecht verfügen müssen. Es will zum anderen auch Referendaren und Praktikern die Möglichkeit geben, sich rasch einen Überblick über die Strukturen und die wichtigsten Fragen des Sozialrechts zu verschaffen und die einzelnen Sachgebiete des Sozialrechts zu wiederholen. Dem dienen auch die zahlreichen Verweisungen innerhalb des Buchs.

Das Sozialrecht ist wortreich und muss dies sein, weil es eine Vielzahl von Einzelheiten zu regeln hat. Daraus folgt aber auch, dass sich diese Einzelheiten (unbeschadet der Auslegungsfragen) durch die Lektüre des Gesetzes erschließen. Ein der Schwerpunktsetzung verpflichtetes Lehrbuch der Grundzüge des Sozialrechts kann sich diesen Umstand zu Nutze machen, indem es wegen der Einzelheiten möglichst oft auf das Gesetz verweist – das dann aber auch stets gelesen werden muss. Bei den Lösungen der Fälle ist zu beachten, dass es – wie meist bei der Lösung von Lehrbuchfällen – vor allem um die beispielhafte Verdeutlichung des Rechts geht.

Aus dem Vorwort zur 1. Auflage

An dem Lehrbuch haben über einen längeren Zeitraum die Mitarbeiterinnen und Mitarbeiter des Lehrstuhls für Bürgerliches Recht, Arbeitsrecht und Sozialrecht der Universität Gießen mit großem Einsatz und beachtlicher Sachkunde sowie mit besonderem Interesse an dem Vorhaben mitgewirkt: Als Wiss. Mitarb. Martin Janke, Martin Rössler, Dr. Andrea Schmidt, Benjamin Schmidt und Petra Wilden, als Hilfskräfte Referendar Jürgen Dietermann, Björn Grahn und Sylvia Hahn. Alle haben nicht nur recherchiert, geprüft und kritisch gelesen, sondern Entwürfe zu einzelnen Paragraphen erstellt, deren Gestalt überwiegend erkennbar geblieben ist. Die arbeitsintensive Organisationsleitung lag von Anfang bis Ende bei Björn Grahn und Petra Wilden, das Schreiben und mehr noch die zahllosen Korrekturen haben in der Anfangsphase Jenny Korn und seitdem Brunhilde Glock schnell und präzise erledigt. Allen danke ich an dieser Stelle herzlich.

Gießen, im Oktober 1999 *Raimund Waltermann*

Inhaltsverzeichnis

Dritter Teil
Sozialversicherung und Arbeitsförderung

Arbeitsmittel

I. Gesetzessammlungen

Aichberger, Friedrich: Sozialgesetzbuch mit Nebengesetzen, Ausführungs- und Verwaltungsvorschriften, Loseblatt-Textausgabe.
Adomeit, Klaus/*Sodan*, Helge (Hrsg.): Arbeits- und Sozialrecht, Textausgabe, 4. Aufl., 2001.
Kittner, Michael: Arbeits- und Sozialordnung, ausgewählte und eingeleitete Gesetzestexte, 27. Aufl., 2002.
Kittner, Michael/*Krasney*, Otto Ernst: Sozialgesetzbuch, Textausgabe mit Einleitungen und ausgewählter Rechtsprechung mit Leitsätzen, Loseblattwerk.
Oetker, Hartmut/*Preis*, Ulrich (Hrsg.): Europäisches Arbeits- und Sozialrecht (EAS), Teil A: Rechtsvorschriften, Loseblatt-Textausgabe.
Schulte, Bernd (Hrsg.): Soziale Sicherheit in der EG (Verordnungen (EWG) Nr 1408/71 und 574/72 sowie andere Bestimmungen), Textausgabe mit Einführung, 3. Aufl., 1997 mit Nachtrag 1998.
Sozialgesetzbuch, Textausgabe (Beck-Texte im dtv), 28. Aufl., 2002.

II. Schrifttum

1. Darstellungen in Grundwerken

Merten, Detlef: Sozialrecht, Sozialpolitik, in: Benda, Ernst/Maihofer, Werner/Vogel, Hans-Jochen (Hrsg.): Handbuch des Verfassungsrechts der Bundesrepublik Deutschland, 2. Aufl., 1994, S. 961-1003.
Ruland, Franz: Sozialrecht, in: Schmidt-Aßmann, Eberhard (Hrsg.): Besonderes Verwaltungsrecht, 11. Aufl., 1999, S. 727-825.
Schnapp, Friedrich E.; *Schulin*, Bertram; *Rüfner*, Wolfgang; *Püttner*, Günter: jeweils Einzelbeiträge zum Kapitel 9, Sozialrecht, in: Achterberg, Norbert/Püttner, Günter (Hrsg.): Besonderes Verwaltungsrecht, Bd. II, 2. Aufl., 2000, S. 798-1011.
Zacher, Hans F.: Das soziale Staatsziel, in: Isensee, Josef/Kirchhof, Paul (Hrsg.): Handbuch des Staatsrechts, Bd. I, 2. Aufl., 1995, S. 1045-1111.

2. Lehrbücher

Bley, Helmar/*Kreikebohm*, Ralf/*Marschner*, Andreas: Sozialrecht, 8. Aufl., 2001.
Eichenhofer, Eberhard: Sozialrecht, 3. Aufl., 2000.
Erlenkämper, Arnold: Soziale Sicherheit und soziale Leistungen, Einführung in das Sozialrecht der Bundesrepublik Deutschland, 1993.
Erlenkämper, Arnold/*Fichte*, Wolfgang: Sozialrecht, 4. Aufl., 1999.
Gitter, Wolfgang/*Schmitt*, Jochem: Sozialrecht, 5. Aufl., 2001.
Kreßel, Eckhard/*Wollenschläger*, Michael: Leitfaden zum Sozialversicherungsrecht, 2. Aufl., 1996.
Ost, Wolfgang/*Mohr*, Gerhard/*Estelmann*, Martin: Grundzüge des Sozialrechts, 2. Aufl., 1998.
Rüfner, Wolfgang: Einführung in das Sozialrecht, 2. Aufl., 1991.

Schulin, Bertram/*Igl*, Gerhard: Sozialrecht, 7. Aufl., 2002.
Wannagat, Georg: Lehrbuch des Sozialversicherungsrechts, I. Bd., 1965.

3. Aktuelle Anleitungen zur Fallbearbeitung

Eichenhofer, Eberhard: Sozialrecht – Fälle und Lösungen nach höchstrichterlichen Entscheidungen, 3. Aufl., 2000.
Hartmann, Jürgen: Die sozialrechtliche Fallbearbeitung, 2. Aufl., 1997.
Jäger, Horst: Sozialrecht in Beispielen, 3. Aufl., 1993.
Kunze, Thomas/*Steinmeyer*, Heinz Dietrich: Die Sozialrechtsklausur, 3. Aufl., 1996.
Schnapp, Friedrich E./*Schmitt*, Jochem: Übungen im Sozialrecht, 1992.

4. Kommentare und Handbücher zum gesamten Sozialrecht

Bley, Helmar: Lexikon der Grundbegriffe des Sozialrechts, 1988.
Bley, Helmar *ua*: Sozialgesetzbuch, Sozialversicherung, Kommentar zum gesamten Recht der Sozialversicherung einschließlich zwischenstaatlicher Abkommen und internationaler Übereinkommen (SGB-SozVers-Gesamtkommentar), mehrbändiges Loseblattwerk.
Brackmann, Kurt (fortgeführt von *Bress*, Dieter/*Burchhardt*, Klaus/*Finkenbusch*, Norbert *ua*): Handbuch der Sozialversicherung, mehrbändiges Loseblattwerk.
Bundesministerium für Arbeit und Sozialordnung (Hrsg.): Übersicht über das Sozialrecht, Neuauflage voraussichtlich Sommer 2002.
Hauck, Karl *ua*: Sozialgesetzbuch, Kommentar, mehrbändiges Loseblattwerk.
Hennig, Werner (Hrsg.): Handbuch zum Sozialrecht (HzS), mehrbändiges Loseblattwerk.
Kasseler Kommentar Sozialversicherungsrecht, zweibändiges Loseblattwerk.
von Maydell, Bernd (Hrsg.): Lexikon des Rechts – Sozialrecht, 2. Aufl., 1994.
von Maydell, Bernd/*Ruland*, Franz (Hrsg.): Sozialrechtshandbuch (SRH), 2. Aufl., 1996.
Wannagat, Georg (Hrsg.): Sozialgesetzbuch, Kommentar zum Recht des Sozialgesetzbuchs, mehrbändiges Loseblattwerk.
Weiss, Manfred/*Gagel*, Alexander (Hrsg.): Handbuch des Arbeits- und Sozialrechts (HAS), mehrbändiges Loseblattwerk.

III. Zeitschriften (ohne Teilgebietszeitschriften)

Arbeit und Sozialpolitik (ArbuSozPol).
Bundesarbeitsblatt (BArbBl).
Die Sozialgerichtsbarkeit (SGb).
Neue Zeitschrift für Sozialrecht (NZS).
Sozialer Fortschritt – Unabhängige Zeitschrift für Sozialpolitik (SF).
Vierteljahresschrift für Sozialrecht (VSSR).
Zeitschrift für ausländisches und internationales Arbeits- und Sozialrecht (ZIAS).
Zeitschrift für Sozialhilfe und Sozialgesetzbuch (ZfSH/SGB).
Zeitschrift für Sozialreform (ZSR).
Zentralblatt für Sozialversicherung, Sozialhilfe und Versorgung, Zeitschrift für das Recht der sozialen Sicherheit (ZfS).

IV. Bibliographien und Dokumentationen

Blomeyer, Wolfgang/*Knorr*, Walter: Fundheft für Arbeits- und Sozialrecht, systematischer Nachweis der Gesetzgebung, Rechtsprechung, Bücher und Aufsätze (erscheint jährlich).
JURIS Online-Datenbanken: Elektronisches Informationssystem über Rechtsprechung, Aufsätze, Bücher, Gesetzgebung einschließlich Materialien und Verwaltungsvorschriften ua zum Sozialrecht, Internet-Adresse: http://www.juris.de.
Luber, Franz/*Schock*, Rudolf: Fundstellen- und Inhaltsnachweis Arbeits- und Sozialrecht (erscheint halbjährlich).
Schelter, Kurt: Fundstellen- und Inhaltsnachweis Arbeits- und Sozialrecht der Europäischen Union (EU) (erscheint halbjährlich).
Wannagat, Georg/*Gitter*, Wolfgang (Hrsg.): Jahrbuch des Sozialrechts der Gegenwart, Nachschlagewerk für Wissenschaft und Praxis (erscheint jährlich).

V. Entscheidungssammlungen

Breithaupt, Sammlung von Entscheidungen aus dem Sozialrecht, begründet 1912 von Hermann Breithaupt.
Entscheidungen des Bundessozialgerichts, herausgegeben von den Richtern des Bundessozialgerichts (BSGE).
Entscheidungen des Bundesverwaltungsgerichts, herausgegeben von den Richtern des Bundesverwaltungsgerichts (BVerwGE).
Entscheidungssammlung zum Sozialversicherungsrecht (EzS), bearbeitet von Peter Kummer und Günter Schmeling, Loseblattwerk.
Sozialrecht (SozR), bearbeitet von Richtern des Bundessozialgerichts, Loseblattwerk, erschienen in drei Folgen (1. Folge bis 1973; 2. Folge bis 1989; 3. Folge ab 1990).

Verzeichnis der abgekürzt zitierten Literatur

Bley, Helmar/*Kreikebohm*, Ralf/*Marschner*, Andreas: Sozialrecht, 8. Aufl., 2001
(zit.: *Bley/Kreikebohm/Marschner*, Sozialrecht).
Eichenhofer, Eberhard: Sozialrecht, 3. Aufl., 2000
(zit.: *Eichenhofer*, Sozialrecht).
Erlenkämper, Arnold/*Fichte*, Wolfgang: Sozialrecht, 4. Aufl., 1999
(zit.: *Erlenkämper/Fichte*, Sozialrecht).
Gitter, Wolfgang/*Schmitt*, Jochem: Sozialrecht, 5. Aufl., 2001
(zit.: *Gitter/Schmitt*, Sozialrecht).
Kasseler Kommentar Sozialversicherungsrecht, Loseblattwerk
(zit.: KassKomm/*Bearbeiter*).
Kreßel, Eckhard/*Wollenschläger*, Michael: Leitfaden zum Sozialversicherungsrecht, 2. Aufl., 1996
(zit.: *Kressel/Wollenschläger*, Sozialversicherungsrecht).
Ost, Wolfgang/*Mohr*, Gerhard/*Estelmann*, Martin: Grundzüge des Sozialrechts, 2. Aufl., 1998
(zit.: *Ost/Mohr/Estelmann*, Sozialrecht).
Pieroth, Bodo/*Schlink*, Bernhard: Grundrechte. Staatsrechte II, 17. Aufl., 2001
(zit.: *Pieroth/Schlink*, Grundrechte).
Rüfner, Wolfgang: Einführung in das Sozialrecht, 2. Aufl., 1991
(zit.: *Rüfner*, Sozialrecht).
Schulin, Bertram (Hrsg.): Handbuch des Sozialversicherungsrechts:
Bd. 1, Krankenversicherungsrecht, 1994; Bd. 2, Unfallversicherungsrecht, 1996;
Bd. 3, Rentenversicherungsrecht, 1999; Bd. 4, Pflegeversicherungsrecht, 1997
(zit.: Schulin/*Bearbeiter*, Handbuch des Sozialversicherungsrechts, Bd.).
Schulin, Bertram/*Igl*, Gerhard: Sozialrecht, 7. Aufl., 2002
(zit.: *Schulin/Igl*, Sozialrecht).
von Maydell, Bernd/*Ruland*, Franz (Hrsg.): Sozialrechtshandbuch (SRH), 2. Aufl., 1996
(zit.: *Bearbeiter*, in: SRH).
Wannagat, Georg (Hrsg.): Sozialgesetzbuch, Kommentar zum Recht des Sozialgesetzbuchs, Loseblattwerk
(zit.: Wannagat/*Bearbeiter*, Sozialgesetzbuch).
Wannagat, Georg: Lehrbuch des Sozialversicherungsrechts, I. Bd., 1965
(zit.: *Wannagat*, Sozialversicherungsrecht).

Abkürzungen

Die verwendeten Abkürzungen sind entweder aus sich heraus verständlich oder sie können bei Hildebert Kirchner, Abkürzungsverzeichnis der Rechtssprache, 4. Aufl., 1993, nachgesehen werden.

Erster Teil

Einführung in das Sozialrecht

§ 1 Sozialrecht in der Rechtsordnung

Fall 1: Arbeitnehmer A wird, als er wie jeden Sonntag mit seiner Familie die Schwiegermutter besuchen will, in einen Verkehrsunfall verwickelt und am Arm verletzt. Den Unfall hat B verschuldet. Erst nach einer längeren Krankenbehandlung ist A wieder gesund, er hat drei Monate lang nicht arbeiten können. A will B wegen aller Personen- und Sachschäden gerichtlich auf Schadensersatz in Anspruch nehmen, er denkt dabei auch an Verdienstausfallschäden.

Das Sozialrecht ist sehr umfangreich. Die üblicherweise verwendete Textausgabe „*Aichberger*, Sozialgesetzbuch“[1] ist etwa so dick wie der „Schönfelder“. Der „Schönfelder“ enthält indessen mehr Unausgesprochenes als der „Aichberger“. Das Sozialrecht ist mehr als andere Rechtsgebiete durch die Vielzahl der zu regelnden Einzelheiten geprägt. Wer sich mit dem Sozialrecht erstmals beschäftigt, findet sich auch deshalb in einem Zustand gewisser Orientierungslosigkeit wieder. Auch das Sozialrecht kennt aber eine Systematik und, mehr als Vorurteile glauben machen, eine Dogmatik. Je besser man Systematik und bestehende dogmatische Strukturen des Sozialrechts kennt, desto mehr verlieren die vielen Einzelheiten des Sozialrechts ihre abschreckende Wirkung, sie können bei Bedarf nachgesehen werden. Die erste Annäherung an das Sozialrecht erfolgt durch einen Überblick über die Rechtsquellen des Sozialrechts und durch die Einordnung des Sozialrechts in die Gesamtrechtsordnung. 1

I. Die Rechtsquellen des Sozialrechts im Überblick

1. Sozialgesetzbuch

Seit Mitte der Siebzigerjahre wird das gesamte Sozialrecht Buch für Buch in einem Sozialgesetzbuch (SGB) zusammengefasst. Dieses Kodifikationsvorhaben ist inzwischen zu einem guten Stück verwirklicht. Der nachfolgende erste Blick in das SGB gibt – zusammen mit der Durchsicht der Inhaltsübersichten der jeweiligen Gesetze und der Lektüre der zitierten Paragraphen – eine erste Orientierung. 2

a) Den Anfang machte das **SGB I**, der **Allgemeine Teil** des Sozialgesetzbuchs, in Kraft getreten am 1. Januar 1976. Das SGB I regelt ua die *Aufgaben* des Sozialge- 3

1 Sozialgesetzbuch mit Nebengesetzen, Ausführungs- und Verwaltungsvorschriften, 70. Ergänzungslieferung, Stand März 2002.

setzbuchs, in denen sich die Grundvorstellungen des Gesetzgebers über das Sozialrecht widerspiegeln (**§ 1 SGB I**), und nennt die *sozialen Rechte*, die der Erfüllung der in § 1 SGB I genannten Aufgaben dienen (**§§ 3-10 SGB I**). In den *Einweisungsvorschriften* der **§§ 11-29 SGB I** wird das Sozialrecht vorstrukturiert, es werden die Sozialleistungen beschrieben und die dafür zuständigen Leistungsträger benannt. Das SGB I enthält sodann, wie der Allgemeine Teil des BGB sozusagen vor die Klammer gezogen, *gemeinsame Vorschriften* für alle Sozialleistungsbereiche des Sozialgesetzbuchs (**§§ 30-67 SGB I**); es handelt sich um Bestimmungen zB über die Handlungsfähigkeit (§ 36 SGB I), über das Entstehen (§ 40 SGB I), die Fälligkeit (§ 41 SGB I) oder die Verjährung (§ 45 SGB I) von Sozialleistungsansprüchen oder etwa um Bestimmungen über die Rechtsnachfolge in Ansprüche auf Sozialleistungen (§§ 56-59 SGB I).

4 b) Das **SGB X**, welches ursprünglich die Kodifikation des Sozialrechts hatte beschließen sollen, hat drei Regelungsgegenstände. Es enthält seit Anfang der Achtzigerjahre das **Verwaltungsverfahrensgesetz** für die Verwaltungstätigkeit der Behörden, die nach dem Sozialgesetzbuch ausgeübt wird (§§ 1-66 SGB X), im zweiten Kapitel die allgemeinen Vorschriften über den **Sozialdatenschutz** (§§ 67-85a SGB X) und im dritten Kapitel die Vorschriften über die **Zusammenarbeit der Leistungsträger untereinander** und über ihre **Beziehungen zu Dritten** (§§ 86-119 SGB X). Letztere, die Vorschriften über die Beziehungen der Leistungsträger zu Dritten, regeln zB den praktisch sehr bedeutsamen gesetzlichen Forderungsübergang (*cessio legis*) von (privatrechtlichen) Ansprüchen auf die Sozialleistungsträger. Dieser Forderungsübergang bringt übrigens eindrucksvoll zum Ausdruck, wie eng Sozialrecht und Privatrecht miteinander verbunden sind.

Im **Ausgangsfall 1** kann A den B wegen seines **Körperschadens** nicht ohne weiteres auf Schadensersatz in Anspruch nehmen: Als Arbeitnehmer ist A in der gesetzlichen Krankenversicherung **sozialversichert** (vgl § 5 Abs. 1 Nr 1 SGB V, zur Versicherungsfreiheit als Ausnahme siehe §§ 6-8 SGB V[2]). Die privatrechtlichen Ansprüche des A auf Schadensersatz wegen des Körperschadens (aus § 823 BGB, § 7 StVG) gehen gemäß **§ 116 SGB X** kraft Gesetzes im Moment des Schadensereignisses auf den Krankenversicherungsträger über, soweit dieser Leistungen (wie die Krankenbehandlung oder Krankengeld) zu erbringen hat, die der Behebung eines Schadens der gleichen Art dienen und sich auf denselben Zeitraum wie der vom Schädiger zu leistende Schadensersatz beziehen. Nicht A, sondern der leistungspflichtige Krankenversicherungsträger kann also (aus kraft Gesetzes übergegangenem Recht) von B wegen des Körperschadens in diesem Umfang Schadensersatz verlangen. A selbst kann nur insofern Ersatz beanspruchen, als die Sozialleistung den Schaden (zB das Krankengeld iHv 70% [§ 47 Abs. 1 SGB V] den Erwerbsschaden) nicht deckt. Abgesehen hiervon kann A **Schmerzensgeld** (dafür gibt es keine kongruente Sozialleistung) und Ersatz des **Sachschadens** von B beanspruchen.

2 Näher unten Rn 153 ff.

c) Inzwischen ist über den Allgemeinen Teil und das SGB X hinaus ein beträchtlicher Teil des Sozialrechts in das SGB eingeordnet. Das gilt vor allem für das gesamte **Sozialversicherungsrecht**, nämlich das Recht der *Krankenversicherung* (**SGB V**) seit 1989, das Recht der *Rentenversicherung* (**SGB VI**) seit 1992, das Recht der neu geschaffenen und 1995 in Kraft getretenen *Pflegeversicherung* (**SGB XI**) und das Recht der *Unfallversicherung* (**SGB VII**) seit 1997. Mit der Einführung der Pflegeversicherung als Elftes Buch ist zugleich der vorgesehene Rahmen des Sozialgesetzbuchs gesprengt worden. Das Sozialgesetzbuch hatte ursprünglich die Bücher I bis X umfassen sollen, das Sozialversicherungsrecht hatte insgesamt im SGB IV geregelt sein sollen. Das SGB IV vom 23. Dezember 1976 enthält statt des gesamten Sozialversicherungsrechts jetzt, vor die Klammer gezogen, die *gemeinsamen Vorschriften für die Sozialversicherung.* Das bis dahin im Arbeitsförderungsgesetz (AFG) geregelte **Arbeitsförderungsrecht** ist seit dem 1. Januar 1998 als **SGB III** in das Sozialgesetzbuch eingeordnet. 5

d) In **anderen Bereichen** des Sozialrechts ist das Kodifikationsvorhaben noch nicht so weitgehend realisiert. Eingeordnet ist seit 1990 das Kinder- und Jugendhilferecht als **SGB VIII**. Das **Behindertenrecht** ist mit Wirkung vom 1. Juli 2001 in einem neuen Buch (**SGB IX**) zusammengefasst worden. Viele Teilgebiete des Sozialrechts stehen aber noch außerhalb des SGB, zB das Bundesausbildungsförderungsgesetz (**BAföG**), das Wohngeldgesetz (**WoGG**) oder das Bundessozialhilfegesetz (**BSHG**). Gemäß § 68 SGB I gelten diese (und die weiteren dort aufgelisteten) Gesetze als **besondere Teile des Sozialgesetzbuchs**. 6

e) Ursprünglich sollte bei der Schaffung des Sozialgesetzbuchs die **Kodifikation** des unübersichtlich gewordenen Sozialrechts im Vordergrund stehen. Man spricht in diesem Zusammenhang üblicherweise von einer „Kodifikation mit begrenzter Sachreform". Die zunächst erlassenen Bücher (SGB I, SGB IV, SGB X) entsprachen im wesentlichen diesem Vorhaben. Die Einordnung des Sozialversicherungsrechts in das SGB ab Ende der Achtzigerjahre ist jedoch mit zum Teil beachtlichen **Sachreformen** verbunden gewesen. Das gilt insbesondere für die Einordnung des Krankenversicherungsrechts als SGB V mit dem Gesundheitsreformgesetz (GRG) 7

Zusammenfassende Übersicht: 8

(1) Sozialgesetzbuch

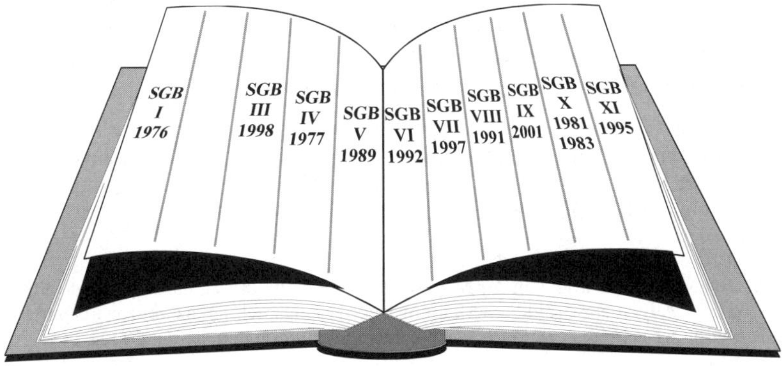

(2) „Ergänzungsband“ (§ 68 SGB I)

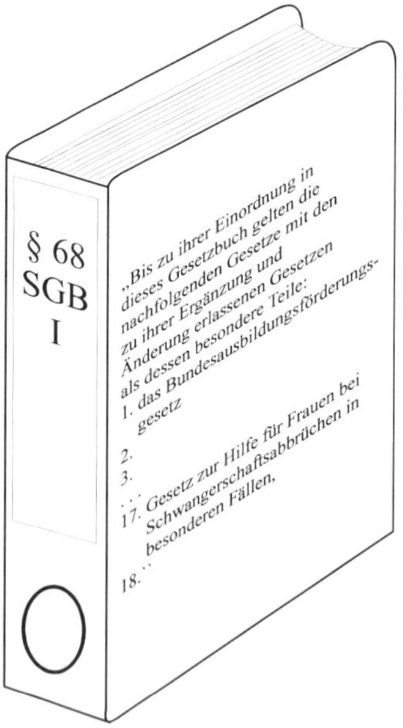

1989 und für die Einordnung des Rentenversicherungsrechts als SGB VI mit dem Rentenreformgesetz 1992. Während man bei der Einordnung des Rechts der gesetzlichen Unfallversicherung (als SGB VII am 1. Januar 1997 in Kraft getreten) ohne nennenswerte inhaltliche Änderungen ausgekommen ist, haben bei der Einordnung des Arbeitsförderungsrechts (als SGB III am 1. Januar 1998 in Kraft getreten) wiederum Sachfragen eine große Rolle gespielt.

9 f) Das Sozialrecht ist nahezu durchweg **Bundesrecht**. Dem Landesrecht bleibt nur geringer Raum, insbesondere für ergänzende und untergesetzliche Normen (zB Ausführungsgesetze zum Bundessozialhilfegesetz, Krankenhausgesetze der Länder).

10 g) Im Bereich der Selbstverwaltung der Sozialversicherungsträger und der Bundesanstalt für Arbeit spielt neben dem Gesetzesrecht des Sozialgesetzbuchs von der Exekutive auf Grund gesetzlicher Ermächtigung gesetztes Recht eine wichtige Rolle[3]. Es hat vielfach die Gestalt von **autonomem Satzungsrecht**, das Sozialrecht kennt aber eine Vielfalt von Formen des Exekutivrechts. Darauf wird in dem jeweiligen sozialrechtlichen Sachzusammenhang eingegangen.

Beispiele: Regelung der **Beitragsbemessung für die freiwilligen Mitglieder** durch Satzung (§ 240 SGB V); Bestimmung der allgemeinen **Beitragssätze zur Krankenversicherung** durch Satzung der Krankenkasse (§ 241 S. 1 SGB V); **Unfallversicherung von Unternehmern** kraft Satzung der Berufsgenossenschaften (§ 3 SGB VII).

3 Dazu *Axer*, Normsetzung der Exekutive in der Sozialversicherung, 2000; *Neumann*, Normenvertrag, Rechtsverordnung oder Allgemeinverbindlicherklärung? Verfassungsrechtliche Grenzen der vertraglichen Rechtsetzung in der gemeinsamen Pflegeselbstverwaltung und Alternativen, 2002.

2. Verfassung

Die Bundesrepublik Deutschland bekennt sich im Grundgesetz zur Sozialstaatlichkeit. Das **Sozialstaatsprinzip** (Art. 20 Abs. 1, 28 Abs. 1 S. 1 GG) gibt dem Sozialrecht den Impuls. Auch die **Grundrechte** haben auf verschiedene Weisen Bedeutung im Sozialrecht. Das Grundgesetz enthält schließlich die Regeln über die **Gesetzgebungs- und Verwaltungskompetenz** auch im Sozialrecht. 11

3. Europäisches Sozialrecht

Sachverhalte mit Auslandsberührung nehmen kontinuierlich zu. Auch im Sozialrecht spielen zwischenstaatliches Recht und das überstaatliche („supranationale") Recht der Europäischen Union eine wichtige Rolle. Das Europäische Gemeinschaftsrecht hatte im Sozialrecht von Anfang an besondere Bedeutung; die 1957 mit dem EWG-Vertrag eingeführte **Freizügigkeit** hätte ohne die Regelung des sozialrechtlichen Hintergrundes nicht Wirklichkeit werden können. 12

II. Sozialrecht und Verfassung

1. Sozialstaatsprinzip

Schrifttum: *Benda*, Der soziale Rechtsstaat, in: *Benda/Maihofer/Vogel* (Hrsg.), Handbuch des Verfassungsrechts, 2. Aufl., 1994, § 17; *Degenhart*, Staatsrecht I, 17. Aufl., 2001, § 4 I-IV; *Eichenhofer*, Reform der sozialen Sicherheit und das Recht, JZ 2000, 1029; *Papier*, Der Einfluss des Verfassungsrechts auf das Sozialrecht, in: SRH, A.3., Rn 1 ff; *Schnapp*, Was können wir über das Sozialstaatsprinzip wissen?, JuS 1998, 873; *Schulin/Igl*, Sozialrecht, Rn 20 ff; *Stein/Frank*, Staatsrecht, 17. Aufl., 2000, § 21 I-V; *Zacher*, Das soziale Staatsziel, in: *Isensee/Kirchhof* (Hrsg.), Handbuch des Staatsrechts, Bd. I, 2. Aufl., 1995, § 25 Rn 17 ff.

Die Bundesrepublik Deutschland bekennt sich im Grundgesetz zur **Sozialstaatlichkeit**. Das Sozialstaatsprinzip ist in Art. 20 Abs. 1, 28 Abs. 1 S. 1 GG verankert. Das Bundesverfassungsgericht leitet aus dem Sozialstaatsprinzip das Gebot der sozialen Sicherheit und das Gebot der sozialen Gerechtigkeit ab[4]. Art. 20 Abs. 1 GG begründet, soweit die Verhältnisse dem Sozialstaatsprinzip nicht entsprechen, Handlungspflichten bzw Handlungsaufträge des Staates. Der aus dem Sozialstaatsprinzip fließende Gestaltungsauftrag verpflichtet den Gesetzgeber verfassungsrechtlich, sich um einen „erträglichen Ausgleich der widerstreitenden Interessen und um die Herstellung erträglicher Lebensbedingungen für alle zu bemühen"[5]. Konkret hat der Staat nach dem Sozialstaatsprinzip für ein **menschenwürdiges Existenzminimum** für alle zu sorgen. Der darüber hinaus bestehende Auftrag zur **Gestaltung der Lebensverhältnisse im Sinne sozialer Gerechtigkeit und sozialer Sicherheit** beruht auf der Erkenntnis, dass sich in der gesellschaftlichen Wirklichkeit das allgemeine 13

---

4 BVerfGE 5, 85 (198); 6, 55 (72); 8, 274 (329); 27, 253 (283); 36, 237 (250); 39, 316 (327); 45, 376 (387).

5 Siehe BVerfGE 1, 97 (105).

Beste nicht im freien Spiel der Kräfte, sozusagen von selbst, ergibt[6]. Die vor dem Hintergrund dieser Selbstverständlichkeit bestehende Gestaltungsaufgabe des Staates ist nicht im einzelnen verfassungsrechtlich festgelegt, der Staat hat einen **Gestaltungsspielraum**. Eine grundsätzliche Abkehr von den zum Grundbestand des sozialen Rechtsstaats gehörenden Einrichtungen ist verfassungsrechtlich ausgeschlossen[7]. Wie das Rechtsstaatsprinzip gehört das Sozialstaatsprinzip zu den tragenden Verfassungsgrundsätzen, die zusammen mit dem Schutz der Menschenwürde (Art. 1 GG) gemäß Art. 79 Abs. 3 GG den Kernbestand der Verfassungsordnung ausmachen.

Nur in Ausnahmefällen ergibt sich aus dem Sozialstaatsprinzip eine unmittelbare Verpflichtungs- und Berechtigungswirkung auf der Ebene der Rechtsanwendung. **Sozialrechtliche Leistungsansprüche** bedürfen einer **gesetzlichen Grundlage** (§ 31 SGB I). Diese findet sich in den jeweiligen Gesetzen des Sozialgesetzbuchs und der besonderen Teile des Sozialgesetzbuchs (§ 68 SGB I). In einer Entscheidung aus dem Jahr 1954 hat das Bundesverwaltungsgericht allerdings einen Anspruch auf Gewährung des Existenzminimums aus dem Sozialstaatsprinzip in Verbindung mit Art. 1 Abs. 1, Art. 2 Abs. 2 GG hergeleitet[8]. Seit langem ist inzwischen aber der Anspruch auf ein das menschenwürdige Dasein sicherndes Existenzminimum im BSHG ausdrücklich gewährleistet (siehe §§ 1 Abs. 2, 3 Abs. 1, 12 BSHG). Soweit der gebotene soziale Mindeststandard gewährleistet bleibt, liegt es im Gestaltungsermessen des Gesetzgebers, auf welche Weise er soziale Gerechtigkeit und soziale Sicherheit herstellt[9]. Besondere praktische Bedeutung hat das Sozialstaatsprinzip (mittelbar) bei der **Auslegung der die Sozialleistungen vermittelnden Gesetze**. Das Sozialstaatsprinzip wirkt nicht als Bestandsgarantie für einzelne individuelle Leistungsansprüche. Diese können aber, wenn sie durch eigene Leistungen sozusagen erdient worden sind, durch Art. 14 GG geschützt sein. Das gilt namentlich für die durch Beitragsleistungen erworbenen Ansprüche (und zuvor schon Anwartschaften) aus der gesetzlichen Rentenversicherung[10]. Schließlich kann das Sozialstaatsprinzip die **Rechtfertigung für gesetzgeberisches Eingreifen** abgeben.

Beispiele: (1) Der mit der gesetzlichen Schaffung von **Mitbestimmungsrechten im Arbeitsrecht** verbundene Eingriff in Freiheitsrechte der Unternehmenseigentümer stützt sich auf das sozialstaatliche Anliegen, Abhängigkeitsverhältnisse abzumildern und wirtschaftliche Macht zu begrenzen. Die Rechtfertigung dieses Eingriffs ergibt sich auch aus dem Sozialstaatsprinzip[11]. **(2)** Die Mitgliedschaft in der Sozialversicherung einschließlich der Arbeitslosenversicherung ist für die Arbeitnehmer Pflicht (siehe § 5 Abs. 1 Nr 1 SGB V; § 1 Nr 1 SGB VI; § 2 Abs. 1 Nr 1 SGB VII; § 25 Abs. 1 SGB III); diese **Pflichtmitgliedschaft** wirkt als Eingriff in die allgemeine Handlungsfreiheit des Art. 2 Abs. 1 GG. Das Sozialstaatsprinzip rechtfertigt die Versicherungspflicht, denn das sozialstaatliche Anliegen der sozialen Sicherheit wäre nicht zu erreichen, wenn der in Betracht kommende Personenkreis nicht umfassend in die Versicherung einbezogen würde[12]. **(3)** Auch die für die Sozialversicherung typische **Orientierung der Beiträge am Einkommen der Versicherten** (in der Privatversicherung gibt es das nicht, die Prä-

---

6 Siehe zB *Benda*, Handbuch des Verfassungsrechts, 2. Aufl., 1994, § 17 Rn 93 f; *Bull*, Die Staatsaufgaben nach dem GG, 2. Aufl., 1977, S. 85.
7 Vgl *Hesse*, Grundzüge des Verfassungsrechts der Bundesrepublik Deutschland, 20. Aufl., 1995, Rn 213.
8 BVerwGE 1, 159 (160). Siehe auch BVerfGE 1, 97 (104 f); 75, 348 (360); BVerwGE 52, 339 (346).
9 Siehe BVerfGE 40, 121 (133).
10 Siehe näher sogleich Rn 15.
11 Siehe BVerfGE 50, 290 (348 ff).
12 Siehe BVerfGE 29, 221 (235 ff) und 245 (253 ff).

mien richten sich nach dem abzudeckenden Risiko) findet die Rechtfertigung im Sozialstaatsprinzip: Das Sozialstaatsprinzip ist hier Differenzierungsgrund iSv Art. 3 Abs. 1 GG.

Schließlich ist festzuhalten, dass das Sozialstaatsprinzip keineswegs nur durch das Sozialrecht verwirklicht wird, sondern auch in anderen Rechtsgebieten eine wichtige Rolle spielt: durchgehend im Arbeitsrecht, ferner in Teilen des Bürgerlichen Rechts (Mieterschutz, Verbraucherschutz), im Prozessrecht (Prozesskostenhilfe, Pfändungsschutz), zu einem nicht geringen Teil schließlich im Steuerrecht (Kinderfreibeträge, Progression der Einkommensteuersätze)[13]. **14**

2. Freiheitsrechte

Schrifttum: *Gitter/Schmitt*, Sozialrecht, § 3 I 2; *Katzenstein*, Das Sozialrecht in der Rechtsprechung des BVerfG von 1982 bis 1987, SGb 1988, 177; *Neumann*, Sozialstaatsprinzip und Grundrechtsproblematik, DVBl. 1997, 92; *Papier*, Der Einfluss des Verfassungsrechts auf das Sozialrecht, in: SRH, A.3., Rn 40 ff; *Rüfner*, Sozialrecht in der Rechtsprechung des BVerfG, Jahrbuch des Sozialrechts der Gegenwart, Bd. 16, 1994, 25.

Die Freiheitsrechte haben auf verschiedene Weisen Bedeutung im Sozialrecht.

a) In ihrer Funktion[14] als **Abwehrrechte** sichern die Grundrechte Freiheiten gegen staatliche Eingriffe. Unter diesem Aspekt kann verlangt werden, dass Eingriffe nicht erfolgen, wenn sie geschehen sind, dass sie beseitigt werden. **15**

Beispiele: **(1)** In dieser Funktion haben Grundrechte im Sozialrecht zB Bedeutung erlangt, wenn sich Versicherungspflichtige gegen ihre **Pflichtmitgliedschaft in der Sozialversicherung** gewandt haben[15]. Einschlägig ist hier nicht die negative Vereinigungsfreiheit (Art. 9 Abs. 1 GG), sie schützt allein vor privatrechtlichen Zwangszusammenschlüssen. Die Verfassungsmäßigkeit öffentlich-rechtlicher Zwangsmitgliedschaften ist an Art. 2 Abs. 1 GG zu messen, sie verstieß jedoch in den vom BVerfG geprüften Fällen nicht gegen Art. 2 Abs. 1 GG. **(2)** In seiner Funktion als Abwehrrecht ist weiter etwa Art. 12 GG bedeutsam, wenn die **Zulassung als Leistungserbringer der Krankenkassen** (Zulassung als Vertragsarzt, Vertragszahnarzt etc) beschränkt werden soll. Aktuelle Bedeutung hat dies im Zusammenhang mit dem Bestreben, im Interesse der Kostendämpfung im Gesundheitswesen die Zahl der Anbieter, insbesondere der Ärzte, zu begrenzen oder die Zulassung sonst wie zu steuern[16]. **(3)** Art. 14 GG ist in seiner Funktion als Abwehrrecht im Hinblick auf sozialrechtliche Rentenansprüche und Rentenanwartschaften bedeutsam. **Sozialrechtliche Rechtspositionen können Eigentumsschutz genießen**[17]. Seit seiner Entscheidung zum Versorgungsausgleich erkennt das BVerfG an, dass Rentenansprüche und Rentenanwartschaften durch Art. 14 Abs. 1 GG geschützt sind. Voraussetzung für den Eigentumsschutz

13 Siehe BVerfGE 82, 60 (85 ff); 87, 153 (169 ff); *Repgen*, Die soziale Aufgabe des Privatrechts, 2001.
14 Zu den Grundrechtsfunktionen siehe *Pieroth/Schlink*, Grundrechte, Rn 57 ff.
15 Siehe zB BVerfGE 29, 221 ff und 245 ff; BVerfG (Vorprüfungsausschuss), NJW 1986, 1095 f (Klage eines Taxiunternehmers gegen die Einbeziehung in die gesetzliche Unfallversicherung auf Grund der Satzung der zuständigen Berufsgenossenschaft). Zur Versicherungspflicht von Lehrkräften gemäß § 2 S. 1 Nr 1 SGB VI siehe BSG, SozR 3-2600 § 2 Nr 5 (Verfassungsbeschwerde anhängig).
16 Näher unten Rn 200.
17 Siehe zB *Katzenstein*, in: Festschrift für Simon, 1987, S. 847 ff; *Neumann*, NZS 1998, 401 ff; *Söllner*, in: Festschrift für Geiger, 1989, S. 262 ff.

sozialrechtlicher Rechtspositionen ist nach der Rechtsprechung des BVerfG: Es muss sich um eine vermögenswerte Rechtsposition handeln, die nach Art eines Ausschließlichkeitsrechts dem Rechtsträger als privatnützig zugeordnet ist. Sie muss dabei im Zusammenhang mit einer eigenen Leistung stehen oder ausschließlich auf einem Anspruch beruhen, den der Staat in Erfüllung seiner Fürsorgepflicht durch Gesetz einräumt[18].

16 b) In ihrer objektiv-rechtlichen Funktion sind die Grundrechte **objektive Wertentscheidungen**[19]. In dieser Funktion sind sie für die Auslegung und Anwendung des einfachen Rechts, also auch des Sozialrechts, durch Rechtsprechung und Verwaltung bedeutsam. Die Grundrechte wirken in dieser Funktion auch auf die Gestaltungen durch den Gesetzgeber ein. Sie verpflichten den Staat auf den Schutz der Grundrechte und setzen Maßstäbe für die Gestaltung des Rechts.

Beispiele: Unter diesem Gesichtspunkt sind im allgemeinen Verfassungsrecht anerkannt etwa die Schutzfunktion des Staates gegenüber werdendem Leben[20] oder Anforderungen an die organisatorische Gestalt der Universitäten und des Rundfunkwesens[21]. Das gesamte Sozialrecht dient der Sicherung eines menschenwürdigen Daseins und der freien Entfaltung der Persönlichkeit.

Einklagbare Ansprüche und genaue Verpflichtungen des Gesetzgebers lassen sich unter diesem Gesichtspunkt regelmäßig nicht herleiten. Die Klage eines Einzelnen könnte auch unter dem Gesichtspunkt des Schutzes der Freiheitsrechte, ähnlich wie im Hinblick auf das Sozialstaatsprinzip dargelegt, nur Erfolg haben, wenn der Staat seine diesbezüglichen Aufgaben in ungewöhnlichem Maß missachten würde. Insoweit können Freiheitsrechte auch im Sozialrecht in Verbindung mit dem Gleichheitssatz (Art. 3 Abs. 1 GG) zu einem Anspruch auf ermessensfehlerfreie Entscheidung oder sogar zu Ansprüchen führen (dazu sogleich 3.).

3. Gleichheitssatz

Schrifttum: *Bieback*, Gleichbehandlungsgrundsatz und Sozialrecht, SGb 1989, 46; *Rüfner*, Der Gleichheitssatz im Sozialrecht und die Aufgabe der Verfassungsrechtsprechung, SGb 1984, 147; *Sachs*, Die Auswirkungen des allgemeinen Gleichheitssatzes auf das Sozialrecht in der Rechtsprechung des BVerfG, VSSR 1994, 33.

17 Dem allgemeinen Gleichheitssatz (Art. 3 Abs. 1 GG) kommt im Sozialrecht, ebenso wie sonst im Bereich der Leistungsverwaltung, erhebliche Bedeutung zu. Jeder kann verlangen, bei der Vergabe von Sozialleistungen unter Beachtung des Gleichheitssatzes bedacht zu werden. Daraus kann sich ein Leistungsrecht ergeben, wenn andere in vergleichbarer Situation Sozialleistungen erhalten. Allerdings darf der Gesetzgeber bei der Regelung von Massentatbeständen typisieren und pauschalieren[22].

---

18 Siehe grundlegend BVerfGE 53, 257 (291 f); nachfolgend zB BVerfGE 69, 272 (301 f); 76, 220 (235 f); *Bryde*, in: v. Münch/Kunig (Hrsg.), Grundgesetz-Kommentar, Bd. 1, 5. Aufl., 2000, Art. 14 Rn 26 ff; *Papier*, in: SRH, A.3., Rn 40 ff.

19 Grundlegend BVerfGE 7, 198 (Lüth-Urteil). Siehe näher *Pieroth/Schlink*, Grundrechte, Rn 76 ff.

20 BVerfGE 39, 1 (41); 88, 203 (251 ff); 96, 120 (130).

21 BVerfGE 35, 79 (124 ff); 47, 327 (370).

22 Vgl zB BVerfGE 43, 213 (227); 51, 115 (122 f).

Beispiele: In diesem Sinn hat das BVerfG den generellen Ausschluss der Studenten vom Bezug des Arbeitslosengeldes wegen Verstoßes gegen den allgemeinen Gleichheitssatz als verfassungswidrig angesehen[23]. Verfassungswidrig ist es auch, bei der Leistung von Arbeitslosenhilfe Alleinstehende, Ehegatten und Partner eheähnlicher Gemeinschaften ungleich zu behandeln[24]. Die frühere Ungleichbehandlung von Männern und Frauen bei den Altersgrenzen der gesetzlichen Rentenversicherung hat das BVerfG als mit Art. 3 Abs. 2 GG vereinbar angesehen, weil versicherte Frauen nach wie vor in manchen Hinsichten gegenüber versicherten Männern im Nachteil sind (typische Doppelbelastung durch Beruf und Kindererziehung)[25].

4. Gesetzgebungs- und Verwaltungskompetenz

Schrifttum: *Eichenhofer*, Sozialrecht, Rn 115 ff; *Gitter/Schmitt*, Sozialrecht, § 3 I 2; *Papier*, Der Einfluss des Verfassungsrechts auf das Sozialrecht, in: SRH, A.3., Rn 11 ff; *Rüfner*, Sozialrecht, § 1 III.

Das Sozialrecht ist, wie dargelegt, ganz überwiegend Bundesrecht. Dem Bund ist **18** aber nicht „das Sozialrecht" im Sinne einer Gesamtmaterie zugewiesen, die Gesetzgebungszuständigkeit des Bundes ergibt sich vielmehr jeweils aus speziellen Bestimmungen. Besonders wichtig sind die Kompetenzen des Bundes zur konkurrierenden Gesetzgebung gemäß Art. 74 Nr 7 GG (öffentliche Fürsorge), Art. 74 Nr 10 GG (Versorgung der Kriegsbeschädigten und Kriegshinterbliebenen) sowie Art. 74 Nr 12 GG (Sozialversicherung einschließlich der Arbeitslosenversicherung).

Als das Grundgesetz geschaffen wurde, hat es „das Sozialrecht" noch nicht gegeben. Umstritten ist deshalb, ob dem Bund eine umfassende Gesetzgebungskompetenz für das Sozialrecht insgesamt zusteht[26]. Das Bundesverfassungsgericht hat die jeweiligen Kompetenzvorschriften stets weit ausgelegt, es spricht aber nicht von einer Bundeskompetenz für das Sozialrecht insgesamt[27]. Der Begriff „Sozialversicherung" iSv Art. 74 Nr 12 GG wird zu Recht allgemein als „weitgefasster verfassungsrechtlicher Gattungsbegriff" bezeichnet, der alles umfasst, was sich in der Sache als Sozialversicherung darstellt[28]. Anerkanntermaßen kann die Sozialversicherung Selbständiger unter den Begriff der Sozialversicherung fallen, wie das BVerfG für die Sozialversicherung der Künstler entschieden hat[29]. Zur Sozialversicherung iSv Art. 74 Nr 12 GG gehört ferner das Vertragsarztrecht (früher Kassenarztrecht genannt), der Bund hat also die Kompetenz, die öffentlich-rechtlichen Rechte und Pflichten der Vertragsärzte zu regeln[30]. Unter dem Strich bleiben für die Länder im Sozialrecht nur Gesetzgebungskompetenzen in Randbereichen, denen sich der Bund bisher nicht zugewandt hat. Hierzu gehört etwa die öffentlich-rechtliche Versicherung von Angehörigen freier Berufe auf berufsständischer Basis (zB Versorgungswerke der Rechtsanwälte). Die Ausführung der bundesrechtlichen Sozialgesetze ist gemäß Art. 30, 83 GG grundsätzlich Ländersache.

23 BVerfGE 74, 9 (24 ff).
24 BVerfGE 87, 234 (255 ff).
25 BVerfGE 74, 163 (173 ff).
26 Dafür zB *Gitter/Schmitt*, Sozialrecht, § 3 I 2, Rn 12 ff; dagegen zB *Papier*, in: SRH, A.3., Rn 11.
27 Vgl BVerfGE 11, 105 (111 ff); 63, 1 (35).
28 BVerfGE 11, 105 (111 f); 75, 108 (146); *Kunig*, in: v. Münch/Kunig (Hrsg.), Grundgesetz-Kommentar, Bd. 3, 3. Aufl., 1996, Art. 74 Rn 67.
29 BVerfGE 75, 108 (148 f).
30 BVerwGE 65, 362 (365).

5. Soziale Grundrechte

Schrifttum: *Benda*, Gedanken zum Sozialstaat, RdA 1981, 137; *Bley*, Die Relevanz verfassungsrechtlicher Grundentscheidungen im materiellen Sozialrecht, SGb 1974, 321; *Böckenförde*, Die sozialen Grundrechte im Verfassungsgefüge, in: *Böckenförde/Jekewitz/Ramm* (Hrsg.), Soziale Grundrechte, 1981, S. 7 ff; *Eichenhofer*, Sozialrecht, Rn 109 ff; *Heintschel von Heinegg/Haltern*, Grundrechte als Leistungsansprüche des Bürgers gegenüber dem Staat, JA 1995, 333; *Hesse*, Bedeutung der Grundrechte, in: *Benda/Maihofer/Vogel*, Handbuch des Verfassungsrechts, 2. Aufl., 1994, § 5 Rn 31 f; *Guggenberger/Stein* (Hrsg.), Die Verfassungsdiskussion im Jahr der deutschen Einheit, 1991; *Rüfner*, Sozialrecht, § 4 I; *Wipfelder*, Die verfassungsrechtliche Kodifizierung sozialer Grundrechte, ZRP 1986, 140.

19 Das Grundgesetz enthält soziale Rechte, insbesondere der Mütter auf den Schutz und die Fürsorge der Gemeinschaft (Art. 6 Abs. 4 GG) und der nicht ehelichen Kinder auf Gleichstellung mit den ehelichen Kindern (Art. 6 Abs. 5 GG). Andere soziale Grundrechte wie ein Recht auf Arbeit, ein Recht auf angemessenen Wohnraum oder ein Recht auf soziale Sicherung sind nicht in das Grundgesetz aufgenommen worden.

Soziale Grundrechte haben eine andere Struktur als die herkömmlichen Freiheits- oder Gleichheitsrechte. Es geht bei ihnen nicht darum, dass sie vor Eingriffen schützen, sondern dass sie verwirklicht werden. Sie würden sich dabei nicht als verfassungsrechtliche Anspruchsgrundlagen formulieren lassen, soziale Grundrechte könnten lediglich den Staat zu ihrer Verwirklichung verpflichten. Als Gestaltungsaufträge eingeführte soziale Grundrechte könnten die Themen näher konkretisieren, denen die Verfassung besondere Bedeutung zumisst. Was den Bereich des Sozialrechts angeht, würden sie besonders betonen, was heute der Sozialstaatsklausel entnommen wird. Die praktische Bedeutung behielten diejenigen einfach-gesetzlichen Vorschriften des im einzelnen ausdifferenzierten Sozialrechts, die abgegrenzte Rechtsansprüche einräumen.

III. Sozialrecht und Verwaltungsrecht

Fall 2: (nach BVerwG, NJW 1997, 2966): A erhält, als er bei der zuständigen Wohngeldstelle vorspricht, die unrichtige Auskunft, sein seit dem Wintersemester studierender Sohn S gehöre nach Anmeldung der Hauptwohnung am Studienort Gießen wohngeldrechtlich nicht mehr zum Familienhaushalt. A beantragt deshalb das Wohngeld nur noch für einen Zwei-Personen-Haushalt. Als nach zwei Jahren herauskommt, dass die Wohngeldstelle ihn unter Verstoß gegen ihre Beratungspflicht unrichtig belehrt hat, beantragt A für den zurückliegenden Zeitraum Wohngeld für einen Drei-Personen-Haushalt, um auch den Differenzbetrag in Höhe von 2.033 Euro noch zu bekommen.

Schrifttum: *Henke*, Die Rechtsformen der sozialen Sicherung und das allgemeine Verwaltungsrecht, VVDStRL 28 (1970), 149; *Rüfner*, Die Rechtsformen der sozialen Sicherung und das Allgemeine Verwaltungsrecht, VVDStRL 28 (1970), 187; *ders.*, Sozialrecht, § 6; *Schnapp*, Sozialrecht und Verwaltungsrecht, SGb 1979, 200.

1. Das Sozialrecht als Rechtsgebiet zählt zum öffentlichen Recht, es ist ein Teilgebiet des Besonderen Verwaltungsrechts. Für den Bereich des als rein **einseitige staatliche Leistung** zu erbringenden Sozialrechts (zB BSHG, WoGG, BKGG, BAföG) versteht sich dies von selbst. Der Bereich der **Sozialversicherung** ist durch den Zusammenschluss von Risikogemeinschaften gekennzeichnet, der, wie das Versicherungswesen allgemein zeigt, auch privatrechtlich organisiert sein kann. Seit der *bismarckschen* Sozialgesetzgebung ist die Sozialversicherung aber aus heute noch tragfähigen Gründen öffentlich-rechtlich verfasst. Auf der Leistungserbringung durch Träger hoheitlicher Gewalt beruht deren grundsätzlich öffentlich-rechtliche Handlungsweise. **20**

2. Der Gesetzgeber hat den Sozialleistungsträgern dafür mit dem 1. Kapitel des SGB X ein **spezielles Verwaltungsverfahrensgesetz** an die Hand gegeben (§§ 1-66 SGB X)[31]. Dieses kennt im wesentlichen dieselben Begriffe und Institute wie die allgemeinen Verwaltungsverfahrensgesetze des Bundes und der Länder, deren Regelungen weitestgehend wörtlich übernommen sind. Auf die Erfordernisse des Sozialrechts zugeschnittene Besonderheiten finden sich vor allem hinsichtlich der Bestandskraft von Verwaltungsakten (Leistungsbescheiden); hier ist der Vertrauensschutz zu Gunsten des Sozialleistungsempfängers verstärkt und die Bindungswirkung in seinem Interesse abgeschwächt. **21**

Man kann also auf die Rechtskenntnisse im Verwaltungsrecht zurückgreifen, die allgemeinen verwaltungsrechtlichen Regeln und Prinzipien beanspruchen auch für das Sozialverwaltungsrecht Geltung. Auch im Sozialverwaltungsrecht begegnet insbesondere die Handlungsform des **Verwaltungsakts** (§ 31 SGB X entspricht § 35 VwVfG). Allerdings steht im Sozialverwaltungsrecht der **Aspekt der Leistungsverwaltung** im Vordergrund. Bekanntlich ist der Rechtsbegriff des Verwaltungsakts in seiner ursprünglichen Konzeption an der (punktuellen) polizeilichen Verfügung orientiert. Was die Bedeutung und Tauglichkeit des Instruments des Verwaltungsakts für den Bereich der Leistungsverwaltung angeht, kann indessen heute auf gesicherte Erkenntnisse der verwaltungsrechtlichen Lehre zurückgegriffen werden.

3. Eine Besonderheit des Sozialrechts besteht darin, dass nicht selten die Leistungsverhältnisse und zudem die sozialrechtlichen Mitgliedschafts- und Beitragsverhältnisse Dauerrechtsverhältnisse sind. So wie begrifflich die Verwaltungsrechtslehre das Verwaltungsrechtsverhältnis als einen speziellen Fall des Rechtsverhältnisses ansieht und als besonderen Fall des Verwaltungsrechtsverhältnisses das *verwaltungsrechtliche Schuldverhältnis* kennt, spricht das Sozialrecht von dem **Sozialrechtsverhältnis** als **öffentlich-rechtlichem (Dauer-)Schuldverhältnis**, das mit dem zentralen Begriff des Verwaltungsakts nicht vollständig erfasst werden kann[32]. Die Affinität des Sozialrechtsverhältnisses zum privatrechtlichen Schuldverhältnis ist offenkundig. Es kann nicht verwundern, dass vor diesem Hintergrund zahlreiche der in **§§ 38-59 SGB I** geregelten **Grundsätze des Leistungsrechts** aus **22**

31 Siehe näher unten Rn 561 ff.

32 Siehe zum Begriff des Verwaltungsrechtsverhältnisses und des verwaltungsrechtlichen Schuldverhältnisses zB *Peine*, Allgemeines Verwaltungsrecht, 6. Aufl., 2002, Rn 86, 88. Zum Begriff des Sozialrechtsverhältnisses vgl *Bley/Kreikebohm/Marschner*, Sozialrecht, Rn 51 ff; *Rüfner*, Sozialrecht, § 6 IV.

dem Privatrecht bekannt sind. Erfüllen Sozialleistungsträger ihre öffentlich-rechtlichen Pflichten nicht, besteht nach Grundsätzen der Rechtsprechung und Lehre auf der Basis des öffentlich-rechtlichen Schuldverhältnisses zwischen dem Bürger und dem Sozialleistungsträger ein im Wege richterlicher Rechtsfortbildung entwickelter verschuldensunabhängiger **Herstellungsanspruch**[33].

Dieser vom BSG richterrechtlich entwickelte verschuldensunabhängige **sozialrechtliche Herstellungsanspruch** knüpft an die Verletzung behördlicher Auskunfts-, Beratungs- und Betreuungspflichten (als Nebenpflichten im Sozialrechtsverhältnis) einen Anspruch auf Naturalrestitution. Er ist gerichtet auf die „Vornahme einer Rechtshandlung zur Herstellung desjenigen Zustandes (...), der bestehen würde, wenn der Sozialleistungsträger die ihm aus dem Sozialleistungsverhältnis erwachsenen Nebenpflichten ordnungsgemäß wahrgenommen hätte“[34]. Dabei ist allerdings stets im Auge zu behalten, welche *Regelungslücke* der auf richterlicher Rechtsfortbildung beruhende sozialrechtliche Herstellungsanspruch schließt: Er soll, wie das BSG formuliert[35], eine Lücke im Schadensersatzrecht schließen. Herstellung im Sinne des richterrechtlich zur Lückenausfüllung geschaffenen Instituts ist aber nicht gleichbedeutend mit Schadensersatz in Geld. Bedeutsam ist dies, wenn zur Herstellung eine Geldleistung verlangt wird, zu deren Auszahlung es wegen der behördlichen Pflichtverletzung in der Vergangenheit nicht gekommen ist. Darf die Behörde diese Geldleistung aus Rechtsgründen nicht mehr gewähren, scheidet der sozialrechtliche Herstellungsanspruch als Anspruchsgrundlage aus, dieser kann nicht auf eine rechtlich unzulässige Amtshandlung gerichtet sein. In Betracht kommt dann nur ein vor den Zivilgerichten zu verfolgender Schadensersatzanspruch.

Im **Ausgangsfall 2** war S nur vorübergehend abwesend im Sinne von § 4 Abs. 3 WoGG und deshalb als Familienangehöriger zu berücksichtigen, sodass A Wohngeld für einen Drei-Personen-Haushalt zustand. Gemäß § 27 Abs. 2 S. 1 WoGG beginnt der Wohngeldbewilligungszeitraum jedoch in der Regel am Ersten des Monats, in dem der Antrag gestellt worden ist. Es handelt sich um eine (für Antragsteller und Behörde gleichermaßen verbindliche) gesetzliche Ausschlussfrist, deren Wahrung Anspruchsvoraussetzung ist. Ein Anspruch des A auf Wohngeld für den zurückliegenden Zeitraum besteht also nicht. Wird durch eine falsche Auskunft der Wohngeldstelle ein Wohngeldberechtigter von der Antragstellung abgehalten, besteht aber auch kein sozialrechtlicher Herstellungsanspruch auf rückwirkende Wohngeldbewilligung. Es fehlt an einer Regelungslücke, weil das Sozialrecht im einzelnen bestimmt, unter welchen Voraussetzungen ein nachträglich gestellter Leistungsantrag ausnahmsweise noch berücksichtigt werden darf: Die in § 27 SGB X geregelte Wiedereinsetzung in den vorigen Stand trifft mangels spezieller wohngeldrechtlicher Vorschriften eine einschlägige und abschließende Regelung. Danach gilt gemäß § 27 Abs. 3 SGB X eine „endgültige“ Ausschlussfrist von einem Jahr seit dem Ende der versäumten Frist. Danach kann auch Wiedereinsetzung nicht mehr erreicht werden, es sei denn, es liegt ein Fall höherer Gewalt vor. Den hat das BVerwG (aaO) für die Fälle der objektiv unrichtigen rechtswidrigen behördlichen Belehrung, die eine Versäumung der Antragsfrist verursacht, zu Recht bejaht. Der Antrag auf Wiedereinsetzung muss aber gemäß § 27 Abs. 2 SGB X binnen zwei Wochen nach

33 Siehe zB BSGE 41, 126 (128); 49, 76 (79 f); 60, 245 (247 f); 66, 258 (265); 73, 56 (59); 79, 168 (171); BVerwG, NJW 1997, 2966 (2967); *Ebsen*, DVBl. 1987, 389 ff; *Rüfner*, in: Erichsen (Hrsg.), Allgemeines Verwaltungsrecht, 11. Aufl., 1998, § 49 Rn 36 ff mwN.

34 Vgl BSGE 65, 21 (26).

35 BSGE 55, 261 (263 f).

Wegfall des Hindernisses gestellt werden, wenigstens muss innerhalb dieser Antragsfrist die versäumte Handlung (Antragstellung) nachgeholt sein.

4. Der öffentlich-rechtlichen Konzeption des Sozialrechts folgt naturgemäß der **Rechtsschutz**. Öffentlich-rechtliche Streitigkeiten in sozialrechtlichen Angelegenheiten gehen zum Teil vor die allgemeinen Verwaltungsgerichte und zum Teil vor die Sozialgerichte als besondere Verwaltungsgerichte[36]. 23

IV. Sozialrecht und Privatrecht

Fall 3: Während der Arbeitszeit wird Arbeitnehmer A, auf dem Beifahrersitz eines LKW vom Steinbruch zur Straßenbaustelle unterwegs, verletzt, als sein Arbeitskollege S aus Unaufmerksamkeit auf einen Bus auffährt. Stehen A wegen seiner Körperverletzungen Schadensersatzansprüche gegen S zu?

Schrifttum: *Eichenhofer*, Sozialrecht und Privatrecht, VSSR 1990, 161; *ders.*, Sozialrechtliche Grenzen der Privatautonomie, VSSR 1991, 185; *Fuchs*, Zivilrecht und Sozialrecht, 1992; *Gitter*, Schadensausgleich im Arbeitsunfallrecht, 1969; *ders.*, Zivilrechtliche Institute im Rahmen des Sozialversicherungsverhältnisses, VSSR 1977, 323; *Gitter/Hahn-Kemmler*, Die Verdrängung des Zivilrechts durch das Sozialrecht – dargestellt am Unterhaltsrecht, SGb 1979, 195; *Hase*, Sozialversicherung und Familie, VSSR 1996, 79; *Heinze*, Das Verhältnis des öffentlich-rechtlichen Sozialrechts zum privatrechtlichen Arbeitsrecht, SGb 2000, 241; *Nef*, Der Einfluss des Sozialversicherungsrechts auf das Privatrecht, Schweizerische Juristenzeitung 1981, 17; *Neuner*, Privatrecht und Sozialstaat, 1999; *Preis*, Koordinationskonflikte zwischen Arbeits- und Sozialrecht, NZA 2000, 914; *Repgen*, Die soziale Aufgabe des Privatrechts, 2001; *Ruland*, Familiärer Unterhalt und Leistungen der sozialen Sicherheit, 1973; *Waltermann*, Abstimmung von Zivilrecht und Sozialrecht – am Beispiel des Schadensregresses der Sozialleistungsträger, in: Festschrift für Gitter, 1995, S. 1030; *ders.*, Der Arbeitsunfall im Bürgerlichen Recht, Arbeitsrecht und Sozialrecht, RdA 1998, 330.

1. Das Sozialrecht zählt, wie dargelegt, zum öffentlichen Recht. Wegen der öffent- 24
lich-rechtlichen Verfasstheit der Sozialleistungsträger sind nach der (modifizierten) *Subjektstheorie* die meisten sozialrechtlichen Rechtssätze Sätze des öffentlichen Rechts. Vor allem im Sozialversicherungsrecht (aber keineswegs nur dort) hat das Sozialrecht aber einen materiellen Gehalt, wie ihn sonst Rechtssätze des Privatrechts haben. Das Sozialrecht und das Privatrecht leisten auf unterschiedliche Weisen ihren Beitrag zu dem für die Gesellschaft zentralen **Anliegen der Existenzsicherung des einzelnen**:

Das **Privatrecht** gibt den rechtlichen Rahmen für die privatautonome Organisation 25
der Existenzsicherung der Privaten untereinander. Auf der Basis des bürgerlichrechtlichen Vertragsrechts vollziehen sich die Güterbeschaffung (insbesondere durch Kauf), die Gebrauchsüberlassung (insbesondere die Wohnraummiete) und die

36 Siehe näher unten Rn 600.

Inanspruchnahme von Dienstleistungen (namentlich auf Basis von Dienstverträgen, Werkverträgen, Geschäftsbesorgungsverträgen). Auf der Basis des bürgerlichrechtlichen Deliktsrechts beruht der Ausgleich von Körper- und Sachschäden (§§ 823 ff BGB, Gefährdungshaftung der bürgerlichrechtlichen Spezialgesetze). Das Bürgerliche Recht und das Arbeitsrecht organisieren den Austausch von Arbeitsleistung gegen Entgelt, der in unserer auf die Existenzsicherung durch abhängige Beschäftigung ausgerichteten Gesellschaft größte Bedeutung hat. Dabei enthält das Privatrecht eine Vielzahl von Vorschriften, die dem Anliegen der sozialen Gerechtigkeit und Sicherheit verpflichtet sind. Besonders deutlich wird dies im Arbeitsrecht, gleiches gilt aber zB auch für das Recht der Wohnraummiete oder für den Verbraucherschutz.

26 Das **Sozialrecht** gibt dieser auf dem Privatrecht beruhenden Ordnung einen besonderen sozialstaatlichen Hintergrund: Es unterstützt zB unter bestimmten Voraussetzungen die Einzelnen bei der Erfüllung der privatrechtlichen Verpflichtung, Miete für den Wohnraum zu zahlen, durch Wohngeld, es leistet dem krankenversicherten Verkehrsunfallopfer Heilbehandlung und nach Erschöpfung der arbeitsrechtlichen Entgeltfortzahlung Entgeltersatz in Gestalt des Krankengeldes. Die Leistungsfähigkeit der privatrechtlich Unterhaltsverpflichteten wird durch Sozialleistungen wie Kindergeld, Erziehungsgeld oder Ausbildungsförderung gestärkt. Bedürftige sind, soweit leistungspflichtige Familienangehörige ihre privatrechtlichen Verpflichtungen nicht erfüllen, durch Leistung von Unterhaltsvorschuss oder Sozialhilfe gesichert.

2. Einige theoretisch und praktisch **wichtige Berührungspunkte** von Sozialrecht und Privatrecht seien zur Veranschaulichung hervorgehoben:

27 a) Ein erster Berührungspunkt liegt im Haftungsrecht. Wie bereits dargelegt[37], berühren sich Sozialrecht und privatrechtliches **Haftungsrecht**, wenn Sozialversicherte einen Körperschaden erleiden, für den ein Dritter bürgerlichrechtlich schadensersatzpflichtig ist.

Sozialversicherte haben **im Grundfall** dann Anspruch auf Leistungen (insbesondere Krankenbehandlung und auf Zahlung von Krankengeld durch die gesetzliche Krankenversicherung). Erbringt wegen des Schadensereignisses ein Sozialleistungsträger Leistungen, geht der bürgerlichrechtliche Schadensersatzanspruch im Wege der *cessio legis* auf ihn über (§ 116 SGB X). Dabei hat das Gesetz in § 116 Abs. 1-10 SGB X zahlreiche Rechtsfragen im Schnittfeld von Sozialrecht und Privatrecht gestalten müssen, damit das Nebeneinander von zivilrechtlicher Individualhaftung und sozialrechtlicher Leistungspflicht funktioniert[38].

Ob und inwieweit ein Geschädigter nach dem Privatrecht Schadensersatz verlangen kann, hängt somit in alltäglichen Konstellationen davon ab, ob der Geschädigte sozialversichert ist. In Höhe der kongruenten Sozialleistung geht der privatrechtliche Anspruch, wie **Fall 1** gezeigt hat, auf den Leistungsträger über. Das hat erhebliche praktische Bedeutung im

37 Siehe oben Rn 4.
38 Näher unten Rn 593 ff.

Haftungsrecht[39]. Die Regressvorschrift des § 116 SGB X steht dabei im Schnittpunkt zweier wesensverschiedener rechtlicher Ausgleichungssysteme, des Systems der *zivilrechtlichen Individualhaftung* auf der einen und der Systeme der *sozialrechtlichen Versicherung* und der *sozialen Fürsorge* auf der anderen Seite. Die ins Auge springenden **Unterschiede zwischen den beiden Ausgleichungssystemen** sind folgende: Das Sozialrecht ist erstens zu schneller und effektiver Leistungserbringung verpflichtet, und zwar ohne Rücksicht darauf, wie es zu einem Schaden gekommen ist und wer dafür haftet. Die Schadensregulierung nach dem Privatrecht kann dagegen langwierig sein. Die Sozialleistung wird zweitens im Grundsatz unabhängig von einem Mitverschulden des geschädigten Leistungsempfängers in der gesetzlich vorgesehenen Höhe erbracht, nach den Regeln des Privatrechts können sich wegen Mitverschuldens oder wegen der Höchstsummenbegrenzungen der Gefährdungshaftung dagegen Deckungslücken ergeben. Das zivilrechtliche Haftungsrecht strebt drittens nach einer Totalreparation, während das Sozialrecht einen Mindest- oder Standardbedarf abdeckt. Die Rückgriffsvorschrift des § 116 SGB X sorgt dafür, dass über die endgültige Schadenstragung das Privatrecht entscheidet: Während das Sozialrecht *de facto* die Schadenskompensation erledigt, wird dem nach Sozialrecht verpflichteten Leistungsträger der Rückgriff gegen den privatrechtlich verpflichteten Schädiger eröffnet. In praktisch wichtigen Hinsichten ist deshalb das privatrechtliche Haftungsrecht ein Recht der Regressvoraussetzungen.

Erleidet ein Unfallversicherter einen **Arbeitsunfall** (§ 8 SGB VII), der auf ein **28** schuldhaftes Verhalten des Arbeitgebers oder eines Arbeitskollegen zurückgeht, ist der Einfluss des Sozialrechts auf das privatrechtliche Haftungsrecht noch stärker[40]. Der an sich bestehende bürgerlichrechtliche Schadensersatzanspruch ist dann nach Maßgabe der §§ 104, 105 SGB VII sogar ausgeschlossen, der Geschädigte erhält stattdessen Leistungen der gesetzlichen Unfallversicherung. Der Regress des Unfallversicherungsträgers ist gemäß § 110 SGB VII nur ausnahmsweise vorgesehen.

Im **Ausgangsfall 3** kann A seinen Arbeitskollegen S nicht auf Schadensersatz wegen seiner Körperverletzungen in Anspruch nehmen. A wurde bei einer gemäß § 2 Abs. 1 Nr 1 SGB VII unfallversicherten Tätigkeit verletzt, er hat somit einen **Arbeitsunfall** (§ 8 Abs. 1 SGB VII) erlitten. Gemäß § 105 Abs. 1 SGB VII sind ua Arbeitskollegen, die durch eine betriebliche Tätigkeit einen Arbeitsunfall von Arbeitnehmern desselben Betriebs verursachen, grundsätzlich nicht zum Ersatz des Personenschadens verpflichtet.

b) Ein wichtiger Berührungspunkt zwischen dem Sozialrecht und dem **Arbeits-** **29** **recht** ergibt sich daraus, dass sozialrechtliche Leistungen vielfach den Ausfall des Arbeitsentgelts ausgleichen, das Sozialrecht hat insofern eine **Entgeltersatzfunktion**. Es ist ein spezifisches Risiko der Industrie- und Arbeitsgesellschaft, dass die Einkommensquelle der in unselbständiger Arbeit Beschäftigten (zeitweise) versiegt. Das Sozialrecht gleicht diese Einkommensverluste unter bestimmten Voraussetzungen, etwa durch Arbeitslosengeld und Arbeitslosenhilfe nach dem Arbeitsförderungsrecht, durch Krankengeld der gesetzlichen Krankenversicherung, durch Verletztengeld der gesetzlichen Unfallversicherung und durch verschiedene Renten

39 Näher *Waltermann*, NJW 1996, 1644 ff.
40 Näher unten Rn 304 ff; *Waltermann*, NJW 1997, 3401 ff.

aus Unfallversicherung und Rentenversicherung aus. Ein weiterer Berührungspunkt zwischen dem Sozialrecht und dem Arbeitsrecht liegt darin, dass die Versicherungspflicht in der Sozialversicherung (einschließlich der Arbeitslosenversicherung) in erster Linie an die **Beschäftigung in abhängiger Arbeit** anknüpft (siehe § 5 Abs. 1 Nr 1 SGB V, § 1 Nr 1 SGB VI, § 2 Abs. 1 Nr 1 SGB VII, § 20 Abs. 1 Nr 1 SGB XI, § 25 Abs. 1 SGB III). Arbeitsrechtliches Arbeitsverhältnis und sozialversicherungsrechtliches Beschäftigungsverhältnis sind im Wesentlichen gleich[41].

30 c) Zahlreiche Sozialleistungen sind von **familienrechtlichen Beziehungen** abhängig. So haben die Hinterbliebenenrenten der gesetzlichen Rentenversicherung, der gesetzlichen Unfallversicherung und des Rechts der sozialen Entschädigung zur Voraussetzung, dass den Hinterbliebenen ein familienrechtlicher Unterhaltsanspruch gegen den verstorbenen Versicherten zustand. An anderer Stelle wird der Unterhaltsverband der Familie durch Sozialleistungen wie Kindergeld, Erziehungsgeld und Ausbildungsförderung gestärkt oder es wird seine materielle Existenz bei Bedarf durch Unterhaltsvorschuss oder Sozialhilfe gesichert. Im Krankenversicherungsrecht sind gemäß § 10 SGB V Familienangehörige beitragsfrei mitversichert.

31 3. Für das **Verhältnis von Privatrecht und Sozialrecht** sind grundsätzlich zwei Konstellationen typisch[42]. Die Konstellation der *Bedingtheit* liegt vor, wenn in dem einen Bereich eine Rechtsfolge ausgelöst wird, soweit bestimmte tatbestandliche Voraussetzungen in dem anderen Rechtsbereich gegeben sind. In dieser Weise hängt das Sozialversicherungsverhältnis von der Beschäftigung in nicht selbständiger Arbeit, insbesondere in einem Arbeitsverhältnis, ab. Die andere Konstellation ist die der *Überschneidung* von Privatrecht und Sozialrecht. Überschneiden sich Privatrecht und Sozialrecht, kommt zum einen in Betracht, dass ihre Rechtsvorschriften kumulativ gelten. Zum Beispiel zahlt die Krankenkasse Mutterschaftsgeld (§ 200 RVO) und der Arbeitgeber dazu einen Zuschuss (§ 14 Abs. 1 MuSchG). Die andere Möglichkeit ist, dass entweder das Privatrecht oder das Sozialrecht allein zur Lösung des Problems berufen ist. So liegt es bei der bereits zur Sprache gebrachten Haftungsfreistellung im Unfallversicherungsrecht. Gemäß § 104 SGB VII ist der Unternehmer von der privatrechtlichen Schadensersatzhaftung freigestellt, weil er die Beiträge zur gesetzlichen Unfallversicherung allein zu zahlen hat und der Geschädigte die Versicherungsleistungen der gesetzlichen Unfallversicherung erhält. Das Sozialrecht nimmt hier also dem Privatrecht einen Teil des Deliktsrechts weg. In den Fällen der Überschneidung muss aber der eine Bereich den anderen nicht unbedingt verdrängen, wenn letztlich nur einer zur Lösung des Problems berufen ist. So liegt es, wenn die Rechtsordnung den Regress eröffnet. Unter den Voraussetzungen des praktisch bedeutsamen § 116 SGB X wird die privatrechtliche Schadensersatzforderung auf den Sozialleistungsträger kraft Gesetzes übergeleitet.

---

41 Siehe zum Begriff des Arbeitsverhältnisses *Söllner/Waltermann*, Grundriss des Arbeitsrechts, 13. Aufl., 2002, § 4, zum Begriff des Beschäftigungsverhältnisses unten Rn 108 ff.

42 Siehe näher *Nef*, Schweizerische Juristen-Zeitung 1981, 17 (22 ff); *Zacher*, in: Gedächtnisschrift für Constantinesco, 1983, S. 943 (969); *Fuchs*, Zivilrecht und Sozialrecht, 1992, S. 178 ff.

§ 2 Begriff und Aufgaben des Sozialrechts

Schrifttum: *Bley/Kreikebohm/Marschner*, Sozialrecht, Rn 1 ff; *Eichenhofer*, Sozialrecht, Rn 1 ff; *Gitter/Schmitt*, Sozialrecht, § 1; *von Maydell*, Zur Einführung: Das Sozialrecht und seine Stellung im Gesamtsystem unserer Wirtschafts- und Rechtsordnung, in: SRH, A.1., Rn 3 ff; *Müller-Volbehr*, Der Begriff des Sozialrechts im Wandel, JZ 1978, 249; *Rüfner*, Sozialrecht, § 2 I, II; *Schmied*, Sozialrecht und Recht der sozialen Sicherheit. Die Begriffsbildung in Deutschland, Frankreich und der Schweiz, 1981; *Schulin/Igl*, Sozialrecht, Rn 1 ff; *Wertenbruch*, Sozialverfassung, Sozialverwaltung, 1974, S. 2; *Zacher*, Was ist Sozialrecht?, in: *ders.*, Abhandlungen zum Sozialrecht, 1993, S. 249 ff.

I. Begriff

Was Sozialrecht begrifflich ist, wird im Gesetz nicht bestimmt. Es geht darum, das **32**
Sozialrecht als Rechtsgebiet in der auch sonst der sozialen Gerechtigkeit und sozialen Sicherheit verpflichteten Rechtsordnung zu beschreiben. Die Lehre kennt einen formellen (pragmatischen) und einen materiellen (inhaltlichen) Begriff des Sozialrechts.

1. Formeller Begriff

Zum Sozialrecht **im formellen Sinn** gehören ohne Rücksicht auf den Inhalt diejeni- **33**
gen Rechtssätze, die der Gesetzgeber dem Sozialrecht zuweist. Eine solche Zuordnung enthält das SGB I. Soweit Teilgebiete des Sozialrechts noch nicht in das Sozialgesetzbuch aufgenommen sind, gelten sie bis zu ihrer Einordnung in das Sozialgesetzbuch gemäß § 68 SGB I, soweit dort aufgezählt, als besondere Teile des Sozialgesetzbuchs. Gewiss berücksichtigt eine solche formelle, pragmatische Sichtweise nicht die Dynamik des Sozialrechts, auch trägt der Begriff zu einer rechtswissenschaftlichen Systembildung nichts bei. Mit dem formellen Begriff des Sozialrechts verbindet sich aber ein Konsens darüber, welche Gegenstände im wesentlichen dem Sozialrecht angehören – und damit auch das Fachgebiet Sozialrecht in Wissenschaft, Lehre und Prüfung ausmachen.

2. Materieller Begriff

Den **materiellen Begriff** des Sozialrechts zu beschreiben ist weit schwieriger. Dies **34**
setzt voraus, auf dem Hintergrund des bisher Entstandenen rechtswissenschaftlich zu formulieren, was Sozialrecht inhaltlich bedeutet. Dies zu definieren ist bisher nicht gelungen und wird auch nicht zufrieden stellend gelingen können. Bei der Bestimmung des Begriffs würde zudem über die Grenzen des deutschen Rechts hinaus gedacht werden müssen; oft wird im Ausland das Arbeitsrecht zum Sozialrecht gerechnet, was wir als Sozialrecht bezeichnen, wird international unter dem Einfluss des angloamerikanischen Rechts *social security law*, Recht der sozialen Sicherheit,

genannt[1]. Man muss sich dem materiellen Begriff des Sozialrechts, auch wenn er sich nicht definieren lässt, aber wenigstens nähern:

a) Dabei orientiert man sich am besten an **§ 1 SGB I**. Er formuliert die *Ziele* des Sozialrechts, die durch das *Mittel* der Sozialleistungen erreicht werden sollen: Gemäß § 1 Abs. 1 SGB I soll das Sozialrecht zur Verwirklichung sozialer Gerechtigkeit und sozialer Sicherheit Sozialleistungen einschließlich sozialer und erzieherischer Hilfen gestalten. Es soll im näheren dazu beitragen, ein menschenwürdiges Dasein zu sichern, gleiche Voraussetzungen für die freie Entfaltung der Persönlichkeit, insbesondere auch für junge Menschen, zu schaffen, die Familie zu schützen und zu fördern, den Erwerb des Lebensunterhalts durch eine frei gewählte Tätigkeit zu ermöglichen und besondere Belastungen des Lebens, auch durch Hilfe zur Selbsthilfe, abzuwenden oder auszugleichen[2]. Es ist das Anliegen des Sozialrechts, den Sozialstaat zu verwirklichen. Bekanntlich ist dieses Anliegen jedoch keineswegs auf das Sozialrecht beschränkt. Etwa auch das im BGB geregelte Recht der Wohnungsmiete, das Verbraucherschutzrecht oder das gesamte Arbeitsrecht folgen diesem Anliegen. Das Sozialrecht unterscheidet sich von der Vielzahl der dem Anliegen sozialer Gerechtigkeit und Sicherheit verpflichteten Regeln aber dadurch, dass seine Vorschriften auf die Leitvorstellungen der sozialen Gerechtigkeit und der sozialen Sicherheit in besonderem Maß ausgerichtet sind. Im Ergebnis bezieht man sich bei der Bestimmung des materiellen Begriffs des Sozialrechts also auf die Aufgaben des Sozialrechts. Die damit verbundene Unschärfe wird man in Kauf nehmen müssen.

b) Soziale Sicherheit und soziale Gerechtigkeit erschöpfen sich dabei nicht in der Abwendung von Notlagen. In wichtigen Teilbereichen strebt das Sozialrecht die Absicherung eines gesellschaftstypischen Standards an, der über dem Mindeststandard liegen soll. Das gilt namentlich für die Bereiche der Sozialversicherung: In diesen Bereichen des Sozialrechts wird nicht fürsorglich ein Almosen gewährt, sondern es wird, dem auch im Privatrecht geläufigen Prinzip der Versicherung entsprechend, auf ein typisches Risiko (Krankheit, Pflegebedürftigkeit, Unfall, Invalidität und Alter, Arbeitslosigkeit) vorsorglich reagiert. Diese Vorsorge ist auf Beitragsleistungen gegründet, sozusagen erkauft, sie führt damit zu selbst erworbenen individuellen Ansprüchen auf die Gegenleistung. Auch bei einem privatrechtlich organisierten Versicherungsmodell würde man eine solche Vorsorge nicht auf die Abwendung von Notlagen beschränken. Genausowenig geschieht dies in der Sozialversicherung.

---

1 Dementsprechend lautet Art. 22 der Allgemeinen Erklärung der Menschenrechte: „Jeder Mensch hat als Mitglied der Gesellschaft das Recht auf soziale Sicherheit; er hat Anspruch darauf, durch innerstaatliche Maßnahmen und internationale Zusammenarbeit unter Berücksichtigung der Organisationen und der Hilfsmittel jedes Staates in den Genuss der für seine Würde und die freie Entwicklung seiner Persönlichkeit unentbehrlichen wirtschaftlichen, sozialen und kulturellen Rechte zu gelangen."

2 Vgl aus dem internationalen Bereich neben Art. 22 der Allgemeinen Erklärung der Menschenrechte noch ILO-Übereinkommen Nr 102 v. 28.6.1952 über die Mindestnormen der sozialen Sicherheit (BGBl. II 1957, S. 1321); Europäische Sozialcharta Teil I Nr 12 und Teil II Art. 51 und 118 EGV; Überschrift der VO (EWG) Nr 1408/71.

Sozialrecht muss nicht ausschließlich darauf gerichtet sein, einen Leistungsempfänger zu begünstigen. So wie das Steuerrecht neben der Erzielung von Einnahmen für den Staat zugleich auch **Lenkungsfunktionen** wahrnimmt, verfolgen auch sozialrechtliche Regelungen nicht selten mehrere Zwecke. Das Ausbildungsförderungsrecht und das Arbeitsförderungsrecht (das auch Ausbildung und Umschulung regelt) etwa haben auch den Bedarf an qualifizierten Arbeitskräften im Auge. Man wird diese Regelungen aber trotzdem ohne Zweifel dem Sozialrecht zuordnen, weil die durch das Anliegen sozialer Gerechtigkeit und Sicherheit motivierte Förderung des Einzelnen im Vordergrund steht.

II. Aufgaben

1. Soziale Gerechtigkeit und soziale Sicherheit

Die soeben unternommene Annäherung an den (letztlich nicht eindeutig definierbaren) materiellen Begriff des Sozialrechts erfolgte von der Aufgabe her. Der Gesetzgeber hat vor dem Hintergrund der Verfassung in **§ 1 SGB I** die Aufgaben des Sozialgesetzbuchs beschrieben. Im Mittelpunkt stehen dabei die das Sozialstaatsprinzip konkretisierenden (unbestimmten) Rechtsbegriffe der „sozialen Gerechtigkeit" und „sozialen Sicherheit". Die Aufgaben des Sozialrechts lassen sich allerdings letztlich genauso wenig exakt umreißen wie der materielle Begriff des Sozialrechts. **35**

a) **Soziale Gerechtigkeit** ist erreicht, wenn jeder Mensch die Chance hat, die seinen individuellen Kräften und Fähigkeiten entsprechende soziale Stellung in der Gesellschaft zu erlangen. Welche Aufgaben dem Sozialrecht in dieser Hinsicht gestellt sind, zeigen die **§§ 3, 5-10 SGB I**. **36**

Die Grundlage für eine mögliche Wahrnehmung der Chance, eine den individuellen Kräften und Fähigkeiten entsprechende soziale Stellung zu erlangen, liegt in einer guten schulischen und beruflichen Aus- und Fortbildung sowohl der jungen Menschen als auch (das hat zunehmende Bedeutung) der bereits im Berufsleben Stehenden. Deshalb ist die **Ausbildungs- und Arbeitsförderung** (§ 3 SGB I; BAföG und SGB III) eine der Aufgaben des Sozialrechts. Soziale Gerechtigkeit fördert das Sozialrecht aber auch in der Weise, dass es den Zugang zu **beitragsfinanzierten Sozialversicherungssystemen** eröffnet (§ 4 SGB I) und in den Sozialversicherungssystemen die Beitragshöhe an das Einkommen und nicht an das zu versichernde Risiko knüpft. Der Gedanke sozialer Gerechtigkeit liegt auch der **Entschädigung** zu Grunde, wenn jemand einen Gesundheitsschaden erleidet, für dessen Folgen die staatliche Gemeinschaft einsteht, weil die Allgemeinheit für den Gesundheitsschaden eine gesteigerte Verantwortung trägt (§ 5 SGB I); dies betrifft Opfer von Kriegs- und Wehrdienst, von Straftaten oder von behördlich angeordneten oder empfohlenen Impfungen (Rechtsgrundlagen sind das BVG, das OEG, §§ 60 ff IfSG). Der sozialen Gerechtigkeit als Chancengleichheit dienen ferner Leistungen zur **Minderung des Familienaufwands** (§ 6 SGB I; BKGG und BErzG), **Zuschüsse für angemessenes Wohnen** (§ 7 SGB I; WoGG) und Leistungen der öffentlichen **Jugendhilfe**, die die Entwicklung junger Menschen fördern und die Erziehung in der Familie unterstützen und ergänzen sollen (§ 8 SGB I; SGB VIII). Zur Herstellung sozialer Gerechtigkeit kennt das Sozialrecht schließlich die **Sozialhilfe**, die das Existenzminimum in Notsituationen sichert, namentlich in den Fällen, in denen die anderen Hilfs- und Förderungssysteme versagen (§ 9 SGB I; BSHG). Verstärkte Anstrengungen fordert das Sozialrecht in Bezug auf die **Teilhabe behinderter Menschen** (§ 10 SGB I; SGB IX). Wenn dann, wie bei der gesetzlichen Krankenversicherung, bei einkommensabhängig verschiedener Beitragshöhe allen Versicherten dieselben Leistungen erbracht werden, ergibt sich dadurch eine Umverteilung, welcher der Gedanke sozialer Gerechtigkeit zu Grunde liegt[3].

37 b) **Soziale Sicherheit** ist als Aufgabe des Sozialrechts erreicht, wenn der Einzelne in die Lage versetzt ist, auf (vor allem in wirtschaftlicher Hinsicht) verlässlicher Basis sein Leben zu gestalten[4]. Dieser Aspekt betont nicht die Chancengleichheit des Einzelnen bei der Verwirklichung seiner Persönlichkeit, sondern die vor allem materielle Existenzsicherung. Im Vordergrund steht hier die Sozialversicherung (§ 4 SGB I) in der gesetzlichen Kranken-, Pflege-, Unfall- und Rentenversicherung. Die Aufgabe des Sozialrechts liegt insoweit darin, die notwendigen Maßnahmen zum Schutz, zur Erhaltung, zur Besserung und zur Wiederherstellung der Gesundheit und der Leistungsfähigkeit zu gewährleisten und für die wirtschaftliche Sicherung bei Krankheit, Mutterschaft, Minderung der Erwerbsfähigkeit und Alter zu sorgen.

38 c) Es zeigt sich, dass alle Sozialrechtsbereiche, mehr oder weniger, beiden Vorgaben zugeordnet werden können. Nur die Akzente sind verschieden gesetzt. Mit einer gewissen Ungenauigkeit **kurz zusammengefasst** ist es die Aufgabe des Sozialrechts, die Wertvorstellungen des Grundgesetzes über die Würde des Menschen (Art. 1 Abs. 1 GG) und über den sozialen Rechtsstaat (Art. 20 Abs. 1 und Art. 28 Abs. 1 GG) zu verwirklichen. Dazu genügt es nicht, wenn das Sozialrecht Bedürftigkeit oder Not abwendet. Es soll zur Verwirklichung sozialer Gerechtigkeit und sozialer Sicherheit in dem dargelegten Sinn beitragen. Dazu stellt es die in §§ 3-10 SGB I formulierten und in den einzelnen Teilen des Sozialgesetzbuchs dann konkretisierten Leistungen und Hilfen bereit.

2. Sozialrecht und Sozialarbeit

Schrifttum: *Flamm*, Sozialwesen und Sozialarbeit in der Bundesrepublik Deutschland, 1971; *Otto/Thiersch* (Hrsg.), Handbuch der Sozialarbeit/Sozialpädagogik, 2. Aufl., 1999; *Zacher*, Einführung in das Sozialrecht der Bundesrepublik Deutschland, 3. Aufl., 1985, S. 28 ff.

39 Das Sozialrecht regelt nicht nur die Zuteilung wirtschaftlicher Güter, insbesondere die Zuteilung von Geldleistungen wie Renten, Krankengeld oder Verletztengeld. Das Sozialrecht regelt in vielen Bereichen auch die Erbringung **personaler Leistungen** wie Betreuung, Pflege, Behandlung oder Erziehung (siehe zB §§ 27-34 SGB VII; §§ 30, 36-47, 70 f, 75 BSHG). Hier kommt es darauf an, dass sich Menschen finden und dass Organisationen bestehen, die diese personalen Sozialleistungen erbringen. Wie dies im einzelnen Fall tatsächlich geschieht, kann durch das Sozialrecht nur begrenzt beeinflusst werden. Die gesellschaftliche Wirklichkeit wird maßgeblich dadurch bestimmt, wie vor dem Hintergrund des Sozialrechts die **Sozialarbeit** durch die dort tätigen Einzelnen und die bestehenden Organisationen erbracht wird. Das Sozialrecht sieht insoweit grundsätzlich das Zusammenwirken von

---

3 Siehe grundlegend *G. Haverkate*, Verfassungslehre: Verfassung als Gegenseitigkeitsordnung, 1992, S. 258 ff.

4 Vgl *Schulin/Igl*, Sozialrecht, Rn 9.

Staat und Gesellschaft vor. Dabei wird nicht eine prinzipiell behördliche Sozialarbeit gewünscht, sondern es wird eine dem Gedanken des Pluralismus folgende Sozialarbeit durch **unterschiedliche freie Träger** bevorzugt. Bei der Erbringung von Sozialleistungen wirken staatliche Stellen (namentlich Gemeinden, Sozialversicherungsträger) und Freie Wohlfahrtsverbände (zB das evangelische Diakonische Werk, die katholische Caritas, das Rote Kreuz, die Arbeiterwohlfahrt) zusammen.

Zweiter Teil

Bedeutung, System und internationale Dimension des Sozialrechts

§ 3 Geschichte der sozialen Sicherung in der industriellen Gesellschaft

Schrifttum: *Frerich/Frey*, Handbuch der Geschichte der Sozialpolitik in Deutschland, 1993; *Leopold*, Die Geschichte der sozialen Versicherung, 1999; *Th. Nipperdey*, Deutsche Geschichte 1866-1918, Bd. 1, 1990, S. 335-373; *Peters*, Die Geschichte der sozialen Versicherung, 3. Aufl., 1978; *Schewe*, Geschichte der sozialen und privaten Versicherung im Mittelalter in den Gilden Europas, 2000; *Tennstedt*, Geschichte des Sozialrechts, in: SRH, A.2.; *Wannagat*, Sozialversicherungsrecht, S. 40-134; *Winkler*, Geschichte der Sozialpolitik der DDR 1945-1985, 1989.

Die Geschichte des Sozialrechts im heutigen Sinn ist jung. Sie ist die Geschichte der sozialen Sicherung in der industriellen Gesellschaft und damit zu einem wesentlichen Teil die Geschichte des Sozialversicherungsrechts. Den noch heute bedeutsamen auffälligsten Meilenstein bilden die sog. *Bismarckschen Sozialversicherungsgesetze* der Jahre 1883, 1884 und 1889.

I. Vorgeschichte

40 Formen der sozialen Sicherung vor Wechselfällen des Lebens hat es schon vor dem Industriezeitalter gegeben. In durch **Landwirtschaft** geprägten Zeiten und Regionen sorgte die Familie für ihre kranken und alten Mitglieder; idyllisch war das meist nicht. Das Gesinde war ganz vom Gutsherrn abhängig, der aber regelmäßig eine karge Existenz bei Krankheit und Alter sicherte. Wo sich in der **Antike Stadtkulturen** entwickelten, etwa im antiken Griechenland nach den Perserkriegen, dort vor allem in Athen, oder im antiken Rom, gab es einen begrenzten Kreis Reicher und viel Armut. Man reagierte mit unterschiedlichen Maßnahmen der *Armenfürsorge* wie zB Nahrungsmittel- und Kleidungshilfen, die aus Spenden und Wohlfahrtssteuern finanziert wurden. Die Städte leisteten ferner *Entschädigungen* an Kriegsverletzte und deren Hinterbliebene. Nicht selten wurden Erwerbslose bei der Errichtung öffentlicher Bauten eingespannt.

Im Römischen Reich gab es zu Beginn unserer Zeitrechnung aber auch bereits Krankenkassen und Sterbekassen. Die Krankenkassen (*Collegia tenuiorum*) bezogen ihre Mittel für die erbrachten Leistungen wie ärztliche Hilfe, Heilmittel und eventuell Verdienstausfallersatz durch Geld und Nahrungsmittel aus einem Eintrittsgeld und aus laufenden Beiträgen – die Strukturen waren damit dieselben wie in der Sozialversicherung heute, die Mitglieder dieser Krankenkassenvereine unterstützten sich auf der Basis des Zusammenschlusses zu einer Versichertengemeinschaft.

Der in der **Spätantike** zunehmend gewachsene und das **Mittelalter** beherrschende **Einfluss der Kirche** veränderte dann die Bedingungen der sozialen Sicherung. Die Klöster und die Kirchengemeinden nahmen für lange Zeit die *Fürsorge* für die Bedürftigen in die Hand. Im Hochmittelalter fiel der Kirche mancher Nachlass unter der Auflage zu, dass dieser zur Unterstützung Armer, Alter oder Gebrechlicher dienen solle – wobei die Bedachten im Gegenzug nicht selten für die Seele des Wohltäters nach bestimmten Vorgaben zu beten hatten. Das **Erstarken der Städte** machte dann am Ende des Mittelalters die Armut dort wieder zu einem großen Problem. Man versuchte, der Armut in den Städten mit öffentlichen Einrichtungen (Hospitäler, Witwen- und Waisenhilfe) zu begegnen. Der Erfolg der ohnehin auf die Ortsansässigen beschränkten städtischen Fürsorgemaßnahmen war jedoch bescheiden. Erst mit der Aufwertung entstandener Selbsthilfeeinrichtungen wie der *Zünfte* (Innungen, Gilden) im Bereich des Handwerks, die neben berufsständischen zunehmend auch soziale Sicherungsaufgaben übernahmen, und der *Bruderschaften* der zunächst als selbständige Unternehmer im Stollenbau arbeitenden Bergarbeiter (der Vorläufer der späteren Knappschaften) besserte sich die Situation. Die Angehörigen der Zunft zahlten in die „Zunftbüchse" ein, diese gewährte in Notsituationen Hilfe. Die Gesellen, die nicht Vollmitglieder der Zünfte sein durften, gründeten seit dem 14. Jahrhundert eigene Unterstützungskassen (*Gesellenbruderschaften*). **41**

II. Industrialisierung und Kaiserreich

1. Hintergrund

Man wird das heutige Sozialrecht, vor allem das Sozialversicherungsrecht, nicht verstehen, wenn man nicht die mit der **Industrialisierung** verbundenen gesellschaftlichen, wirtschaftlichen und sozialpolitischen Wandlungen berücksichtigt. Mit dem Beginn des Industriezeitalters **veränderten sich zunehmend rascher die Verhältnisse in den Gesellschaften völlig**. Große Betriebe entstanden, die Bevölkerung in den Städten nahm sprunghaft zu, die Familienbande lösten sich, das Zunft- und Gildenwesen verfiel. Wenn im Bereich der Gesellschaft die mittelalterlichen Familien-, Zunft- und Gildenbindungen und die Bindung an Eigentum endeten, mussten aufseiten des Staates die Probleme mit der Armut gänzlich unlösbar werden. **42**

Mit der aufkommenden Industrialisierung als Folge der **technischen Entwicklung** gingen fundamentale **rechtliche Veränderungen** Hand in Hand: Die *Aufhebung der ständischen Unterschiede* und ihrer Abhängigkeitsverhältnisse (Bauernbefreiung)[1] und die Einführung der *Gewerbefreiheit*[2]

1 Siehe für Preußen (vgl Gesetzsammlung für die Königlichen Preußischen Staaten): Edikt, den erleichterten Besitz und den freien Gebrauch des Grundeigentums sowie die persönlichen Verhältnisse der Landbewohner betreffend vom 9.10.1807. Das Edikt schließt mit den Worten: „Nach dem Martinitage 1810 gibt es nur noch freie Leute."

2 Siehe für Preußen (vgl Gesetzsammlung für die Königlichen Preußischen Staaten): sog. Gewerbesteueredikt vom 28.10.1810, durch das die alten Zunftordnungen zu Gunsten der Gewerbefreiheit aufgehoben wurden; ferner Preußische Allgemeine Gewerbeordnung vom 17.1.1845.

und der *Freizügigkeit*[3]. Preußen war der Schrittmacher in Deutschland, in Preußen wurde die staatlich gelenkte Wirtschaft des Merkantilismus mit ihren reglementierenden Gesetzen und Verordnungen und ihren ständischen Bindungen zuerst abgeschafft. Mit der daraus resultierenden rechtlichen Freiheit und Gleichheit war jedoch nichts gewonnen, die verliehenen rechtlichen Freiheiten waren für die meisten nichts wert, die **wirtschaftliche und soziale Lage** der Freigelassenen verschlechterte sich noch gegenüber den früheren Zuständen. In den Industriestädten bildete sich eine besitzlose Lohnarbeiterschicht, deren Einkommensniveau angesichts des großen Angebots an Arbeitskräften die Existenz nicht sicherte. Daran änderte es nichts, dass auch die Frauen und sogar die Kinder mitarbeiteten, am Tag 14 bis 16 Stunden; dies hat das Angebot an Arbeitskräften – und zumal an Billigkräften – nur weiter erhöht und den Ertrag der Arbeit weiter verringert. Katastrophale soziale Verhältnisse, Hungerlöhne, menschenunwürdige Arbeitsbedingungen, Kinderarbeit, Wohnungsnot und ein niedriges Bildungsniveau (auch als Folge der weit verbreiteten Kinderarbeit) kennzeichneten die Situation[4].

43 Nur allmählich setzte sich die Einsicht durch, dass die Bedürfnisse der Lohnarbeiter andere waren als die der zuvor armutsgefährdeten Bevölkerungsschichten. Dafür war auch entscheidend, dass durch Industrialisierung und Bauernbefreiung die Armut zunehmend ein Massenphänomen wurde, dem man mit Armen*fürsorge* im bisherigen Stil nicht beikommen konnte (Pauperismus des Lohnarbeiters). Dabei stieg die Zahl der *Industriearbeiter* in Deutschland zunächst vergleichsweise langsam an, die Industriearbeiter machten 1846 im Deutschen Zollverein nur etwa 4,5% der Bevölkerung aus, ihre Zahl wuchs dann aber rasch. Die viel zahlreicheren *Landarbeiter* waren meist noch ärmer als die Industriearbeiter. Die vielen, die auf dem Land kein Auskommen mehr fanden, zog es in die Städte. Sie konkurrierten dort zunächst um Arbeitsplätze als *Lohnhandwerker* (Proletarisierung des Handwerks), später um *Lohnarbeit in Industrie und Bergbau*, namentlich im Ruhrgebiet[5]. In den Jahren nach der Reichsgründung 1871 wurde der maschinelle Industriebetrieb, die Fabrik, schließlich zur charakteristischen Betriebsform. Es entstand eine neue soziale Schicht, die **(Fabrik-)Arbeiterschaft**.

Das besondere Kennzeichen dieser schnell wachsenden neuen sozialen Schicht war, dass sie im Unterschied zu den Kleinbauern, kleinen Gewerbetreibenden und Handwerkern der vorindustriellen Zeit ohne Grundbesitz und sonstiges Vermögen darauf angewiesen war, **Lohnarbeit** zu verrichten, um den Lebensunterhalt bestreiten zu können. Den kleinen Bauern, Gewerbetreibenden und Handwerkern der vorindustriellen Zeit ging es nicht gut, sie sorgten aber für sich und ihre Familien selbst. Alter, Krankheit und Ausbildung wurden aus angesparten Rücklagen finanziert. Der Grundbesitz bildete die materielle Existenzgrundlage, er wurde, oft zugleich mit dem Beruf, auf die Nachkommen vererbt. Als ein immer größer werdender Teil der seit Mitte des 18. Jahrhunderts stark angewachsenen Bevölkerung auf dem Land kein Auskommen in den traditionellen Berufen mehr fand, wandelten sich die Bedingungen der Existenzsicherung. Es war die **Beschäftigung in abhängiger Arbeit**, die vor

3 Siehe für Preußen (vgl Gesetzsammlung für die Königlichen Preußischen Staaten): sog. Gemeindeanzugsgesetz vom 31.12.1842; sog. Freizügigkeitsgesetz vom 21.5.1860; Städteordnung vom 19.11.1808: Einführung des Prinzips der kommunalen Selbstverwaltung.

4 Siehe zur Lage der abhängig Beschäftigten zu Beginn der Industrialisierung *Th. Nipperdey*, Deutsche Geschichte 1800-1866, 5. Aufl., 1991, S. 219 ff; zur Entwicklung der Arbeiterschaft *Th. Nipperdey*, Deutsche Geschichte 1866-1918, Bd. 1, 1990, S. 291 ff.

5 Rund ein Drittel der etwa 200 000 Bergarbeiter des Ruhrgebiets Ende des neunzehnten Jahrhunderts stammten aus Oberschlesien, aus Westpreußen und aus Ostpreußen.

dem Hintergrund der im letzten Drittel des 19. Jahrhunderts schnell fortschreitenden Industrialisierung die Zukunft beherrschen sollte. Es hat nicht lange gedauert, bis man die Gesellschaft des 20. Jahrhunderts vor allem als **Industrie- und Arbeitsgesellschaft** bezeichnet hat.

Die Arbeiter waren in der Fabrik bloße Arbeitskräfte, die einen Barlohn erhielten, mit dem sie ihren und ihrer Familie Lebensunterhalt bestreiten mussten. Die Arbeitskraft wurde für den Unternehmer zu einem reinen Kostenfaktor. Arbeitsverhältnisse waren jederzeit auflösbar, Kündigungsschutz, eine Absicherung gegen Krankheit, Unfall, Invalidität, Alter und Tod gab es nicht. Der Marktpreis der Arbeitskraft war wegen des Überangebots von Arbeitskräften äußerst niedrig. Also schlossen die Arbeiter die Arbeitsverträge zu ungünstigsten Bedingungen hinsichtlich des Lohns und der Arbeitszeit. Die Arbeiter waren zwar rechtlich frei, sie konnten rechtlich gesehen wählen, ob sie überhaupt einen Arbeitsvertrag eingehen wollten und mit wem sie ihn schließen wollten. Tatsächlich waren sie aber gezwungen, sich dem wirtschaftlich unvergleichbar stärkeren Arbeitgeber zu dessen Bedingungen zu unterwerfen. Die Wirklichkeit geriet mit der Rechtsform immer mehr in Widerspruch. **44**

2. Die Bismarcksche Sozialgesetzgebung

a) Die Wende zu einem modernen Sozialrecht brachten die *bismarckschen Sozialversicherungsgesetze* der Achtzigerjahre. Auf die publikumswirksame **Kaiserliche Botschaft** vom 17. November 1881 folgten 1883 das **Gesetz betreffend die Krankenversicherung der Arbeiter**, ein Jahr später 1884 das **Unfallversicherungsgesetz** und schließlich 1889 das **Gesetz betreffend die Invaliditäts- und Altersversicherung**. *Bismarck* war sich der Vorteile bewusst, die sich aus einem Sozialversicherungsprogramm für seinen Kampf gegen den Sozialismus gewinnen ließen, es war sein Wunsch zu zeigen, dass der monarchisch-obrigkeitliche Staat der Arbeiterklasse mehr zu bieten habe als Sozialismus und Sozialdemokratie[6]. **45**

Die Kaiserliche Botschaft vom 17. November 1881 lautete: „Schon im Februar d.J. haben Wir Unsere Überzeugung aussprechen lassen, daß die Heilung der sozialen Schäden nicht ausschließlich im Wege der Repression sozialdemokratischer Ausschreitungen, sondern gleichmäßig auf dem der positiven Förderung des Wohles der Arbeiter zu suchen sein werde. Wir halten es für Unsere Kaiserliche Pflicht, dem Reichstage diese Aufgabe von Neuem ans Herz zu legen, und würden Wir mit um so größerer Befriedigung auf alle Erfolge, mit denen Gott Unsere Regierung sichtlich gesegnet hat, zurückblicken, wenn es Uns gelänge, dereinst das Bewußtsein mitzunehmen, dem Vaterlande neue und dauernde Bürgschaften seines inneren Friedens und den Hülfsbedürftigen größere Sicherheit und Ergiebigkeit des Beistandes, auf den sie Anspruch haben, zu hinterlassen. (...) In diesem Sinne wird zunächst der von den verbündeten Regierungen in der vorigen Session vorgelegte Entwurf eines Gesetzes über die Versicherung der Arbeiter gegen Betriebsunfälle mit Rücksicht auf die im Reichstage stattgehabten Verhandlungen über denselben einer Umarbeitung unterzogen, um die erneute Beratung desselben vorzubereiten. Ergänzend wird ihm eine Vorlage zur Seite treten, welche sich eine gleichmäßige Organisation des gewerblichen Krankenkassenwesens zur Aufgabe

6 Vgl *Th. Nipperdey*, Deutsche Geschichte 1866-1918, Bd. 1, 1990, S. 337 ff.

stellt. Aber auch diejenigen, welche durch Alter oder Invalidität erwerbsunfähig werden, haben der Gesamtheit gegenüber einen begründeten Anspruch auf ein höheres Maß staatlicher Fürsorge, als ihnen bisher hat zu Theil werden können …"

46 b) Die soziale Absicherung der Risiken Krankheit, Arbeitsunfall, Alter und Invalidität durch die bismarckschen Sozialgesetze trug folgende Kennzeichen: Sie erfolgte in der Form der **Versicherung**, die dem Grundsatz nach eine **Pflichtversicherung** war. Diese Versicherung war **öffentlich-rechtlich organisiert** und stand auf der Grundlage einer **Selbstverwaltung** mit staatlicher Aufsicht. Die Finanzierung beruhte auf **Beiträgen**, die von den Arbeitern und den Arbeitgebern aufgebracht wurden, in der Rentenversicherung war zudem ein Staatszuschuss vorgesehen. Verwirklichte sich ein versichertes Risiko, hatte der Berechtigte einen öffentlich-rechtlichen **Leistungsanspruch**, der in einem bestimmten Verfahren durchgesetzt werden konnte. Alle diese Kriterien prägen die Sozialversicherung noch heute. Die Dreiteilung der Sozialversicherungsgesetze in Krankenversicherung, Unfallversicherung und Alters- sowie Invaliditätsversicherung hatte geschichtliche Gründe, sie ist vor allem durch die Vorgeschichte der Krankenversicherung und der Unfallversicherung bedingt.

47 c) Das zuerst verabschiedete **Krankenversicherungsgesetz** vom 15. Juni 1883[7] begründete (bis zu einem bestimmten Jahresarbeitsverdienst) die **Versicherungspflicht**. Es knüpfte, vor allem in organisatorischer Hinsicht, an die zuvor bestehenden Gemeindeversicherungen und an das Hilfskassenwesen an[8]. Die bis dahin privaten Hilfskassen wurden zu **öffentlich-rechtlichen Körperschaften**, aus den örtlichen Hilfskassen für die jeweiligen Berufszweige wurden die Ortskrankenkassen, die durch Gemeindebeschluss für deren Bezirk errichtet wurden. Die **Beiträge** (zwischen 3% und 6% des Arbeitslohns) wurden zu zwei Dritteln von den Arbeitnehmern und zu einem Drittel von den Arbeitgebern getragen. Auf der **Leistungsseite** hatten die Einkommensersatzleistungen mit etwa 90% die größte Bedeutung, etwa 10% entfielen auf Heilbehandlung und Arzneimittel. Einkommensersatz in Gestalt von Krankengeld wurde vom 3. Tag der krankheitsbedingten Arbeitsunfähigkeit an bis zu maximal 13 Wochen in Höhe von 50% des Arbeitslohns gezahlt. Dem Anteil der Beitragspflicht entsprechend waren in den **Selbstverwaltungsorganen** zwei Drittel Vertreter der Arbeitnehmer und ein Drittel Vertreter der Arbeitgeber.

Die Grundstruktur der gesetzlichen Krankenversicherung entspricht auch heute noch diesem Modell. Zugleich wird die **Grundstruktur der Sozialversicherung** allgemein erkennbar. *Wannagat*[9] hat sie folgendermaßen definiert: Sozialversicherung ist „eine staatlich organisierte, nach den Grundsätzen der Selbstverwaltung aufgebaute öffentlich-rechtliche, vorwiegend auf Zwang beruhende Versicherung großer Teile der arbeitenden Bevölkerung für den Fall der Beeinträchtigung der Erwerbsfähigkeit und des Todes sowie des Eintritts der Arbeitslosigkeit." Diese Merkmale bestimmen alle Sozialversicherungszweige.

---

7 RGBl., S. 73. Näher *Wannagat*, Sozialversicherungsrecht, S. 64 ff.
8 Siehe ausführlich *Wannagat*, Sozialversicherungsrecht, S. 64 ff.
9 *Wannagat*, Sozialversicherungsrecht, S. 25.

d) Das **Unfallversicherungsgesetz** vom 6. Juli 1884[10] führte in Bezug auf das Arbeitsunfallrisiko die **Versicherungspflicht** zunächst der Arbeiter und der schlechter bezahlten Betriebsbeamten besonders gefahrenträchtiger Betriebe bei den **Berufsgenossenschaften** ein, die als **öffentlich-rechtliche Körperschaften** organisiert wurden. **48**

Auch das Unfallversicherungsgesetz hat eine Vorgeschichte: Das damals allein dem Verschuldensprinzip folgende **bürgerlichrechtliche Haftungsrecht** erwies sich als untauglich, Arbeitsunfälle angemessen zu erfassen. Mit dem Aufkommen des technischen Zeitalters ergaben sich nämlich Schadensformen und Gefahren, zu denen das aus einer anderen Zeit stammende und in vorindustrieller Zeit auch bewährte Prinzip der Verschuldenshaftung, dem das BGB noch gefolgt ist, nicht passen wollte[11]. Das zeigte sich an den Arbeitsunfällen besonders deutlich. Die Industrialisierung hatte zu einem enormen Ansteigen der Arbeitsunfälle geführt, der Unfall war tägliche Wirklichkeit der Arbeitswelt. Ersatz des Unfallschadens, namentlich des Erwerbsausfallschadens, war auf der Grundlage eines dem Verschuldensprinzip folgenden Haftungsrechts aus rechtlichen und aus tatsächlichen Gründen so gut wie nicht zu bekommen. Arbeitsunfälle gehen zudem häufig auf ein „Selbstverschulden" des Verletzten zurück, sodass es keinen zivilrechtlich Haftenden gibt. Das **Reichshaftpflichtgesetz** (RHG) von 1871 hatte auf der Grundlage des bürgerlichrechtlichen Haftungsrechts (wie es später in §§ 823 ff BGB kodifiziert worden ist) zwar in einigen mit besonderen Gefahren verbundenen Gewerben die privatrechtliche Unternehmerhaftung (geringfügig) ausgeweitet und dies mit einer versicherungsrechtlichen Komponente verbunden (§§ 2, 4 RHG). Dies hat jedoch nicht zu einer tragfähigen Lösung geführt, zumal die Beweislast weiterhin bei den Arbeitern lag.

Die 1884 eingeführte gesetzliche Unfallversicherung begründete zum einen die **Versicherung** des Arbeitsunfallrisikos auf **öffentlich-rechtlicher** Basis. Sie legt dabei seit ihren Anfängen großen Wert auf die Prävention. Mit der gesetzlichen Unfallversicherung war zum anderen die **Ablösung der privatrechtlichen Schadensersatzhaftung** verbunden: In den vom Unfallversicherungsrecht erfassten Bereichen ist seither das bürgerlichrechtliche Haftungsrecht für die Personenschäden einschließlich des Schmerzensgeldanspruchs außer Kraft gesetzt. Für die Unternehmerhaftung ist dies jetzt in § 104 Abs. 1 S. 1 SGB VII wie folgt formuliert: „Unternehmer sind den Versicherten, die für ihre Unternehmen tätig sind oder zu ihren Unternehmen in einer sonstigen die Versicherung begründenden Beziehung stehen, sowie deren Angehörigen und Hinterbliebenen nach anderen gesetzlichen Vorschriften zum Ersatz des Personenschadens, den ein Versicherungsfall verursacht hat, nur verpflichtet, wenn sie den Versicherungsfall vorsätzlich oder auf einem nach § 8 Abs. 2 Nr 1-4 versicherten Weg herbeigeführt haben". Da das maßgebliche Anliegen der gesetzlichen Unfallversicherung neben der Versicherung des Arbeitsunfallrisikos die Ablösung der privatrechtlichen Schadensersatzhaftung der Unternehmer war, waren die **Beiträge** von den Unternehmern allein zu tragen. Die **Leistungen** umfassten im wesentlichen die Kosten des Heilverfahrens vom Beginn der 14. Woche nach Eintritt des Arbeitsunfalls an (vorher hatten die zu zwei Dritteln von den Arbeitern finanzierten Krankenkassen einzutreten) und Renten für die Verletzten oder im Todesfall für deren Hinterbliebene (in Höhe von maximal zwei Drit-

10 RGBl., S. 69. Näher *Wannagat*, Sozialversicherungsrecht, S. 66 ff.
11 Ausführlicher zum Ganzen *Waltermann*, RdA 1998, 330 ff mwN.

teln des Arbeitslohns, nach privatrechtlichem Haftungsrecht waren es – theoretisch – 100% gewesen). Die Berufsgenossenschaften wurden ermächtigt, Unfallverhütungsvorschriften zu erlassen.

49 e) Das Gesetz betreffend die **Invaliditäts- und Altersversicherung** vom 22. Juni 1889[12] führte die **Versicherungspflicht** für alle Arbeiter und für Angestellte bis zu einem bestimmten Jahresverdienst ein. Es handelte sich dabei nicht um eine eigentliche Rentenversicherung für das Alter, wie wir sie heute kennen, ein prinzipiell arbeitsfreies Alter gab es damals nicht. Wer in den unteren Klassen alt wurde, war meist Invalide. In jedem Fall wurde er arm und war auf die von den Kommunen getragene Armenfürsorge verwiesen. Der mit der Invaliditäts- und Altersversicherung verbundene Übergang von der Armenfürsorge zur Altersversicherung war strukturell ein höchst moderner Schritt, an die Stelle bedürftigkeitsabhängiger Wohltätigkeit der Fürsorge trat ein durch Beiträge an die Versicherung erworbener Rechtsanspruch.

Träger der Versicherung waren die Landesversicherungsanstalten als **Körperschaften des öffentlichen Rechts**. Die **Beiträge** (1,7% des Arbeitsverdienstes) waren je zur Hälfte von Arbeitnehmern und Arbeitgebern zu tragen, daneben wurde ein Jahreszuschuss von 50 Mark je Rente aus Steuermitteln gezahlt. Die **Leistung** der **Invalidenrente** wurde gewährt, wenn Versicherte auf Grund der Minderung ihrer Erwerbsfähigkeit dauernd nicht mehr wenigstens ein Sechstel ihres früheren bzw des ortsüblichen Verdienstes erzielen konnten. Mit der Vollendung des 70. Lebensjahres wurde **Altersrente** gezahlt, wobei das Gesetz davon ausgehen konnte, dass spätestens von diesem Alter an im Regelfall Erwerbsunfähigkeit gegeben war (Altersinvalidität). Leistungen an Witwen und Waisen gab es nicht, eine gesetzliche Regelung war für später vorgesehen. In der Höhe bestand die Rente in einem Unterhaltszuschuss, eine annähernde Sicherung des Lebensstandards wurde damit nicht erreicht.

Bismarck hat sein kurzfristiges Ziel, die Arbeiter mit dem Staat und der Gesellschaft zu versöhnen, nicht erreicht. Auf lange Sicht gesehen stehen die *bismarckschen* Sozialversicherungsgesetze aber am Anfang des Weges zu einem modernen Sozialstaat.

3. Die Entwicklung bis 1918

50 Nach Fortentwicklungen in den Jahren nach ihrem Erlass wurden die drei Sozialversicherungsgesetze **1911** in der **Reichsversicherungsordnung (RVO)** zusammengefasst (aus der zuletzt das Recht der gesetzlichen Unfallversicherung mit Wirkung vom 1. Januar 1997 in das Sozialgesetzbuch (SGB) überführt worden ist).

Die sechs Bücher der RVO regelten: 1. Gemeinsame Vorschriften für alle Zweige der Reichsversicherung; 2. Krankenversicherung; 3. Unfallversicherung; 4. Invaliden- und Hinterbliebenenversicherung; 5. Rechtliche Beziehungen der Versicherungsträger zueinander und zu anderen Verpflichteten; 6. Verfahren.

12 RGBl., S. 97, in Kraft getreten am 1.1.1891. Näher *Wannagat*, Sozialversicherungsrecht, S. 68 f.

Ebenfalls 1911 wurde das **Versicherungsgesetz für Angestellte** verabschiedet[13]. Es entsprach in der gesetzlichen Struktur der Invaliden- und Hinterbliebenenversicherung der RVO, sah für die standesbewussten Angestellten aber unter meist milderen tatbestandlichen Voraussetzungen sehr viel günstigere Leistungen vor als die RVO für die Arbeiter. Die Durchführung der Angestelltenversicherung oblag der Reichsversicherungsanstalt für Angestellte.

III. Erweiterungen des Sozialrechts von 1918 bis 1945

1. Die sozialrechtliche Gesetzgebungstätigkeit der **Weimarer Republik** war zunächst durch die wirtschaftlichen und sozialen Verhältnisse der Zeit nach dem Ersten Weltkrieg geprägt. Am Anfang galt es, die Not der Kriegsverletzten und der Hinterbliebenen der im Krieg ums Leben Gekommenen zu mildern. Daraus ist die **Kriegsopferversorgung** entstanden. 1922 wurde das Angestelltenversicherungsrecht wesentlich geändert und 1924 neu gefasst, es hieß von dort an **Angestelltenversicherungsgesetz (AVG)**. Die Leistungen der Angestelltenversicherung wurden weiter verbessert. 51

Besondere Bedeutung hat die Schaffung der **Arbeitslosenversicherung** im Jahr 1927. Die *bismarcksche* Sozialversicherung der Kaiserzeit hatte das Risiko der Arbeitslosigkeit nicht erfasst, obwohl sich gezeigt hatte, dass Arbeitslosigkeit ein typischer Notstand der Industrialisierung war[14]. Die nach dem ersten Weltkrieg schnell anwachsende Massenarbeitslosigkeit zwang zum Handeln. Es kam zunächst zur Bildung einer den Gemeinden auferlegten Erwerbslosenfürsorge, an deren Finanzierung Mitte der Zwanzigerjahre auch Arbeitnehmer und Arbeitgeber beteiligt wurden. 1927 wurde dann mit dem Gesetz über Arbeitsvermittlung und Arbeitslosenversicherung[15] eine Arbeitslosenversicherung geschaffen, die *Arbeitsvermittlung* und *Arbeitslosenversicherung* organisatorisch zusammenfasste und deren Grundstrukturen noch heute gelten. **Versicherungspflicht und öffentlich-rechtliche Aufgabenwahrnehmung** (durch eine Reichsanstalt und als Unterabteilungen durch Landesarbeitsämter und Arbeitsämter) waren, ebenso wie bei der Sozialversicherung im engeren Sinn, auch für die Arbeitslosenversicherung kennzeichnend. Die **Beiträge** waren je zur Hälfte von Arbeitnehmern und Arbeitgebern zu tragen. Als **Leistung** wurde, wenn die Anwartschaftszeit erfüllt und die Arbeitslosigkeit unfreiwillig war, Arbeitslosenunterstützung für höchstens 26 Wochen gewährt. 52

2. In der Zeit des **Nationalsozialismus** wurde mit den demokratischen Prinzipien auch in der Sozialversicherung die Selbstverwaltung beseitigt. Beginnend mit den Nürnberger Gesetzen von 1935 wurden die Juden aus den Sozialversicherungssystemen schrittweise ausgeschlossen[16]. Als Beispiel sei die Verordnung des Reichsar- 53

13 RGBl., S. 989, es trat am 2.1.1913 in Kraft. Näher *Wannagat*, Sozialversicherungsrecht, S. 77 ff.

14 Näher *Wannagat*, Sozialversicherungsrecht, S. 83 ff.

15 Gesetz vom 16.7.1927, RGBl. I, S. 187. Näher *Wannagat*, Sozialversicherungsrecht, S. 83 ff.

16 Eine Sammlung einschlägiger Normen findet sich in: *Walk* (Hrsg.), Das Sonderrecht für die Juden im NS-Staat, 2. Aufl., 1996.

beitsministeriums von 1941 erwähnt: „Eine Reihe von sozialen Gesetzen finden auf Juden keine Anwendung. Sie haben (...) keinerlei soziale Rechte, (...) keinerlei Anspruch auf (...) Familien- oder Kinderzulagen (etc).“[17].

Durch das Gesetz über die Altersversorgung für das Deutsche Handwerk von 1938 wurden Selbständige in größerem Umfang in die Sozialversicherung einbezogen. In der Rentenversicherung wurde 1941/42 das Beitragsmarkenverfahren („Kleben“) durch das Lohnabzugsverfahren, wie es heute besteht, ersetzt. 1941 wurden die Rentner in die Krankenversicherung einbezogen. In der Arbeitslosenunterstützung wurde das Versicherungsprinzip verlassen und nach dem Fürsorgeprinzip Hilfe nur bei Bedürftigkeit geleistet.

IV. Die Entwicklung seit 1945

54 1. Die **Thematik des Sozialrechts** ist nach dem Zweiten Weltkrieg **erheblich erweitert** worden, ferner wurden in bereits entwickelten Bereichen der anspruchsberechtigte Personenkreis ausgedehnt und die Leistungen verbessert. Die Einzelheiten der Entwicklung nach 1945 sind jeweils im Zusammenhang mit den einzelnen Sozialleistungen dargestellt, hier sollen nur die wesentlichsten Stationen auf dem Weg zu unserem heutigen Sozialrecht genannt sein: Der **Krieg mit seinen Folgen** gab Anlass für zahlreiche Sozialgesetze, durch die Kriegsopfer in das Wirtschaftsleben integriert und Vertriebene und bestimmte Verfolgte entschädigt werden sollten. Zu nennen ist insbesondere das Bundesversorgungsgesetz (BVG) von 1950[18]. Über die Kriegsopferentschädigung hinaus wurde ein **Entschädigungsrecht** (bei Impfschäden seit 1961 nach dem BSeuchG, heute nach dem IfSG, für Opfer von Gewalttaten seit 1976 nach dem OEG) aufgebaut; entschädigungsrechtliche Sozialleistungen wurden dabei, nicht zuletzt auch wegen Unklarheiten in Bezug auf die Gesetzgebungskompetenz, zum Teil in das Unfallversicherungsrecht eingegliedert und nach dessen Modell geregelt. 1961 wurde mit dem BSHG aus dem Fürsorgerecht das **Sozialhilferecht** heutigen Zuschnitts mit einem Rechtsanspruch auf die Sozialhilfe. Seit dem Ende der Sechzigerjahre entwickelte sich das Recht der sozialen Förderung (Ausbildungsförderung, Arbeitsförderung, Kindergeld). Die klassischen Zweige der **Sozialversicherung** (Krankenversicherung, Unfallversicherung, Rentenversicherung und die Arbeitslosenversicherung) wurden kontinuierlich fortentwickelt. Mit Wirkung vom 1. Januar 1995 wurde die **Pflegeversicherung** als neue Säule der Sozialversicherung eingeführt. Als besonders markantes gesetzgeberisches Vorhaben ist auch hier die **Schaffung des Sozialgesetzbuchs** zur Sprache zu bringen.

55 2. Die **Wiedervereinigung** der beiden deutschen Staaten erfolgte in zwei Schritten, durch die mit dem *Ersten Staatsvertrag*[19] zum 1. Juli 1990 eingeführte „Währungs-, Wirtschafts- und Sozialunion“ zwischen der Bundesrepublik Deutschland und der DDR, und durch den *Einigungsvertrag*[20], mit dem die Wiedervereinigung mit Wir-

---

17 VO zur Durchführung der VO über die Beschäftigung von Juden vom 31.10.1941, RGBl. I, S. 681.
18 BGBl. I, S. 791.
19 V. 18.5.1990, BGBl. II, S. 537.
20 V. 31.8.1990, BGBl. II, S. 889.

kung vom 3. Oktober 1990 vollzogen wurde. Sozialrechtlich enthielt der Erste Staatsvertrag eine Angleichung des ostdeutschen Sozialrechts an das westdeutsche, mit dem Einigungsvertrag trat das Sozialrecht Westdeutschlands in den Ländern Brandenburg, Mecklenburg-Vorpommern, Sachsen, Sachsen-Anhalt und Thüringen mit deren Beitritt zur Bundesrepublik Deutschland in Kraft (vgl Art. 1, 8 EVertr). Für nach dem Recht der DDR erworbene Rentenanwartschaften enthält das Rentenüberleitungsgesetz (RÜG) die maßgeblichen Bestimmungen.

§ 4 Sozialrecht und Sozialpolitik

I. Vom liberalen Staat zum sozialen Rechtsstaat

Schrifttum: *von Gierke*, Die soziale Aufgabe des Privatrechts, 1889; *Larenz/Wolf*, Allgemeiner Teil des Bürgerlichen Rechts, 8. Aufl., 1997, Rn 37 ff; *Pieroth/Schlink*, Grundrechte, Rn 85 ff; *Radbruch*, Vom individualistischen zum sozialen Recht, in: Der Mensch im Recht, 1957, S. 35; *Schwab*, Einführung in das Zivilrecht, 14. Aufl., 2000, Rn 73 ff; *Wieacker*, Das Sozialmodell der klassischen Privatrechtsgesetzbücher und die Entwicklung der modernen Gesellschaft, 1953.

1. **Die Staatstheorie** des 19. Jahrhunderts ging von der Annahme aus, der Einzelne **56**
sei als Glied der bürgerlichen Gesellschaft autonom und in der Lage, seine Lebensverhältnisse selbstverantwortlich zu gestalten. Die Freiheit des einzelnen war in dieser Vorstellung eine *Freiheit vom Staat*, wobei man sich das Verhältnis von Gesellschaft und Staat, nachdem Feudalismus, Absolutismus und Polizeistaat überwunden waren, so vorstellen muss, dass beide auf entgegengesetzten Seiten standen. Die Gesellschaft auf der einen Seite sorgte für ihre wirtschaftlichen und kulturellen Belange selbst. Aufgabe des Staates auf der anderen Seite war der Schutz der Rechte und der äußeren und inneren Sicherheit der Bürger durch Justiz, Armee und Polizei. Unter diesen staatstheoretischen Vorzeichen legte vor allem **das Privatrecht** die Regeln des gesellschaftlichen Zusammenlebens fest, es enthielt die für den Einzelnen und für die Gesellschaft maßgebenden Rechtsquellen. Und das Privatrecht war, wie die Staatstheorie, von der Idee geprägt, dass jeder für die Wahrung seiner Interessen selbst sorgen könne und solle. Die *Idee liberaler Freiheit* äußert sich auf den Bereich des Wirtschaftens bezogen in der Freiheit des Eigentums und in der Freiheit wirtschaftlicher Betätigung allgemein. Dabei entspricht es der Vorstellung des klassischen **Liberalismus** des ausgehenden 18. und des 19. Jahrhunderts, dass die Gesellschaft auf der Basis der privaten Autonomie und der Vertragsfreiheit im sozusagen „freien Spiel der Kräfte“ wie von unsichtbarer Hand gelenkt das allgemeine Beste erreichen werde. Das BGB als Grundlage des Privatrechts ist im Geist des Liberalismus entstanden.

2. Die **Wirklichkeit** hat dieses Modell des Liberalismus widerlegt. Schon während **57**
der Entstehung des BGB hatte sich gezeigt, dass das freie Spiel der gesellschaftlichen Kräfte keineswegs zu hinnehmbaren gesellschaftlichen Daseinsbedingungen

führt, dass die Verwirklichung von Handlungs- und Eigentumsfreiheit die (neuen) gesellschaftlichen Probleme vielmehr zum Teil erst schuf. Es bildete sich ein Gegensatz zwischen den wenigen sozial Gesicherten und den vielen in materieller Existenznot oder an ihrem Rand lebenden kleinen Bauern, Handwerkern und Land- oder (zunehmend) Fabrikarbeitern. Wie wirklichkeitsfremd das Modell des Liberalismus war, zeigte sich vor allem im **Arbeitsrecht**[1]. Das Leitbild des unabhängigen, unter den Bedingungen freier Selbstbestimmung handelnden Individuums hat gerade hier zu den tatsächlichen Verhältnissen nicht gepasst. Schon vor dem In-Kraft-Treten des BGB hat sich das Arbeitsrecht deshalb, zuerst mit Vorschriften des öffentlich-rechtlichen Arbeitsschutzrechts, dann durch allmähliche Ausbildung des kollektiven Arbeitsrechts und durch Sonderregeln des Arbeitsvertragsrechts als Sonderprivatrecht entwickelt und vom ganz im Zeichen des Prinzips der Privatautonomie erlassenen Bürgerlichen Recht insoweit abgesondert. Auch das **Bürgerliche Recht** hat bis heute, insbesondere unter der Geltung des Grundgesetzes, eine erhebliche Fortbildung erfahren, durch die, zum Teil in Spezialgesetzen, Schutzmechanismen, namentlich im Interesse des **Verbraucherschutzes** und des **Mieterschutzes**, geschaffen worden sind[2].

58 3. Der Staat hat nicht nur im Privatrecht seine Distanz zur „freien Gesellschaft" aufgegeben. Neben den Veränderungen des Privatrechts steht die Verwirklichung des Sozialstaates durch öffentlich-rechtliche Regelungen. Die Vorstellung, der Staat solle als liberaler Staat in die Freiheit des Individuums möglichst wenig eingreifen, wurde durch die Vorstellung ersetzt, der Staat müsse als **sozialer Rechtsstaat** vor dem Hintergrund der rechtlichen Freiheit die tatsächlichen Bedingungen der Freiheit überhaupt erst schaffen und sichern. Dass der Staat die Freiheit nicht nur zu respektieren hat, sondern sie auch schützen und durch Vorkehrungen die **tatsächlichen Bedingungen der Freiheit schaffen und sichern muss**, ist die **Triebfeder gerade auch des Sozialrechts**. Dabei hat das Sozialrecht mit den *Bismarckschen Sozialgesetzen* am Anfang einer Entwicklung gestanden, in deren Verlauf das öffentliche Recht im Verhältnis zum Privatrecht beständig vorgedrungen ist.

II. Ökonomische Grundlagen des Sozialrechts

59 1. Mit dem Begriff **Sozialbudget** erfasst man nicht nur diejenigen Leistungen, die auf Grund sozialrechtlicher Gesetze erbracht werden. Erfasst sind auch die der sozialen Sicherung dienenden beamtenrechtlichen Leistungen, die (steuerlich geförderten) Ausgaben der Arbeitgeber (einschließlich der öffentlichen Arbeitgeber) für Zwecke der sozialen Sicherung der Arbeitnehmer (zB Entgeltfortzahlung, betriebliche Altersversorgung), die Ausgaben im Rahmen von Versorgungswerken von Selbständigen (zB Versorgungswerke der Rechtsanwälte), sozialpolitisch motivierte Steuererleichterungen (zB Kinderfreibeträge bei der Einkommenssteuer) oder Sub-

1 Näher *Waltermann*, Rechtsetzung durch Betriebsvereinbarung zwischen Privatautonomie und Tarifautonomie, 1996, S. 64 ff.

2 Siehe näher *Larenz/Wolf*, Allgemeiner Teil des Bürgerlichen Rechts, 8. Aufl., 1997, Rn 55 ff.

ventionen (zB Förderung im sozialen Wohnungsbau). Die im Sozialbudget ausgewiesenen Ausgaben enthalten somit **sämtliche Ausgaben für Zwecke der sozialen Sicherung**. 1995 belief sich das Sozialbudget auf etwa 1100 Milliarden DM, für 2000[3] wurde es vorläufig auf über 1260 Milliarden DM angesetzt. Die sozialrechtlich veranlassten Aufwendungen der öffentlichen Hände (des Bundes, der Länder, der Gemeinden sowie der Sozialversicherungsträger) machen den mit Abstand größten Teil des Sozialbudgets aus.

2. **Nach Funktionen der Aufwendungen** gegliedert, zeigen sich folgende Schwerpunkte der im Sozialbudget enthaltenen Leistungen: An der Spitze stehen die Aufwendungen für Leistungen wegen Alters und an Hinterbliebene (2000: 472,6 Milliarden DM), es folgen die Aufwendungen für das Gesundheitswesen (2000: 430,6 Milliarden DM), an dritter Stelle stehen die Aufwendungen für Ehe und Familie (2000: 189,5 Milliarden DM), hoch bleiben schließlich die Ausgaben im Bereich Beschäftigung (2000: 121 Milliarden DM). Auf die übrigen Bereiche (zB Wohnen, Sparen und Vermögensbildung, allgemeine Lebenshilfe) entfielen 2000 49,1 Milliarden DM.

3. Teilt man die öffentlichen Sozialleistungen **nach Institutionen** auf, liegt das Schwergewicht mit Abstand bei der Sozialversicherung, wie die nachfolgende **Übersicht** zeigt:

Institutionen	**Ausgaben 1995**	**Ausgaben 2000**
Rentenversicherung	361,3 Mrd. DM	425,3 Mrd. DM
Krankenversicherung	238,9 Mrd. DM	258,3 Mrd. DM
Pflegeversicherung	10,3 Mrd. DM	32,6 Mrd. DM
Unfallversicherung	20,0 Mrd. DM	21,2 Mrd. DM
Arbeitsförderung	128,7 Mrd. DM	126,7 Mrd. DM
Kindergeld*	21,3 Mrd. DM	0,2 Mrd. DM
Erziehungsgeld	7,6 Mrd. DM	7,3 Mrd. DM
Altershilfe für Landwirte	6,2 Mrd. DM	6,4 Mrd. DM
Versorgungswerke	2,8 Mrd. DM	3,8 Mrd. DM
Leistungssysteme des öffentlichen Dienstes (Pensionen, Familienzuschläge, Beihilfen)	81,8 Mrd. DM	96,6 Mrd. DM
Arbeitgeberleistungen (Entgeltfortzahlung, Betriebliche Altersversorgung, Zusatzversorgung)	106,5 Mrd. DM	106,0 Mrd. DM
Entschädigungsleistungen	18,1 Mrd. DM	12,9 Mrd. DM
Sozialhilfe	54,2 Mrd. DM	50,3 Mrd. DM

* Kindergeld ist ab 1996 als indirekte Leistung (Familienleistungsausgleich) ausgewiesen.

3 Aktuelle Daten finden sich im Internet unter http://www.bma.de. Alle im folgenden für 2000 angegebenen Zahlen sind vorläufig.

Institutionen	**Ausgaben 1995**	**Ausgaben 2000**
Kinder- und Jugendhilfe	29,2 Mrd. DM	32,8 Mrd. DM
Ausbildungsförderung	1,9 Mrd. DM	1,8 Mrd. DM
Wohngeld	6,2 Mrd. DM	8,4 Mrd. DM
Leistungen zur Vermögensbildung	1,1 Mrd. DM	2,3 Mrd. DM
Steuerliche Maßnahmen*	70,2 Mrd. DM	76,8 Mrd. DM
Familienleistungsausgleich		61,9 Mrd. DM

* Ohne Familienleistungsausgleich

4. **Höhe und Zusammensetzung** der Finanzierung der sozialen Sicherung veranschaulicht die folgende nach Finanzierungsquellen geordnete **Übersicht**:

Finanzierungsquellen	**Aufgebrachte Mittel 1995**	**Aufgebrachte Mittel 2000**
Private Haushalte	302,3 Mrd. DM	346,0 Mrd. DM
Unternehmen	342,1 Mrd. DM	360,1 Mrd. DM
Bund	233,4 Mrd. DM	290,3 Mrd. DM
Länder	111,9 Mrd. DM	150,9 Mrd. DM
Gemeinden	108,2 Mrd. DM	122,7 Mrd. DM
Private Organisationen	17,1 Mrd. DM	19,6 Mrd. DM
Sonstige	4,7 Mrd. DM	5,5 Mrd. DM

III. Sozialpolitik

Schrifttum: *Bäcker/Bispinck/Hofemann/Naegele*, Sozialpolitik und soziale Lage in Deutschland, 2 Bd., 3. Aufl., 2000; *Bellermann*, Sozialpolitik, 4. Aufl., 2001; *Butterwegge*, Wohlfahrtsstaat im Wandel, 3. Aufl., 2001; *Kramer*, Soziale Gerechtigkeit – Inhalt und Grenzen, 1992; *Lampert/Althammer*, Lehrbuch der Sozialpolitik, 6. Aufl., 2001; *Tegtmeier*, Zukunft des Sozialstaats, in: SRH, A.5.; *Zacher*, Sozialrecht und Marktwirtschaft, 1981, abgedruckt in: *ders.*, Abhandlungen zum Sozialrecht, 1993, S. 166; *Zerche*, Sozialpolitik, 2. Aufl., 1996.

60 1. Die Sozialpolitik handelt in einem **Spannungsfeld**, bestimmt durch die ökonomisch allein Erfolg versprechende Marktwirtschaft auf der einen und das gesellschaftliche Erfordernis sozialer Gerechtigkeit und Sicherheit auf der anderen Seite. Dieses Spannungsfeld ist – lässt man alle Interessenpolitik und allen festen Glauben an den Besitz der richtigen Handlungskonzepte einmal nicht gelten – zu einem guten Teil nüchterner Analyse zugänglich, im übrigen ist die erfolgreiche Ausgestaltung mit dem Ziel gerechter gesellschaftlicher Bedingungen der Politik aufgegeben. Dabei kann zweierlei als unstreitig gelten: Jede Erfolg versprechende Sozialpolitik ist auf eine leistungsfähige Wirtschaft als notwendige Bedingung angewiesen. Die wirtschaftliche Leistungsfähigkeit einer Volkswirtschaft steht zugleich in einem

Abhängigkeitsverhältnis zum Niveau des sozialpolitisch Erreichten; nicht durch Zufall sind nachhaltiger wirtschaftlicher Aufstieg und nachhaltige Verbesserung der sozialen Verhältnisse stets miteinander verknüpft, wie die Geschichte der Industrienationen und der Blick auf die weltweiten wirtschaftlichen und sozialen Verhältnisse belegen.

2. Nicht nur in der Bundesrepublik Deutschland muss die Sozialpolitik gegenwärtig zahlreiche schwierige **sozialpolitische Grundsatzprobleme** lösen: An erster Stelle steht die Bekämpfung der hohen **Arbeitslosigkeit**. Zweitens stellt die **Überalterung der Bevölkerung** ein beträchtliches Zukunftsproblem der Sozialstaaten dar. Die Beschäftigungskrise und die auf dem Kopf stehende Alterspyramide sind vor allem für die Finanzierung (nicht nur der gesetzlichen, sondern auch der privaten) Rentenversicherungssysteme und für die Altersversorgung der Beamten problematisch, sie betreffen aber auch die anderen Zweige der Versicherung (Krankenversicherung, Pflegeversicherung, Arbeitslosenversicherung). Eine wesentliche Ursache der ungünstigen Altersstruktur der Bevölkerung liegt darin, dass die bestehenden gesellschaftlichen und wirtschaftlichen **Bedingungen für Familien mit Kindern**[4] nicht attraktiv sind, in der unteren Einkommensgruppe geraten Familien mit Kindern oft in wirtschaftliche Not. Das für alle Industriestaaten problematische Missverhältnis zwischen Jung und Alt wird sich nur korrigieren lassen, wenn man die auf die Kindererziehung zurückgehenden Familienlasten besser verteilt. Zu den großen Herausforderungen der Zukunft gehört es schließlich, das großem Kostendruck ausgesetzte **Gesundheitswesen** finanzierbar zu halten[5]. 61

§ 5 Systemstrukturen des Sozialrechts

I. Binnenstruktur des Sozialrechts

Die sozialrechtliche Lehre ist bestrebt, das Sozialrecht inhaltlich zu strukturieren. 62
Durch Einteilung des Sozialrechts in bestimmte **Kategorien** und Zuordnung der verschiedenen Bereiche des Sozialrechts zu diesen Kategorien soll eine Binnenstruktur erkennbar gemacht werden, deren Aufhellung Unterschiede und Gemeinsamkeiten der verschiedenen Sozialrechtsbereiche und deren Prinzipien deutlicher hervortreten lässt. Die rechtswissenschaftlichen Ansätze, eine Binnenstruktur des Sozialrechts erkennbar zu machen, wollen nicht etwas geschlossen Vorhandenes zu Tage fördern, es geht ihnen auch nicht um eine vollständige oder abschließende Definition. Auch lassen sich bei der Rechtsanwendung keine unmittelbaren Folgerungen daran knüpfen. Das Bemühen um eine Systematisierung des Stoffs soll vielmehr seine Erfassung erleichtern. Neulinge des Sozialrechts können daran bei ers-

4 Siehe näher unten Rn 518 ff.

5 Auf die genannten sozialstaatlichen Herausforderungen ist jeweils im Zusammenhang mit den einzelnen Versicherungszweigen zurückzukommen.

tem Hinsehen ihre Zweifel haben, denn es gibt mehrere unterschiedliche **Einteilungslehren**, von denen keine zwingend ist und zwei gebräuchlich geblieben sind, also im Sprachgebrauch des sozialrechtlichen Schrifttums nebeneinander anzutreffen sind. Gleichwohl ist gerade für die erste Annäherung an das Sozialrecht der Nutzen der Systematisierungsbemühungen größer als die anfängliche Verwirrung. Geht man den unterschiedlichen Einteilungsmodellen nach, ist man, nachdem Begriff und Aufgabe, Geschichte und Einordnung des Sozialrechts in die Rechtsordnung dargestellt sind, dem Sozialrecht ein weiteres Stück näher gekommen.

1. Sozialversicherung, Versorgung, Fürsorge

63 Die **überkommene klassische Einteilung**[1] unterscheidet Sozialversicherung, Versorgung und Fürsorge. Dies ist sozusagen die klassische Dreiteilung des Sozialrechts. Die Kategorien Sozialversicherung, Versorgung und Fürsorge stehen in engem Zusammenhang mit der geschichtlichen Entwicklung des Sozialrechts. Ihr folgt vor dem Hintergrund des damaligen Rechtszustandes auch die grundgesetzliche Ordnung der Kompetenzen des Bundes auf dem Gebiet des Sozialrechts (siehe Art. 74 Nr 7, 10, 12; Art. 87 Abs. 2 GG).

a) Die **Sozialversicherung** als Kategorie hat folgende Kennzeichen: In ihr werden bestimmte soziale Risiken typisiert (wie Krankheit, Alter, Arbeitsunfall), und es wird durch Entrichtung von Beiträgen für den künftigen, nicht im einzelnen Fall, aber in seiner Gesamtheit voraussehbaren Bedarf Vorsorge getroffen. Der Leistungsanspruch entsteht, wenn der Versicherungsfall eintritt, ohne Rücksicht auf eine individuelle Bedürftigkeit. Die Sozialversicherung folgt der Struktur nach demselben Vorsorgeprinzip wie die Versicherung auf privatrechtlicher Grundlage.

b) Der Begriff der **Versorgung** ist in der traditionellen Einteilung als Kategorie wenig aussagekräftig. Er erfasst *einseitige staatliche Leistungen*, die für einen typischen Bedarf nach bestimmten Regeln ohne Rücksicht auf eine individuelle Notlage erbracht werden, und zwar aus dem Steueraufkommen. Man kann zwei Formen der sozialen Versorgung unterscheiden, die Allgemeinversorgung und die Sonderversorgung. Die *Allgemeinversorgung* (zB Versorgung mit Kindergeld) ist dadurch gekennzeichnet, dass Einkommen und Vermögen des Leistungsempfängers hier grundsätzlich keine Rolle spielen. Dagegen entschädigt die *Sonderversorgung* für die Allgemeinheit erbrachte oder von der Allgemeinheit verursachte besondere Opfer (Sonderopfer). Das klassische Beispiel ist die Kriegsopferversorgung nach dem Bundesversorgungsgesetz (BVG), hierher gehört ferner zB die sozialrechtliche Entschädigung für Impfschäden (§§ 60 ff IfSG) und die Entschädigung der Opfer von Gewalttaten nach dem Opferentschädigungsgesetz (OEG).

c) Die **Fürsorge** bezweckt die Herstellung und Gewährleistung eines Existenzminimums. Sie orientiert sich folgerichtig am individuellen Bedarf und ist ein *subsidi-*

1 Ihr folgen etwa die Lehrbücher von *Gitter/Schmitt*, Sozialrecht, § 1 Rn 9 ff; *Wannagat*, Sozialversicherungsrecht, S. 31 ff.

äres Basissystem. Daraus folgt die Nachrangigkeit der Fürsorge, sie kommt erst zum Zuge, wenn alle anderen Möglichkeiten der Selbst- und Fremdhilfe (namentlich auf privatrechtlicher Basis) den Bedarf nicht erfüllen können. Dem folgt die Sozialhilfe. Fürsorgeleistungen werden aus dem Steueraufkommen finanziert.

2. Vorsorge, Entschädigung, Hilfe und Förderung

In diese klassische Dreiteilung ließen sich neuere Sozialrechtsgesetze nicht einfügen. **64** Das betrifft namentlich den Familienlastenausgleich, das Wohngeldrecht und die Ausbildungsförderung. Von den **neueren Systematiken** hat vor allem die von *Zacher*[2] vorgeschlagene Einteilung Bedeutung erlangt. *Zacher* unterscheidet zwischen Vorsorgesystemen, Entschädigungssystemen und Ausgleichssystemen; Ausgleich erfolgt durch Hilfe und Förderung, deshalb werden statt des Begriffs Ausgleich inzwischen diese Begriffe verwendet[3]. Im Vordergrund dieser Systematik steht die Funktion der jeweiligen Sozialleistung.

a) Die Kategorie der sozialen **Vorsorge** deckt sich im wesentlichen mit der Kategorie der Sozialversicherung nach dem klassischen Schema. Soziale Vorsorgesysteme zielen darauf ab, einen abgegrenzten Kreis von Personen insbesondere gegen die Einkommensausfälle und Aufwendungen auf Grund typischer sozialer Risiken (Krankheit, Mutterschaft, Arbeitsunfall, Alter, Invalidität, Tod Unterhaltspflichtiger, Arbeitslosigkeit, Pflegebedürftigkeit) abzusichern. Die kollektive Vorsorge beruht dabei im wesentlichen auf den Beiträgen der Versicherten.

b) Die soziale **Entschädigung** dient der Sicherung gegen schädigende Ereignisse, gegen die eine Vorsorge nicht möglich oder nicht tunlich ist, und die im Verantwortungsbereich der Allgemeinheit liegen (wie zB Krieg, Katastrophen, lebensrettendes Eintreten für andere). Hierher gehört das Recht der Kriegsopferversorgung, die Entschädigung für Impfschäden und der Opfer von Gewalttaten, die Entschädigungstatbestände der sog. unechten Unfallversicherung[4] oder das Recht der Wiedergutmachung nationalsozialistischen Unrechts.

c) Die Kategorie der **Ausgleichsleistungen** passt für Leistungen, die auf den Ausgleich besonderer Belastungen oder besonderer Leistungsschwächen gerichtet sind (Wohngeld, Sozialhilfe). Im Hinblick auf Entfaltungshilfen zur Herstellung von Chancengleichheit wie die Ausbildungsförderung nach dem BAföG oder die Förderung von Ausbildung und Weiterbildung nach dem SGB III passt sie dagegen nicht so gut, wenn man auch davon sprechen kann, dass etwa durch Berufsausbildungsförderung der Mangel an Mitteln zur Finanzierung einer bestimmten Ausbildung ausgeglichen wird. Heute wird diese Kategorie mit den Begriffen der sozialen **Hilfe** und der sozialen **Förderung** präziser erfasst. Sozialer Ausgleich durch Hilfe und

---

2 *Zacher*, DÖV 1970, 3 (6 Fn 41); *ders.*, Einführung in das Sozialrecht der Bundesrepublik Deutschland, 1983, S. 20 f.

3 Siehe zB *Eichenhofer*, Sozialrecht, Rn 10 ff; *Zacher*, Einführung in das Sozialrecht der Bundesrepublik Deutschland, 1983, S. 20 ff; *ders.*, in: Festschrift für Zeidler, 1987, S. 571 (586 ff).

4 Siehe dazu unten Rn 243, 256 ff.

Förderung bezweckt die Gewährleistung einer menschenwürdigen sozialen Existenz oder die Angleichung der sozialen Entfaltungsmöglichkeiten des Einzelnen an seine Bedürfnisse, insbesondere an gesellschaftlich „normale“ oder sonst wie erwünschte Standards[5]. Hierzu gehören als besondere Hilfs- und Förderungssysteme das Recht der Ausbildungs- und Berufsförderung, das Wohngeldrecht, das Kindergeldrecht[6], das Recht der Jugendhilfe und das Recht der Arbeitslosenhilfe. Das allgemeine (subsidiäre) Hilfs- und Förderungssystem wird durch das Sozialhilferecht verkörpert. Die Entfaltungshilfen mit dem Ziel größerer Chancengleichheit unterfallen dabei dem Aspekt der sozialen Förderung, das Basissystem der Sozialhilfe dem Aspekt der Hilfe.

Dem Sprachgebrauch in Rechtsprechung und Schrifttum liegt die eine oder die andere Strukturierung zu Grunde. Dieses Lehrbuch folgt der auf *Zacher* zurückgehenden Einteilung in Vorsorge, Entschädigung, Hilfe und Förderung.

65 **Zusammenfassende Übersicht:**

II. Weitere strukturgebende Gesichtspunkte

Das Sozialrecht kann auf verschiedene weitere Weisen strukturiert werden. Zwei Gesichtspunkte sollen zur Sprache kommen, sie werden später häufiger wiederkehren.

1. Finale und kausale Leistungen

66 Sozialleistungen können kausal oder final strukturiert sein. Ohnehin nicht exakt verifizierbar, ist diese Zuweisung aber von geringem (praktischem) Erkenntniswert. Knüpft die Sozialleistung an eine Bedarfsursache an, folgt sie dem Kausalprinzip. Die Leistung wird durch die Entstehung und die **Ursache des Bedarfs** ausgelöst. Dem Kausalprinzip folgen vor allem die gesetzliche Unfallversicherung, deren

5 Vgl *Gitter/Schmitt*, Sozialrecht, § 1 Rn 14.
6 Soweit es noch dem Sozialrecht zugehört, siehe unten Rn 522 ff.

Leistungen einen Bedarf abdecken, der auf Arbeitsunfälle oder Berufskrankheiten als Versicherungsfälle (§ 7 SGB VII) zurückgeht. Auch die soziale Entschädigung besonderer für die Allgemeinheit erbrachter oder von ihr verursachter Opfer (zB Kriegsopferversorgung, Opferentschädigung) folgt dem Kausalprinzip. Rein final geprägte Sozialleistungen stellen demgegenüber auf die **Bedarfssituation als solche** ab. Es wird zwar häufig nach der Art des Bedarfs unterschieden, auf die Ursache seiner Entstehung kommt es jedoch nicht an. Dem Finalprinzip folgen etwa Kranken- und Pflegeversicherung, die Ausbildungsförderung, das Wohngeldrecht, das Sozialhilferecht oder die meisten Tatbestände des Rechts der Kinder- und Jugendhilfe.

2. Beitrags- und steuerfinanzierte Leistungen

Die Finanzierung von Sozialleistungen folgt zwei Modellen: Sie beruht entweder **67**
auf angesammelten Beiträgen oder sie erfolgt aus dem allgemeinen Steueraufkommen. Beides lässt sich auch miteinander verbinden. Der in der Größenordnung bedeutsamste Bereich des Sozialrechts, die Sozialversicherung, ist im wesentlichen beitragsfinanziert. Soweit Sozialleistungen durch Beiträge finanziert werden, lässt sich nochmals zwischen einer Umlagefinanzierung und der Bildung eines Kapitalstocks (Kapitaldeckungsverfahren) unterscheiden. Das hat vor allem für die Rentenversicherung Bedeutung.

Die gesetzliche Rentenversicherung folgte bis 1957 dem Kapitaldeckungsverfahren, seither gilt das Umlageverfahren. In letzter Zeit ist diskutiert worden, ob man in der gesetzlichen Rentenversicherung das Umlageverfahren durch ein Kapitaldeckungsverfahren ersetzen sollte; ernsthaft in Betracht kommt nur die zusätzliche Sicherung durch ein kapitalgedecktes System[7].

Die Steuerfinanzierung ist für alle Bereiche des Sozialrechts außerhalb des Sozialversicherungsrechts kennzeichnend. Dabei wird je nach Sozialleistungen das Steueraufkommen des Bundes, der Länder oder der Gemeinden belastet. Bekannt ist die Debatte über die Beteiligung des Bundes an der Finanzierung der Sozialhilfe, die auch nach der teilweisen Entlastung der Sozialhilfe durch die gesetzliche Pflegeversicherung weitergeht.

III. Die Struktur der Kodifikation des Sozialgesetzbuchs

Abschließend ist auf die Strukturierung zurückzukommen, die der Gesetzgeber dem **68**
Sozialgesetzbuch gegeben hat. Das Sozialgesetzbuch teilt das Sozialrecht, wie im Zusammenhang mit dem formellen Begriff des Sozialrechts erkennbar wurde, nach bestimmten Leistungsbereichen ein. Diese Leistungsbereiche werden in den sozialen Rechten (§§ 3-10 SGB I) entwickelt, in den Einweisungsvorschriften (§§ 18-29 SGB I) mit Bezug auf die einzelnen Leistungen und die zuständigen Leistungsträ-

7 Siehe näher unten Rn 324.

ger präzisiert und schließlich in den Einzelgesetzen der besonderen Teile des Sozialgesetzbuchs umfassend geregelt. Diese Gliederung nach Leistungsbereichen sagt über die innere Struktur des Sozialrechts wenig aus, das ist aber auch nicht ihr Anliegen.

§ 6 Zwischenstaatliches, Überstaatliches und Internationales Sozialrecht

Fall 4: (frei nach EuGH v. 8. Juli 1992 – *Knoch/Bundesanstalt für Arbeit*, Rs. C-102/91 – Slg. 1992, I 4341 ff): A, deutsche Staatsangehörige, arbeitet für acht Monate als Lektorin an der Universität B in Großbritannien. Sie bewohnt dort ein Appartement und zahlt Beiträge zur dortigen Arbeitslosenversicherung. A hat sich in Bruchsal, wo sie im Haus ihrer Eltern von jeher polizeilich gemeldet ist, nicht abgemeldet, in allen Ferien hält sie sich in Bruchsal auf. Dort war sie bis zu ihrem Weggang an die Universität B auch neun Monate lang sozialversicherungspflichtig beschäftigt. Als ihr Vertrag an der Universität B ausläuft, kehrt sie nach Bruchsal zurück, meldet sich arbeitslos und beantragt Arbeitslosengeld. Zu Recht?

Schrifttum: *Axer*, Europäisches Kartellrecht und nationales Krankenversicherungsrecht, NZS 2002, 57; *Barwig/Schulte* (Hrsg.), Freizügigkeit und soziale Sicherheit, 1999; *Becker*, Brillen aus Luxemburg und Zahnbehandlung in Brüssel – Die gesetzliche Krankenversicherung im europäischen Binnenmarkt, NZS 1998, 359; *ders.*, Staat und autonome Träger im Sozialleistungsrecht, 1996; *Däubler/Kittner/Lörcher* (Hrsg.), Internationale Arbeits- und Sozialordnung. Ausgewählte Dokumente, 2. Aufl., 1994; *Devetzi*, Die Kollisionsnormen des Europäischen Sozialrechts, 2000; *Eichenhofer*, Einführung in das Europäische koordinierende Sozialrecht anhand der wichtigsten Fälle, Jura 1994, 11; *ders.*, Internationales Sozialrecht, 1994; *ders.*, Das Europäische koordinierende Krankenversicherungsrecht nach den EuGH-Urteilen Kohll und Decker, VSSR 1999, 101; *ders.*, Sozialrecht der Europäischen Union, 2001; *Fuchs* (Gesamtred.), Kommentar zum Europäischen Sozialrecht, 2. Aufl., 2000; *ders.*, Dienstleistungsfreiheit und Sozialversicherung in der Rechtsprechung des Europäischen Gerichtshofs, NZS 2002, 337 ff; *Giesen*, Die Vorgaben des EG-Vertrages für das Internationale Sozialrecht, 1999; *Hanau/Steinmeyer/Wank*, Handbuch des europäischen Arbeits- und Sozialrechts, 2002; *Haverkate/Huster*, Europäisches Sozialrecht, 1999; *Haverkate/Weiss/Huster/Schmidt* (Hrsg.), Casebook zum Arbeits- und Sozialrecht der EU, 1999; *Heinze*, Zum Einfluss des europäischen Rechts auf das deutsche Arbeits- und Sozialrecht, in: Festschrift für Everling, 1995, S. 433; *ders.*, Entwicklung der europäischen Sozial- und Beschäftigtenpolitik und ihrer Grundlagen, in: Festschrift für Söllner, 2000, S. 423; *Hirsch*, Die Rechtsprechung des Gerichtshofs der Europäischen Gemeinschaften zum Verhältnis von nationalem und supranationalem Recht, VSSR 1996, 159; *Husmann*, Koordinierung der Leistungen bei Arbeitslosigkeit durch EG-Recht, SGb 1998, 245 und 291; *Laufersweiler*, Ausstrahlung im Arbeits- und Sozialrecht, 1999; *Lenz*, Der Beitrag der Rechtsprechung zur Entwicklung des Europäischen Sozialrechts, in: *von Maydell/Schulte* (Hrsg.), Zukunftsperspektiven des Europäischen Sozialrechts, 1995, S. 15; *von Maydell*, Das Recht der Europäischen

Gemeinschaften und die Sozialversicherung, ZVersWiss 1989, 1; *Oetker/Preis* (Hrsg.), Europäisches Arbeits- und Sozialrecht (EAS), Teil B, Systematische Darstellungen, Ziff. B. 1200, B. 9000-9400; *Rolfs*, Europarechtliche Grenzen für die Monopole der Sozialversicherungsträger?, SGb 1998, 202; *Schuler*, Das Internationale Sozialrecht in der Bundesrepublik Deutschland, 1988; *Schulte*, Einführung, in: *ders.* (Hrsg.), Soziale Sicherheit in der EG, 3. Aufl., 1997; *ders.*, Allgemeine Regeln des internationalen Sozialrechts – supranationales Recht –, in: SRH, D. 32.; *Schulte/Zacher* (Hrsg.), Wechselwirkungen zwischen dem Europäischen Sozialrecht und dem Sozialrecht der Bundesrepublik Deutschland, 1991; *Schulz*, Maastricht und die Grundlagen einer Europäischen Sozialpolitik, 1996; *Steinmeyer*, Das europäische Sozialrecht nach Maastricht, VSSR 1996, 49; *ders.*, Einführung in das internationale Sozialrecht, in: SRH, D. 31.; *VDR* (Hrsg.), Rentenversicherung im internationalen Vergleich, 1999; *Waltermann*, Einführung in das Europäische Sozialrecht, JuS 1997, 7; *Weber/Leienbach*, Die Systeme der Sozialen Sicherung in der Europäischen Union, 4. Aufl., 2000; *Willms*, Soziale Sicherung durch europäische Integration, 1990; *Zacher*, Internationales und Europäisches Sozialrecht, 1976; *ders.*, Grundfragen des internationalen Sozialrechts, in: *ders.*, Abhandlungen zum Sozialrecht, 1993, S. 431.

Sachverhalte mit Auslandsberührung haben im Sozialrecht eine beträchtliche Bedeutung. Zwischenstaatliches, Überstaatliches und Internationales Sozialrecht müssen daher in den Grundzügen bekannt sein. Besonders wichtig ist das Europäische Sozialrecht. Zahlreiche wichtige Meilensteine der Judikatur des Europäischen Gerichtshofs (EuGH) zum Europäischen Gemeinschaftsrecht sind im Zusammenhang mit sozialrechtlichen Rechtsfragen entwickelt worden, das Europäische Sozialrecht macht einen wesentlichen Teil der Rechtsprechungstätigkeit des EuGH aus, es sind etwa 400 Urteile zu Fragen des Europäischen Sozialrechts ergangen[1]. **69**

I. Begriffe

Wenn man im Sozialrecht von „Internationalem Sozialrecht" spricht, versteht man darunter nicht selten die Gesamtheit der Rechtsregeln, die **internationale Sachverhalte** betreffen[2]. Aus dem Privatrecht ist uns indessen eine andere Begrifflichkeit vertraut. Internationales Privatrecht (IPR) ist nach der im deutschen Privatrecht üblichen Terminologie die Gesamtheit der Rechtssätze, welche Sachverhalte mit internationalem Einschlag dadurch regeln, dass sie auf eine Rechtsordnung verweisen (Verweisungs- oder Kollisionsrecht). Das Internationale Privatrecht regelt also den Sachverhalt mit Auslandsberührung nicht unmittelbar, sondern es regelt den Anknüpfungspunkt, es antwortet auf die Frage, ob deutsches Recht anwendbar ist, oder es antwortet auf die allgemeiner gestellte Frage, welches Recht anwendbar ist. Überträgt man diese Terminologie auf das Sozialrecht, ist **Internationales Sozialrecht nur das sozialrechtliche Kollisionsrecht**[3]. Internationales Sozialrecht in **70**

1 Näher *Giesen*, Die Vorgaben des EG-Vertrages für das Internationale Sozialrecht, 1999; *Lenz*, Der Beitrag der Rechtsprechung zur Entwicklung des Europäischen Sozialrechts, in: v. Maydell/Schulte (Hrsg.), Zukunftperspektiven des Europäischen Sozialrechts, 1995, S. 15 f.

2 Siehe zB *Bley/Kreikebohm/Marschner*, Sozialrecht, Rn 266 ff; *Schulin/Igl*, Sozialrecht, Rn 1147 ff.

3 Siehe zB *Eichenhofer*, Sozialrecht, Rn 82 mwN; *v. Hoffmann*, Internationales Privatrecht, 6. Aufl., 2000, § 1 Rn 34 ff; *Waltermann*, JuS 1997, 7 (10 f).

dem anderen, unspezifischen Sinn ist zum einen das **Zwischenstaatliche Sozialrecht**, das durch (zwei- oder mehrseitige) internationale Abkommen oder durch überstaatliche Organisationen (UN, ILO) gesetzt wird, zum anderen das **Überstaatliche (supranationale) Sozialrecht** unter dem Dach der Europäischen Union. Natürlich können Gegenstand des Zwischenstaatlichen und des Überstaatlichen Sozialrechts auch Kollisionsregeln (Internationales Sozialrecht) sein.

II. Zwischenstaatliches Sozialrecht

71 Zwischenstaatliches Sozialrecht wird durch **internationale Verträge** (oft bilaterale Sozialversicherungsabkommen) oder durch **überstaatliche Organisationen** (wie UN, ILO, Europarat) gestaltet. So erteilt die ILO *Gesetzgebungsaufträge* durch Übereinkommen oder Empfehlungen (zB ILO – Übereinkommen Nr 102 über die Mindestnormen der sozialen Sicherheit vom 28. Juni 1952[4]). Sozialrechtliche Bedeutung haben ferner die internationalen *Prinzipienerklärungen* etwa der UN (namentlich in der allgemeinen Erklärung der Menschenrechte) oder der ILO (namentlich die Präambel der ILO-Verfassung), sozialrechtliche Prinzipienerklärungen enthält auch die Europäische Sozialcharta vom 18. Oktober 1961 (siehe Art. 12-16 ESC).

III. Das überstaatliche Europäische Sozialrecht

72 Besonders große sozialrechtliche Bedeutung hat das Überstaatliche (supranationale) Recht unter dem Dach der Europäischen Union[5]. Das Europäische Gemeinschaftsrecht[6] hat im Sozialrecht Bedeutung, seit es Freizügigkeit innerhalb der Gemeinschaft gibt, also seit dem EWG-Vertrag von 1957. Seine Bedeutung steigt, je mehr die Arbeitsmärkte eine internationale Dimension annehmen.

1. Rechtsquellen

73 Rechtsvorschriften zum Sozialrecht finden sich sowohl im primären als auch im sekundären Gemeinschaftsrecht[7].

74 a) Das **primäre Gemeinschaftsrecht**, sozusagen die „Verfassung“ der Gemeinschaften, besteht in erster Linie aus den drei Gründungsverträgen (EGKSV, EWGV, EAGV) nebst zugehörigen Protokollen, Anhängen und späteren Änderungen oder Ergänzungen. Der bedeutendste dieser Verträge, der EWGV, ist durch den Vertrag

4 BGBl. II, S. 1323.

5 Siehe zum Verhältnis von Europäischem Gemeinschaftsrecht und Völkerrecht *Streinz*, Europarecht, 5. Aufl., 2001, Rn 107 ff.

6 Zum Begriff des Europarechts *Streinz*, Europarecht, 5. Aufl., 2001, Rn 1.

7 Zu den diesbezüglichen europarechtlichen Grundfragen *Streinz*, Europarecht, 5. Aufl., 2001, Rn 346 ff.

von Maastricht 1992 in **EG-Vertrag (EGV)** umbenannt worden. Er hat durch den Vertrag von Amsterdam vom 2. Oktober 1997[8], in der Bundesrepublik Deutschland mit Wirkung vom 1. Mai 1999[9] in Geltung, eine neue Gestalt bekommen (Kurzbezeichnung im Folgenden: EG).

aa) Der **EG-Vertrag** (in der neuen Gestalt des Amsterdamer Vertrages von 1997) **75**
regelt in sozialrechtlicher Hinsicht vor allem die **Freizügigkeit der Arbeitnehmer**. Freizügigkeit der Arbeitnehmer bedeutet gemäß **Art. 39 Abs. 2 EG** (früher: Art. 48 Abs. 2 EGV) die Abschaffung jeglicher Ungleichbehandlung der Arbeitnehmer der Mitgliedstaaten in Bezug auf die Beschäftigung, Entlohnung und die sonstigen Arbeitsbedingungen aus Gründen der Staatsangehörigkeit. Die den Arbeitnehmern insofern eingeräumten Rechte sind in **Art. 39 Abs. 3 EG** (früher: Art. 48 Abs. 3 EGV) aufgezählt. Vor dem Hintergrund der im EG garantierten Freizügigkeit lebt das Europäische Sozialrecht von folgender Erkenntnis: Alle europarechtlich garantierte Freizügigkeit könnte nichts nützen, wenn man befürchten müsste, bei der „Wanderung" von einem Mitgliedstaat in einen anderen – und damit von einem nationalen System der sozialen Sicherheit in ein anderes – bestimmte Sozialleistungen nicht erhalten zu können oder schon erworbene Anwartschaften oder Ansprüche auf Sozialleistungen zu verlieren.

Beispiele: Leistungen aus einem gesetzlichen **Alterssicherungssystem** setzen typischerweise unter anderem die Zurücklegung von Versicherungs- oder Wohnzeiten (für die deutsche Rentenversicherung siehe §§ 34 Abs. 1, 50 ff SGB VI) voraus. Auch **Arbeitslosenunterstützung** gibt es nach den nationalen Rechtsordnungen der EU-Staaten nur, wenn man zuvor bestimmte (unterschiedliche) Versicherungs- oder Beschäftigungszeiten zurückgelegt hat (für die deutsche Arbeitslosenversicherung siehe §§ 117 Abs. 1 Nr 3, 123 SGB III). Wenn nun lediglich die Versicherungs-, Wohn- oder Beschäftigungszeiten gelten würden, die wandernde Beschäftigte in dem Land zurückgelegt haben, nach dessen Recht sie Renten oder Leistungen wegen Arbeitslosigkeit erhalten sollen, wären diejenigen im Nachteil, die von ihrer europarechtlich garantierten Freizügigkeit Gebrauch machen.

Art. 42 EG (früher: Art. 51 EGV) sieht vor diesem Hintergrund vor, dass die auf dem Gebiet der sozialen Sicherheit zur Herstellung der Freizügigkeit der Arbeitnehmer notwendigen Maßnahmen getroffen werden. Auf Vorschlag der Kommission hatte der Rat ein System zu schaffen, welches aus- und einwandernden Arbeitnehmern und deren anspruchsberechtigten Angehörigen

(1) die **Zusammenrechnung** aller nach den verschiedenen nationalen Rechtsvorschriften berücksichtigten Zeiten für den Erwerb und die Aufrechterhaltung des Leistungsanspruchs und die Berechnung der Leistungen sichert und

(2) die **Zahlung der Leistungen** auch an Personen vorsieht, die im Hoheitsgebiet eines anderen Mitgliedstaates wohnen.

Dies ist schon 1958 in Angriff genommen worden, was die Bedeutung dieser Frage für die Schaffung des Gemeinsamen Marktes zeigt. Die damals dazu geschaffenen Verordnungen (EWG) Nr 3 und Nr 4 gehörten zu den ersten Verordnungen, die nach dem Inkrafttreten des

8 Abl. Nr C 340 v. 10.11.1997, S. 173 ff.
9 Abl. Nr C 120 v. 1.5.1999, S. 24.

EWG-Vertrages erlassen worden sind. Diese beiden Verordnungen sind später durch die jetzt geltenden **VO (EWG) Nr 1408/71 und Nr 574/72** ersetzt worden[10]. Im **Fall 4** finden sich die durch Art. 42 EG (früher: Art. 51 EGV) geforderten Vorschriften in Art. 67-71 VO (EWG) Nr 1408/71.

76 bb) Über die mit der Freizügigkeit zusammenhängenden Regeln hinaus enthält der EG in seinem XI. Titel über die **Sozialpolitik und die allgemeine und berufliche Bildung der Jugend** spezifisch sozialrechtliche Regelungen in **Art. 136 bis 145 EG** (früher: Art. 117 bis 122 EGV). Danach verfolgen die Europäische Gemeinschaft und die Mitgliedstaaten als Ziele die Förderung der Beschäftigung, die Verbesserung der Lebens- und Arbeitsbedingungen im Hinblick auf deren Angleichung, einen angemessenen sozialen Schutz, den sozialen Dialog, die Entwicklung des Arbeitskräftepotenzials im Hinblick auf ein dauerhaft hohes Beschäftigungsniveau und die Bekämpfung von Ausgrenzungen. Art. 149 und 150 EG (früher: Art. 126 und 127 EGV) enthalten Vorschriften über die allgemeine und berufliche Bildung der Jugend. Von wesentlicher Bedeutung ist schließlich der durch den Amsterdamer Vertrag neu geschaffene VIII. Titel über die Beschäftigung. Die Mitgliedstaaten und die Europäische Gemeinschaft arbeiten nach Maßgabe dieses Titels auf die Entwicklung einer koordinierten Beschäftigungsstrategie und namentlich auf die Förderung der Qualifizierung, Ausbildung und Anpassungsfähigkeit der Arbeitnehmer hin.

77 cc) **Art. 152 EG** (früher: Art. 129 EGV) bestimmt im XIII. Titel über das **Gesundheitswesen** Näheres zum Beitrag der Gemeinschaft zur Sicherstellung eines hohen Gesundheitsschutzniveaus, namentlich zur Krankheitsverhütung einschließlich der Verhütung von Drogenabhängigkeit.

78 b) **Sekundäres Gemeinschaftsrecht** ist das von den Organen der Gemeinschaften nach Maßgabe der Gründungsverträge erlassene Recht. Die nach dem Recht der Europäischen Gemeinschaft vorgesehenen unterschiedlichen Handlungsformen des sekundären Gemeinschaftsrechts bestimmt Art. 249 S. 2-4 EG (früher: Art. 189 S. 2-4 EGV).

79 aa) **Verordnungen** (Art. 249 S. 2 EG, früher: Art. 189 S. 2 EGV) haben in den Mitgliedstaaten unmittelbare Geltung, die in ihnen enthaltenen Regelungen gelten ohne weiteres verbindlich. Im sekundären Europäischen Sozialrecht haben vor allem die genannten **Verordnungen (EWG) Nr 1408/71 und Nr 574/72** große praktische Bedeutung[11]. Die Verordnung (EWG) Nr 1408/71 gilt seit Anfang der Achtzigerjahre auch für die selbständig Erwerbstätigen. Im Anwendungsbereich der Verordnung (EWG) Nr 1408/71 liegt in der Praxis der Schwerpunkt des Europäischen Sozialrechts.

---

10 Dazu unten Rn 79, 81 ff.

11 Verordnung des Rates v. 14.6.1971 zur Anwendung der Systeme der sozialen Sicherheit auf Arbeitnehmer und deren Familien, die innerhalb der Gemeinschaft zu- und abwandern bzw Verordnung des Rates v. 21.3.1972 über die Durchführung der VO Nr 1408/71.

bb) **Richtlinien** (Art. 249 S. 3 EG, früher: Art. 189 S. 3 EGV) sind an die Mitgliedstaaten gerichtet; sie sind für die Mitgliedstaaten hinsichtlich des zu erreichenden Zieles verbindlich, die Umsetzung bleibt den innerstaatlichen Stellen überlassen. Erst das Umgesetzte gilt für die Einzelnen. Nach ständiger Rechtsprechung[12] des EuGH und herrschender Lehre können Richtlinien ausnahmsweise unter bestimmten Voraussetzungen[13] unmittelbare Wirkung entfalten. Sozialrechtlich besonders hervorzuheben ist die **Richtlinie Nr 79/7 EWG** zur schrittweisen Verwirklichung des Grundsatzes der Gleichbehandlung von Männern und Frauen im Bereich der sozialen Sicherheit vom 19. Dezember 1978[14]. Gegenüber der sehr großen sozialrechtlichen Bedeutung des gemeinschaftsrechtlichen Verordnungsrechts in Gestalt der Verordnung (EWG) Nr 1408/71 tritt die Bedeutung des Richtlinienrechts bisher in den Hintergrund[15]. **80**

2. Die Verordnung (EWG) Nr 1408/71

a) Den Kern der **Verordnung (EWG) Nr 1408/71** bilden die koordinierenden **Vorschriften über die einzelnen Leistungsarten** (bei Krankheit und Mutterschaft; Invalidität; Alter und Tod; Arbeitsunfällen und Berufskrankheiten; Arbeitslosigkeit; Familienleistungen und Beihilfen; Leistungen für unterhaltsberechtigte Kinder von Rentnern und für Waisen). In der Verordnung (EWG) Nr 1408/71 kehren die wesentlichen Regelungsgegenstände des nationalen Sozialrechts, insbesondere Sozialversicherungsrechts, wieder. **81**

b) Es bleibt Sache der einzelnen Mitgliedstaaten, die Voraussetzungen für den Erwerb von Ansprüchen festzulegen. Die Vorschriften des Titels III (Art. 18-79) der Verordnung (EWG) Nr 1408/71 **koordinieren** insofern die Anwendung der Systeme der sozialen Sicherheit, als sie, wie in Art. 42 EG (früher: Art. 51 EGV) vorgesehen, die Wanderarbeitnehmer durch **Zusammenrechnung** aller nach den verschiedenen innerstaatlichen Rechtsvorschriften zu berücksichtigenden Zeiten und durch **Zahlung** der Leistungen in dem Mitgliedstaat, in dem der Leistungsberechtigte wohnt, den Personen gleichstellt, die nicht von der gemeinschaftsrechtlichen Freizügigkeit Gebrauch machen. **82**

c) Im Einzelnen sichert die Verordnung (EWG) Nr 1408/71 in diesem Zusammenhang den **Leistungsexport**, sie sieht die **Bildung internationaler Versicherungsverläufe** vor (insbesondere durch Zusammenrechnung von Versicherungszeiten oder Beschäftigungszeiten), und sie sorgt darüber hinaus für die **Überwindung der territorialen und nationalen Begrenztheit der Sozialrechte** der Mitgliedstaaten, indem sie Regeln für den Fall der Verwirklichung sozialrechtlich erheblicher Tatbe- **83**

---

12 Seit EuGH v. 6.10.1970 – *Grad/Finanzamt Traunstein*, Rs. 9/70 –, Slg. 1970, 825 (837 ff).

13 Siehe dazu *Streinz*, Europarecht, 5. Aufl., 2001, Rn 398 ff.

14 Abl. Nr L 6 v. 10.1.1979, S. 24 = *Oetker/Preis*, EAS, Teil A, Nr 3070.

15 Die freiwillige Herstellung einer „sozialen Konvergenz" unterstützt die *Empfehlung* Nr 92/442 EWG des Rates v. 27.7.1992 über die Annäherung der Ziele und der Politiken im Bereich des sozialen Schutzes, Abl. Nr L 245 v. 26.8.1992.

stände in anderen Mitgliedstaaten schafft (zB Regeln über die Behandlung bei Erkrankungen im Ausland, siehe Art. 22 VO (EWG) Nr 1408/71; Regelungen für den Fall des Eintritts der Arbeitslosigkeit eines Wanderarbeitnehmers in einem Mitgliedstaat)[16].

3. Gemeinschaftsrecht und nationales Recht

84 Das Recht der Europäischen Gemeinschaft ist dem nationalen Recht der Mitgliedstaaten **übergeordnet**. Wie das zu begründen ist und wie insbesondere sich das Verhältnis zu den Grundrechten des GG darstellt, ist hier nicht zu fragen[17]. Der EuGH geht seit der grundlegenden Entscheidung *Costa/E.N.E.L.* vom 15. Juli 1964[18] unter Billigung des BVerfG[19] vom Vorrang des EG-Rechts gegenüber dem nationalen Recht der Mitgliedstaaten aus. Man spricht deshalb von „supranationalem Recht". Konsequenz ist, dass sich der Einzelne auch vor den nationalen Gerichten und Behörden auf unmittelbar geltendes Gemeinschaftsrecht berufen kann. Darin liegt auch für das Sozialrecht der Grund für den Bedeutungszuwachs des Europäischen Rechts.

4. Entwicklungslinien der Europäischen Sozialpolitik

85 a) Bis zum „Vertrag von Maastricht"[20] war die Erkenntnis einer einseitig wirtschaftlichen Ausrichtung des Binnenmarktes und der damit verbundenen Unzulänglichkeiten zunehmend deutlicher geworden. Die Sozialpolitik hatte sich auf Gemeinschaftsebene nur begrenzt entfalten können, weil der Gemeinschaft durch den EWGV von 1957 insoweit nur geringe Kompetenzen übertragen worden waren.

1974 hatte der Rat ein **sozialpolitisches Aktionsprogramm** angenommen, das die Einbeziehung sozialer Gesichtspunkte bei allen Tätigkeiten der Gemeinschaft vorsieht. Die **Einheitliche Europäische Akte (EEA)** von 1986, welche die schrittweise Schaffung eines europäischen Binnenmarktes bis zum 31. Dezember 1992 vorsieht, hatte dem EWGV ua Vorschriften hinzugefügt, die eine Verbesserung der Arbeitsumwelt und eine Förderung des „Dialogs zwischen den Sozialpartnern" im Arbeitsrecht erreichen wollen (Art. 138, 139 EG, früher: Art. 118a, 118b EGV). In der (rechtlich unverbindlichen) **Gemeinschaftscharta der sozialen Grundrechte der Arbeitnehmer** von 1989 hatten die damals elf Mitgliedstaaten ohne das Vereinigte Königreich, das seine Zustimmung versagt hatte, die Absicht bekräftigt, dass den sozialen Fragen bei der Schaffung des Binnenmarktes die gleiche Bedeutung beizumessen sei wie den wirtschaftlichen Fragen.

---

16 Näher zB *Fuchs* (Gesamtred.), Kommentar zum Europäischen Sozialrecht, 2. Aufl., 2000, Art. 18-79 VO (EWG) 1408/71; *Oetker/Preis*, EAS, Teil B, Nr 9100-9400.

17 Näher zB *Bischof*, Europarecht für Anfänger, 2. Aufl., 1996, Rn 265 ff; *Jarass*, in: Jarass/Pieroth, Grundgesetz, 6. Aufl., 2002, Art. 23 Rn 32 ff; *Schweitzer/Hummer*, Europarecht, 5. Aufl., 1996, Rn 845 ff; *Streinz*, Europarecht, 5. Aufl., 2001, Rn 168 ff. Grundlegend aus der Rechtsprechung des Europäischen Gerichtshofes EuGH v. 15.7.1964 – *Costa/E.N.E.L.*, Rs. 6/64 –, Slg. 1964, 1251 (1269 ff).

18 Rs. 6/64, Slg. 1964, 1251 (1269 ff) = *Oetker/Preis*, EAS, Teil C, Nr 1 zu EG-Vertrag Art. 189.

19 BVerfGE 73, 339 (375); 75, 223 (244).

20 Siehe dazu BVerfGE 89, 155 ff.

b) Der in **Maastricht** den Staats- und Regierungschefs vorgelegte Entwurf zu Änderungen der Art. 117 ff EWGV ist bekanntlich auf die Ablehnung des Vereinigten Königreichs gestoßen. Die damals elf anderen Mitgliedstaaten, die an der Fortentwicklung der Europäischen Sozialpolitik festhalten wollten, schlossen deshalb als Annex zum EG-Vertrag eine **Vereinbarung über die Sozialpolitik**[21], die den rechtlichen Rahmen bildete für eine über den Gehalt der unverändert gebliebenen Art. 117 ff EGV hinausgehende Sozialpolitik. Das Abkommen über die Sozialpolitik ermächtigte die elf Mitgliedstaaten, die Organe, Verfahren und Mechanismen des EG-Vertrages in Anspruch zu nehmen, um die auf der Grundlage dieses Abkommens gefassten Beschlüsse zur Sozialpolitik zu verwirklichen. Das Abkommen über die Sozialpolitik formulierte die Ziele von Gemeinschaft und Mitgliedstaaten in der Sozialpolitik (Art. 1) und erweiterte den Katalog von Bereichen, in denen Mehrheitsentscheidungen möglich waren (Art. 2). Nach dem Regierungswechsel im Vereinigten Königreich ist 1997 im **Vertrag von Amsterdam** dieses Abkommen der Elf (später Vierzehn) fortentwickelt und in den EG-Vertrag einbezogen worden (Art. 136 ff EG, die die früheren Art. 117 ff EGV ersetzen). Alles in allem ist die Entwicklung durch eine zurückhaltende Stärkung der Gemeinschaftskompetenzen gekennzeichnet. **86**

5. Der Europäische Sozialfonds

Der in den Art. 146-148 EG (früher: Art. 123-125 EGV) vorgesehene und schon 1958 gegründete Europäische Sozialfonds ist ein praktisch wichtiges Mittel der Gemeinschaft zur sozialpolitischen Gestaltung. Sein Zweck ist es, die berufliche Verwendbarkeit und die örtliche und berufliche Freizügigkeit der Arbeitnehmer zu fördern, um die Beschäftigungsmöglichkeiten in der Gemeinschaft zu verbessern und damit zur Hebung der Lebenshaltung beizutragen (Art. 146 EG, früher: Art. 123 EGV). Aus Mitteln des Europäischen Sozialfonds werden zahlreiche Arbeitsmarktprogramme (mit-)finanziert. **87**

IV. Internationales Sozialrecht

Sozialrechtliches Kollisionsrecht findet sich sowohl im deutschen nationalen Sozialrecht als auch in (zwischenstaatlichen) völkerrechtlichen Abkommen sowie im (überstaatlichen) Europäischen Gemeinschaftsrecht. **88**

1. Die kollisionsrechtlichen Vorschriften des **nationalen Sozialrechts** folgen dem **Territorialitätsprinzip**. Die Grundregel des § 30 Abs. 1 SGB I bestimmt, dass die Vorschriften des Sozialgesetzbuchs für alle Personen gelten, die ihren Wohnsitz oder ihren gewöhnlichen Aufenthalt in seinem Geltungsbereich haben. Für den Bereich des Sozialversicherungsrechts bestimmt § 3 Nr 1 SGB IV, dass die Vorschriften über Versicherungspflicht und Versicherungsberechtigung in der Sozialversi- **89**

21 Siehe *Oetker/Preis*, EAS, Teil A, Nr 1102.

cherung, soweit sie eine Beschäftigung oder eine selbständige Tätigkeit voraussetzen, für Beschäftigte oder Selbständige gelten, die in Deutschland tätig sind. §§ 4 und 5 SGB IV regeln Ausstrahlung und Einstrahlung. Darüber hinaus finden sich in den einzelnen Zweigen des Sozialrechts spezielle Bestimmungen.

90 2. Die Bundesrepublik Deutschland unterhält auf dem Gebiet der sozialen Sicherheit mit vielen Staaten (EU-Staaten und anderen Staaten) **völkerrechtliche Abkommen** über die Rechtsanwendung. Im **Recht der Europäischen Gemeinschaft** finden sich die wichtigsten Kollisionsnormen in Art. 13-17 VO (EWG) Nr 1408/71. Abkommensrecht und die Kollisionsnormen des EU-Rechts **gehen dem nationalen Kollisionsrecht** vor (vgl § 30 Abs. 2 SGB I, § 6 SGB IV).

Lösung zu Fall 4: Anspruch auf Arbeitslosengeld besteht unter den Voraussetzungen des **§ 117 Abs. 1 SGB III**. Fraglich ist aber schon, ob das deutsche Arbeitsförderungsrecht **anwendbar** ist. Dies ist eine Frage des **Internationalen Sozialrechts** (also des Kollisionsrechts). Gemäß Art. 13 ff, insbesondere **Art. 13 Abs. 2 lit. a) VO (EWG) Nr 1408/71**, der dem deutschen Kollisionsrecht als **überstaatliches (Kollisions-) Recht** vorgeht, bestimmt sich das anzuwendende Recht im Hinblick auf Leistungen bei Arbeitslosigkeit (Art. 4 Abs. 1 lit. g) VO [EWG] Nr 1408/71) für Staatsangehörige der Europäischen Union danach, in welchem Staat der Betroffene im Lohn- oder Gehaltsverhältnis **beschäftigt** ist. Allerdings ist das Beschäftigungsverhältnis bei Arbeitslosigkeit beendet; der EuGH[22] sieht es aber als Grundsatz an, dass für Arbeitslose die Rechtsvorschriften des Staates gelten, in dem sie zuletzt eine Beschäftigung ausgeübt haben. Danach kann A grundsätzlich Leistungen wegen Arbeitslosigkeit nur nach dem Recht ihres Beschäftigungsstaates (Großbritannien) und gegen diesen geltend machen. Etwas anderes hätte zu gelten, wenn A „echte" oder „unechte" **Grenzgängerin** im Sinne von Art. 71 VO (EWG) Nr 1408/71 wäre. Art. 71 VO (EWG) Nr 1408/71 sieht vor, dass echte Grenzgänger bei Vollarbeitslosigkeit die Leistungen in Abweichung von den allgemeinen Kollisionsvorschriften nach den Rechtsvorschriften des Wohnortstaates erhalten (Art. 71 Abs. 1 lit. a) Ziff. ii) VO [EWG] Nr 1408/71) und dass unechte Grenzgänger Leistungen nach dem Recht des Wohnortstaates erhalten können (Art. 71 Abs. 1 lit. b) Ziff. ii) VO [EWG] Nr 1408/71). Hintergrund der Sondervorschriften für Grenzgänger ist, dass Grenzgänger zwei Mitgliedstaaten verbunden sind und ihre Vermittlungschancen im Wohnortstaat regelmäßig günstiger sind[23]. Vor dem Hintergrund der Rechtsprechung des EuGH wäre A im Hinblick auf die Dauer ihres Wohnens in Bruchsal, die regelmäßige Rückkehr in den Ferien und die befristete Dauer und den Zweck ihres Aufenthaltes in Großbritannien als **unechte Grenzgängerin**[24] anzusehen (vgl auch die Ausführungen in der Sache *Knoch/Bundesanstalt für Arbeit*, Slg. 1992, I 4341, 4342 ff). A kann demnach Leistungen nach deutschem Arbeitsförderungsrecht verlangen, wenn sie sich der Arbeitsverwaltung ihres Wohnortstaates (Bundesrepublik Deutschland) zur Verfügung stellt.

---

22 EuGH v. 12.6.1986 – *Ten Holder/Bestuur van de Nieuwe Algemene Bedrijfsvereniging*, Rs. 302/84 –, Slg. 1986, 1821 (1831 f).

23 EuGH v. 8.7.1992 – *Doris Knoch/Bundesanstalt für Arbeit*, Rs. C-102/91 –, Slg. 1992, I 4341 (4391).

24 Zum Begriff näher *Waltermann*, in: Oetker/Preis, EAS, Teil B, Nr 9140, Rn 51 mwN.

In Bezug auf die **Voraussetzungen des § 117 Abs. 1 SGB III** fragt sich, ob A die Anwartschaftszeit (§§ 117 Abs. 1 Nr 3, 123 SGB III) erfüllt hat. A muss gemäß § 123 S. 1 Nr 1 SGB III innerhalb der Rahmenfrist von drei Jahren (siehe § 124 SGB III) mindestens zwölf Monate in einem Versicherungsverhältnis gestanden haben. Die neun Monate, die A vor ihrer Tätigkeit in Großbritannien in einem Versicherungsverhältnis nach deutschem Recht gestanden hat, reichen dafür nicht aus. Etwas anderes könnte sich aus dem Europäischen Gemeinschaftsrecht ergeben. Gemäß **Art. 67 Abs. 1 VO (EWG) Nr 1408/71** sind Versicherungs- oder Beschäftigungszeiten zu berücksichtigen, die als Arbeitnehmer nach den Rechtsvorschriften eines anderen Mitgliedstaates zurückgelegt worden sind, soweit das für den Erwerb eines Leistungsanspruchs erforderlich ist. Rechnet man die in Deutschland und Großbritannien zurückgelegten Versicherungszeiten zusammen, liegen die Voraussetzungen für einen Anspruch auf Arbeitslosengeld vor. Die **Dauer** des Anspruchs auf Arbeitslosengeld ist von der Dauer der zurückgelegten Versicherungspflichtverhältnisse abhängig (siehe § 127 SGB III). Gemäß Art. 67 Abs. 3 iVm Abs. 1 VO (EWG) Nr 1408/71 sind auch insoweit die in Großbritannien zurückgelegten Zeiten zu berücksichtigen. Da A in Deutschland und in Großbritannien zusammen 17 Monate versicherungspflichtig beschäftigt war, hat sie gemäß § 127 Abs. 2 SGB III (nach Versicherungspflichtverhältnissen von insgesamt mindestens 16 Monaten) Anspruch auf Arbeitslosengeld für die Dauer von acht Monaten.

Dritter Teil

Sozialversicherung und Arbeitsförderung

§ 7 Grundlagen

Fall 5 (frei nach BSG v. 28. Januar 1999, BSGE 83, 246 ff): K arbeitet seit vielen Jahren als Regieassistentin bei Fernseh- und Filmproduktionen, in den letzten Jahren ausschließlich für Produktionen verschiedener privater Fernsehsender. Diese beauftragen in der Regel unterschiedliche Produktionsfirmen mit der Erstellung bestimmter Sendungen bzw Sendereihen. Die Produktionsfirmen schließen dann jeweils Verträge mit denjenigen, die dem Produktionsteam (etwa als Regisseur oder Regieassistent) angehören sollen. K ist auf der Grundlage solcher Verträge in den letzten drei Jahren häufig auch an einer von der Firma P produzierten Talkshow-Reihe beteiligt. Sie hat dort allein oder zusammen mit dem Regisseur das Konzept für die bestimmte Sendung festzulegen und dann an den Proben sowie der Aufnahme im Studio der P mitzuwirken. Die Tätigkeit im Studio wird mit einem vereinbarten Tagessatz vergütet. Insgesamt gesehen hat K in den letzten Jahren an 15 Engagements für acht Produktionsfirmen mitgewirkt, die letzten vier Engagements bezogen sich auf P. Die zuständige AOK teilt K mit, sie sei als Arbeitnehmerin der P anzusehen. K fragt, ob die AOK zu Recht von der Pflichtversicherung bei ihr (und der Pflichtversicherung in der gesetzlichen Sozialversicherung insgesamt) ausgeht. Ihrer Meinung nach kommt allenfalls eine Sozialversicherung über die Künstlersozialversicherung in Betracht, ohnehin ist K überzeugt, dass sie keiner Form der gesetzlichen Sozialversicherung unterfällt, sondern frei entscheiden könne, ob sie bei ihrer privaten Versicherung gegen Risiken wie Krankheit, Alter, Unfall etc versichert sein will oder, angesichts ihrer gegenüber Risiken gelassenen Haltung, besser nicht versichert sein sollte. Hat sie Recht?

Schrifttum: *Bogs*, Die Sozialversicherung im Staat der Gegenwart, 1973; *Brackmann*, Handbuch der Sozialversicherung, Bd. 1/1, Loseblattwerk; *Gleitze/Krause/von Maydell/Merten*, Gemeinschaftskommentar zum SGB IV, Gemeinsame Vorschriften für die Sozialversicherung (GK-SGB IV), 1992; *Hänlein*, Rechtsquellen im Sozialversicherungsrecht, 2001; *Hase*, Versicherungsprinzip und sozialer Ausgleich, 2001; *Hendler*, Organisation und Selbstverwaltung der Sozialversicherung, in: SRH, B.6.; *Huster*, Die Beitragsbemessung in der gesetzlichen Krankenversicherung, JZ 2002, 371; *F. Kirchhof*, Sozialversicherungsbeitrag und Finanzverfassung, NZS 1999, 161; *Muckel*, Die Selbstverwaltung in der Sozialversicherung auf dem Prüfstand des Demokratieprinzips, NZS 2002, 118; *Peters/Mengert*, Sozialgesetzbuch IV – Gemeinsame Vorschriften für die Sozialversicherung, Kommentar, Loseblattwerk; *Rolfs*, Das Versicherungsprinzip im Sozialversicherungsrecht, 2000; *Rosin*, Das Recht der Arbeiterversicherung, 1893; *Ruland*, Solidarität und Individualität – Ein allgemeines Thema konkretisiert am Beispiel der Rentenversicherung, DRV 2000, 733; *Schmähl* (Hrsg.), Versicherungsprinzip und soziale Sicherung, 1985; *Schnapp*, Die Selbstverwaltung in der Sozialversicherung, in: Festschrift für von Unruh, 1983, S. 881; *Spinnarke*, Soziale Sicherheit in der Bundesrepublik Deutschland – Die Sozialversicherung, 7. Aufl., 1993; *Wannagat*, Sozialversicherungsrecht, S. 246-322; *Zöllner*, Ein Jahrhundert Sozialversicherung in Deutschland, 1981.

I. Soziale Vorsorge durch Versicherung

1. In der modernen Gesellschaft erfolgt die Sicherung des Lebensunterhalts durch **berufliche Arbeit**, diese ist **typischerweise die Quelle des Lebensunterhalts**. Weil das so ist, gerät die Sicherung des Lebensunterhalts in Gefahr, wenn die Arbeit und damit der Lohn als Gegenleistung für die Arbeit ausfällt. **91**

Dieser mit der **Industrialisierung** aufgetretene Problemzusammenhang ist bald erkannt worden, wie die nachfolgenden Sätze eines der sog Kathedersozialisten, *Lujo Brentano*, beispielhaft belegen[1]: „Da die Arbeitskraft die einzige Quelle des Arbeitereinkommens ist, die Arbeitskraft aber identisch ist mit dem Menschen selbst, insofern er seine Fähigkeiten auf den Erwerb wirtschaftlicher Güter verwendet, bedrohen nothwendig auch alle Gefahren, von denen das Leben des Menschen umgeben ist, die wirtschaftliche Basis des Arbeiters und seiner Familie. So störend eine Erkrankung für den Bemittelten ist, so bezieht er doch die Nutzungen von seinem Vermögen, ob gesund oder krank und die Krankheit ist nicht im Stande, ihn seines Lebensunterhalts zu berauben: Jede Krankheit giebt den, der auf seine Arbeit allein für den Unterhalt seines Lebens angewiesen ist, indem sie ihm die Fähigkeit zu arbeiten nimmt, dem tiefsten Elende preis. So schmerzlich die in Folge irgendeines Unglücks eintretende Invalidität, so beschwerlich das Alter mit seinen Gebrechen für den Vermögenden sein mag, die Renten, die sein Besitz abwirft, werden dadurch nicht vermindert: den Arbeiter dagegen verweisen Invalidität und Alter auf die Mildthätigkeit der Menschen für die Stillung und die Bedeckung seiner Blöße. So unangenehm endlich es ohne Zweifel auch für den Besitzenden ist, zu sterben, und so traurig sein Tod für seine Hinterbliebenen sein mag, so sorgt das Vermögen, das bei seinem Leben seinen Bedürfnissen diente, doch noch nach seinem Tode für sein letztes Bedürfniss, eine würdige Bestattung, und das Vermögen, das seine Hinterbliebenen schon bei seinen Lebzeiten ernährte, bewahrt sie auch nach seinem Tode, dass sie nicht dem Elend verfallen: wo aber sind die Mittel zum Begräbniss Desjenigen, dessen einziges Mittel zur Bedürfnissbefriedigung seine Arbeit war, die für immer nun ruht, wo die Mittel zur Aufziehung der Kinder, welche diese Arbeit ernährte?"

Zur Lösung des Problems stellt der Staat mit der gesetzlichen **Sozialversicherung** ein Instrumentarium bereit, das gegen Zahlung von Beiträgen einen angemessenen Risikoschutz vor den Wechselfällen des Lebens bietet. Die gesetzliche Sozialversicherung dient dem **Schutz der einzelnen Versicherten**, sie dient, indem sie die Versicherungspflicht vorsieht, zugleich aber auch dem **Schutz der Allgemeinheit** (konkret der Leistungsfähigkeit der steuerfinanzierten Sozialhilfe) vor mangelnder Risikovorsorge Einzelner[2]. Die moderne Sozialversicherung geht dabei, wie schon dargelegt wurde, über eine Mindestsicherung hinaus, sie bezweckt die **Sicherung des Lebensstandards**.

Im **Ausgangsfall 5** kommt eine Versicherung der K sowohl im Rahmen der gesetzlichen Sozialversicherung als auch außerhalb der gesetzlichen Sozialversicherung durch private Versicherungen in Betracht. Die private Versicherung steht grundsätzlich im Belieben des Einzelnen, wobei aber wichtige Ausnahmen diese Regel „bestätigen": Wer nicht die Kfz-Haftpflichtversicherung nachweist, bekommt für sein Fahrzeug nicht die Zulassung (§ 1 PflVG iVm § 29a StVZO). Wer nicht in der gesetzlichen Pflegeversicherung

1 *Brentano*, Die Arbeiterversicherung gemäß der heutigen Wirtschaftsordnung, 1879, S. 24 f.
2 Siehe jetzt auch zB BSG, SozR 3-2600 § 2 Nr 5, S. 32 und *Schlegel*, NZS 2000, 421 (426).

pflichtversichert ist, muss eine private Pflegeversicherung abschließen (§§ 1 Abs. 2 S. 2, 23 SGB XI).

92 2. Kennzeichnend für die gesetzliche Sozialversicherung ist die **Zwangsversicherung**. Nur sie bewahrt die Allgemeinheit vor unterlassener Risikovorsorge Einzelner und gewährleistet die gewünschte Breite der Risikogemeinschaft, durch die zugleich ein sozialer Ausgleich möglich wird. Welche **Personenkreise** von der Versicherungspflicht erfasst sind, wird in den einzelnen Sozialversicherungsgesetzen aufgezählt (siehe § 5 SGB V, §§ 20, 21 SGB XI, §§ 1-3 SGB VI, § 2 SGB VII, §§ 24 ff SGB III). Einzelne Versicherungszweige sind in der Vergangenheit immer weiter für einen **freiwilligen Beitritt** geöffnet worden, das gilt vor allem für die gesetzliche Rentenversicherung, die heute so gut wie allen offen steht (siehe §§ 4, 7 Abs. 1, 2 SGB VI). Wer genau über die Pflichtversicherten hinaus der Sozialversicherung beitreten kann, regeln die einzelnen Sozialversicherungsgesetze für den jeweiligen Versicherungszweig.

Auch das im Rahmen der gesetzlichen Sozialversicherung speziell für die Berufsgruppe der selbständigen Künstler und Publizisten (vgl §§ 1, 2 KSVG) geltende Künstlersozialversicherungsgesetz kennt die Pflichtversicherung. Im **Ausgangsfall 5** wäre K, wenn sie als selbständige Künstlerin iSv §§ 1, 2 KSVG anzusehen sein sollte und nicht wegen Vorliegens der Voraussetzungen des § 3 KSVG (geringes Einkommen) versicherungsfrei ist, über die Künstlersozialversicherung pflichtversichert[3].

93 3. Die Vorschrift des **§ 4 SGB I** fixiert in diesem Sinn allgemein das Anliegen der Sozialversicherung. Danach hat **jeder im Rahmen des Sozialgesetzbuchs ein Recht auf Zugang** zur Sozialversicherung. Wer in der Sozialversicherung versichert ist, hat im Rahmen der gesetzlichen Kranken-, Pflege-, Unfall- und Rentenversicherung einschließlich der Alterssicherung der Landwirte einen **Anspruch auf die notwendigen Maßnahmen** zum Schutz, zur Erhaltung, zur Besserung und zur Wiederherstellung der Gesundheit und der Leistungsfähigkeit, und er hat ein **Recht auf wirtschaftliche Sicherung** bei Krankheit, Mutterschaft, Minderung der Erwerbsfähigkeit und Alter. Ein Recht auf wirtschaftliche Sicherung haben auch die Hinterbliebenen eines Versicherten.

II. Die Säulen der Sozialversicherung

94 Die Sozialversicherung im eigentlichen Sinn ruht auf den vier Säulen Krankenversicherung, Pflegeversicherung, Unfallversicherung und Rentenversicherung einschließlich der Alterssicherung der Landwirte (§ 4 Abs. 2 SGB I, § 1 Abs. 1 SGB IV). Teil der Sozialversicherung (in einem weiten Sinn) ist, obwohl sie gemäß §§ 3 Abs. 2, 19 SGB I zum Arbeitsförderungsrecht gehört, auch die Arbeitslosen-

3 Einen kurzen Überblick zur KSV gibt *Finke*, in: SRH, C. 20., Rn 23 ff.

versicherung[4], die Arbeitslosenversicherung bildet somit die fünfte Säule. Die folgende **Übersicht** fasst die Rechtsgrundlagen dieser **fünf Säulen der Sozialversicherung** zusammen:

Übersicht: 95

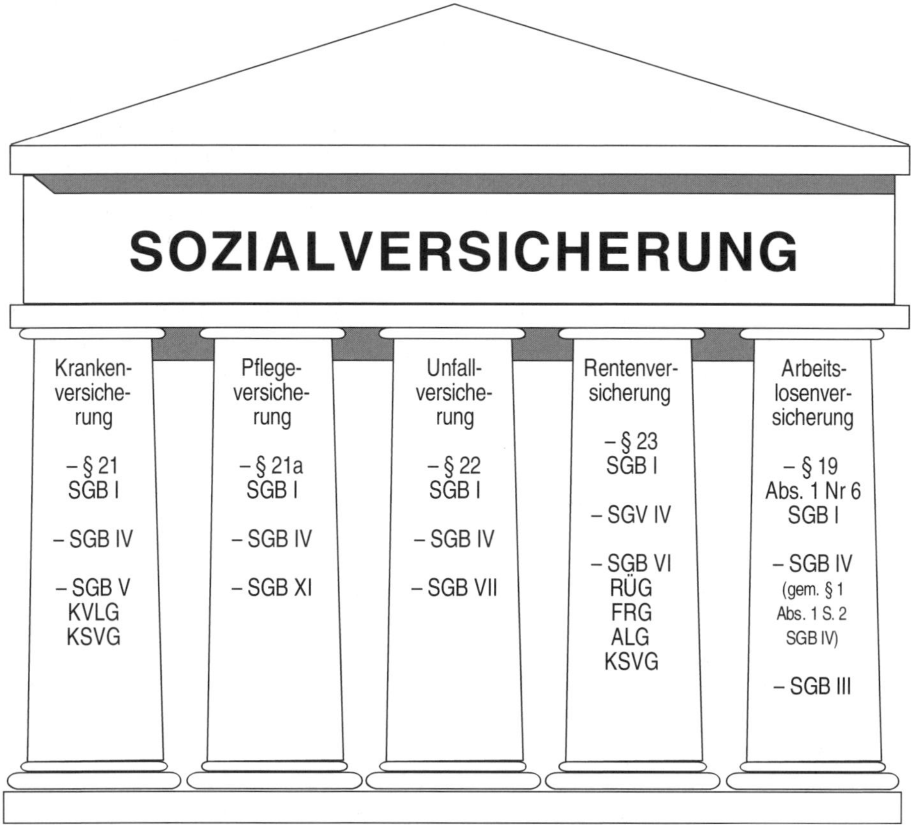

III. Versicherungsprinzip und sozialer Ausgleich

Das Sozialversicherungsrecht orientiert sich in wesentlichen Hinsichten am Privatrecht und am Privatversicherungsrecht, von dort übernimmt es wichtige Grundsätze und Techniken[5]. Das kann nicht verwundern, denn das Anliegen des Privatrechts und des Sozialrechts ist in der Sache gleichermaßen auf die **Existenzsicherung** gerichtet. Zugleich ist die gesetzliche Sozialversicherung aber durch ihre sozialpolitische Zielsetzung besonders geprägt. 96

4 Siehe auch die Formulierung in Art. 74 Abs. 1 Nr 12 GG.
5 Vgl *Gitter/Schmitt*, Sozialrecht, § 4 Rn 1 ff.

Die Nähe der Sozialversicherung zum Privatrecht und zur Privatversicherung zeigen beispielhaft der haftungsrechtliche Ursprung und die über das Reichshaftpflichtgesetz von 1871 verlaufene Entwicklung der gesetzlichen Unfallversicherung: Die gesetzliche Unfallversicherung ist, wie dargelegt[6], ein Teil des allgemeinen privatrechtlichen Schadensrechts, zugleich erfüllt sie die Funktion einer Haftpflichtversicherung. Auch Kranken- und Rentenversicherung kann man gedanklich auf das privatrechtliche Rechtsverhältnis zwischen Arbeitgeber und Arbeitnehmer zurückführen[7]. Sinnvollerweise muss das Arbeitsverhältnis in seiner vertraglichen und gesetzlichen Ausgestaltung in irgendeiner Form Vorkehrungen für Krankheit und Invalidität treffen, und es muss der Ertrag der abhängigen Arbeit so bemessen sein, dass der Lebensunterhalt auch nach Beendigung des Arbeitslebens im Alter sichergestellt bleibt. Die Dinge liegen im Grundsatz nicht anders als bei der soliden Anlage einer selbständigen Tätigkeit. In einer Gesellschaft, die auf der Basis abhängiger Beschäftigung im Interesse aller funktioniert, sind mit der abhängigen Arbeit also neben den „eigentlichen Lohnkosten" (dem ausgezahlten Arbeitsentgelt) auch (wie immer geartete) „Lohnnebenkosten" für die Existenzsicherung (Vorsorge gegen Krankheit, Pflegebedürftigkeit, Arbeitsunfall und Berufskrankheit, Invalidität, Alter und Tod sowie gegen Arbeitslosigkeit) verbunden.

97 1. *Wannagat*[8] hat die Sozialversicherung wie folgt definiert: Die Sozialversicherung ist „eine staatlich organisierte, nach den Grundsätzen der Selbstverwaltung aufgebaute öffentlich-rechtliche, vorwiegend auf Zwang beruhende Versicherung großer Teile der arbeitenden Bevölkerung für den Fall der Beeinträchtigung der Erwerbsfähigkeit und des Todes sowie des Eintritts der Arbeitslosigkeit". Kernstück dieser Definition ist die Aussage, dass es sich bei der Sozialversicherung um eine **Versicherung** handelt. Kennzeichen der Versicherung ist der Zusammenschluss gleichartig Gefährdeter zu einer **Gefahrengemeinschaft**. Dieser Zusammenschluss kann freiwillig erfolgen, aber auch auf einer Versicherungspflicht beruhen. Die Versicherungspflicht gibt es auch im Privatversicherungsrecht, dort ist die Versicherungspflicht für die Kfz-Haftpflichtversicherung vorgesehen (vgl § 1 PflVG). In einer Versicherung hat die Gefahrengemeinschaft gegen jedes ihrer Mitglieder im Sprachgebrauch des Privatversicherungsrechts Anspruch auf die **Versicherungsprämie**, im Sprachgebrauch des Sozialversicherungsrechts auf den **Beitrag**. Das Mitglied hat, wenn die versicherte Gefahr eintritt, einen **Anspruch auf Deckung** des für die Ausgleichung der Einbuße bestehenden Bedarfs. Alle diese Voraussetzungen erfüllt auch die öffentlich-rechtlich konzipierte Sozialversicherung, wovon Rechtsprechung[9] und Schrifttum[10] zu Recht ausgehen. An dem Versicherungscharakter der Sozialversicherung ändert es insbesondere nichts, dass sie von vornherein dem öffentlichen Recht zugeordnet ist. Auch die Sozialversicherung folgt der klassischen Definition der Versicherung[11], nach der die „gemeinsame Deckung eines

---

6 Siehe oben Rn 48.

7 Zu Begründungsansätzen im Zusammenhang mit der Einführung der Sozialversicherung siehe *Fuchs*, Zivilrecht und Sozialrecht, 1992, S. 36 ff.

8 *Wannagat*, Sozialversicherungsrecht, S. 25.

9 Siehe zB BVerfGE 11, 105 (112); 75, 108 (146); 88, 203 (313); BSGE 6, 213 (227 f).

10 Siehe nur *Bley/Kreikebohm/Marschner*, Sozialrecht, Rn 274 ff; *Eichenhofer*, Sozialrecht, Rn 140; *Fuchs*, Zivilrecht und Sozialrecht, 1992, S. 100 f; *Gitter/Schmitt*, Sozialrecht, § 4 Rn 1 ff; *Rüfner*, Sozialrecht, § 18 II; *Schulin/Igl*, Sozialrecht, Rn 80 ff

11 Vgl *Manes*, Versicherungswesen, 5. Aufl., 1932, S. 3; BVerfGE 88, 203 (313); BSGE 6, 213 (228).

möglichen, in seiner Gesamtheit schätzbaren Bedarfs durch Verteilung auf eine organisierte Vielheit" die Versicherung ausmacht.

In allen Sozialversicherungszweigen einschließlich der Arbeitslosenversicherung werden wirtschaftlich betrachtet Gefahrengemeinschaften derjenigen gebildet, die den erfassten Risiken „Krankheit", „Pflegebedürftigkeit", „Arbeitsunfall" und „Berufskrankheit", „Alter", „Invalidität" und „Tod" sowie „Arbeitslosigkeit" ausgesetzt sind. Innerhalb dieser Gefahrengemeinschaften wird ein im Einzelfall zufälliger, in seiner Gesamtheit aber abschätzbarer Bedarf gedeckt. Im Rechtssinn geht es damit wie bei der Privatversicherung um „Versicherung im Sinne einer Gemeinschaft der gleichartig Gefährdeten mit selbständigen Rechtsansprüchen auf wechselseitige Bedarfsdeckung"[12].

2. An dem Versicherungscharakter der Sozialversicherung ändert es nach der zu- **98**
treffenden herrschenden Meinung nichts, dass die Sozialversicherung in besonderem Maß dem **Gedanken der Solidarität** verpflichtet ist. Die Sozialversicherung soll nicht nur einen versicherungsmäßigen Risikoausgleich bewirken, sondern, heute vor dem Hintergrund des Sozialstaatsprinzips und der Grundrechte, darüber hinaus einen prinzipiell unbedingten Schutz und einen sozialen Ausgleich bewirken[13].

a) Das Bestreben um einen **prinzipiell unbedingten Schutz** zeigt sich zB darin, **99**
dass in der gesetzlichen Krankenversicherung bereits eingetretene Risiken (mitgebrachte Krankheiten bei Begründung des Versicherungsverhältnisses, zB eine Diabeteserkrankung), anders als in der Privatversicherung, zu Leistungsansprüchen führen.

b) Der **soziale Ausgleich** zeigt sich darin, dass in der Sozialversicherung die Bei- **100**
träge nicht stets dem individuellen Risiko entsprechen. Anschaulich wird dies in der gesetzlichen Krankenversicherung: Der Beitrag ist dort nicht nach dem individuell versicherten Risiko bemessen, sondern richtet sich gemäß §§ 226 f SGB V nach dem Arbeitsentgelt des sog. Stammversicherten (namentlich also der gemäß § 5 Abs. 1 Nr 1 SGB V versicherten Arbeitnehmer). Gleichwohl erhalten der Stammversicherte und zudem dessen beitragsfrei mitversicherte Familienangehörige (§ 10 SGB V) dieselben ärztlichen Leistungen wie ein besser verdienender und allein stehender Versicherter[14]. Beim Lohnersatz in Gestalt des Krankengeldes (§ 44 SGB V) wirkt sich dies wiederum nicht aus, weil das Krankengeld 70% des Arbeitslohns beträgt (§ 47 Abs. 1 SGB V). Die sozialpolitische Zielsetzung ändert indessen nichts daran, dass auch in der Sozialversicherung das Kostendeckungsprinzip gilt. Im Unterschied zur Privatversicherung fehlt es zwar an der versicherungsmathematischen Einzeläquivalenz. In der Privatversicherung besteht eine Äquivalenz in diesem Sinn zwischen den Prämien und den Leistungen, wenn auch aus Rationalisierungsgrün-

12 So die Definition zB bei *Bruck/Möller*, Kommentar zum VVG, 8. Aufl., Bd. I, 1961, § 1 Anm. 3. Zum Begriff der Versicherung näher *Dreher*, Versicherung als Rechtsprodukt, 1991, S. 32 ff.

13 Siehe dazu BVerfGE 76, 256 (301); *Rolfs*, Das Versicherungsprinzip im Sozialversicherungsrecht, 2000, S. 208 ff.

14 Zur verfassungsrechtlichen Bedeutung der beitragsfreien Mitversicherung siehe BVerfGE 103, 242 ff = NJW 2001, 1712 (Pflegeversicherung). Siehe auch unten Rn 517 ff.

den mehr oder weniger auf Schätzungen und Pauschalierungen statt auf exakte individuelle Berechnungen der Risikoprämien zurückgegriffen werden muss. So ist in der privaten Krankenversicherung, anders als in der gesetzlichen Krankenversicherung mit ihrer Familienversicherung, jedes Kind entsprechend dem Risiko gegen Versicherungsprämie zu versichern. In der Sozialversicherung besteht die Einzeläquivalenz nur in der gesetzlichen Unfallversicherung. Die Krankenversicherung und die Rentenversicherung erreichen aber eine **Gesamt- bzw Gruppenäquivalenz**[15].

Die dem Gedanken der Solidarität, insbesondere dem sozialen Ausgleich dienenden Regelungen des Sozialversicherungsrechts sind nicht in allen Hinsichten unter dem Gesichtspunkt der Gerechtigkeit (und zum Teil des Verfassungsrechts) unbedenklich. Denn es wird der Solidargemeinschaft der Sozialversicherten auch sozialer Ausgleich aufgebürdet, der im Interesse aller Staatsbürger liegt und also aus Steuermitteln finanziert werden müsste (sodass sich auch die außerhalb der Sozialversicherung stehenden – nicht selten sozial Stärksten – daran beteiligen)[16]. Vor allem in der gesetzlichen Rentenversicherung ist dies unter dem Begriff der **versicherungsfremden Leistungen** diskutiert worden[17].

IV. Das SGB IV

1. Anwendungsbereich

101 a) Das SGB IV enthält die **gemeinsamen Vorschriften für die Sozialversicherung**. Es gilt gemäß § 1 Abs. 1 S. 1 SGB IV für die gesetzliche Kranken-, Unfall- und Rentenversicherung einschließlich der Alterssicherung der Landwirte sowie für die soziale Pflegeversicherung.

102 b) Mit den in § 1 Abs. 1 S. 2 SGB IV bezeichneten Ausnahmen gilt das SGB IV auch für die **Arbeitsförderung**; die Bundesanstalt für Arbeit gilt insoweit als Versicherungsträger im Sinne des SGB IV. Die Vorschriften des 6. Abschnitts des SGB IV über den Sozialversicherungsausweis und über Meldepflichten gelten gemäß § 1 Abs. 2 SGB IV auch für die **Sozialhilfe**. Zu beachten ist, dass die spezielleren Regelungen der einzelnen Sozialleistungsbereiche stets den Vorrang haben, soweit sie von den Vorschriften des SGB IV abweichen.

2. Begriffsbestimmungen

103 Das SGB IV stellt den „Allgemeinen Teil" des Sozialversicherungsrechts dar. Es enthält deshalb eine Reihe von Begriffsbestimmungen, zB über die **Beschäftigung** in abhängiger Arbeit, an die die Pflichtversicherung als Grundfall anknüpft (§§ 7 ff SGB IV). Das SGB IV bestimmt die Begriffe **Arbeitsentgelt** (§ 14 SGB IV) und **Arbeitseinkommen** (§ 15 SGB IV), und es definiert die in den jeweiligen Einzel-

---

15 Näher *Rolfs*, Das Versicherungsprinzip im Sozialversicherungsrecht, 2000, S. 264 ff; für die Rentenversicherung siehe *Ruland*, SGb 1987, 133 (135 f).

16 Vgl *Rolfs*, Das Versicherungsprinzip im Sozialversicherungsrecht, 2000, S. 193 ff; *Rüfner*, Sozialrecht, § 18 II.

17 Siehe Rn 328, 332.

gesetzen (namentlich im Beitragsrecht) häufig in Bezug genommene rechnerische **Bezugsgröße**, die durch das Durchschnittsentgelt der gesetzlichen Rentenversicherung im vorvergangenen Kalenderjahr bestimmt wird (§ 18 Abs. 1 SGB IV).

Wichtige Begriffe der Sozialversicherung

Beschäftigung	– siehe unten 4. –
Arbeitsentgelt	Arbeitsentgelt sind alle laufenden oder einmaligen Einnahmen aus einer Beschäftigung, gleichgültig, ob ein Rechtsanspruch auf die Einnahmen besteht, unter welcher Bezeichnung oder in welcher Form sie geleistet werden und ob sie unmittelbar aus der Beschäftigung oder im Zusammenhang mit ihr erzielt werden (§ 14 Abs. 1 S. 1 SGB IV).
Arbeitseinkommen	Arbeitseinkommen ist der nach den allgemeinen Gewinnermittlungsvorschriften des Einkommensteuerrechts ermittelte Gewinn aus einer selbständigen Tätigkeit. Einkommen ist als Arbeitseinkommen zu werten, wenn es als solches nach dem Einkommensteuerrecht zu bewerten ist (§ 15 Abs. 1 SGB IV).
Bezugsgröße	Bezugsgröße im Sinne der Vorschriften für die Sozialversicherung ist, soweit in den besonderen Vorschriften für die einzelnen Versicherungszweige nichts Abweichendes bestimmt ist, das Durchschnittsentgelt der gesetzlichen Rentenversicherung im vorvergangenen Kalenderjahr, aufgerundet auf den nächsthöheren, durch 420 teilbaren Betrag (§ 18 Abs. 1 SGB IV). Die Bezugsgröße für das Beitrittsgebiet (Bezugsgröße Ost) verändert sich zum 1. Januar eines jeden Kalenderjahres auf den Wert, der sich ergibt, wenn der für das vorvergangene Kalenderjahr geltende Wert der Anlage 1 zum Sechsten Buch Sozialgesetzbuch durch den für das Kalenderjahr bestimmten vorläufigen Wert der Anlage 10 zum Sechsten Buch Sozialgesetzbuch geteilt wird, aufgerundet auf den nächsthöheren, durch 420 teilbaren Betrag (§ 18 Abs. 2 SGB IV).

3. Mitgliedschaft, Selbstverwaltung, Versicherungsverhältnis

Mitgliedschaft und Versicherungsverhältnis sind nicht im SGB IV geregelt, die normative Anknüpfung findet sich insoweit in den speziellen Sozialversicherungsgesetzen (siehe §§ 186 ff SGB V, § 49 SGB XI; das SGB VII spricht, anders als früher § 658 Abs. 1 RVO, nicht mehr von Mitgliedschaft, in der Sache ändert sich dadurch aber nichts[18]; auch im SGB VI ist nicht von Mitgliedschaft die Rede, auch hier besteht aber die mitgliedschaftliche Struktur). Mitgliedschaft und Versicherungsver- **104**

18 Siehe BT-Drucks. 13/2204, S. 108. Dazu *Graeff*, SGb 1996, 297 (304).

hältnis sind für die selbstverwaltete Sozialversicherung von grundsätzlicher Bedeutung.

105 a) Dass das Sozialversicherungsrecht von **Mitgliedschaft** spricht, liegt an ihrer öffentlich-rechtlichen Organisation, in der die Sozialversicherungsträger ungeachtet ihrer unterschiedlichen (zum Teil, wie bei den Landesversicherungs**anstalten** irreführenden) Bezeichnungen rechtsfähige **Körperschaften des öffentlichen Rechts** mit **Selbstverwaltung** sind (§ 29 Abs. 1 SGB IV). Die Versicherten und die Arbeitgeber haben in der Sozialversicherung dem Prinzip nach mitgliedschaftliche Rechte.

106 b) Es handelt sich bei der Sozialversicherung um einen Bereich der **mittelbaren Staatsverwaltung**, die durch Selbstverwaltung[19] gekennzeichnet ist. **Selbstverwaltung** ist in der Definition von *Hans Julius Wolff* „die selbständige, fachweisungsfreie Wahrnehmung enumerativ oder global überlassener oder zugewiesener eigener öffentlicher Angelegenheiten durch unterstaatliche Träger oder Subjekte öffentlicher Verwaltung im eigenen Namen“[20]. Die Selbstverwaltung im Bereich der Sozialversicherung wird im Grundsatz durch die Versicherten und die Arbeitgeber ausgeübt (§§ 29 Abs. 2, 44 SGB IV). Die **Verfassung** der Sozialversicherungsträger regeln die §§ 29-42 SGB IV, **Zusammensetzung, Wahl und Verfahren** der Selbstverwaltungsorgane regeln die §§ 43-66 SGB IV, **Haushaltswesen, Rechnungswesen, Vermögensverwaltung und Staatsaufsicht** regeln die §§ 67-90 SGB IV.

107 c) Von der Mitgliedschaft ist das **Versicherungsverhältnis** zu unterscheiden. Das Versicherungsverhältnis kann mit der Mitgliedschaft verbunden sein. Die gemäß § 5 Abs. 1 Nr 1 SGB V Krankenversicherungspflichtigen sind gemäß § 186 Abs. 1 SGB V Mitglieder der Krankenkasse und stehen zu ihr in einem Versicherungsverhältnis. Mitglieder in der gesetzlichen Unfallversicherung sind dagegen nur die Unternehmer, versichert sind aber vor allem die Beschäftigten (§ 2 Abs. 1 Nr 1 SGB VII); Versicherungsverhältnis und Mitgliedschaft fallen hier also regelmäßig auseinander (anders liegt es wiederum, soweit Unternehmer selbst versichert sind, vgl §§ 3, 6 SGB VII). In der Krankenversicherung begründet das Mitgliedschaftsverhältnis des Stammversicherten unter den Voraussetzungen des § 10 SGB V zugleich die Versicherungsverhältnisse zwischen seinen Familienangehörigen und der Krankenkasse (nicht dagegen deren Mitgliedschaft), Mitglied ist gemäß §§ 5 Abs. 1 Nr 1, 186 Abs. 1 SGB V der gegen Arbeitsentgelt beschäftigte „Stammversicherte“, nur er kann an den Wahlen zu den Selbstverwaltungsorganen teilnehmen, vgl §§ 46 Abs. 1, 47 Abs. 1 Nr 1 SGB IV.

Das sozialrechtliche Versicherungsverhältnis ist dem privatrechtlichen Versicherungsverhältnis in vielem ähnlich. Das privatrechtliche Versicherungsverhältnis wird als die Gesamtheit der auf dem Versicherungsvertrag und dem VVG beruhenden Rechtsbeziehungen zwischen dem Versicherer und dem Versicherungsnehmer, unter Umständen dem Versicherten,

---

19 Siehe dazu näher §§ 31 ff SGB IV; *Kreßel/Wollenschläger*, Sozialversicherungsrecht, Teil 2, § 5 Rn 20-33; *Rüfner*, Sozialrecht, § 20 II.

20 Vgl *Wolff/Bachof*, Verwaltungsrecht II, 5. Aufl., 1987, § 84 Rn 34.

bezeichnet[21]. Dem privaten Versicherer entspricht der Sozialversicherungsträger. Den Begriff des Versicherungsnehmers kennt das Sozialversicherungsrecht konzeptionsbedingt nicht.

4. Beschäftigungsverhältnis und geringfügige Beschäftigung

a) Beschäftigungsverhältnis

Das Versicherungsverhältnis ist im **sozialversicherungsrechtlichen Grundfall** in 108
Entstehung und Fortbestand mit dem **Beschäftigungsverhältnis** des Arbeitnehmers verknüpft.

Übersicht:

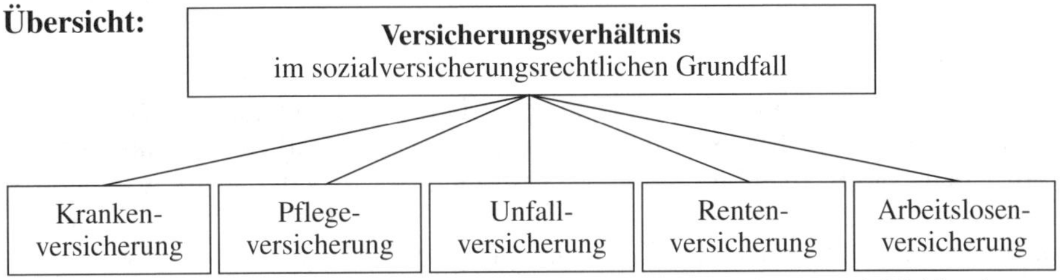

§ 5 Abs. 1 Nr 1 SGB V:	§ 20 Abs. 1 Nr 1 SGB XI:	§ 2 Abs. 1 Nr 1 SGB VII:	§ 1 Nr 1 SGB VI:	§ 25 Abs. 1 SGB III:
„Arbeiter, Angestellte und zu ihrer Berufsausbildung Beschäftigte, die gegen Arbeitsentgelt beschäftigt sind,"	„Arbeiter, Angestellte und zu ihrer Berufsausbildung Beschäftigte, die gegen Arbeitsentgelt beschäftigt sind;"	„Beschäftigte"	„Personen, die gegen Arbeitsentgelt oder zu ihrer Berufsausbildung beschäftigt sind;"	„Versicherungspflichtig sind Personen, die gegen Arbeitsentgelt oder zu ihrer Berufsausbildung beschäftigt (versicherungspflichtige Beschäftigung) sind."

Was unter einer Beschäftigung zu verstehen ist, bestimmt § 7 SGB IV. Gemäß **§ 7 Abs. 1 S. 1 SGB IV** ist Beschäftigung definiert als die nicht selbständige Arbeit, insbesondere in einem Arbeitsverhältnis. Das öffentlich-rechtliche Sozialversicherungsverhältnis knüpft damit an die privatrechtliche (arbeitsrechtliche) Gestaltung an. Gemäß § 7 Abs. 1 S. 2 SGB IV sind Anhaltspunkte für ein Beschäftigungsverhältnis eine Tätigkeit nach Weisungen und eine Eingliederung in die Arbeitsorganisation des Weisungsgebers.

aa) Das in § 7 Abs. 1 S. 1 SGB IV definierte sozialversicherungsrechtliche Be- 109
schäftigungsverhältnis **deckt sich im wesentlichen mit dem Arbeitsverhältnis**[22],

21 *Bruck/Möller*, Kommentar zum VVG, 8. Aufl., Bd. I, 1961, Einl. Anm. 2; *Prölss/Martin*, VVG, 26. Aufl., 1998, Rn 12.

22 Dazu *Söllner/Waltermann*, Grundriss des Arbeitsrechts, 13. Aufl., 2002, § 4 I.

die Begriffe sind aber nicht ganz gleichbedeutend. Ein Beschäftigungsverhältnis liegt also zunächst in den Normalfällen vor, in denen auf der Grundlage eines wirksamen Arbeitsvertrages tatsächlich gearbeitet wird. Aber auch wenn bei wirksamem Arbeitsverhältnis tatsächlich nicht gearbeitet wird, kann ein die Versicherungspflicht begründendes Beschäftigungsverhältnis gegeben sein.

Beispiele: **(1)** Arbeitgeber U kündigt das mit Arbeitnehmer A wirksam eingegangene Arbeitsverhältnis vor dem Arbeitsantritt fristgemäß, für die Zeit bis zur Beendigung des Arbeitsverhältnisses mit dem Ablauf der Kündigungsfrist verzichtet U bei Lohnzahlung auf die Arbeitsleistung. Bis zur Beendigung des Arbeitsverhältnisses besteht ein Beschäftigungsverhältnis, vgl BSGE 36, 161 (163 f); 52, 152 (155 f); 59, 183 (185). **(2)** Arbeitnehmer A ist bei Entgeltfortzahlung wegen einer Zusatzausbildung beurlaubt, vgl BSGE 41, 24 (25 f); vgl auch BSGE 68, 236 (240).

110 bb) Der Fall, dass **kein Arbeitsverhältnis**, wohl aber ein Beschäftigungsverhältnis gegeben ist, liegt namentlich vor, wenn der Arbeitsvertrag ungültig ist (fehlerhaftes Arbeitsverhältnis)[23]. Ein Beschäftigungsverhältnis ohne Arbeitsverhältnis besteht ferner dann, wenn man bei Weiterbeschäftigung des Arbeitnehmers während des Kündigungsschutzprozesses (im Anwendungsbereich des § 102 Abs. 5 BetrVG oder nach den Grundsätzen der Rechtsprechung des BAG[24]) das Vorliegen eines Arbeitsverhältnisses verneinen wollte[25].

111 cc) Ist Beschäftigung gemäß § 7 Abs. 1 S. 1 SGB IV „die nicht selbständige Arbeit, insbesondere in einem Arbeitsverhältnis", stellt sich auch im Sozialversicherungsrecht die Frage, wie in den zahlreicher gewordenen Grenzfällen **abhängige Beschäftigung und selbständige Tätigkeit** voneinander zu unterscheiden sind. Die Schwierigkeit liegt darin, dass sich die tatsächlichen Verhältnisse im Arbeitsleben verändert haben und (auch angesichts der neuen Kommunikationsformen) weiter verändern, sodass die Einbindung in eine Betriebsorganisation zurückgeht. Der Fabrikarbeiter der Industrialisierung, dessen Arbeitsplatz sich ganz in der Nähe des Fabrikschornsteins befand, hat längst nicht mehr Modellcharakter für die abhängige Arbeit.

112 Die Abgrenzung hat, sowohl im Arbeitsrecht als auch im Sozialrecht, darüber hinaus vor dem Hintergrund von Vertragsgestaltungen aktuelle Bedeutung erlangt, die die Bindungen des Arbeits- und Sozialrechts vermeiden wollen (Stichworte: **„Neue Selbständigkeit"** oder **„Scheinselbständigkeit"**). Im Arbeitsrecht geht es um die Frage, ob die arbeitsrechtlichen Schutznormen (zB Entgeltfortzahlung bei Krankheit, Arbeitsschutz, Kündigungsschutz) eingreifen oder nicht. In der Sozialversi-

---

23 Vgl KassKomm/*Seewald*, § 7 SGB IV, Rn 15 f; *Schaub*, Arbeitsrechts-Handbuch, 9. Aufl., 2000, § 35 III, Rn 32; BAGE 5, 58 (65 f); BSGE 87, 53 (57).

24 Siehe BAGE (GS) 48, 122 = AP Nr 14 zu § 611 BGB Beschäftigungspflicht. Danach besteht, außer bei offensichtlich unwirksamer Kündigung, für die Dauer der ersten Instanz kein Weiterbeschäftigungsanspruch, weil das Interesse des Arbeitgebers, den Arbeitnehmer nicht zu beschäftigen, überwiegt. Obsiegt der Arbeitnehmer in der ersten Instanz, überwiegt für die zweite Instanz dessen Interesse. Näher dazu *Lieb*, Arbeitsrecht, 7. Aufl., 2000, Rn 387 ff; *Söllner/Waltermann*, Grundriss des Arbeitsrechts, 13. Aufl., 2002, § 35 II 3 f).

25 Siehe zB BAGE 54, 232 (235); 67, 88 (91).

cherung gibt es für die als selbständig Eingeordneten prinzipiell keinen Versicherungszwang mit automatischer Beitragspflicht, Selbständige müssen sich auf eigene Initiative und Kosten selbst versichern. Ein sozialversicherungsrechtlicher Schutz gegen Arbeitslosigkeit kann durch freiwillige Versicherung nicht erkauft werden. Rechtspolitisch stellt sich die Frage, ob nicht die Unterscheidung zwischen abhängiger Beschäftigung und Selbständigkeit an Trennschärfe verloren hat. Angesichts der auf Vermeidung arbeits- und sozialrechtlicher Bindungen ausgerichteten Gestaltungen verbindet sich mit der Selbständigkeit nicht mehr die prinzipielle Erwartung wirtschaftlicher Unabhängigkeit.

(1) Das BSG[26] stellt wie BAG[27] und BGH[28] maßgeblich auf das für das Arbeitsver- **113**
hältnis typische **Weisungsrecht** und die damit zusammenhängende **persönliche Abhängigkeit** ab, die sich traditionell (aber nicht zwingend) in der **Eingliederung** des Arbeitnehmers in die Organisation eines Betriebes äußert. § 7 Abs. 1 S. 2 SGB IV greift diese Rechtsprechung auf. Das Weisungsrecht des Arbeitgebers kann Inhalt, Durchführung, Zeit, Dauer und Ort der Tätigkeit betreffen. Demgegenüber ist die selbständige Tätigkeit durch das eigene Unternehmerrisiko, die Verfügungsfreiheit über die eigene Arbeitskraft und die im wesentlichen frei gestaltete Tätigkeit und Arbeitszeit gekennzeichnet. Im Einzelfall kommt es bei der Beurteilung des Gesamtbildes darauf an, welche Merkmale überwiegen. Nach zutreffender allgemeiner Auffassung kommt es nicht auf den von den Vertragsparteien gewählten Vertragstyp und dessen Bezeichnung, sondern darauf an, wie sich das Rechtsverhältnis unter Berücksichtigung aller Umstände des Einzelfalls tatsächlich darstellt[29].

Schrifttum: *Bauer/Baeck/Schuster*, Scheinselbständigkeit, 1999; *Boemke*, ZfA 1998, 285; *Griebeling*, RdA 1998, 208 und NZA 1998, 1137; *IAB*, Empirische Befunde zur Scheinselbständigkeit, abgedruckt in NZA 1997, 590; *Lieb*, Arbeitsrecht, 7. Aufl., 2000, Rn 1-33; *Rieble*, ZfA 1998, 327; *Schmidt/Schwerdtner*, Scheinselbständigkeit, 1999; *Steinmeyer*, ZSR 1996, 348; *Wank*, DB 1992, 90; *ders.*, AuR 2001, 291 und 327; Gemeinsames Rundschreiben der Spitzenorganisationen der Sozialversicherung zum Gesetz zur Förderung der Selbständigkeit vom 20.12.1999, NZS 2000, 184.

§ 7 Abs. 4 S. 1 SGB IV normiert eine **Vermutungsregel** für die Beschäftigung in **114**
nicht selbständiger Arbeit. Bei einer erwerbsmäßig tätigen Person, die ihre Mitwirkungspflichten nach § 206 SGB V oder nach § 196 Abs. 1 SGB VI nicht erfüllt, wird vermutet, dass sie beschäftigt ist, wenn **mindestens drei** der in § 7 Abs. 4 S. 1 SGB IV genannten fünf Merkmale vorliegen.

---

26 Siehe zB BSGE 13, 176 (197, 201 f); 20, 6 (8); 36, 7 (8); 45, 199 (200); 51, 164 (167); 83, 246 (251).

27 Siehe zB BAGE 54, 248 (252); 84, 124 (133 ff); 86, 178 (182 ff); 88, 327 (335); BAG, NZA 1998, 364 (365); NZA 1998, 1275; NZA 1999, 205 (206 f). Zur Rechtsprechung des BAG *Griebeling*, RdA 1998, 208 ff und NZA 1998, 1137.

28 BGH, NJW 1999, 648 (649).

29 Vgl BAGE 86, 178 (182, 184); BSGE 72, 105 (107, 108); *Bley/Kreikebohm/Marschner*, Sozialrecht, Rn 335; *Gitter/Schmitt*, Sozialrecht, § 8 Rn 6.

Mit dieser Regelung des Gesetzes zur Förderung der Selbständigkeit (BGBl. I 2000, S. 2) wird rückwirkend zum 1. Januar 1999 die durch das (Vorschalt-)Gesetz zu Korrekturen in der Sozialversicherung und zur Sicherung der Arbeitnehmerrechte vom 19. Dezember 1998 (BGBl. I 1998, S. 3843) eingeführte Vorschrift neu gefasst. Es ist nun klargestellt, dass die gesetzliche Vermutung des § 7 Abs. 4 S. 1 SGB IV den Amtsermittlungsgrundsatz (§ 20 SGB X) nicht ersetzt und nur dann eingreift, wenn der Erwerbstätige seine Mitwirkungspflichten verletzt. Auf Vorarbeit der wegen der Kritik an der 1998 eingeführten Regelung eingesetzten sogenannten *Dieterich-Kommission*[30] wurden die vier Kriterien der alten Regelung präziser gefasst und um ein fünftes Kriterium ergänzt. Die gesetzliche Vermutung kann (natürlich) widerlegt werden (§ 7 Abs. 4 S. 3 SGB IV). In der Praxis wird der Regelung des § 7 Abs. 4 SGB IV nach der Änderung keine nennenswerte Bedeutung zukommen.

Der ebenfalls durch das Gesetz zur Förderung der Selbständigkeit eingeführte § 7a SGB IV regelt ein spezielles **Anfrageverfahren**. Es soll Gewissheit darüber verschaffen, ob ein Erwerbstätiger abhängig beschäftigt oder selbständig ist.

Schrifttum: *Berndt*, NJW 2000, 464; *Bieback*, BB 2000, 873; *Heinze*, JZ 2000, 332.

115 Im **Ausgangsfall 5** ist, wenn man die in Einklang mit der höchstrichterlichen Rechtsprechung des BAG und des BGH vom BSG (hier BSGE 83, 246 [251]) bei der Auslegung herangezogenen **rechtlichen Maßstäbe** (oben Rn 113) anlegt, bei der **Subsumtion** entscheidend: K schließt mit verschiedenen Produktionsfirmen Verträge. Sie ist nicht in den Betrieb der P eingegliedert, die Firma P kann über den Einsatz der K nicht durch Weisung verfügen, auch wenn Ort und Zeit ihrer Tätigkeit im Sendestudio durch P festgelegt werden. K ist der P durch die jeweiligen Verträge projektbezogen verbunden, und sie besitzt die Möglichkeit, Aufträge abzulehnen und Aufträge anderer Firmen neben ihrer Tätigkeit für P anzunehmen. Dies hat sie auch getan; dass die letzten vier Engagements bei P lagen, ändert die Bewertung nicht, da es sich nach dem Gesamtbild weiterhin um Einzelengagements handelt (lies zur Vertiefung BSG, aaO, S. 251-253). K ist auch nicht auf Grund der zum 1. Januar 1999 in Kraft getretenen geänderten Vorschrift des § 7 Abs. 4 SGB IV als abhängig beschäftigt anzusehen; diese Vorschrift überlagert nicht die von der Rechtsprechung und der vorherrschenden Lehre der Rechtsanwendung zu Grunde gelegten Auslegungsmaßstäbe für die Abgrenzung von abhängiger Beschäftigung und selbständiger Tätigkeit, sie enthält eine Vermutungsregel für Fälle, in denen Erwerbstätige ihre Mitwirkungspflicht verletzen.

116 dd) In der arbeitsrechtlichen Praxis werden seit einiger Zeit zunehmend Arbeitszeitregelungen vereinbart, die von dem herkömmlichen Modell der festen Wochenarbeitszeit abweichen (sog. „**flexible Arbeitszeitregelungen**"). Dazu gehört insbesondere die Verdichtung der Arbeit zu bestimmten Zeiten mit gegenüberstehenden Freistellungsphasen: Altersteilzeit nach dem Blockmodell; Ansammlung von Arbeitszeitguthaben auf Arbeitszeitkonten. In sozialversicherungsrechtlicher Hinsicht werfen derartige Arbeitszeitmodelle im Hinblick auf die Beitragspflicht und auf den Versicherungsschutz Probleme auf. Die Beschäftigten erbringen nämlich in der Freistellungsphase keine Arbeitsleistung, während sie gleichwohl fortlaufend ein Arbeitsentgelt erhalten, das durch ihre tatsächliche Arbeitsleistung vor oder nach

30 Siehe Abschlussbericht in: NZA 1999, 1260 f.

der Freistellungsphase bestimmt wird. **§ 7 Abs. 1a SGB IV** stellt für diese Fälle klar, dass in Zeiten einer Freistellung von der Arbeitsleistung, für die (mit einer in dem soeben genannten Sinn vorher oder nachher erbrachten Arbeitsleistung erzieltes) Arbeitsentgelt fällig ist, eine Beschäftigung gegen Arbeitsentgelt im Sinne von § 7 Abs. 1 SGB IV besteht, wenn zwei Voraussetzungen gegeben sind: (1) Die Freistellung muss auf Grund einer schriftlichen Vereinbarung erfolgen; (2) die Höhe des für die Zeit der Freistellung monatlich fälligen Arbeitsentgelts darf nicht unangemessen von der Höhe des für die vorausgegangenen zwölf Kalendermonate monatlich fälligen Arbeitsentgelts abweichen; diese Arbeitsentgelte müssen 325 Euro übersteigen[31].

In Bezug auf die **Beitragspflicht** bei flexiblen Arbeitszeitregelungen ist § 23b SGB IV zu beachten.

b) Geringfügige Beschäftigung

Von der Regel, nach der die Beschäftigung im Sinne von § 7 SGB IV die Sozialversicherungspflicht begründet, gibt es Ausnahmen. In der Kranken-, Pflege-, Renten- und Arbeitslosenversicherung (anders naturgemäß in der gesetzlichen Unfallversicherung) besteht **keine Versicherungspflicht**, wenn die Beschäftigung geringfügig ist (vgl § 7 SGB V; § 20 Abs. 1 S. 1 SGB XI iVm § 7 SGB V; § 5 Abs. 2 Nr 1 SGB VI; § 27 Abs. 2 SGB III[32]). Unter welchen Voraussetzungen eine geringfügige Beschäftigung vorliegt, bestimmt für das Sozialversicherungsrecht allgemein **§ 8 SGB IV**. **117**

Die **Grundvorschrift des § 8 Abs. 1 SGB IV** ist trotz der (zum 1. April 1999 in Kraft getretenen) viel diskutierten Änderungen im Recht der geringfügigen Beschäftigung durch das **Gesetz zur Neuregelung der geringfügigen Beschäftigungsverhältnisse** vom 24. März 1999[33] im wesentlichen unverändert geblieben; nur die bislang dynamische Entgeltgrenze von einem Siebtel der (in § 18 SGB IV definierten) monatlichen Bezugsgröße bzw einem Sechstel des Gesamteinkommens iSv § 16 SGB IV ist durch den nunmehr **festgeschriebenen Betrag von 325 Euro** (für alte und neue Bundesländer) ersetzt worden. Zwei Fälle sind zu unterscheiden: **118**

aa) Eine geringfügige Beschäftigung liegt gemäß **§ 8 Abs. 1 Nr 1 SGB IV** vor, wenn die Beschäftigung regelmäßig weniger als 15 Stunden in der Woche ausgeübt wird und das Arbeitsentgelt regelmäßig im Monat 325 Euro nicht übersteigt. **119**

bb) Eine geringfügige Beschäftigung nach **§ 8 Abs. 1 Nr 2 SGB IV** ist gegeben, wenn die Beschäftigung innerhalb eines Jahres seit ihrem Beginn auf längstens zwei Monate oder 50 Arbeitstage nach ihrer Eigenart begrenzt zu sein pflegt oder im Voraus vertraglich begrenzt ist, es sei denn, dass die Beschäftigung berufsmäßig ausgeübt wird und ihr Entgelt 325 Euro im Monat übersteigt. **120**

---

31 Zu Umfang und Grenzen des Versicherungsschutzes für die einzelnen Versicherungszweige *Wonneberger*, DB 1998, 982 (983).

32 Siehe zu den darin liegenden Änderungen gegenüber der Rechtslage nach dem AFG unten Rn 390.

33 BGBl. I, S. 388.

121 cc) Gemäß **§ 8 Abs. 2 S. 1 SGB IV** sind bei der Anwendung des § 8 Abs. 1 SGB IV mehrere (gleichartige) geringfügige Beschäftigungen (nach Nr 1 *oder* nach Nr 2) **zusammenzurechnen**. Das bezieht sich auf mehrere Beschäftigungen bei unterschiedlichen Arbeitgebern; mehrere Beschäftigungen bei ein und demselben Arbeitgeber gibt es aus sozialversicherungsrechtlicher Sicht nicht, es liegt dann ein einheitliches Beschäftigungsverhältnis vor. Wenn die Hauptbeschäftigung und die geringfügige Beschäftigung bei verschiedenen Arbeitgebern erfolgten, lagen die tatbestandlichen Voraussetzungen des § 8 Abs. 2 SGB IV früher (in der bis zum 31. März 1999 geltenden alten Fassung) nicht vor, die geringfügige Beschäftigung blieb versicherungsfrei. Dass mehrere geringfügige Tätigkeiten zusammengerechnet werden, eine nicht geringfügige (Haupt-) Tätigkeit und eine geringfügige Tätigkeit (bei einem anderen Arbeitgeber) dagegen nicht, während wiederum Überstunden bei dem Arbeitgeber der Hauptbeschäftigung beitragspflichtig waren, war sachlich nicht gerechtfertigt[34], hatte aber als langjährige Wirklichkeit bei Arbeitnehmern Besitzstände begründet und Arbeitgebern Vorteile gebracht. Nach dem deshalb viel kritisierten neuen Recht sind geringfügige Beschäftigungen nach Nr 1 und nicht geringfügige Beschäftigungen zusammenzurechnen. Für den Bereich der gesetzlichen Krankenversicherung ist § 7 S. 2 SGB V, für die gesetzliche Rentenversicherung ist § 5 Abs. 2 S. 1, HS 2 SGB VI zu beachten. Danach ist § 8 Abs. 2 SGB IV mit der Maßgabe anzuwenden, dass eine Zusammenrechnung mit einer nicht geringfügigen Beschäftigung nur erfolgt, wenn die Hauptbeschäftigung versicherungspflichtig ist[35]. Üben Versicherungsfreie, namentlich Beamte, neben dem Beamtenverhältnis eine geringfügige Beschäftigung aus, scheidet die Zusammenrechnung der geringfügigen Beschäftigung und der Beschäftigung als Beamter gemäß § 7 S. 2 SGB V bzw § 5 Abs. 2 S. 1, HS 2 SGB VI aus, sodass auf diese Weise keine Versicherungspflicht entstehen kann.

Beispiele: (1) A arbeitet bei der Frankfurter Firma F montags und dienstags insgesamt acht Stunden, donnerstags und freitags arbeitet sie bei Arbeitgeber G in Gießen zusammen neun Stunden. Bei F verdient sie im Monat 260 Euro, bei G 310 Euro. Beide Beschäftigungen sind gemäß § 8 Abs. 1 Nr 1 SGB IV geringfügig, sie werden beide weniger als 15 Stunden in der Woche ausgeübt, und das Entgelt liegt im Monat regelmäßig unter 325 Euro. Beide geringfügige Beschäftigungen sind also gemäß § 8 Abs. 2 SGB IV zusammenzurechnen. **(2)** Übt A im Beispielsfall beide Beschäftigungen bei F aus (als Schreibkraft und als Aushilfe im Lager), ist ein einheitliches Beschäftigungsverhältnis gegeben. **(3)** Arbeitet A neben einer Hauptbeschäftigung als Sekretariatskraft bei F aushilfsweise als Lagerarbeiterin bei G, sind beide (nicht geringfügige Beschäftigung bei F und geringfügige Beschäftigung nach § 8 Abs. 1 Nr 1 SGB IV bei G) gemäß § 8 Abs. 2 S. 1 SGB IV zusammenzurechnen. **(4)** Keine Zusammenrechnung erfolgt, wenn A neben ihrer geringfügigen Beschäftigung bei F im September bei der Winzergenossenschaft W im Rheingau 20 Tage bei einem Verdienst von 1800 Euro bei der Rieslinglese arbeiten würde (geringfügige Beschäftigungen nach § 8 Abs. 1 Nr 1 und Nr 2 SGB IV werden nicht zusammengerechnet). **(5)** Übt der Beamte B neben seinem Beamtenverhältnis eine geringfügige Beschäftigung aus, erfolgt gemäß § 7 S. 2 SGB V, § 5 Abs. 2 S. 1, HS 2 SGB VI, § 8 Abs. 2 SGB IV keine Zusammenrechnung.

34 Vgl *Bauer/Schuster*, DB 1999, 689 (690); *Boecken*, NZA 1999, 393 (394); *Goretzki/Hohmeister*, NZS 1999, 369 (374).

35 Siehe *Boecken*, NZA 1999, 393 (395 ff).

dd) Hinter der Versicherungsfreiheit geringfügiger Beschäftigungen steht der **Regelungszweck**, dass es einer sozialen Absicherung des geringfügig Beschäftigten nicht bedürfe, weil dessen Lebensunterhalt regelmäßig durch andere Einkünfte gesichert sei, mit denen sich zugleich die soziale Sicherung verbinde. Gedacht ist dabei zB an die geringfügige Beschäftigung von Personen, deren Ehepartner vollschichtig berufstätig ist, sodass über diesen die soziale Absicherung gewährleistet ist. Die Wirklichkeit hat sich indessen von diesem Idealbild immer mehr entfernt, die Zahl der geringfügigen Beschäftigungen hat deutlich zugenommen, und es werden, um Arbeitskosten zu senken, immer mehr Tätigkeiten, die in einer sozialversicherungspflichtigen Vollzeitbeschäftigung ausgeübt werden könnten, in mehrere geringfügige Beschäftigungsverhältnisse aufgeteilt. Dies führt zu einem Anstieg der Zahl nicht hinreichend abgesicherter Arbeitnehmer, was letztlich auch die Allgemeinheit belastet[36]. Dass die Thematik der sozialversicherungsrechtlichen Erfassung der geringfügigen Beschäftigung (seit längerem) sehr kontrovers diskutiert wird, ist nicht verwunderlich, denn die **Interessenlage** ist auf Seiten der Gesamtgesellschaft, der Sozialversicherungsträger, der Arbeitgeber und einzelner Arbeitnehmergruppen außerordentlich vielschichtig. **122**

Durch das **Gesetz zur Neuregelung der geringfügigen Beschäftigungsverhältnisse** vom 24. März 1999 ist die sozialversicherungsrechtliche und steuerrechtliche Behandlung der geringfügigen Beschäftigungsverhältnisse folgendermaßen verändert worden: Seit dem 1. April 1999 unterliegt das für eine versicherungsfreie geringfügige Beschäftigung gezahlte Arbeitsentgelt grundsätzlich einer **Beitragspflicht** des Arbeitgebers in den Sozialversicherungszweigen Krankenversicherung (10%) und Rentenversicherung (12%). Diese Beitragspflicht des Arbeitgebers in Höhe von zusammen 22% des Arbeitsentgelts ersetzt die bis dahin vom Arbeitgeber in der Regel gemäß § 40a Abs. 2 EStG pauschal (in Höhe von 20% des Arbeitslohns, zuzüglich Kirchensteuer und Solidarbeitrag etwa 22%) an das Finanzamt abgeführte Lohnsteuer. **123**

Die Beitragspflicht des Arbeitgebers zur **gesetzlichen Krankenversicherung** regelt § 249b SGB V. Der pauschale Beitrag in Höhe von 10% für Beschäftigte im Sinne von § 8 Abs. 1 Nr 1 SGB IV ist danach allerdings nicht zu entrichten, wenn der geringfügig Beschäftigte nicht in der gesetzlichen Krankenversicherung (auch freiwillig oder als Familienangehöriger) versichert ist. Das ergibt sich daraus, dass der Arbeitgeber „für Versicherte" diesen Beitrag zu tragen hat. Für geringfügig nebenbeschäftigte privat Versicherte (namentlich Beamte, Selbständige und deren nicht gesetzlich krankenversicherte Ehepartner) ist also der pauschale Krankenversicherungsbeitrag nicht zu entrichten[37]. In der gesetzlichen **Rentenversicherung** ist die Beitragspflicht des Arbeitgebers in § 172 Abs. 3 S. 1 SGB VI normiert. Danach trägt der Arbeitgeber für Beschäftigte im Sinne von § 8 Abs. 1 Nr 1 SGB IV, die in dieser Beschäftigung versicherungsfrei oder von der Versicherungspflicht befreit oder gemäß § 5 Abs. 4 SGB VI versicherungsfrei sind, einen Beitrag in Höhe von 12% des Arbeitsentgelts. Auf der Leistungsseite er-

36 Siehe zur Problematik zB *Reineck*, DRV 1992, 175 ff; *Sowka*, NZA 1993, 108 ff. Unter dem Gesichtspunkt der Gleichberechtigung siehe auch EuGH v. 14.12.1995 – *Nolte/LVA Hannover*, Rs. C 317/93 –, Slg. 1995, I 4625 ff; EuGH v. 14.12.1995 – *Megner ua/Innungskrankenkasse Vorderpfalz*, Rs. C 444/93 –, Slg. 1995, I 4741 ff; *Rolfs/Bütefisch*, VSSR 1998, 1 ff; *Ruland*, JuS 1996, 467 ff.

37 Zu verfassungsrechtlichen Bedenken vgl *Boecken*, NZA 1999, 393 (396).

geben sich in der gesetzlichen Rentenversicherung nach Maßgabe von § 76b Abs. 1 SGB VI **Zuschläge an Entgeltpunkten**. Den von den Arbeitgebern gezahlten Beiträgen kommt also anwartschaftsbegründende bzw anwartschaftserhöhende Wirkung zu. Die Berechnung der Zuschläge richtet sich nach § 76b Abs. 2 SGB VI.

124 In Bezug auf die gesetzliche **Rentenversicherung** haben geringfügig Beschäftigte zudem ein **Wahlrecht**: Gemäß **§ 5 Abs. 2 S. 2 SGB VI** besteht die Möglichkeit, dass die an sich versicherungsfreien geringfügig Beschäftigten nach § 8 Abs. 1 Nr 1 SGB IV durch schriftliche Erklärung gegenüber dem Arbeitgeber auf die Versicherungsfreiheit verzichten; dann haben sie den Arbeitnehmeranteil (derzeit beträgt die Differenz zum vollen Beitrag 7,1%) zu tragen.

Schrifttum zur Neuregelung: *Bauer/Schuster*, DB 1999, 689; *Boecken*, NZA 1999, 393; *Buczko*, DAngVers 1999, 210; *Feldhoff*, ArbuR 1999, 249; *Glock/Danko*, NZA 1999, 402; *Goretzki/Hohmeister*, NZS 1999, 369; *Lembke*, NJW 1999, 1825; *Löwisch*, BB 1999, 739; *Palik*, AiB 1999, 301; *Rombach*, SGb 1999, 215; *Schmidbauer*, FamRZ 2000, 715. Vgl auch das gemeinsame *Rundschreiben* der Spitzenorganisationen der Sozialversicherung vom 25.3.1999 zu den Richtlinien für die versicherungsrechtliche Beurteilung von geringfügigen Beschäftigungen (Geringfügigkeits-Richtlinien), abgedruckt in NZS 1999, 285.

5. Die Finanzierung der Sozialversicherung

125 a) Allgemein sieht § 20 Abs. 1 SGB IV vor, dass die Mittel der Sozialversicherung einschließlich der Arbeitsförderung nach Maßgabe der besonderen Vorschriften für die einzelnen Versicherungszweige durch Beiträge der Versicherten, der Arbeitgeber und Dritter, durch staatliche Zuschüsse und durch sonstige Einnahmen aufgebracht werden. Ganz im Vordergrund steht die Finanzierung durch Beiträge. Die Grundzüge des **Beitragsrechts** regeln die **§§ 20-28 SGB IV**.

126 b) Die **Beitragstragung** ist in den einzelnen Sozialversicherungszweigen unterschiedlich geregelt. In der Kranken-, Pflege-, Renten- und Arbeitslosenversicherung tragen Arbeitgeber und Arbeitnehmer die Beiträge im Grundsatz je zur Hälfte (siehe § 249 Abs. 1 SGB V; § 58 Abs. 1 SGB XI; § 168 Abs. 1 Nr 1 SGB VI; § 346 Abs. 1 SGB III). In der gesetzlichen Unfallversicherung tragen die Unternehmer die Beiträge vor dem Hintergrund der Ersetzung der privatrechtlichen Haftung durch den sozialrechtlichen Versicherungsschutz allein (§ 150 SGB VII).

127 c) Die **Höhe der Beiträge** richtet sich in der Krankenversicherung, der Pflegeversicherung, der Rentenversicherung und der Arbeitslosenversicherung nach dem Bruttogehalt der Versicherten. Der Beitrag wird jeweils in Höhe eines bestimmten Prozentsatzes aus den beitragspflichtigen Einnahmen der Versicherten erhoben.

Was die **Beitragssätze** angeht, gilt: In der gesetzlichen Krankenversicherung legt jede Krankenkasse den allgemeinen Beitragssatz durch Satzung im Rahmen der gesetzlichen Vorgaben (§ 21 SGB IV, §§ 220 ff SGB V) selbständig fest. Im Durchschnitt lag der Beitragssatz seit 1996 bei etwa 13,5% (altes Bundesgebiet). Der Beitragssatz für die gesetzliche Pflegeversicherung beträgt bundeseinheitlich 1,7% (§ 55 Abs. 1 SGB XI). Der Beitragssatz für die Rentenversicherung wird jährlich durch Rechtsverordnung bundeseinheitlich festgelegt (§§ 160 Nr 1, 158 SGB VI), er beträgt derzeit 19,1%. Der Beitragssatz für die Arbeitslosenversicherung beträgt derzeit 6,5% (§ 341 Abs. 2 SGB III). In der gesetzlichen Unfallversicherung richtet sich die Höhe der Beiträge im wesentlichen nach der Unfallgefahr in dem Unternehmen und nach dem Entgelt der Versicherten (§ 153 SGB VII).

d) Die **Einziehung der Beiträge** erfolgt in einem **Lohnabzugsverfahren**, der Arbeitgeber hat die Beiträge der Arbeitnehmer zur Kranken-, Pflege-, Renten- und Arbeitslosenversicherung einzubehalten und zusammen mit seinem Anteil an die zuständige **Krankenkasse als Einzugsstelle** (§ 28h Abs. 1 S. 1 SGB IV) abzuführen. Der Arbeitgeber hat insoweit gegen die Beschäftigten einen Anspruch auf den von ihnen zu tragenden Teil des **Gesamtsozialversicherungsbeitrags** (§ 28g S. 1 SGB IV), der nur durch Abzug vom Arbeitsentgelt geltend gemacht werden kann (§ 28g S. 2 SGB IV). Unterbleibt der Abzug, darf er nur bei den drei nächsten Lohn- oder Gehaltszahlungen nachgeholt werden, danach nur dann, wenn der Abzug ohne Verschulden des Arbeitgebers unterblieben ist. Die Einzugsstelle leitet die der Krankenkasse nicht zustehenden Beiträge an die anderen Versicherungsträger weiter (§ 28k Abs. 1 SGB IV). **128**

6. Meldepflichten des Arbeitgebers

Der Arbeitgeber hat gemäß § 28a SGB IV der Einzugsstelle für jeden in der Kranken-, Pflege-, Rentenversicherung oder nach dem Recht der Arbeitsförderung kraft Gesetzes versicherten Beschäftigten insbesondere bei Beginn der Beschäftigung und bei Ende der Beschäftigung (siehe die zahlreichen in § 28a Abs. 1 SGB IV darüber hinaus aufgezählten Fälle) eine Meldung zu erstatten. Was die Meldungen beinhalten müssen, bestimmt § 28a Abs. 3 SGB IV. Den Beschäftigten muss der Arbeitgeber den Inhalt der Meldung schriftlich mitteilen (§ 28a Abs. 5 SGB IV). Die Einzelheiten sind auf der Grundlage von § 28c SGB IV in der Datenerfassungs-Verordnung (DEVO) geregelt. **129**

Die Meldepflicht erfasst auch die geringfügige Beschäftigung, § 28a Abs. 9 SGB IV[38].

7. Sozialversicherungsausweis

Seit 1988[39] gibt es die Vorschriften zum Sozialversicherungsausweis (§§ 95-105 SGB IV). Mithilfe des Sozialversicherungsausweises soll die missbräuchliche Inanspruchnahme von Sozialleistungen verhindert und die Schwarzarbeit effektiver bekämpft werden. Jeder Beschäftigte erhält gemäß § 95 Abs. 1 SGB IV einen Sozialversicherungsausweis. Dieser Sozialversicherungsausweis ist nach Maßgabe der §§ 95 ff SGB IV bei Ausübung der Beschäftigung mitzuführen, beim Arbeitgeber und bei Kontrollen zur Aufdeckung von illegalen Beschäftigungsverhältnissen vorzulegen und zur Verhinderung von Leistungsmissbrauch bei dem zuständigen Leistungsträger zu hinterlegen. Ausgestellt wird der Sozialversicherungsausweis gemäß **130**

38 Siehe näher *Boecken*, NZA 1999, 393 (394 f).
39 BGBl. I 1988, S. 1822.

§ 96 Abs. 1 SGB IV vom zuständigen Rentenversicherungsträger bei Vergabe einer Versicherungsnummer, auch geringfügig Beschäftigte erhalten den Sozialversicherungsausweis.

Der Arbeitgeber ist verpflichtet, sich den Sozialversicherungsausweis bei Beginn der Beschäftigung vorlegen zu lassen (§ 98 Abs. 1 SGB IV), der Beschäftigte ist bei Beginn der Beschäftigung zur Vorlage beim Arbeitgeber verpflichtet (§ 99 Abs. 1 SGB IV). Der Arbeitgeber hat gemäß § 102 Abs. 1 SGB IV der Einzugsstelle die Nichtvorlage des Sozialversicherungsausweises unverzüglich zu melden. Im Baugewerbe, Gaststätten- und Beherbergungsgewerbe, im Personen- und Güterbeförderungsgewerbe, im Schaustellergewerbe und im Gebäudereinigungsgewerbe haben die Beschäftigten ihre Sozialversicherungsausweise mitzuführen und auf Verlangen den in § 107 Abs. 1 und 2 SGB IV genannten Behörden vorzulegen (§ 99 Abs. 2 SGB IV).

§ 8 Krankenversicherung

Schrifttum: *Dalichau/Schiwy*, Gesetzliche Krankenversicherung – SGB V, Loseblattwerk; *Dalichau/Grüner*, Gesundheitsstrukturgesetz, Loseblattwerk; *Felix*, Studenten und gesetzliche Krankenversicherung, NZS 2000, 477; *H. Heinze* (Hrsg.), Sozialgesetzbuch V, Kommentar, 2 Bd., Loseblattwerk; *Hauck*, Sozialgesetzbuch – SGB V, Gesetzliche Krankenversicherung, 3 Bd., Kommentar, Loseblattwerk; *Knieps*, Krankenversicherungsrecht, in: SRH, C.14.; *Krasney*, Das Gesetz zur Reform der gesetzlichen Krankenversicherung ab dem Jahr 2000 (GKV-Gesundheitsreformgesetz 2000), NJW 2000, 2697; *Krauskopf*, Soziale Krankenversicherung SGB V, Kommentar, Loseblattwerk; *Kruse ua*, Gesetzliche Krankenversicherung, Lehr- und Praxiskommentar (LPK-SGB V), 1999; *Laufs/Uhlenbruck*, Handbuch des Arztrechts, 2. Aufl., 1999; *Maaßen ua*, Sozialgesetzbuch Fünftes Buch – SGB V, Gesetzliche Krankenversicherung GKV, Kommentar, Loseblattwerk; *von Maydell* (Hrsg.), Gemeinschaftskommentar zum Sozialgesetzbuch – Gesetzliche Krankenversicherung (GK-SGB V), 3.-5. Bd., Loseblattwerk; *Peters*, Grundlegende Entwicklungen und Tendenzen im Krankenversicherungsrecht im letzten Jahrhundert, SGb 1981, 378; *Peters/Mengert*, Handbuch der Krankenversicherung, Teil II, Sozialgesetzbuch V, Kommentar, Loseblattwerk; *Schnapp/Kaltenborn*, Verfassungsrechtliche Fragen der „Friedensgrenze" zwischen privater und gesetzlicher Krankenversicherung, 2001; *Schulin* (Hrsg.), Handbuch des Sozialversicherungsrechts, Bd. 1, Krankenversicherungsrecht, 1994; *Straub*, Gesetzliche Krankenversicherung, 2. Aufl., 1999 (mit Nachtrag 2000).

Zeitschriften: *Die Ortskrankenkasse* (DOK), hrsg. vom Bundesverband der Betriebskrankenkassen; *Die Ersatzkasse* (Ersk), hrsg. vom Verband der Angestellten-Krankenkassen und vom Verband der Arbeiter-Ersatzkassen; *Die Krankenversicherung* (KrV), hrsg. vom Bundesverband der Innungskrankenkassen.

I. Grundlagen

Fall 6 (nach BSGE 81, 231 ff): A, 25 Jahre alt, leidet an schweren Depressionen. Wegen ihrer Krankheit hat sie in ihrem Beruf als Verkäuferin häufiger nicht arbeiten können. A schließt am 2.11. einen Arbeitsvertrag mit der Altenpflegeeinrichtung V, sie soll für ein Bruttogehalt von 750 Euro als Stations- und Küchenhilfe tätig sein. Am 3.11. nimmt A vereinbarungsgemäß ihre Arbeit auf. Sie kann aber wegen ihrer Krankheit die Arbeitsleistung nicht erbringen, am 9.11. meldet sie sich krank und wird in das psychiatrische Krankenhaus aufgenommen, in dem sie bereits wenige Tage vor ihrer Arbeitsaufnahme stationär behandelt worden war. Am 14.11. unterschreibt A eine von der V vorgefertigte fristlose Eigenkündigung. Am 26.11. stürzt sich A aus dem Fenster ihrer Wohnung, seitdem ist sie querschnittsgelähmt. Nach Prüfung der Sach- und Rechtslage lehnt die Krankenkasse durch Bescheid vom 11.2. Leistungen ab. Zu Recht?

1. Rechtsgrundlagen

Im Zusammenhang mit dem **sozialen Recht** auf Zugang zur Sozialversicherung (**§ 4 Abs. 1 SGB I**) hat, wer in der Sozialversicherung versichert ist, im Rahmen der gesetzlichen Kranken-, Pflege-, Unfall- und Rentenversicherung einschließlich der Alterssicherung der Landwirte die in **§ 4 Abs. 2 SGB I** vorgezeichneten Rechte. Die **Einweisungsvorschrift** des **§ 21 SGB I** zählt die Leistungen der gesetzlichen Krankenversicherung auf und benennt die Träger der Krankenversicherung. Die Einzelheiten des Krankenversicherungsrechts regelt das zum 1. Januar 1989 in Kraft getretene **SGB V**[1]. 131

Das SGB V hat das in der RVO enthaltene Buch über die gesetzliche Krankenversicherung abgelöst. Im Zusammenhang mit der Einordnung in das Sozialgesetzbuch ist das Krankenversicherungsrecht durch das **Gesundheitsreformgesetz (GRG)** nicht nur in systematischer und begrifflicher Hinsicht ganz überarbeitet, es ist auch in der Sache verändert worden; die Eingliederung in das Sozialgesetzbuch war nicht lediglich ein *Kodifikations-*, sondern zugleich ein *Reformvorhaben*[2].

Das Krankenversicherungsrecht ist seit seiner Eingliederung in das SGB mehrfach geändert und durch das **Gesundheitsstrukturgesetz (GSG)** von 1992 nochmals reformiert worden. Eine weitere grundlegendere Reform ist Ende 1999 nicht zu Stande gekommen, das Reformpaket der geplanten **GKV-Gesundheitsreform 2000** ist nur in einer stark ausgedünnten Form ohne die von der Zustimmung des Bundesrates abhängigen Teile verabschiedet worden.

2. Hintergrund

a) Die Krankheit gehört zu den Lebensrisiken, die der weitaus größte Teil der Bevölkerung auf sich allein gestellt nicht tragen könnte. Krankheit führt oftmals zu erheblichen finanziellen Aufwendungen (Arztkosten, Krankenhauskosten) und Einbußen (Verdienstausfall), die die Leistungsfähigkeit des Einzelnen schnell übersteigen. Wie andere typische Lebensrisiken (Arbeitsunfall, Arbeitslosigkeit, Invalidität, 132

1 BGBl. I 1988, S. 2477.
2 Siehe zB *Gitter*, SGb 1991, 85 ff; *Rüfner*, NJW 1989, 1001 ff.

Alter) ruft das Risiko der Krankheit geradezu nach einer versicherungsmäßigen Absicherung, durch die es auf viele Schultern verteilt wird. Die **Vorsorge** gegen das Risiko der Krankheit erfolgt zum einen durch die öffentlich-rechtlich organisierte **gesetzliche Krankenversicherung**, zum anderen durch die **private Krankenversicherung**. Der Absicherung der Beamten dient die auf dem beamtenrechtlichen Dienstverhältnis beruhende **beamtenrechtliche Beihilfe**. In der gesetzlichen Krankenversicherung waren nach den Erhebungen des Statistischen Bundesamtes im April 1999 über 72 Millionen Menschen versichert, das sind über 88% der Bevölkerung. Bei den privaten Krankenversicherungen waren mit etwa 7,3 Millionen rund 9% der Bevölkerung vollversichert[3]. Die Bedeutung der gesetzlichen Krankenversicherung ist damit evident.

133 b) Die **Kosten** der Vorsorge gegen das Risiko der Krankheit sind enorm. Insgesamt hat die gesetzliche Krankenversicherung 1999 für Versicherungsleistungen Ausgaben von rund 241 Mrd. DM bestritten, davon 83 Mrd. DM (rund 34%) für die Krankenhausbehandlung, 56,5 Mrd. DM (rund 23%) für die ärztliche Behandlung, 62 Mrd. DM (rund 25%) für Arzneimittel einschließlich Heil- und Hilfsmittel sowie Zahnersatz, 14 Mrd. DM (rund 5,8%) wurden für Krankengeld aufgewandt[4]. Die Aufwendungen für die Leistungen der Krankenversicherung wachsen seit Jahrzehnten schneller als Löhne und Gehälter, nach denen sich die Beitragseinnahmen der Krankenkassen richten, und der Anteil der aus Mitteln der gesetzlichen Krankenversicherung finanzierten Gesundheitsausgaben am Bruttosozialprodukt hat sich beständig erhöht. Die Folge war ein stetiger Anstieg der Beitragssätze[5]. Während die Beitragssätze für die gesetzliche Krankenversicherung (über die die Krankenkassen im Rahmen der gesetzlichen Vorgaben selbst bestimmen) 1960 durchschnittlich noch bei 8,43% lagen[6], betragen sie heute durchschnittlich etwas über 13,5%[7].

134 Es gehört zu den sozialstaatlichen Herausforderungen der nächsten Zukunft, die **Kostenentwicklung im Gesundheitswesen** in den Griff zu bekommen. Die Probleme sind vielfältig. Ein teilweise zu hohes Preisniveau, prüfungsbedürftige Verteilungsschlüssel, die partielle Unwirtschaftlichkeit des Medizinbetriebes und vorkommende Misswirtschaft führen zur Verschwendung von Finanzmitteln und kennzeichnen einen ersten Problembereich, dem man seit längerem mit Reformen beizukommen versucht. Nach wie vor gilt es, Wirtschaftlichkeitsreserven auszuschöpfen und Überkapazitäten, die das Gesundheitswesen durchaus prägen, zu verringern. Effizienz ist nicht die Stärke des deutschen Gesundheitswesens. Sie zu erreichen ist auch deshalb nicht leicht, weil im Gesundheitswesen die Anbieter in wesentli-

3 Vgl *Statistisches Bundesamt* (Hrsg.), Statistisches Jahrbuch 2001 für die Bundesrepublik Deutschland, S. 62 (Ergebnis des Mikrozensus).

4 *Statistisches Bundesamt* (Hrsg.), Statistisches Jahrbuch 2001 für die Bundesrepublik Deutschland, S. 468.

5 Siehe zur Ausgaben- und Finanzentwicklung der gesetzlichen Krankenversicherung nur die Zahlen und Tabellen für den Zeitraum von 1960 bis 1987, abgedruckt in der Begründung des Entwurfs für das Gesundheitsreformgesetz, BT-Drucks. 11/2237, S. 133, 180 ff; *Daten des Gesundheitswesens*, Schriftenreihe des Bundesministeriums für Gesundheit, Bd. 91, 1997, S. 311 ff, bes. S. 316, 332, 342, 345; *Bundesministerium für Arbeit und Sozialordnung* (Hrsg.), Sozialbericht 1997, S. 60 f.

6 Vgl BT-Drucks. 11/2237, S. 133.

7 Statistische Angaben des Bundesministeriums für Gesundheit zu den aktuellen Beitragssätzen werden regelmäßig im BArbBl. veröffentlicht, siehe BArbBl. 2002, Heft 4, S. 201 ff.

chen Bereichen Art und Menge der Leistungen in beträchtlichem Umfang selbst bestimmen können; ein Wettbewerb auf der Seite der Leistungsanbieter ist nur wenig ausgeprägt. Ein strukturelles Problem liegt zum zweiten darin, dass die Finanzierung des Gesundheitswesens an die abhängige Arbeit gekoppelt ist, in der aber immer weniger Menschen beschäftigt werden. Drittens wird die Überalterung der Bevölkerung in einigen Jahren höhere Ausgaben mit sich bringen. Vor eine besondere Herausforderung werden die Sicherungssysteme gegen das Krankheitsrisiko (nicht nur die gesetzliche Krankenversicherung) schließlich durch die Explosion der Möglichkeiten moderner Medizin gestellt. Mit fast jedem Fortschritt des medizinisch-technisch Möglichen nimmt der Finanzbedarf des Medizinbetriebes weiter zu. Dabei ist der medizinisch-technische Fortschritt vielfach nicht dadurch gekennzeichnet, dass er vorhandene Verfahren und Maschinen durch effizientere ersetzt und das Angebot somit verbilligt („Substitute technologies"), sondern dadurch, dass er auf das, was bereits möglich ist, eins obendrauf setzt („Add-on-technologies"). Früher Unmögliches ist heute möglich, sodass nicht selten ein Bedarf dort entsteht, wo zuvor höchstens theoretische Wünsche bestanden haben: Solange ein künstliches Hüftgelenk nicht zufrieden stellend implantiert werden konnte, bestand bei Patienten mit altersbedingter Hüftgelenksarthrose kein Verlangen nach einem derartigen chirurgischen Eingriff, so sehr man sich eine Verbesserung der Situation gewünscht hätte. Heute ist der Einbau künstlicher Hüftgelenke eine medizinische Routinebehandlung, über deren Nutzen kein Zweifel bestehen kann. Mit diesem wenig spektakulären Beispiel für die Fortschritte der Medizin ist das Problem gekennzeichnet: Haben noch zur Jahrhundertwende die Bemühungen der Ärzte und sonstigen Heilkundigen den Patienten nicht selten bestenfalls nicht geschadet, laufen heute die Kosten des mit Erfolg Machbaren den verfügbaren Finanzen immer schneller davon. Dabei entwickelt sich die medizinische Diagnostik schneller als die Möglichkeiten der Therapie. Man wird sich darauf einrichten müssen, dass in der Zukunft zwischen dem, was medizinisch machbar wäre, und dem, was an finanziellen Mitteln für medizinische Diagnostik und Therapie zur Verfügung steht, eine Diskrepanz bestehen wird. Das betrifft nicht nur die Bundesrepublik Deutschland, und dies betrifft die öffentlich-rechtlich organisierte gesetzliche Krankenversicherung und die private Krankenversicherung gleichermaßen. In einer Gesellschaft steht indessen nur eine endliche Geldmenge für die Gesundheit zur Verfügung, wobei es nicht darauf ankommt, über welche Systeme (öffentlich-rechtliche Sozialversicherung, private Versicherung, Zahlung aus der eigenen Tasche, Zuschüsse von Arbeitgebern, Steueraufkommen oder Mischung solcher Systeme) die Finanzierung vermittelt ist. Bei der privaten Krankenversicherung wird man das Problem möglicherweise auf die Frage beschränken können, welchen medizinischen Standard man durch seine Versicherungsprämien erkaufen kann oder will. Die gesetzliche Krankenversicherung steht vor der weit größeren Herausforderung, auf die anstehende Tatsache der Diskrepanz zwischen Möglichkeiten und Finanzierbarkeit gesellschaftspolitisch überzeugend reagieren zu müssen.

Schrifttum: *Bundesministerium für Arbeit und Sozialordnung* (Hrsg.), Übersicht über das Sozialrecht, 6. Aufl., 2000, S. 103 ff; *Eberle*, Bleibt uns die soziale Krankenversicherung erhalten? Von der Bismarckschen Konzeption zur 3. Stufe der Gesundheitsreform, 1997; *Höfner* (Hrsg.), Gesundheit – unser höchstes Gut?, 1999; *Igl/Naegele* (Hrsg.), Perspektiven einer sozialstaatlichen Umverteilung im Gesundheitswesen, 2000; *Knieps*, Krankenversicherungsrecht, in: SRH, C.14., Rn 31 ff; *Schlicht/Dickhuth* (Hrsg.), Gesundheit für alle: Fiktion oder Realität?, 1999; *Sörensen*, Medizinischer Fortschritt und Prioritätensetzung, SGb 1997, 92; *Sommer*, Gesundheitssysteme zwischen Plan und Markt, 1999.

3. Entwicklung

135 Die gesetzliche Krankenversicherung geht zurück auf das **Bismarcksche Krankenversicherungsgesetz** vom 15. Juni 1883, sie bildet also den ältesten Zweig der Sozialversicherung. Die damals normierten Grundstrukturen sind in der Krankenversicherung (genauso wie in den anderen Sozialversicherungszweigen) bis auf den heutigen Tag erhalten geblieben. 1911 wurden in der **Reichsversicherungsordnung (RVO)** die Gesetze der damals bestehenden Versicherungszweige Krankenversicherung, Unfallversicherung und Invaliditäts- und Altersversicherung zusammengefasst. Zu diesem Zeitpunkt war die Krankenversicherung bereits über den ursprünglichen Personenkreis hinaus ausgedehnt, die Leistungen waren ausgeweitet worden. In der Zeit von 1945 bis heute kam es zu einer weiteren Ausdehnung des versicherten Personenkreises und zu weiteren Leistungsverbesserungen.

136 1972 wurden durch das Gesetz über die Krankenversicherung der Landwirte (**KLVG**)[8] auch Landwirte der Versicherungspflicht unterstellt, 1975 wurden Behinderte in die gesetzliche Krankenversicherung einbezogen (**SVBG**)[9], im selben Jahr auch Studenten und bestimmte Praktikanten (**KVSG**)[10], 1981 wurden selbständige Künstler und Publizisten der gesetzlichen Krankenversicherung (**KSVG**)[11] unterstellt. In den 70er-Jahren hat man Maßnahmen zur Früherkennung von Krankheiten, die Gewährung einer Haushaltshilfe, die Leistung von Krankengeld und Sonderurlaub im Zusammenhang mit der Pflege eines erkrankten Kindes sowie Leistungen bei einer nicht rechtswidrigen Sterilisation und bei einem nicht rechtswidrigen Schwangerschaftsabbruch in die gesetzliche Krankenversicherung aufgenommen. Leistungskürzungen mit dem Ziel einer Kostendämpfung erfolgten nach mehreren Kostendämpfungsgesetzen der 70er und 80er Jahre dann durch das **Gesundheitsreformgesetz (GRG)** vom 20. Dezember 1988[12], mit dem das Recht der gesetzlichen Krankenversicherung als SGB V in das Sozialgesetzbuch eingegliedert worden ist. Das **Gesundheitsstrukturgesetz (GSG)** vom 21. Dezember 1992[13] hat gemessen an vorhergehenden Reformen zu tiefgreifenden Veränderungen geführt. Seine Schwerpunkte waren *im Krankenhausbereich* die Ablösung der Selbstkostenerstattung durch eine prinzipiell leistungsorientierte Krankenhausfinanzierung und ab 1995 die noch andauernde Umstellung von allgemeinen tagesgleichen Pflegesätzen auf Fallpauschalen und Sonderentgelte. Das *Krankenkassenwesen* wurde reformiert und die Möglichkeit der Kassenwahl erweitert. Die Bedingungen für die *Zulassung zur vertragsärztlichen Versorgung* wurden verschärft. Als Sofortmaßnahme wurden die wichtigsten Ausgabenbereiche für eine bestimmte Zeit an die Einnahmeentwicklung angebunden (*Budgetierung*), auf Dauer wird eine am **Grundsatz der Beitragssatzstabilität** orientierte Selbststeuerung der gesetzlichen Krankenversicherung angestrebt.

137 Nach den Erfahrungen der letzten Jahrzehnte lassen im Gesundheitswesen mit zunehmendem Abstand zum In-Kraft-Treten von Kostendämpfungsgesetzen deren ausgabenbegrenzende Wirkung und die Ausgabendisziplin der Beteiligten wieder nach[14]. Um der mit zunehmendem Zeitabstand zum In-Kraft-Treten des GSG (1. Januar 1993) seit 1995 erneut defizitären

---

8 BGBl. I, S. 1433; nunmehr Zweites Gesetz über die Krankenversicherung der Landwirte (KVLG 1989), BGBl. I, S. 2557.
9 BGBl. I, S. 1061.
10 BGBl. I, S. 1925.
11 BGBl. I, S. 705.
12 BGBl. I, S. 2477.
13 BGBl. I, S. 2266; *Rüfner*, NJW 1993, 753 ff; *Schulte*, NZS 1993, 41 ff; *Zipperer*, NZS 1993, 53 ff.
14 Vgl *Bundesministerium für Arbeit und Sozialordnung* (Hrsg.), Sozialbericht 1997, S. 63.

Finanzentwicklung zu begegnen, wurden am 1. Januar 1997 das Beitragsentlastungsgesetz[15] und am 1. Juli 1997 das Erste[16] und Zweite[17] GKV-Neuordnungsgesetz in Kraft gesetzt. Um die Beitragssatzstabilität zu erreichen, wurden Leistungen abgebaut, die Zuzahlungen erhöht und Beitragserhöhungen erschwert[18]: Nach dem Regierungswechsel Ende 1998 wurden durch das **Gesetz zur Stärkung der Solidarität in der gesetzlichen Krankenversicherung (GKV-SolG)** vom 19. Dezember 1998[19] einige dieser Gesetzesänderungen zurückgenommen, namentlich die Erhöhung der Zuzahlungen, das sog. Krankenhaus-Notopfer und der Ausschluss von Zahnersatzleistungen für Versicherte, die nach 1978 geboren wurden; die Ausweitung der Kostenerstattung zulasten des Sachleistungsprinzips wurde rückgängig gemacht. Die jüngsten Änderungen erfolgten durch das **Gesetz zur Reform der gesetzlichen Krankenversicherung ab dem Jahr 2000 (GKV-GRG 2000)** vom 22. Dezember 1999[20], das am 1. Januar 2000 in Kraft getreten ist. Hervorzuheben sind neben der sektoralen Budgetierung die Verpflichtung der Vertragsschlüsse auf die Einhaltung der Beitragssatzstabilität und die Einführung eines Qualitätsmanagements. Vom 1. Januar 2001 an sind die meisten der in den neuen Bundesländern geltenden Sonderregelungen durch das **Gesetz zur Rechtsangleichung in der gesetzlichen Krankenversicherung**[21] aufgehoben.

4. Organisation

a) Träger der gesetzlichen Krankenversicherung

Träger der gesetzlichen Krankenversicherung sind die **Krankenkassen**. Diese sind in folgende Kassenarten gegliedert: Die *Allgemeinen Ortskrankenkassen*, die *Betriebskrankenkassen*, die *Innungskrankenkassen*, die *See-Krankenkasse*, die *Landwirtschaftlichen Krankenkassen*, die *Bundesknappschaft* und die *Ersatzkassen* (§ 21 Abs. 2 SGB I, § 4 Abs. 2 SGB V). Die Allgemeinen Ortskrankenkassen (§§ 143 ff SGB V) stehen grundsätzlich jedem Versicherten offen. Betriebskrankenkassen können mit Genehmigung der zuständigen Aufsichtsbehörde von den Arbeitgebern für einen oder für mehrere Betriebe errichtet werden, wenn in diesen Betrieben regelmäßig mindestens 1000 Versicherungspflichtige beschäftigt werden und wenn die Leistungsfähigkeit der Betriebskrankenkasse auf Dauer gesichert ist (siehe §§ 147 ff SGB V). Die Krankenkassen sind rechtsfähige **Körperschaften des öffentlichen Rechts** mit **Selbstverwaltung** (§ 4 Abs. 1 SGB V). Das Organisationsrecht der Krankenkassen ist in den §§ 143-206 SGB V geregelt. Die innere Verfassung der Krankenversicherung richtet sich nach den allgemeinen Vorschriften der §§ 29 ff SGB IV, soweit nicht krankenversicherungsrechtliche Sonderregeln bestehen. 138

Die Krankenkassen bilden gemäß §§ 207 ff SGB V auf Landesebene **Landesverbände**. Auch diese sind Körperschaften des öffentlichen Rechts. Die Aufgaben der Landesverbände

15 BGBl. I 1996, S. 1631.
16 BGBl. I, S. 1518.
17 BGBl. I, S. 1520.
18 Aus den überwiegend kritischen Reaktionen zu den Neuordnungen siehe zB *Eberle*, Bleibt das soziale Krankenversicherungsrecht erhalten?, 1997; *Noftz*, VSSR 1997, 393 ff; *Oldiges*, DOK 1997, 246 ff; *Ost/Mohr/Estelmann*, Sozialrecht, S. 92 ff.
19 BGBl. I, S. 3853.
20 BGBl. I, S. 2626.
21 BGBl. I 1999, S. 2657.

bestimmt § 211 SGB V. Die Landesverbände bilden wiederum gemäß §§ 212 ff SGB V **Bundesverbände**.

b) Kassenwahl und Risikostrukturausgleich

139 Seit dem 1. Januar 1996 besteht gemäß § 173 SGB V ein allgemeines Recht auf Kassenwahl nach Maßgabe der §§ 173-175 SGB V. Die Versicherungspflichtigen und die Versicherungsberechtigten können im Grundsatz **zwischen allen Krankenkassen wählen**, die regional zuständig sind. Die Wahlfreiheit hat Auswirkungen auf die wirtschaftliche Chancengleichheit der Krankenkassen. Sie führt dazu, dass den Allgemeinen Ortskrankenkassen (AOK), die grundsätzlich jedem Versicherten offen stehen, überproportional viele „schlechte Risiken" verbleiben. Um strukturelle Benachteiligungen einzelner Kassen durch deren besondere Risikostruktur (hohes Krankheitsrisiko, geringes Einkommen der Versicherten, mitversicherte Familienangehörige) auszugleichen, ist zwischen den Krankenkassen gemäß §§ 265 ff SGB V jährlich ein sog. **Risikostrukturausgleich** durchzuführen.

c) Mitgliedschaft

Die §§ 186 ff SGB V regeln die Mitgliedschaft in der gesetzlichen Krankenversicherung.

140 aa) Die Mitgliedschaft **beginnt** bei **versicherungspflichtig Beschäftigten** gemäß § 186 Abs. 1 SGB V mit dem Tag des Eintritts in das Beschäftigungsverhältnis. Sie beginnt also in dem Moment, in dem die – noch darzustellenden[22] – Voraussetzungen der Versicherungspflicht gemäß § 5 Abs. 1 Nr 1 SGB V erfüllt sind. Das Entstehen der Versicherungspflicht und der Beginn der Mitgliedschaft in der gesetzlichen Krankenversicherung fallen zusammen. Ob der Arbeitgeber tatsächlich Beiträge abführt, ist für die Mitgliedschaft in der gesetzlichen Krankenversicherung ohne Bedeutung. Die Mitgliedschaft ist auch nicht von einer Anmeldung bei der Krankenkasse abhängig.

141 Die Mitgliedschaft der gemäß § 5 Abs. 1 Nr 1 SGB V pflichtversicherten Beschäftigten beginnt also mit dem Tag des Eintritts in die Beschäftigung sozusagen automatisch. Das BSG hat hiervon in einer langjährigen Rechtsprechungspraxis eine Ausnahme gemacht. Diese Ausnahme war durch den Begriff des „**missglückten Arbeitsversuchs**" gekennzeichnet. Ein „missglückter Arbeitsversuch" wurde angenommen, wenn sich nach der Aufnahme der Arbeit herausstellte, dass der Arbeitnehmer von vornherein objektiv nicht oder nur unter schwerer Gefährdung seiner Gesundheit in der Lage war, seine Arbeit auszuführen, er noch nicht eine wirtschaftlich ins Gewicht fallende Zeit gearbeitet hatte und er die Beschäftigung auf Grund der bereits bei Beschäftigungsaufnahme bestehenden Arbeitsunfähigkeit aufgegeben hatte[23]. Ein „missglückter Arbeitsversuch" ließ nach der Rechtsprechung des BSG ein versicherungspflichtiges Beschäftigungsverhältnis nicht entstehen. Diese Ausnahme wurde unter dem Gesichtspunkt der Missbrauchsabwehr mit dem Versicherungsgedanken begründet: Wer von

---

22 Siehe unten Rn 150 ff.
23 Siehe BSGE 15, 89 (91 f); 72, 221 (222 ff).

vornherein als Beitragszahler ausscheidet, könne nicht Mitglied in der Sozialversicherung werden. Von Teilen des Schrifttums ist diese Rechtsprechung unter Hinweis auf die fehlende Rechtsgrundlage zu Recht abgelehnt worden[24]. Mit Urteil vom 4. Dezember 1997[25] hat das BSG seine **Rechtsprechung aufgegeben**, der Versicherungsschutz scheitert nun nicht mehr an der Rechtsfigur des „missglückten Arbeitsversuchs". Wie in den anderen Zweigen der Sozialversicherung kommt es mit dem Eintritt der versicherungspflichtig Beschäftigten in das Beschäftigungsverhältnis gemäß § 186 Abs. 1 SGB V zur Mitgliedschaft und also zum Versicherungsschutz.

Die Bestimmungen des § 186 Abs. 2-9 SGB V regeln den Beginn der Mitgliedschaft einzelner Personengruppen, namentlich der **Bezieher von Arbeitslosengeld, Arbeitslosenhilfe** oder **Unterhaltsgeld**, der **nach dem Künstler-Sozialversicherungsgesetz Versicherten**, der versicherungspflichtigen **Studenten, Praktikanten** und **Rentner**[26] usw (zur Versicherungspflicht der Personengruppen siehe § 5 Abs. 1 SGB V). Die Mitgliedschaft der **Versicherungsberechtigten** beginnt gemäß § 188 Abs. 1 SGB V mit dem Tag ihres Beitritts zur Krankenkasse. Der Beitritt muss gemäß § 188 Abs. 3 SGB V schriftlich erklärt werden. Bei dieser Erklärung handelt es sich um eine einseitige empfangsbedürftige öffentlich-rechtliche Willenserklärung, auf die die bürgerlichrechtlichen Vorschriften der §§ 104 ff BGB entsprechend anzuwenden sind. § 188 Abs. 2 SGB V enthält eine Sonderregelung für die in § 9 Abs. 1 Nr 1, 2 und 6 SGB V genannten Versicherungsberechtigten. **142**

bb) Die Mitgliedschaft **endet** bei den **Versicherungspflichtigen** gemäß § 190 SGB V regelmäßig mit dem Wegfall der tatbestandlichen Voraussetzungen für die Versicherungspflicht (Tod des Mitglieds, § 190 Abs. 1 SGB V, Ende des Beschäftigungsverhältnisses, § 190 Abs. 2 SGB V). Gemäß § 190 Abs. 3 SGB V endet die Mitgliedschaft von Personen, deren Versicherungspflicht wegen der Überschreitung der Jahresarbeitsentgeltgrenze (§ 6 Abs. 4 SGB V) erlischt, nur, wenn das Mitglied innerhalb von zwei Wochen nach Hinweis der Krankenkasse auf die Austrittsmöglichkeit seinen Austritt erklärt; geschieht dies nicht, setzt sich die Mitgliedschaft als freiwillige Mitgliedschaft fort (es sei denn, die Voraussetzungen der freiwilligen Versicherung gemäß § 9 Abs. 1 Nr 1 SGB V sind nicht erfüllt). Zu beachten ist auch § 192 SGB V. Diese Vorschrift regelt, wann die Mitgliedschaft Versicherungspflichtiger entgegen dem Grundsatz doch erhalten bleibt. Das gilt insbesondere für die Zeit eines rechtmäßigen Arbeitskampfes (§ 192 Abs. 1 Nr 1 SGB V) oder für Zeiten, in denen Krankengeld oder Mutterschaftsgeld beansprucht werden kann oder bezogen wird, oder für Zeiten, in denen Erziehungsgeld oder Elternzeit in Anspruch genommen wird (§ 192 Abs. 1 Nr 2 SGB V)[27]. **143**

Die Mitgliedschaft der **Versicherungsberechtigten** erlischt unter den Voraussetzungen des § 191 SGB V. Die freiwillige Versicherung kann insbesondere jederzeit fristgerecht durch Erklärung des Austritts aus der Versicherung beendet werden

24 Siehe zB *Fuchs*, VSSR 1991, 281 (307 ff); *Gagel*, SGb 1990, 1 (2 ff); *Kretschmer*, VSSR 1995, 171 ff; *Wollenschläger/Löcher*, SGb 1997, 1387 ff.

25 BSGE 81, 231 ff.

26 Näher *Kreßel/Wollenschläger*, Sozialversicherungsrecht, 2. Teil, § 6 Rn 75 ff.

27 Zu weiteren Einzelheiten siehe *Kreßel/Wollenschläger*, Sozialversicherungsrecht, 2. Teil, § 6 Rn 98 ff.

(§ 191 Nr 4 SGB V). Die Austrittserklärung ist wiederum einseitige empfangsbedürftige öffentlich-rechtliche Willenserklärung an die Krankenkasse. Sie bedarf keiner besonderen Form.

144 cc) Das Mitgliedschaftsverhältnis ist nicht nur Konsequenz der körperschaftlichen Organisationsstruktur der gesetzlichen Krankenversicherung. Die Mitgliedschaft ist auch unmittelbar oder mittelbar Anknüpfungspunkt für Leistungsansprüche. Das zeigt § 19 Abs. 1 SGB V. Danach erlischt der Anspruch auf Leistungen mit dem Ende der Mitgliedschaft, soweit nichts Abweichendes bestimmt ist. Über das Recht des Mitglieds auf Teilhabe an der Selbstverwaltung hinaus folgt aus dem Mitgliedschaftsverhältnis das **Versicherungsverhältnis**[28] **zwischen dem Mitglied und der Krankenkasse** sowie die **Beitragspflicht des Mitglieds**. Schließlich kann das Mitgliedschaftsverhältnis **Versicherungsverhältnisse anderer Personen** als des Mitglieds begründen: Soweit die Voraussetzungen des § 10 SGB V erfüllt sind, bestehen Versicherungsverhältnisse zwischen den Familienangehörigen des Mitglieds und der Krankenkasse. Aus diesen Versicherungsverhältnissen resultieren Leistungsansprüche, aber keine Beitragspflichten.

Die **Familienversicherung** gemäß § 10 SGB V begründet also nicht die Mitgliedschaft in der Krankenkasse. Rechtsträger ist nur der Stammversicherte, das Mitglied. Konsequenz dieser Regelung ist die Vorschrift des § 19 Abs. 3 SGB V. Danach erhalten die gemäß § 10 SGB V versicherten Angehörigen im Falle der Beendigung der Mitgliedschaft des Stammversicherten durch Tod Leistungen längstens für einen Monat nach dem Tod des Mitglieds. Mitgliedschaft und Versicherungsverhältnis können auch auseinander fallen, wenn die Mitgliedschaft eines Versicherungspflichtigen endet. Es besteht dann Anspruch auf Leistungen längstens für einen Monat nach dem Ende der Mitgliedschaft, solange keine Erwerbstätigkeit ausgeübt wird (§ 19 Abs. 2 SGB V).

5. Finanzierung

145 Die Finanzierung der gesetzlichen Krankenversicherung ist in den §§ 220-274 SGB V geregelt. Sie beruht nahezu ausschließlich auf **Beiträgen**, im übrigen auf sonstigen Einnahmen (§ 220 Abs. 1 S. 1 SGB V). Letztere resultieren aus Zuschüssen, Erstattungs- und Ersatzansprüchen oder aus Erträgen, Zinsen und Gebühren.

146 a) **Getragen** werden die Beiträge bei den gemäß § 5 Abs. 1 Nr 1 SGB V **versicherungspflichtig Beschäftigten** grundsätzlich von den Beschäftigten und von deren Arbeitgebern je zur Hälfte (§ 249 Abs. 1 SGB V), beide Anteile werden vom Arbeitgeber abgeführt (§ 253 SGB V, §§ 28d-28n SGB IV). Die Beiträge der versicherungspflichtigen **Rentner** werden je zur Hälfte von der Rentenversicherung und von den Rentnern getragen (siehe §§ 249a, 255 SGB V). Der Arbeitgeber trägt den Beitrag gemäß § 249 Abs. 2 SGB V unter anderem allein, wenn das monatliche Arbeitsentgelt von im Rahmen der betrieblichen Berufsbildung Beschäftigten 325 Euro nicht übersteigt. Nur in Ausnahmefällen tragen Pflichtversicherte den Beitrag allein (§ 250 Abs. 1 SGB V), zB **Studierende** (§§ 250 Abs. 1 Nr 3, 236 Abs. 1 SGB V). **Freiwil-**

28 Dazu oben Rn 107.

lige Mitglieder tragen die Beiträge allein (§ 250 Abs. 2 SGB V); die freiwillig in der gesetzlichen Krankenversicherung versicherten Beschäftigten mit einem über der Jahresarbeitsentgeltgrenze liegenden Einkommen (sie sind gemäß § 6 Abs. 1 Nr 1 SGB V versicherungsfrei) haben gegen ihren Arbeitgeber Anspruch auf die Hälfte des Beitrages (der im Fall der Versicherungspflicht zu zahlen wäre, höchstens jedoch 50% des tatsächlich gezahlten Beitrages) als Zuschuss (§ 257 Abs. 1 SGB V)[29].

b) Die **Höhe** der Beiträge richtet sich nach den beitragspflichtigen Einnahmen der Mitglieder (§ 223 Abs. 2 S. 1, §§ 226 ff SGB V). Maßgebend ist also die individuelle Leistungsfähigkeit des Mitglieds. Zu den beitragspflichtigen Einnahmen **versicherungspflichtig Beschäftigter** zählt vor allem das Arbeitsentgelt (siehe zu Einzelheiten §§ 226 ff SGB V)[30]. Die Grundlage der Beitragsbemessung bildet bei den **Rentnern** nicht nur die Rente der gesetzlichen Rentenversicherung, sondern auch die dieser Rente vergleichbaren Einnahmen (zB aus einer betrieblichen Altersversorgung) sowie das Arbeitseinkommen (§ 237 SGB V); andernfalls könnten sich Rentner mit einer nicht die Grundlage ihrer Altersversorgung bildenden geringen Rente eine preisgünstige Krankenversicherung beschaffen. Die Berechnung der Beiträge krankenversicherungspflichtiger Studierender erfolgt auf der Grundlage der jeweils geltenden BAföG-Bedarfssätze nach Maßgabe des § 236 SGB V. Die Beiträge **freiwillig Versicherter** werden unter Berücksichtigung der Vorgaben des § 240 SGB V durch Satzung geregelt[31]. **147**

6. Versicherung

a) Die gesetzliche Krankenversicherung folgt dem **Versicherungsprinzip**. Wie noch zu zeigen sein wird, gibt die gesetzliche Krankenversicherung gleichwohl ein gutes Beispiel dafür, dass in der Sozialversicherung im Unterschied zur privaten Versicherung Faktoren des **sozialen Ausgleichs** eine Rolle spielen. Ein besonders markantes Beispiel bildet die in § 10 SGB V geregelte Familienversicherung, die es bei der privaten Krankenversicherung nicht gibt[32]. **148**

b) Die gesetzliche Krankenversicherung besteht neben **zwei weiteren Sicherungssystemen** gegen das Risiko der Krankheit: neben der **privaten Krankenversicherung** (sie versichert die Selbständigen, die Organmitglieder von juristischen Personen und eventuell Arbeitnehmer mit Einkommen über der Beitragsbemessungsgrenze der gesetzlichen Krankenversicherung, siehe zu letzterem §§ 6 Abs. 1 Nr 1, Abs. 4, 9 Abs. 1 Nr 1 und 3 SGB V) und neben der Absicherung des Krankheitsrisikos der Beamten durch die **beamtenrechtliche Beihilfe**. **149**

aa) Die **private Krankenversicherung** beruht auf privatrechtlichen Grundlagen. Die Ausgestaltung der privatrechtlichen Versicherungsverträge entscheidet über Art und Höhe der

---

29 Der Anspruch ist vor den Sozialgerichten gerichtlich zu verfolgen, vgl BSG, NJW 1982, 2143 f.
30 Zu Einzelheiten siehe *Kreßel/Wollenschläger*, Sozialversicherungsrecht, 2. Teil, § 6 Rn 209 ff.
31 Zur Beitragsbemessung durch Satzung bei *freiwilligen Mitgliedern* siehe § 240 SGB V und dazu näher KassKomm/*Peters*, § 240 SGB V, Rn 16 ff, 20 ff.
32 Siehe näher unten Rn 160 ff.

Versicherungsleistungen. Es besteht Abschluss- und Gestaltungsfreiheit im Rahmen der für das private Versicherungswesen geltenden Rechtsvorschriften (insbesondere des Versicherungsvertragsgesetzes, VVG). Die Inhalte der Versicherungsverträge sind nach Maßgabe der Allgemeinen Versicherungsbedingungen für die Krankheitskosten- und Kranken(haus)tagegeldversicherung standardisiert. Die Versicherungsprämien der privaten Krankenversicherung sind an dem abgesicherten Risiko orientiert *(Äquivalenzprinzip)*. In der privaten Krankenversicherung gilt das *Kostenerstattungsprinzip*, während für die gesetzliche Krankenversicherung das *Sachleistungsprinzip* [33] den Grundsatz bildet.

bb) Die Absicherung des Krankheitsrisikos durch die **beamtenrechtliche Beihilfe** hat ihre rechtliche Grundlage im Dienstverhältnis der Beamten. Den Beamten werden die Aufwendungen vom Dienstherrn zu einem (insbesondere nach Landesrecht und Familienverhältnissen unterschiedlichen) bestimmten Prozentsatz erstattet, auch hier gilt das *Kostenerstattungsprinzip*. Soweit die Beihilfe Aufwendungen nicht abdeckt (meist sind es zwischen 50% und 80%), kann das verbleibende Risiko durch eine private Krankenversicherung versichert werden.

II. Der versicherte Personenkreis

1. Versicherungspflicht

150 a) Die gesetzliche Krankenversicherung folgt ebenso wie die Pflege-, Renten-, Unfall- und die Arbeitslosenversicherung dem **Prinzip der Versicherungspflicht**. Wichtigster Anknüpfungspunkt für die Versicherungspflicht ist, wie auch in den anderen Sozialversicherungszweigen, die Beschäftigung in abhängiger Arbeit. Gemäß **§ 5 Abs. 1 Nr 1 SGB V** sind „**Arbeiter, Angestellte und zu ihrer Berufsausbildung Beschäftigte, die gegen Arbeitsentgelt beschäftigt sind**“, versicherungspflichtig[34]. Ob jemand (als Arbeiter, Angestellter oder Auszubildender) in diesem Sinne beschäftigt ist, beurteilt sich nach den zum **Begriff der Beschäftigung** dargelegten Kriterien[35]. Da gemäß § 5 Abs. 1 Nr 1 SGB V auch bei der Beschäftigung zur Berufsausbildung Entgeltlichkeit erforderlich ist, fallen Praktikanten und ohne Entgelt zu ihrer Berufsausbildung Beschäftigte nicht unter § 5 Abs. 1 Nr 1 SGB V, sie sind unter den Voraussetzungen des § 5 Abs. 1 Nr 10 SGB V versicherungspflichtig. Im Zusammenhang mit der abhängigen Beschäftigung steht auch die Versicherungspflicht gemäß **§ 5 Abs. 1 Nr 2 SGB V.** Versicherungspflichtig sind danach Personen in der Zeit, für die sie **Arbeitslosengeld, Arbeitslosenhilfe oder Unterhaltsgeld** nach dem SGB III beziehen (oder nur deshalb nicht beziehen, weil der Anspruch ab Beginn des zweiten Monats bis zur zwölften Woche einer Sperrzeit ruht). **Rentner** sind unter den Voraussetzungen des **§ 5 Abs. 1 Nr 11 SGB V** versicherungspflichtig. Sie müssten danach seit der erstmaligen Aufnahme einer Erwerbstätigkeit bis zur Stellung des Rentenantrags mindestens neun Zehntel der zweiten Hälfte des Zeitraums auf Grund einer Pflichtversicherung Mitglied der gesetzlichen Krankenversicherung oder als Familienangehörige pflichtversichert ge-

33 Siehe unten Rn 166.

34 Vgl mit § 5 Abs. 1 Nr 1 SGB V: § 1 S. 1 Nr 1 SGB VI für die Rentenversicherung; § 2 Abs. 1 Nr 1 SGB VII für die Unfallversicherung; § 20 Abs. 1 S. 2 Nr 1 SGB XI für die Pflegeversicherung; §§ 24 Abs. 1, 25 Abs. 1 SGB III für die Arbeitslosenversicherung.

35 Siehe oben Rn 108 ff.

wesen sein. Die Vorschrift verstößt jedoch gegen Art. 3 Abs. 1 GG[36]. Auch nachdem die vom BVerfG gesetzte Übergangsfrist am 31. März 2002 abgelaufen ist, steht die Vorschrift im Gesetz, es gilt seit dem 1. April 2002 aber auf Grund der Entscheidung des BVerfG die bis Ende 1992 bestehende Regelung. Danach erfüllt auch eine frühere freiwillige gesetzliche Versicherung die Voraussetzung der Versicherungspflicht gemäß § 5 Abs. 1 Nr 11 SGB V. Dabei ist § 9 Abs. 1 Nr 6 SGB V zu beachten; Rentner, die mit dem 1. April 2002 versicherungspflichtig geworden sind, können sich dafür entscheiden, weiterhin freiwillige Mitglieder zu bleiben (diese Lösung ist ein Beispiel hochentwickelter Gesetzestechnik).

b) Die Pflichtversicherung in der gesetzlichen Krankenversicherung geht heute **151**
über den Personenkreis hinaus, der in abhängiger Arbeit steht oder dafür ausgebildet wird (§ 5 Abs. 1 Nr 1 SGB V), abhängige Arbeit leisten will (§ 5 Abs. 1 Nr 2 SGB V) oder abhängige Arbeit geleistet hat (§ 5 Abs. 1 Nr 11 SGB V). Erfasst sind auch **Landwirte, Künstler und Publizisten**, ferner **Studierende, Praktikanten, Rehabilitanden** und **Behinderte**. Die Voraussetzungen für die Versicherungspflicht dieser Personen erschließen sich in ihren Grundzügen durch die Lektüre der einzelnen Ziffern des § 5 Abs. 1 SGB V.

Wenn die gesetzliche Krankenversicherung über den Kreis der abhängig Beschäftigten hinaus geöffnet worden ist, so ist dies in Bezug auf einige dieser Gruppen gemessen an den Prinzipien einer Versicherung nicht unbedenklich. Den in der gesetzlichen Krankenversicherung Versicherten als Versichertengemeinschaft entstehen dadurch zum Teil Belastungen, die von der Allgemeinheit insgesamt (also namentlich auch von Selbständigen und Beamten) aus dem Steueraufkommen getragen werden müssten. Dies gilt zB für seit ihrer Geburt oder seit ihrer Kindheit Behinderte, aber auch für Studierende, soweit sie nicht in die Familienversicherung einbezogen sind. Weil keine besondere Beziehung zum Kreis der typischerweise in der gesetzlichen Krankenversicherung Versicherten besteht (bei Studierenden gilt dies deshalb, weil sie später keineswegs typischerweise als abhängig Beschäftigte zum Kreis der Versicherungspflichtigen gehören werden, siehe § 6 SGB V), ist die Einbeziehung nur gerechtfertigt, wenn das Beitragsaufkommen des betreffenden Personenkreises die Aufwendungen abdeckt oder aus dem Steueraufkommen entsprechend bezuschusst wird.

c) Innerhalb der Tatbestände des § 5 SGB V hat die Versicherungspflicht auf Grund **152**
einer entgeltlichen Beschäftigung (§ 5 Abs. 1 Nr 1 SGB V) **Vorrang** vor den anderen Tatbeständen (vgl § 5 Abs. 6 SGB V). Zu weiteren Einzelheiten siehe § 5 Abs. 6-8 SGB V. Dass Selbständige über eine **versicherungspflichtige Nebenbeschäftigung** den Schutz der gesetzlichen Krankenversicherung erreichen können (und dadurch unter Umständen die höheren Kosten einer privaten Krankenversicherung sparen), verhindert § 5 Abs. 5 SGB V.

2. Versicherungsfreiheit

a) Zunächst sind **bestimmte Personengruppen** versicherungsfrei. Nach § 6 Abs. 1 **153**
Nr 2 SGB V sind dies Beamte, Richter, Soldaten und vergleichbare Bedienstete,

36 BVerfG, NJW 2000, 2730 ff; vgl zur Krankenversicherung der Rentner *Peters*, NZS 2002, 393 ff.

wenn sie nach beamtenrechtlichen Vorschriften oder Grundsätzen bei Krankheit Anspruch auf Fortzahlung der Bezüge und auf Beihilfe oder Heilfürsorge haben. Nach Maßgabe des § 6 Abs. 1 Nr 4 SGB V versicherungsfrei sind Geistliche, nach § 6 Abs. 1 Nr 5 SGB V Lehrer an privaten Schulen, gemäß § 6 Abs. 1 Nr 6 SGB V Pensionäre der in § 6 Abs. 1 Nr 2, 4 und 5 SGB V aufgeführten Personengruppen. Versicherungsfrei sind gemäß § 6 Abs. 1 Nr 3 SGB V sog. Werkstudenten, die während ihres Studiums gegen Arbeitsentgelt beschäftigt sind.

154 b) Gemäß § 6 Abs. 1 Nr 1 SGB V sind Arbeiter und Angestellte versicherungsfrei, wenn ihr regelmäßiges Jahresarbeitsentgelt **75% der Beitragsbemessungsgrenze** in der Rentenversicherung der Arbeiter und Angestellten (Jahresarbeitsentgeltgrenze) **übersteigt**. Ausschlaggebend ist das regelmäßige (Jahres-)Arbeitsentgelt.

Zu den regelmäßigen Bezügen gehört auch das Weihnachtsgeld, nicht aber zB eine einmalige Zulage wegen eines Dienstjubiläums. Überschreitet das Einkommen eines zunächst Versicherungspflichtigen die Jahresarbeitsentgeltgrenze, gilt § 6 Abs. 4 SGB V, die Versicherungspflicht endet mit dem Ablauf des Kalenderjahres, in dem die Jahresarbeitsentgeltgrenze überschritten wird. Das gilt nicht, wenn das Entgelt die vom Beginn des nächsten Kalenderjahres an geltende Jahresarbeitsentgeltgrenze nicht übersteigt. Die Jahresarbeitsentgeltgrenze beträgt 2002 in den alten wie in den neuen Bundesländern 40 500 Euro[37].

155 c) Gemäß § 7 S. 1 SGB V besteht Versicherungsfreiheit bei **geringfügiger Beschäftigung** iSv § 8 SGB IV[38]. Die geringfügige Beschäftigung ist gemäß § 7 S. 1, HS 2 SGB V nicht versicherungsfrei, wenn sie im Rahmen betrieblicher Berufsbildung, nach dem Gesetz zur Förderung eines freiwilligen sozialen Jahres oder nach dem Gesetz zur Förderung eines freiwilligen ökologischen Jahres erfolgt.

Gemäß § 7 S. 2 SGB V ist § 8 Abs. 2 SGB IV im Bereich der gesetzlichen Krankenversicherung mit der Maßgabe anzuwenden, dass eine Zusammenrechnung mit einer nicht geringfügigen Beschäftigung nur erfolgt, wenn diese die Versicherungspflicht begründet. Hintergrund dieser Regelungen ist, dass gemäß § 8 Abs. 2 SGB IV nunmehr die geringfügige Beschäftigung nach § 8 Abs. 1 Nr 1 SGB IV auch mit einer nicht geringfügigen Hauptbeschäftigung zusammengerechnet wird. Dies schränkt § 7 S. 2 SGB V für den Bereich der Krankenversicherung ein: Die Zusammenrechnung mit der Hauptbeschäftigung erfolgt nur, wenn die Hauptbeschäftigung versicherungspflichtig ist. Daraus folgt, dass durch die in § 8 Abs. 2 SGB IV angeordnete Zusammenrechnung keine Versicherungspflicht entstehen kann, wenn die Hauptbeschäftigung (etwa gemäß § 6 Abs. 1 Nr 1 oder 2 SGB V) versicherungsfrei ist.

3. Befreiung von der Versicherungspflicht

156 § 8 Abs. 1 SGB V enthält die Tatbestände, bei deren Vorliegen an sich Versicherungspflichtige **auf Antrag** von der Versicherungspflicht durch Verwaltungsakt befreit werden. Auf Antrag werden zunächst diejenigen von der Versicherungspflicht befreit, deren Arbeitsentgelt oberhalb der Jahresarbeitsentgeltgrenze lag (die also kraft Gesetzes versicherungsfrei waren), nun aber wegen Erhöhung der Jahresar-

37 Siehe Rn 617 im Anhang.
38 Siehe dazu oben Rn 117 ff.

beitsentgeltgrenze oder wegen der Verringerung ihrer Tätigkeit auf eine Teilzeitbeschäftigung versicherungspflichtig werden (§ 8 Abs. 1 Nr 1, 3 SGB V). Gemäß § 8 Abs. 1 Nr 2 SGB V können Personen von der Versicherungspflicht befreit werden, die während ihrer Elternzeit eine nicht volle Erwerbstätigkeit (§ 2 BErzGG) aufnehmen (zu weiteren Fällen siehe § 8 Abs. 1 Nr 1a, 4-7 SGB V). Der Antrag muss innerhalb von drei Monaten nach Beginn der Versicherungspflicht bei der Krankenkasse gestellt werden (§ 8 Abs. 2 S. 1 SGB V)[39].

4. Freiwillige Versicherung

a) Die in § 9 Abs. 1 Nr 1-6 SGB V **genannten Personengruppen** können der gesetzlichen Krankenversicherung freiwillig beitreten. **157**

Gemäß **§ 9 Abs. 1 Nr 1 SGB V** darf, wer als Mitglied aus der Versicherungspflicht ausgeschieden ist und in den letzten fünf Jahren vor dem Ausscheiden mindestens 24 Monate oder unmittelbar vor dem Ausscheiden ununterbrochen mindestens 12 Monate versichert war, der Versicherung beitreten. Vormals Pflichtversicherte sollen, auch wenn die tatbestandlichen Voraussetzungen der Versicherungspflicht nicht mehr gegeben sind (zB wegen **Aufnahme einer selbständigen Tätigkeit** oder wegen **Überschreitens der Jahresarbeitsentgeltgrenze**), in der gesetzlichen Krankenversicherung bleiben können. Diese Regelung hat auch den Hintergrund, dass der Wechsel zu einer privaten Krankenkasse nachteilig sein kann. Tritt man in höherem Alter einer privaten Krankenversicherung bei, sind hohe Prämien zu zahlen; der Versicherungsschutz kann zugleich eingeschränkt sein. Die Möglichkeit der freiwilligen Versicherung gemäß **§ 9 Abs. 1 Nr 2 SGB V** wird namentlich dann praktisch, wenn durch **Tod des Stammversicherten** oder durch rechtskräftige **Scheidung von einem Stammversicherten** der Familienversicherungsschutz gemäß § 10 SGB V endet. Freiwillig beitreten können gemäß § 9 Abs. 1 Nr 2 SGB V auch **Kinder** eines Mitglieds, die nicht in der Familienversicherung versichert sind, weil der mit ihnen verwandte Ehegatte des Mitglieds nicht in einer Krankenkasse ist und sein Gesamteinkommen regelmäßig im Monat ein Zwölftel der Jahresarbeitsentgeltgrenze übersteigt und regelmäßig höher als das Gesamteinkommen des Mitglieds ist (siehe § 10 Abs. 3 SGB V). Damit aber diese Kinder nicht noch in beliebigem Alter der gesetzlichen Krankenversicherung freiwillig beitreten können, muss der Beitritt innerhalb von drei Monaten nach der Geburt des Kindes erfolgen (§ 9 Abs. 2 Nr 2, Fall 2 SGB V). Freiwillig der gesetzlichen Krankenversicherung beitreten können schließlich gemäß **§ 9 Abs. 1 Nr 3 SGB V** Personen, die erstmals eine Beschäftigung aufnehmen und nach § 6 Abs. 1 Nr 1 SGB V (wegen Überschreitens der Jahresarbeitsentgelte) versicherungsfrei sind, ferner schwerbehinderte Menschen unter den Voraussetzungen des **§ 9 Abs. 1 Nr 4 SGB V** und Arbeitnehmer, deren Mitgliedschaft durch Beschäftigung im Ausland endete, wenn sie innerhalb von zwei Monaten nach ihrer Rückkehr in das Inland wieder eine Beschäftigung aufnehmen (**§ 9 Abs. 1 Nr 5 SGB V**).

b) Die **Beitrittserklärung**, eine einseitige empfangsbedürftige öffentlich-rechtliche Willenserklärung des Berechtigten, muss gemäß § 188 Abs. 3 SGB V schriftlich und gemäß § 9 Abs. 2 SGB V innerhalb von drei Monaten erfolgen[40]. Mit dem Tag des Beitritts beginnt die Mitgliedschaft der Versicherungsberechtigten (§ 188 **158**

39 Näher *Gitter/Schmitt*, Sozialrecht, § 8 Rn 34.

40 Das Gesetz spricht in § 9 Abs. 2 SGB V unrichtig davon, dass der Beitritt anzuzeigen sei. Er ist nicht anzuzeigen, sondern zu erklären.

Abs. 1 SGB V); bei den in § 9 Abs. 1 Nr 1 und 2 SGB V genannten Versicherungsberechtigten beginnt die Mitgliedschaft mit dem Tag nach ihrem Ausscheiden aus der Versicherungspflicht bzw mit dem Tag nach dem Ende der Familienversicherung gemäß § 10 SGB V (§ 188 Abs. 2 SGB V).

159 c) Bei der freiwilligen Versicherung sind im Hinblick auf das Krankengeld Besonderheiten zu beachten. Gemäß § 44 Abs. 2 SGB V kann die Satzung der Krankenkasse für freiwillig Versicherte den **Anspruch auf Krankengeld** ausschließen oder zu einem späteren Zeitpunkt entstehen lassen. Hiervon wird in der Regel Gebrauch gemacht[41].

5. Familienversicherung

160 Die in § 10 SGB V geregelte Familienversicherung des Ehegatten, des Lebenspartners und der Kinder von Mitgliedern ist ein markantes Beispiel dafür, dass die Sozialversicherung, obwohl dem Versicherungsprinzip verpflichtet, Elemente des **sozialen Ausgleichs** enthält.

Die Familienversicherung der gesetzlichen Krankenversicherung verbessert insofern die Leistungsfähigkeit des verdienenden Ehegatten oder Lebenspartners, als dieser auf Grund seiner Mitgliedschaft in der gesetzlichen Krankenversicherung auch den Familienmitgliedern ohne besondere Beitragsleistung Versicherungsschutz vermittelt. Dadurch erfolgt ein **Ausgleich der besonderen Belastung durch die Familie**. In der privaten Krankenversicherung muss, wenn Familienmitglieder versichert sein sollen, ein am individuellen Risiko ausgerichtetes Äquivalent in Gestalt der Versicherungsprämie für jedes einzelne Familienmitglied geleistet werden. Der Gedanke des sozialen Ausgleichs zeigt sich jedoch nicht bei allen Leistungen der Krankenversicherung. Das Krankengeld zB tritt an die Stelle des Einkommens, es hängt in seiner Höhe allein von der Höhe des Einkommens ab. Das gilt für Beschäftigte mit und ohne Familie gleichermaßen[42]. Die Familienversicherung ist insofern nicht zielgenau, als sie nicht gerade auf die Erziehung von Kindern abstellt, sondern bei geringer Geburtenrate Ehe (und Lebenspartnerschaft) sichert.

161 a) Ehegatten, Lebenspartner und Kinder von Mitgliedern genießen in der gesetzlichen Krankenversicherung **Versicherungsschutz**, wenn sie die Voraussetzungen des § 10 Abs. 1 S. 1 Nr 1-5 SGB V erfüllen. Aus der Mitgliedschaft des Stammversicherten folgen **selbständige Versicherungsverhältnisse** der Familienmitglieder, aus denen sich **eigenständige Leistungsansprüche** ergeben. Die Versicherung der Familienangehörigen knüpft aber sowohl hinsichtlich ihres Beginns als auch hinsichtlich ihres Endes an die Mitgliedschaft des Stammversicherten an. Von den Voraussetzungen des § 10 Abs. 1 S. 1 Nr 1-5 SGB V ist hervorzuheben, dass Ehegatten, Lebenspartner und Kinder kein Gesamteinkommen haben dürfen, das regelmäßig im Monat ein Siebtel der monatlichen Bezugsgröße nach § 18 SGB IV überschreitet (§ 10 Abs. 1 S. 1 Nr 5 SGB V), nicht hauptberuflich selbständig erwerbstätig (§ 10 Abs. 1 S. 1 Nr 4 SGB V) und weder pflichtversichert noch freiwillig versichert sein dürfen (§ 10 Abs. 1 S. 1 Nr 2 SGB V). Gemäß § 10 Abs. 2

41 Zu Einzelheiten siehe GK-SGB V/*Heinze*, § 44 Anm. 9.

42 Zur verfassungsrechtlichen Bedeutung der beitragsfreien Mitversicherung siehe BVerfGE 103, 242 ff = NJW 2001, 1712 (Pflegeversicherung). Siehe auch unten Rn 517 ff.

SGB V sind für Kinder bestimmte Altersgrenzen vorgesehen. Gemäß § 10 Abs. 3 SGB V sind Kinder nicht versichert, wenn die Versicherung des anderen Elternteils vorrangig ist[43].

b) Aus der Familienversicherung resultieren **im Grundsatz dieselben Leistungs-** **162**
ansprüche, wie sie der Stammversicherte hat. Gemäß § 44 Abs. 1 S. 2, HS 1 Fall 2 SGB V haben Familienversicherte jedoch **keinen Anspruch auf Krankengeld**. Das ist folgerichtig, denn das Krankengeld hat Entgeltersatzfunktion. Die Versicherungsverhältnisse der Familienangehörigen erlöschen mit dem Ende der Versicherung des Stammversicherten (Mitglied). Gemäß § 19 Abs. 3 SGB V erhalten die nach § 10 SGB V versicherten Angehörigen Leistungen längstens für einen Monat nach dem Tod des Mitglieds[44].

6. Zusammenfassende Übersicht **163**

Versicherter Personenkreis

Versicherung kraft Gesetzes	**Versicherungs-freiheit**	**Befreiung von der Versicherungspflicht**	**Freiwillige Versicherung**	**Familien-versicherung**
– § 5 Abs. 1 Nr 1-12 SGB V (Personengruppen)	– § 6 Abs. 1 Nr 1-8, Abs. 2 SGB V (Personengruppen) – § 7 SGB V (geringfügige Beschäftigung)	– § 8 Abs. 1 Nr 1-7 SGB V (Tatbestände)	– § 9 Abs. 1 Nr 1-5 SGB V (Personen in bestimmter Situation)	– § 10 SGB V (Ehegatten und Kinder)

III. Die Leistungen

1. Übersicht und Grundsätzliches

a) Die Leistungen der gesetzlichen Krankenversicherung regelt das Dritte Kapitel **164**
des SGB V (§§ 11-66 SGB V). § 11 SGB V gibt zunächst eine Übersicht über die **Leistungsarten**. Danach unterscheidet das Krankenversicherungsrecht Leistungen zur **Verhütung von Krankheiten**, Leistungen zur **Früherkennung von Krankheiten** und Leistungen zur **Behandlung einer Krankheit**; ferner besteht Anspruch auf **Sterbegeld**. § 11 Abs. 4 SGB V stellt klar, dass auf Leistungen kein Anspruch be-

43 Siehe zu dieser Systemabgrenzung BSG, SozR 3-2500 § 10 Nr 20, S. 88 ff = NZS 2001, 489 ff.

44 Zu den Möglichkeiten einer freiwilligen Versicherung siehe Rn 157 ff.

steht, wenn sie als Folge eines Arbeitsunfalls oder einer Berufskrankheit im Sinne der gesetzlichen Unfallversicherung zu erbringen sind; die Leistungspflicht trifft dann nach Maßgabe des SGB VII die Unfallversicherungsträger. Die §§ 12-19 SGB V enthalten die Gemeinsamen Vorschriften, sozusagen den **Allgemeinen Teil** des Leistungsrechts, in dem die wesentlichen Grundsätze des Leistungsrechts festgelegt sind:

165 b) Für die Leistungen der gesetzlichen Krankenversicherung gilt danach als ein wesentlicher Grundsatz das **Wirtschaftlichkeitsgebot** (§ 12 SGB V). Die Leistungen müssen ausreichend, zweckmäßig und wirtschaftlich sein. Sie dürfen das Maß des Notwendigen nicht überschreiten. Leistungen, die nicht notwendig oder die unwirtschaftlich sind, können Versicherte nicht beanspruchen, die Leistungserbringer (wie Ärzte, Zahnärzte) dürfen unnötige oder nicht wirtschaftliche Maßnahmen nicht treffen und die Krankenkassen dürfen sie nicht bewilligen. Der Krankenversicherungsschutz kann im Einzelfall auch Behandlungsmethoden umfassen, deren Wirksamkeit (noch) nicht nachgewiesen ist oder die (noch) nicht anerkannt sind. Außenseitermethoden kommen vor allem dann in Betracht, wenn bei schweren Erkrankungen allgemein anerkannte Behandlungsmethoden nicht zur Verfügung stehen[45].

166 c) Die Leistungen der gesetzlichen Krankenversicherung werden grundsätzlich als Sach- und Dienstleistungen (siehe § 11 SGB I) erbracht, soweit das Gesetz nicht ausnahmsweise anderes vorsieht (vgl § 13 Abs. 2, 3 SGB V). Das mit der gesetzlichen Krankenversicherung von jeher verbundene **Sachleistungsprinzip** ist ein Strukturmerkmal der gesetzlichen Krankenversicherung (vgl § 2 Abs. 2 S. 1 SGB V). Es besteht insofern ein deutlicher Unterschied zur privaten Krankenversicherung. Privat Krankenversicherte erhalten eine Rechnung ihres Arztes, die sie der privaten Krankenversicherung einreichen, welche dann die Kosten oder einen Teil der Kosten (Arztkosten, Kosten durch Kauf von Medikamenten oder Hilfsmitteln) erstattet (**Kostenerstattungsprinzip**). Bei den gesetzlich Krankenversicherten hat der Arzt keinen Anspruch gegen den behandelten Versicherten. Vielmehr haben die Krankenkassen ihren Versicherten die Leistungen zu beschaffen. Sie bedienen sich dazu der Ärzte, Krankenhäuser usw und schließen über die Erbringung der Sach- und Dienstleistungen Verträge mit den sog. Leistungserbringern (§ 2 Abs. 2 S. 2 SGB V). Die Beziehungen der Krankenkassen zu den Leistungserbringern sind im Vierten Kapitel (§§ 69 ff SGB V) eingehend geregelt.

Durch das **2. GKV-Neuordnungsgesetz** vom 23. Juni 1997 war § 13 Abs. 2 SGB V dahin geändert worden, dass Versicherte an Stelle der Sach- oder Dienstleistung **Kostenerstattung wählen konnten**. Der Anspruch auf Erstattung gegen die Krankenkasse bestand danach folgerichtig aber höchstens in Höhe der Vergütung, die von der Krankenkasse bei Erbringung als Sachleistung zu tragen war[46]. In Bezug auf **die kieferorthopädische Behandlung** und auf **Zahnersatzleistungen** hatte sich der Gesetzgeber im 2. GKV-NOG für die Kostenerstattung als

45 Vgl näher zu den Außenseitermethoden BSGE 63, 101 ff; 64, 255 ff; *Schlenker*, SGb 1992, 530 ff mwN; *Schulin*, SGb 1984, 45 ff; *ders.*, in: Handbuch des Sozialversicherungsrechts, Bd. 1, § 6 Rn 20 ff.

46 Zu Ungereimtheiten der Regelung *Ost/Mohr/Estelmann*, Sozialrecht, S. 98 f.

Normalfall entschieden (vgl §§ 29, 30 [insbesondere Abs. 4], 30a SGB V). Zu Recht ist das Gesetz inzwischen auf Grund des **GKV-SolG** in § 13 Abs. 2 SGB V und in §§ 29, 30 SGB V zum Sachleistungsprinzip zurückgekehrt[47].

2. Leistungen zur Verhütung und Früherkennung von Krankheiten

Das **Spektrum der gesellschaftstypischen Krankheiten** hat sich in den vergangenen Jahrzehnten verändert. Es sind seit längerem die chronischen und meist zivilisationstypischen Erkrankungen, die zunehmende Bedeutung haben (in der Hauptsache Erkrankung des Herz-Kreislauf-Systems, Krebs, Diabetes, rheumatische Erkrankungen). Auch vor diesem Hintergrund hat die Vermeidung und frühzeitige Erkennung von Krankheiten mit dem Gesundheitsreformgesetz (GRG) einen größeren Stellenwert bekommen. **167**

a) Die Leistungen zur **Verhütung von Krankheiten** und zur **Vorsorge** sind in den §§ 20-24 SGB V im einzelnen geregelt. Die Grundzüge erschließen sich durch Lektüre des Gesetzestextes[48]. Hervorgehoben sei nur, dass § 20 Abs. 1 SGB V die Zusammenarbeit der Krankenversicherungsträger mit den Unfallversicherungsträgern bei der Verhütung arbeitsbedingter Gesundheitsgefahren vorschreibt. Zur Verhütung von Zahnerkrankungen sind die Gruppen- und die Individualprophylaxe vorgesehen (§§ 21, 22 SGB V). § 23 SGB V vermittelt den Anspruch auf ärztliche Behandlung und Versorgung mit Arznei-, Verband-, Heil- und Hilfsmitteln, wenn dies notwendig ist, um einer durch Gesundheitsschwächung drohenden Krankheit vorzubeugen, einer Gefährdung der gesundheitlichen Entwicklung eines Kindes entgegenzuwirken oder die Pflegebedürftigkeit zu vermeiden. Unter den Voraussetzungen des § 23 Abs. 1 SGB V können Vorsorgekuren für Mütter bezahlt oder bezuschusst werden (§ 24 SGB V). **168**

b) Zur **Früherkennung** von Krankheiten sieht das Krankenversicherungsrecht Gesundheitsuntersuchungen Erwachsener (§ 25 SGB V) und Kinderuntersuchungen (§ 26 SGB V) vor. Es handelt sich um diagnostische Maßnahmen zur Früherkennung von Krankheitszuständen (insbesondere Kinderkrankheiten, Herz-, Kreislauf- und Nierenerkrankungen, Zuckerkrankheit und Krebs). **169**

c) Die §§ 24a und 24b SGB V sehen Leistungen zur **Empfängnisverhütung** und Leistungen bei nicht rechtswidriger **Sterilisation** und nicht rechtswidrigem **Schwangerschaftsabbruch** vor[49]. **170**

---

47 BGBl. I 1998, S. 3853.

48 Siehe zudem näher *Gitter/Schmitt*, Sozialrecht, § 9 Rn 16 ff.

49 Zu den Leistungen zur Empfängnisregelung und bei einem Schwangerschaftsabbruch siehe *Foltys-Harth*, SF 1996, 95 ff und SF 1997, 73 ff; *Horst*, SGb 1994, 347 ff.

3. Leistungen bei Krankheit

a) Der Versicherungsfall der Krankheit

171 Die Leistungen der Krankenbehandlung (§§ 27-43b SGB V) und die Zahlung von Krankengeld (§§ 44-51 SGB V) sind abhängig vom Eintritt des Versicherungsfalls der Krankheit (siehe §§ 27 Abs. 1 S. 1, 44 Abs. 1 S. 1 SGB V). Den **Versicherungsfall der Krankheit** hat das Gesetz nicht bestimmt, Rechtsprechung und Lehre definieren ihn als einen *regelwidrigen Körper- oder Geisteszustand, der entweder Behandlungsbedürftigkeit oder Arbeitsunfähigkeit oder beides zur Folge hat*[50]. Dieser Begriff meint nicht die Krankheit in einem medizinischen, sondern in einem funktional auf die gesetzliche Krankenversicherung bezogenen juristischen Sinn.

172 aa) Für die Frage, ob ein **regelwidriger Körper- oder Geisteszustand** im Sinne dieses klassischen sozialrechtlichen Krankheitsbegriffs vorliegt, orientieren sich Rechtsprechung und Lehre am *Leitbild des gesunden Menschen*[51]. Der gesunde Mensch ist dabei nicht ein Ideal, sondern gemeint ist das Normalbild des Menschen *in seiner ganzen Spannbreite* (klein oder groß, mit Adler- oder Stupsnase, mit Glatze oder dichtem Haupthaar, dick oder dünn) und mit den Gegebenheiten der einzelnen Lebensabschnitte. Die Regelwidrigkeit des Körper- oder Geisteszustandes beginnt erst dort, wo dem Einzelnen die Ausübung der *üblichen* körperlichen oder geistigen Funktionen erschwert ist. So ist zB eine auffällige Kiefer- oder Zahnfehlstellung nur dann regelwidrig, wenn durch sie eine oder mehrere der Körperfunktionen des Kauens, Beißens oder Sprechens in nicht unerheblichem Maß beeinträchtigt werden (vgl § 29 Abs. 1 S. 1 SGB V)[52]. Auf die Ursache der Regelwidrigkeit kommt es nicht an, im Krankenversicherungsrecht gilt das *Finalitätsprinzip*[53].

173 bb) Das altersbedingte Nachlassen der körperlichen und geistigen Kräfte entspricht ebenso wie die Schwangerschaft dem natürlichen Gang der Dinge, beides ist also nicht regelwidrig und somit nicht Krankheit in dem dargelegten Sinn. Der dargelegte Krankheitsbegriff ist aber nach allgemeiner Auffassung für eine **wertende Betrachtung** offen, man kann insoweit von einem **normativen Krankheitsbegriff** sprechen. Bei der **Schwangerschaft** nimmt man vor diesem Hintergrund Regelwidrigkeit an, wenn typische Beschwerden auftreten, die das Übliche übersteigen. Bei **altersbedingtem Nachlassen** der körperlichen und geistigen Kräfte (Sehvermögen, Merkfähigkeit, Beweglichkeit) trägt die Rechtsauslegung den Möglichkeiten und

---

50 Vgl BSGE 13, 134 (136); 33, 9 (10); vgl auch BSGE 35, 10 (12) mwN; 39, 167 (168); 59, 119 (121 f). Aus dem Schrifttum siehe stellvertretend *Gitter/Schmitt*, Sozialrecht, § 9 Rn 31; *Knieps*, in: SRH, C.14., Rn 112-114; Schulin/*Kummer*, Handbuch des Sozialversicherungsrechts, Bd. 1, § 20 Rn 18-47; *Rüfner*, Sozialrecht, § 23 III.

51 Siehe BSGE 26, 240 (242); 39, 167 (168); 59, 119 (121); *Gitter/Schmitt*, Sozialrecht, § 9 Rn 32; *Kreßel/Wollenschläger*, Sozialversicherungsrecht, 2. Teil, § 6 Rn 125.

52 Vgl BSGE 35, 10 (12); 35, 105 (106). Zu den Voraussetzungen eines regelwidrigen Körper- oder Geisteszustandes bei Sucht und bei psychischen Krankheiten vgl *Gitter/Schmitt*, Sozialrecht, § 9 Rn 33 mit Nachweisen aus der Rechtsprechung.

53 Dazu oben Rn 66.

Bestrebungen der Medizin Rechnung, die typischen altersbedingten Beeinträchtigungen zu überwinden. Wenn also solche Beeinträchtigungen zB des Sehvermögens (Altersweitsichtigkeit) durch Verordnung von Brillen, altersbedingte Schwerhörigkeit durch Verordnung von Hörgeräten, altersbedingte Hüftgelenksarthrose durch künstliche Hüftgelenke behoben werden können (behandlungsfähig sind), sind diese Beeinträchtigungen Krankheit im krankenversicherungsrechtlichen Sinn[54].

cc) Die Regelwidrigkeit des Körper- oder Geisteszustandes allein genügt nicht, damit Krankheit im krankenversicherungsrechtlichen Sinn vorliegt. Es muss hinzukommen, dass der regelwidrige Körper- oder Geisteszustand entweder **Behandlungsbedürftigkeit** oder **Arbeitsunfähigkeit** oder **beides** zur Folge hat. Darin liegt ein **funktionales Element** des krankenversicherungsrechtlichen Krankheitsbegriffs: Der Begriff der Krankheit wird im Hinblick auf die Leistungen der Krankenversicherung definiert, er ist aber nicht mit dem medizinischen Krankheitsbegriff identisch. Das ist sinnvoll, denn Leistungen der Krankenversicherung kommen nur für die Behandlung der Krankheit und als Ausgleich für den durch Krankheit eintretenden Einkommensverlust in Betracht. **174**

(1) **Behandlungsbedürftigkeit** ist gegeben, wenn durch den regelwidrigen Gesundheitszustand die körperlichen oder psychischen Funktionen so beeinträchtigt sind, dass zu ihrer Wiederherstellung ärztliche Hilfe notwendig ist[55]. Zugleich muss Behandlungsfähigkeit des regelwidrigen Zustandes gegeben sein, wobei den Hintergrund das durch § 27 Abs. 1 S. 1 SGB V normierte Behandlungsziel bildet, den regelwidrigen Gesundheitszustand zu erkennen, zu heilen, seine Verschlimmerung zu verhüten oder Krankheitsbeschwerden zu lindern. **175**

(2) **Arbeitsunfähigkeit** ist gegeben, wenn der Versicherte wegen des regelwidrigen Körper- oder Geisteszustandes nicht oder nur unter der Gefahr einer Verschlimmerung seines Zustandes der bisher ausgeübten Erwerbstätigkeit oder einer sonst vertraglich geschuldeten Tätigkeit nachgehen kann[56]. Welche Konsequenzen es hat, wenn Beschäftigte teilarbeits(un)fähig sind, ist (wie auch im Arbeitsrecht im Hinblick auf die Entgeltfortzahlung im Krankheitsfall) umstritten. BSG und BAG gehen in Einklang mit der hL in ständiger Rechtsprechung davon aus, dass ein Arbeitnehmer entweder nur voll arbeitsfähig oder aber arbeitsunfähig ist[57]. **176**

dd) Damit Krankheit im sozialversicherungsrechtlichen Sinn gegeben ist, genügt es, wie dargelegt, dass der regelwidrige Körper- oder Geisteszustand *entweder* zur Behandlungsbedürftigkeit *oder* zur Arbeitsunfähigkeit führt. Für die einzelnen Leistungen der gesetzlichen Krankenversicherung kann es dagegen darauf ankommen, ob *speziell* Behandlungsbedürftigkeit oder Arbeitsunfähigkeit vorliegt. **Kran-** **177**

---

54 Zum Begriff der Krankheit siehe BSGE 48, 258 ff; 62, 83 ff; *Schulin/Igl*, Sozialrecht, Rn 293 ff. Zur Frage, ob Viagra im Rahmen der vertragsärztlichen Versorgung verordnet werden darf, (verneinend) Bundesausschuss der Ärzte und Krankenkassen in den Arzneimittelrichtlinien, vgl dazu auch BSG, NJW 2000, 2764 ff; SG Lüneburg, NJW 2000, 2766 f.

55 Vgl BSGE 26, 240 (243); 35, 10 (12); 48, 258 (264 f); *Gitter/Schmitt*, Sozialrecht, § 9 Rn 36.

56 Vgl BSGE 26, 288 (290); 47, 47 (50 f); BAG, NJW 1984, 199 (200) mwN; AP Nr 33 zu § 63 HGB; NZA 1992, 643.

57 Vgl BSGE 47, 47 (50); 57, 163 (166); BAG, AP Nr 42 zu § 616 BGB; NZA 1992, 643; LAG Rheinland-Pfalz, NZA 1992, 169 (170 f). Für die Einführung einer Teilarbeitsunfähigkeit de lege ferenda *Schulin*, SGb 1984, 285 ff.

kengeld setzt gemäß § 44 Abs. 1 SGB V Arbeitsunfähigkeit voraus. Ärztliche und zahnärztliche **Heilbehandlung** haben Behandlungsbedürftigkeit (um die Krankheit zu erkennen, zu heilen, ihre Verschlimmerung zu verhüten oder Krankheitsbeschwerden zu lindern) zur Voraussetzung (§§ 28, 27 Abs. 1 SGB V).

b) Die Krankenbehandlung

178 aa) Gemäß §§ 27 ff SGB V wird Versicherten Krankenbehandlung gewährt. Die Krankenbehandlung umfasst gemäß §§ 27 Abs. 1 S. 2 Nr 1-6, 27a, 28 ff SGB V:

- ärztliche Behandlung (§ 28 Abs. 1 SGB V);
- zahnärztliche Behandlung einschließlich der kieferorthopädischen Behandlung und der Versorgung mit Zahnersatz (§§ 28 Abs. 2, 29, 30 SGB V);
- Versorgung mit Arznei-, Verband-, Heil- und Hilfsmitteln (§§ 31-36 SGB V);
- häusliche Krankenpflege und Haushaltshilfe (§§ 37, 38 SGB V);
- Krankenhausbehandlung (§ 39 SGB V);
- medizinische und ergänzende Leistungen zur Rehabilitation sowie Belastungserprobung und Arbeitstherapie (§§ 40-43 SGB V);
- Leistungen zur künstlichen Befruchtung (§ 27a SGB V).

Die **ärztliche Behandlung** (§ 28 Abs. 1 SGB V) **umfasst** alle vertragsärztlichen Tätigkeiten, die zur Verhütung, Früherkennung und Behandlung von Krankheiten nach den Regeln der ärztlichen Kunst ausreichend und zweckmäßig sind. Einzelheiten zur Sicherstellung der Versorgung bestimmt der Bundesausschuss der Ärzte und Krankenkassen in Richtlinien (§ 92 SGB V). Neue Untersuchungs- und Behandlungsmethoden dürfen in die vertrags(zahn)ärztliche Versorgung nur aufgenommen werden, wenn die Bundesausschüsse der (Zahn-)Ärzte und Krankenkassen deren Anerkennung empfohlen haben (siehe § 135 Abs. 1 SGB V)[58]. Die Zulässigkeit sog. Außenseitermethoden im Einzelfall wird dadurch allerdings nicht ausgeschlossen[59]. Wie dargelegt, werden die Leistungen der Krankenbehandlung prinzipiell als **Sach- oder Dienstleistungen** erbracht (§ 2 Abs. 2 SGB V). Sie müssen dem allgemein anerkannten **Stand der medizinischen Erkenntnisse** entsprechen und den **medizinischen Fortschritt** berücksichtigen (§ 2 Abs. 1 S. 3 SGB V). Wie bei allen Leistungen ist gemäß § 12 SGB V das **Wirtschaftlichkeitsgebot** zu beachten. § 70 Abs. 2 SGB V verpflichtet Krankenkassen und Leistungserbringer, durch geeignete Maßnahmen auf eine **humane Krankenbehandlung** hinzuwirken.

179 bb) Die **Einzelheiten** der ärztlichen und zahnärztlichen Behandlung ergeben sich aus § 28 Abs. 1 und Abs. 2 SGB V. Hervorzuheben ist: Die Versicherten können gemäß § 76 Abs. 1 SGB V grundsätzlich unter allen als Vertragsarzt gemäß §§ 95 ff SGB V zugelassenen Ärzten (Vertragsärzten) wählen. Ärztliche und zahnärztliche Behandlung darf gemäß § 15 Abs. 1 SGB V nur von approbierten Ärzten und Zahnärzten geleistet werden (§ 35 AppOÄ; § 1 Gesetz über die Ausübung der Zahnheilkunde). Hilfeleistungen (zB Krankengymnastik, Logopädie) können, wenn sie ge-

58 Zu neuen Untersuchungs- und Behandlungsmethoden siehe BSGE 81, 54 ff.
59 *Knieps*, in: SRH, C.14., Rn 187.

mäß § 15 Abs. 1 S. 2 SGB V von approbierten Ärzten oder Zahnärzten angeordnet sind oder verantwortet werden, von anderen Personen erbracht werden. Kieferorthopädische Behandlung und Zahnersatzleistungen gemäß §§ 29, 30 SGB V werden im Rahmen der vertragszahnärztlichen Versorgung als Sachleistung erbracht.

cc) Die **Versorgung mit Arznei-, Verband-, Heil- und Hilfsmitteln** wird in ihren **180**
Einzelheiten durch §§ 31-36 SGB V geregelt. Heil- und Hilfsmittel unterscheiden sich von Arzneimitteln dadurch, dass erstere überwiegend von außen auf den Organismus wirken. Heilmittel und Hilfsmittel sind grundsätzlich nach dem Zweck ihres Einsatzes zu unterscheiden. Heilmittel sind Sachmittel und Dienstleistungen, die der Krankheitsbekämpfung dienen (zB Stützapparaturen, Krankengymnastik, Massagen). Hilfsmittel dienen der Kompensation von verbliebenen Defiziten nach Abschluss der Behandlung (zB Rollstühle, Prothesen oder sonstige orthopädische Hilfsmittel)[60].

Zu Arzneimitteln, Heilmitteln und Hilfsmitteln müssen die Versicherten nach Maßgabe der §§ 31 Abs. 3, 32 Abs. 2, 33 Abs. 2 SGB V **Zuzahlungen** leisten. Zur Versorgung mit **Brillengläsern** und mit **Kontaktlinsen** siehe § 33 Abs. 3, 4 SGB V. Die durch das **GKV-GRG 2000** eingefügte Vorschrift des § 33a SGB V ermächtigt das Gesundheitsministerium, durch Rechtsverordnung mit Zustimmung des Bundesrates eine **Liste verordnungsfähiger Arzneimittel**, aufgeführt als Wirkstoffe und Wirkstoffkombinationen, zu erlassen.

dd) Anspruch auf **häusliche Krankenpflege** besteht unter den Voraussetzungen **181**
des § 37 SGB V, Anspruch auf eine **Haushaltshilfe** unter den Voraussetzungen des § 38 SGB V[61]. Neu ist als Leistung die **Soziotherapie** (§ 37a SGB V), die Versicherte beanspruchen können, wenn sie wegen einer schweren psychischen Erkrankung nicht in der Lage sind, Leistungen selbständig in Anspruch zu nehmen.

ee) Die **Krankenhausbehandlung** umfasst im Rahmen des Versorgungsauftrags **182**
des Krankenhauses gemäß § 39 Abs. 1 SGB V alle Leistungen, die im Einzelfall nach Art und Schwere der Krankheit für die medizinische Versorgung der Versicherten im Krankenhaus notwendig sind. Sie wird dabei vollstationär, teilstationär, vor- und nachstationär (§ 115a SGB V) sowie ambulant (§ 115b SGB V) erbracht. Auch die Krankenhausbehandlung wird als Sachleistung gewährt und ist eine Gesamtleistung, welche Krankenbehandlung, Unterbringung und Verpflegung umfasst. Versicherte, die das achtzehnte Lebensjahr vollendet haben, zahlen von Beginn der Krankenhausbehandlung an innerhalb eines Kalenderjahres für längstens 14 Tage 9 Euro je Kalendertag an das Krankenhaus, das Krankenhaus leitet den Betrag an die Krankenkasse weiter (§ 39 Abs. 4 SGB V).

Die **vollstationäre Krankenhausbehandlung** setzt voraus, dass die Aufnahme nach Prüfung durch das Krankenhaus erforderlich ist, weil das Behandlungsziel nicht durch teilstationäre, vor- und nachstationäre oder ambulante Behandlung einschließlich häuslicher Krankenpflege erreicht werden kann (§ 39 Abs. 1 S. 2 SGB V).

---

60 Siehe zu den Begriffen und sonstigen Einzelheiten näher KassKomm/*Höfler*, § 32 SGB V, Rn 4 f, § 33 SGB V, Rn 4 ff und KassKomm/*Hess*, § 124 SGB V, Rn 2 ff.

61 Zu insoweit auftretenden Rechtsfragen *Gitter/Schmitt*, Sozialrecht, § 9 Rn 50 ff; *Kreßel/Wollenschläger*, Sozialversicherungsrecht, 2. Teil, § 6 Rn 144-146.

183 ff) Die Einzelheiten zu weiteren Maßnahmen der Krankenbehandlung, wie **Rehabilitationsleistungen**, **Belastungserprobung** und **Arbeitstherapie** regeln die §§ 40-43a SGB V. Nach Maßgabe des § 39a SGB V besteht Anspruch auf einen Zuschuss zur Versorgung in **Hospizen**, in denen unheilbar Kranken ein menschenwürdiges Leben bis zum Tod ermöglicht werden soll.

c) Krankengeld

184 aa) Versicherte haben gemäß § 44 Abs. 1 SGB V Anspruch auf Krankengeld, wenn die Krankheit sie **arbeitsunfähig** macht **oder** wenn sie auf Kosten der Krankenkasse in einem Krankenhaus, in einer Vorsorge- oder in einer Rehabilitationseinrichtung **stationär behandelt** werden.

185 bb) Das Krankengeld steht **neben anderen Entgeltersatzleistungen**. Im Verhältnis zu diesen gilt: Arbeitnehmer haben, wenn sie durch Arbeitsunfähigkeit infolge Krankheit an ihrer Arbeitsleistung ohne ihr Verschulden gehindert sind, gemäß § 3 Abs. 1 EFZG Anspruch auf **Entgeltfortzahlung im Krankheitsfall** durch den Arbeitgeber[62]. Der Anspruch auf Entgeltfortzahlung durch den Arbeitgeber besteht für die Zeit der Arbeitsunfähigkeit bis zur Dauer von sechs Wochen, seit dem 1. Januar 1999 wieder in Höhe von 100% (§ 4 Abs. 1 EFZG). Das Verhältnis von Entgeltfortzahlung und Krankengeldleistung regelt § 49 Abs. 1 Nr 1 SGB V. Danach ruht der Anspruch auf Krankengeld, soweit und solange Versicherte beitragspflichtiges Arbeitsentgelt oder Arbeitseinkommen erhalten. Soweit das Arbeitsentgelt gemäß § 3 Abs. 1 EFZG (der Ausnahmevorschrift zu § 326 Abs. 1 BGB (§ 323 Abs. 1 BGB aF) ist, str.) fortgezahlt wird, ist das der Fall. Der Anspruch auf Entgeltfortzahlung geht gemäß § 115 Abs. 1 SGB X auf die Krankenversicherung über, wenn der Arbeitgeber die Entgeltfortzahlung nicht leistet und die Krankenkasse deshalb Krankengeld zahlt (siehe nochmals § 49 Abs. 1 Nr 1 SGB V). § 49 SGB V enthält weitere Tatbestände, in denen der Anspruch auf Krankengeld ruht, (zB bei Elternzeit, ferner solange Versicherte Mutterschaftsgeld, Verletztengeld, Arbeitslosengeld oder Arbeitslosenhilfe beziehen[63]).

186 cc) Bestimmte Versicherte, zB mitversicherte Ehegatten oder Kinder (§ 10 SGB V), ferner Studierende (§ 5 Abs. 1 Nr 9 SGB V), haben gemäß § 44 Abs. 1 S. 2 SGB V **keinen Krankengeldanspruch**. Darauf, dass die Krankenkasse durch Satzung für freiwillig Versicherte den Anspruch auf Krankengeld ausschließen oder zu einem späteren Zeitpunkt entstehen lassen kann (§ 44 Abs. 2 SGB V), ist bereits hingewiesen worden.

dd) Das Krankengeld beträgt seit dem 1. Januar 1997 gemäß § 47 Abs. 1 S. 1 SGB V **70%** des sog. Regelentgelts. Die Einzelheiten, namentlich zur **Berechnung**, regelt § 47 SGB V. Der Krankengeldanspruch ist in seiner **Dauer** grundsätzlich unbegrenzt, für den Fall der Arbeitsunfähigkeit wegen derselben Krankheit besteht er jedoch für längstens 78 Wochen innerhalb von je drei Jahren (siehe näher § 48 SGB V).

---

62 Näher *Söllner/Waltermann*, Grundriss des Arbeitsrechts, 13. Aufl., 2002, § 30 II 3.

63 Zum Verhältnis von Krankengeld und Verletztengeld näher *Waltermann/Grohmann*, SGb 1997, 97 ff.

ee) Bleiben Versicherte wegen der Erkrankung ihres versicherten Kindes der Arbeit fern, haben sie unter den Voraussetzungen des § 45 SGB V Anspruch auf **Krankengeld bei Erkrankung des Kindes** für längstens zehn Arbeitstage im Jahr.

d) Sonstige Leistungen und Härtefallregelungen

Wer die Bestattungskosten eines Versicherten zu tragen hat, erhält unter den Voraussetzun- **187**
gen des § 58 SGB V einen Zuschuss zu diesen Kosten als **Sterbegeld**. Die Sterbegeldzahlung wird, wie die Tatbestandsvoraussetzungen des § 58 SGB V erkennen lassen, langfristig auslaufen. Unter den Voraussetzungen des § 60 SGB V werden **Fahrkosten** übernommen. Durch die §§ 61, 62 SGB V können in **Härtefällen** die Auswirkungen der Zuzahlungen und Kostenbeteiligungen im Interesse Geringverdienender, chronisch Kranker und Behinderter abgemildert werden. Die §§ 63 ff SGB V enthalten Erprobungsregelungen, nach deren Maßgabe die Versorgung modellhaft weiterentwickelt werden soll. Es werden Handlungsspielräume im Bereich der Selbstverwaltung der Krankenkassen eröffnet, deren Einzelheiten durch Satzung der Krankenkassen geregelt werden können (siehe § 63 Abs. 5 SGB V).

4. Leistungen bei Schwangerschaft und Mutterschaft

Schwangerschaft und Mutterschaft sind keine Krankheit, sie erfordern aber auch bei **188**
komplikationslosem Verlauf ähnliche Maßnahmen wie die Krankheit, namentlich ärztliche Beobachtung, Untersuchung und gegebenenfalls Behandlung. Sie führen zudem zeitweise zu Verdienstausfällen. Leistungen bei Schwangerschaft und Mutterschaft werden gemäß § 21 Abs. 1 Nr 4 SGB I, §§ 195-200b RVO gewährt. Entsprechende Regelungen sieht auch das Gesetz über die Krankenversicherung der Landwirte vor. Die in § 195 Nr 1-6 RVO aufgezählten Leistungen (ärztliche Betreuung und Hebammenhilfe, stationäre Entbindung, Mutterschaftsgeld usw) setzen voraus, dass die Schwangere bzw Mutter im Zeitpunkt des jeweiligen Leistungsanfalls in der gesetzlichen Krankenversicherung versichert ist[64]. Die Schwangere muss also Mitglied in der gesetzlichen Krankenversicherung sein oder die Voraussetzungen der Familienversicherung (§ 10 SGB V) erfüllen. Gemäß § 192 Abs. 1 Nr 2 SGB V bleibt die Mitgliedschaft Versicherungspflichtiger erhalten, solange sie Anspruch auf Krankengeld oder Mutterschaftsgeld haben oder Krankengeld, Mutterschaftsgeld oder Erziehungsgeld beziehen oder Elternzeit in Anspruch nehmen[65].

Lösung zu Fall 6: Die Krankenkasse hat zu Recht abgelehnt, wenn A auf Leistungen **189**
der gesetzlichen Krankenkasse keinen Anspruch hat. Fraglich ist, ob A gesetzlich krankenversichert ist. Gemäß § 5 Abs. 1 Nr 1 SGB V sind Arbeitnehmer, die gegen Entgelt beschäftigt sind, versicherungspflichtig. A stand auf Grund wirksamen Arbeitsvertrages in einem Arbeitsverhältnis. Ihre Mitgliedschaft begann deshalb gemäß § 186 Abs. 1 SGB V am 3.11. Die Mitgliedschaft endete gemäß § 190 Abs. 2 SGB V mit der Beendigung des Arbeitsverhältnisses auf Grund der Eigenkündigung der A zum 14.11. Damit

64 Siehe BSGE 49, 240 (242).
65 Zu den einzelnen Leistungen näher *Kreßel/Wollenschläger*, Sozialversicherungsrecht, 2. Teil, § 6 Rn 181-191.

endete gemäß § 19 Abs. 1 SGB V an sich auch der Anspruch auf Leistungen. Der Anspruch auf Leistungen nach dem Krankenversicherungsrecht besteht aber gemäß § 19 Abs. 2 SGB V fort, und zwar für die Dauer von einem Monat nach dem Ende der Mitgliedschaft am 14.11. Dem steht die Rechtsfigur des „missglückten Arbeitsversuchs" nicht entgegen, an der das BSG mit überzeugenden Gründen (siehe BSGE 81, 231 ff) nicht mehr festhält. Auf der Grundlage seiner früheren Rechtsprechung (siehe zB BSGE 15, 89 [91 f]) hätte das BSG den Versicherungsschutz verneint, denn A war schon bei Aufnahme ihrer Beschäftigung wegen Krankheit arbeitsunfähig, ihre Arbeit von wenigen Tagen fiel wirtschaftlich nicht ins Gewicht, und sie hat die Arbeit wegen ihrer bereits am 3.11. bestehenden Arbeitsunfähigkeit aufgegeben.

IV. Das Recht der Leistungserbringung

Schrifttum: *Buddee*, Der Arztvertrag nach dem SGB V, 1997; *Eberhardt*, Zivilrecht und Sozialrecht in der Beziehung von Kassenarzt und Kassenpatient, AcP 171 (1971), 289; *Fuchs*, Grundlagen und Probleme einer privatrechtlich gestalteten Arzthaftung, Arztrecht 1996, S. 319; *Heinze*, Die Vertragsstrukturen des SGB V, SGb 1990, 173; *E. Jung*, Das Recht auf Gesundheit, 1982, S. 127 ff; *Natter*, Der Arztvertrag mit dem sozialversicherten Patienten, 1987; *Schmidt-De Caluwe*, Das Behandlungsverhältnis zwischen Vertragsarzt und sozialversichertem Patienten, VSSR 1998, 207; *Schmitt*, Leistungserbringung durch Dritte im Sozialrecht, 1990; *ders.*, Die Gewährung von ärztlicher Behandlung und Krankenhauspflege in der gesetzlichen Krankenversicherung, NJW 1988, 1494; *Schnapp/Wigge* (Hrsg.), Handbuch des Vertragsarztrechts, 2002; *G. Schneider*, Handbuch des Kassenarztrechts, 1994, S. 445 ff; *Schütte*, Die Rechtsbeziehungen zwischen Kassenarzt und Patient, SozVers 1997, 143; *Sodan*, Freie Berufe als Leistungserbringer im Recht der gesetzlichen Krankenversicherung, 1997, S. 119 ff.

1. Grundsätzliches

190 Die gesetzliche Krankenversicherung folgt, wie dargelegt wurde, dem **Sachleistungsprinzip**[66], die Krankenkassen haben ihren Versicherten Sach- und Dienstleistungen zu beschaffen. Sie bedienen sich dazu der Ärzte, Krankenhäuser usw. Der Erbringung von Sach- und Dienstleistungen auf der Basis des Sachleistungsprinzips liegen vor dem Hintergrund der Vorschriften des *Vierten Kapitels* des SGB V (§§ 69-140h SGB V) mehrere **Rechtsverhältnisse** zu Grunde[67]:

191 a) Die **Ansprüche der Versicherten** auf die Leistungen richten sich gegen die **Krankenkassen** als Träger der gesetzlichen Krankenversicherung. Die Krankenkassen erbringen die Leistungen **durch die Leistungserbringer** (Krankenhäuser, Ärzte, Zahnärzte, Apotheken, Heil- und Hilfsmittelerbringer). Es müssen demnach

66 Siehe oben Rn 166.

67 Dass ohne die zur Verwirklichung des (im Verhältnis von Versicherten und Krankenkasse geltenden) Sachleistungsprinzips erforderlichen Rechtsverhältnisse (Versorgungsverträge) erbrachte Leistungen ihren Erbringer (zB Krankentransport durch städtischen Rettungsdienst) nicht vergütet werden, hat BSGE 85, 110 ff klargestellt (zu Krankentransport siehe auch § 133 SGB V).

wenigstens zwischen drei Beteiligten (Versicherten, Krankenkassen, Leistungserbringern) Rechtsbeziehungen bestehen. In diesem Sinn ergeben die Rechtsbeziehungen bei der Leistungserbringung durch **Krankenhäuser**, bei der Leistungserbringung durch **Apotheken** und bei der Leistungserbringung durch **Heil- und Hilfsmittelerbringer** ein Dreiecksverhältnis (**Abb. 1** und **2**):

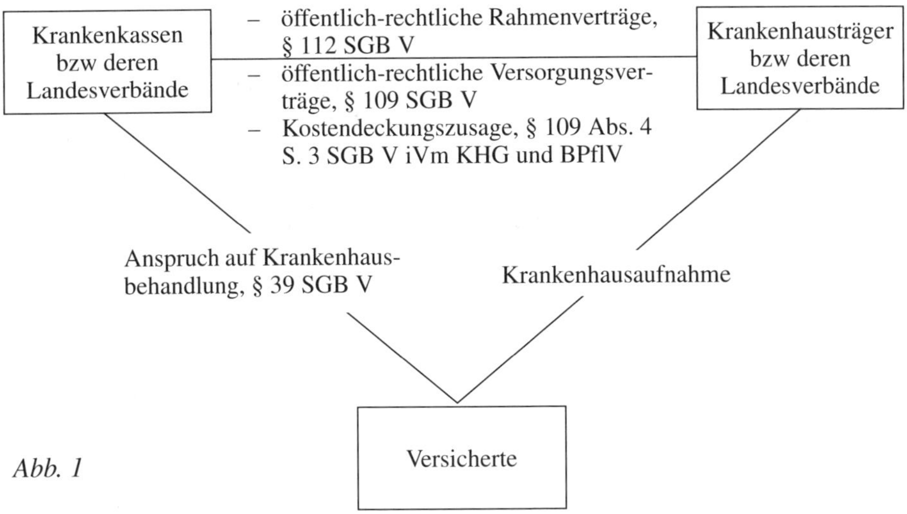

Abb. 1

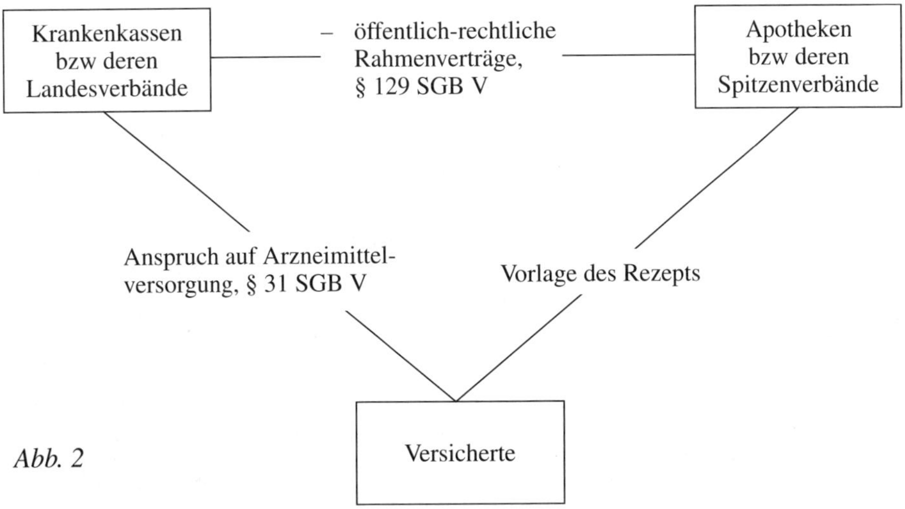

Abb. 2

Bei der Leistungserbringung durch die **Vertragsärzte** und **Vertragszahnärzte** ergeben die Rechtsbeziehungen, seit zu Beginn der 30er Jahre Kassen(zahn)ärztliche Vereinigungen eingerichtet wurden, sogar ein Viereck (**Abb. 3**):

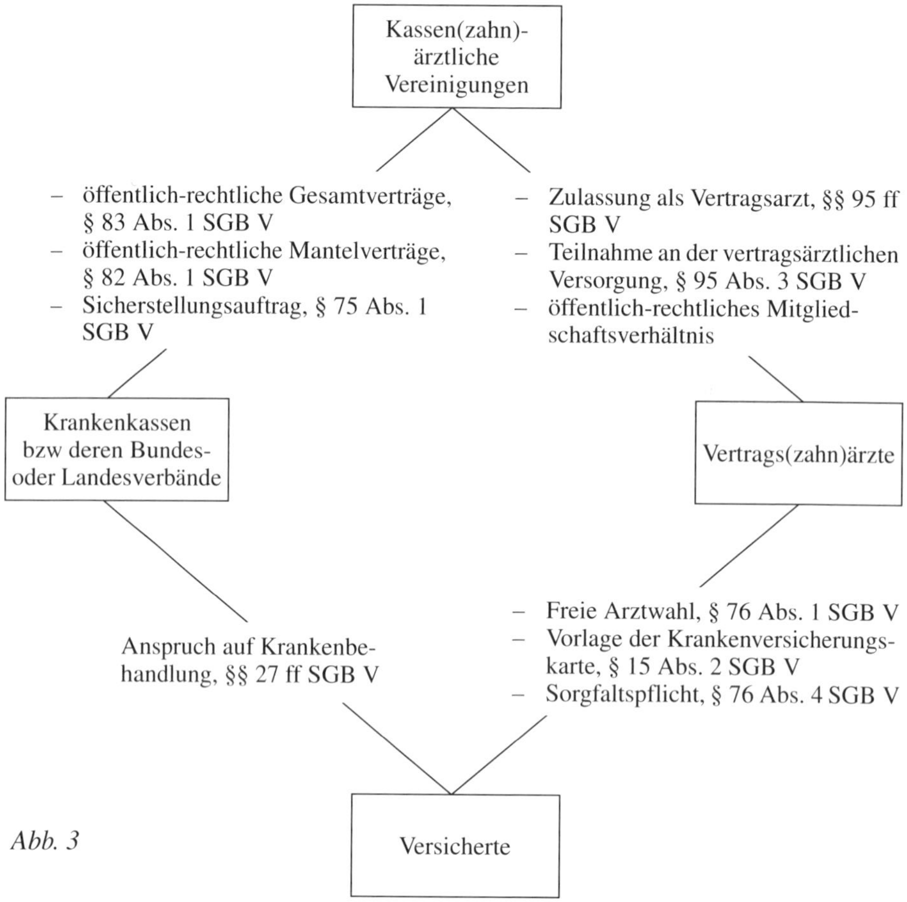

Abb. 3

192 b) Die Rechtsbeziehungen **zwischen den Leistungserbringern** (bzw den bei der Krankenbehandlung zwischengeschalteten Kassen(zahn)ärztlichen Vereinigungen) **und den Krankenkassen** sind öffentlich-rechtlicher Natur. Beide Seiten **verhandeln** über die Vergütung der Leistungen und **schließen Verträge** (siehe nur § 71 SGB V).

Den Hintergrund bilden dabei die das Krankenversicherungsrecht prägenden Gesichtspunkte der **Qualität**, der **Humanität** und der **Wirtschaftlichkeit**: Die Krankenkassen und die Leistungserbringer haben eine bedarfsgerechte und gleichmäßige Versorgung der Versicherten zu gewährleisten, die dem allgemein anerkannten Stand der medizinischen Erkenntnisse entspricht (§ 70 Abs. 1 S. 1 SGB V). Die Versorgung der Versicherten muss ausreichend und zweckmäßig sein, sie darf das Maß des Notwendigen nicht überschreiten und muss wirtschaftlich erbracht werden (§ 70 Abs. 1 S. 2 SGB V). Die Krankenkassen und die Leistungserbringer haben durch geeignete Maßnahmen auf eine humane Krankenbehandlung ihrer Versicherten hinzuwirken (§ 70 Abs. 2 SGB V). In ihren Vereinbarungen über die Vergütung der Leistungen haben Krankenkassen und Leistungserbringer den **Grundsatz der Beitragssatzstabilität** zu beachten (siehe § 71 Abs. 1 SGB V). Im Kern besagt der Grundsatz der Beitragssatzstabilität, dass die Ausgaben der Krankenkassen nicht stärker steigen sollen als die beitragspflichtigen Einkommen der Versicherten. Von dem in § 71 Abs. 1-4 SGB V normierten Verfahren, das die verfügbaren Finanzmittel deckelt, verspricht man sich Anreize, die vorhandenen Einsparpotenziale und Rationalisierungsreserven im Gesundheitswesen anzugreifen. Das durch das GKV-Gesundheitsreformgesetz 2000 gestärkte Anliegen der **Qualitätssicherung** ist in den §§ 135-139 SGB V im einzelnen geregelt. Nach Maßgabe der §§ 140a-140 h SGB V können auf der Grundlage der im Jahr 2000 eingeführten **integrierten Versorgung** Versorgungsnetze insbesondere für chronisch Kranke gebildet werden.

c) Die Rechtsbeziehungen **zwischen den Leistungserbringern** (Vertrags[zahn]-ärzte, Krankenhäuser, Apotheken, Heil- und Hilfsmittelerbringer) **und den Versicherten** sind rechtlich schwer einzuordnen. Umstritten ist vor allem, ob sie als **privatrechtlich oder öffentlich-rechtlich** einzustufen sind. Das Recht der Leistungserbringung im Krankenversicherungsrecht ist insgesamt gesehen durch ein Nebeneinander von öffentlichem Recht und Privatrecht gekennzeichnet. **193**

2. Leistungserbringung durch Ärzte und Zahnärzte

a) Rechtsbeziehungen

aa) Der **Leistungsanspruch des Versicherten gegen die Krankenkasse** hat, wie dargelegt, seine Grundlage im sozialversicherungsrechtlichen Versicherungsverhältnis[68], ist also **öffentlich-rechtlicher** Natur. **194**

bb) Die **Rechtsbeziehungen zwischen den Krankenkassen und den zugelassenen Vertrags(zahn)ärzten** werden durch die §§ 72-106 SGB V ausgestaltet. Danach besteht **keine unmittelbare Rechtsbeziehung** zwischen Krankenkassen und Vertrags(zahn)ärzten. Es sind vielmehr die Kassen(zahn)ärztlichen Vereinigungen zwischengeschaltet. **195**

(1) Die **Kassen(zahn)ärztlichen Vereinigungen** werden gemäß § 77 Abs. 1 SGB V für den Bereich eines jeden Bundeslandes gebildet. Sie bilden wiederum gemäß § 77 Abs. 4 SGB V die Kassen(zahn)ärztliche Bundesvereinigung. Die genannten Vereinigungen sind **Zwangskörperschaften des öffentlichen Rechts** (vgl §§ 77, 78 SGB V). **196**

Die Kassen(zahn)ärztlichen Vereinigungen und die Kassen(zahn)ärztlichen Bundesvereinigungen haben die vertragsärztliche Versorgung in dem in § 73 Abs. 2 SGB V bezeichneten Umfang sicherzustellen und den Krankenkassen und ihren Verbänden gegenüber die Gewähr dafür zu übernehmen, dass die vertragsärztliche Versorgung den gesetzlichen und vertragli-

68 Siehe oben Rn 107.

chen Erfordernissen entspricht (siehe § 75 Abs. 1 S. 1 SGB V). Sie haben insoweit einen **Sicherstellungsauftrag** und stehen dabei in einer öffentlich-rechtlichen Verpflichtung gegenüber den Krankenkassen. Die Kassen(zahn)ärztlichen Vereinigungen schließen zur Erfüllung ihrer Aufgaben mit den Verbänden der Krankenkassen Verträge (§§ 82 ff SGB V), und zwar auf Länderebene gemäß § 83 SGB V sog. **Gesamtverträge** (zwischen den Landesverbänden der Krankenkassen und den Kassen(zahn)ärztlichen Vereinigungen). Der allgemeine Inhalt der Gesamtverträge wird gemäß § 82 Abs. 1 SGB V in **Bundesmantelverträgen** vereinbart. Die Bundesmantelverträge dienen der Sicherung einer in den Grundsätzen einheitlichen Durchführung der vertrags(zahn)ärztlichen Versorgung. Sie werden zwischen den Kassen(zahn)ärztlichen Bundesvereinigungen und den Spitzenverbänden der Krankenkassen geschlossen (§ 82 Abs. 1 SGB V). Die auf Länderebene geschlossenen Gesamtverträge enthalten im wesentlichen die Vereinbarungen über die Vergütungen der an der vertragsärztlichen Versorgung teilnehmenden Ärzte und ärztlich geleiteten Einrichtungen (§ 82 Abs. 2 S. 1 SGB V). Die in den Gesamtverträgen vereinbarte sog. **Gesamtvergütung** wird von den Krankenkassen für die gesamte (zahn)ärztliche Versorgung mit befreiender Wirkung an die Kassen(zahn)ärztlichen Vereinigungen geleistet (§ 85 Abs. 1 SGB V) und dann von den Kassen(zahn)ärztlichen Vereinigungen unter die Vertragsärzte verteilt (§ 85 Abs. 4 SGB V), wobei nach der Neuregelung des GKV-Gesundheitsreformgesetzes 2000 in der vertragsärztlichen Versorgung die Verteilung für die Bereiche der hausärztlichen und der fachärztlichen Versorgung getrennt erfolgt. Für diese Verteilung gilt der im Benehmen mit den Verbänden der Krankenkassen festgesetzte Verteilungsmaßstab, es sind Art und Umfang der Leistungen des Vertragsarztes zu Grunde zu legen. Der allgemeine Verteilungsmaßstab soll eine übermäßige Ausdehnung der Tätigkeit des Vertragsarztes verhindern, dazu ist der faktische Vergütungssatz für die erbrachte Einzelleistung in Abhängigkeit von der Mengenentwicklung der von den Ärzten insgesamt abgerechneten Leistungen Schwankungen unterworfen (siehe § 85 Abs. 4 S. 2-8 SGB V).

197 (2) Das **Rechtsverhältnis zwischen den Kassen(zahn)ärztlichen Vereinigungen und den Vertrags(zahn)ärzten** ist ein durch Gesetz und Satzung ausgestaltetes öffentlich-rechtliches Mitgliedschaftsverhältnis. Das Mitgliedschaftsverhältnis entsteht durch die Zulassung zur vertrags(zahn)ärztlichen Versorgung; die **Zulassung** bewirkt zugleich, dass der Vertragsarzt zur Teilnahme an der vertragsärztlichen Versorgung berechtigt und verpflichtet ist (§ 95 Abs. 3 SGB V). Die Kassen(zahn)ärztlichen Vereinigungen zahlen an die einzelnen Vertragsärzte die **Vergütung**, mit den Krankenkassen kommen die Vertragsärzte – insoweit – nicht in Kontakt.

198 cc) Umstritten ist, wie die **Rechtsbeziehung zwischen den Versicherten und den Vertrags(zahn)ärzten** rechtlich einzuordnen ist. Der Bundesgerichtshof[69] und ein Teil des Schrifttums[70] sind der Auffassung, dass zwischen Vertragsarzt und Kassenpatient eine privatrechtliche vertragliche Verbindung, in der Regel dienstvertraglicher Natur, bestehe. Das Bundessozialgericht[71] und das überwiegende sozialrechtli-

69 ZB BGHZ 76, 259 (261); 97, 273 (276); 100, 363 (367).

70 *Eichenhofer*, Sozialrecht, Rn 373 f; Erman/*Hanau*, BGB, Bd. 1, 10. Aufl., 2000, § 611 Rn 48; *Heinze*, SGb 1990, 173; Palandt/*Putzo*, BGB, 61. Aufl., 2002, Einf v § 611 Rn 18; Staudinger/*Richardi*, BGB, Zweites Buch: §§ 611-615, 13. Bearbeitung, 1999, Vorb. § 611 Rn 1252; *G. Schneider*, Handbuch des Kassenarztrechts, 1994, Rn 1158 ff; *Schulin*, VSSR 1994, 357 (362 f).

71 ZB BSGE 33, 158 (160 f); 59, 172 (177).

che Schrifttum[72] verneinen ein privatrechtliches Vertragsverhältnis und nehmen ein gesetzliches Rechtsverhältnis mit öffentlich-rechtlicher Natur an.

(1) Vor dem Hintergrund der im SGB V geregelten **krankenversicherungsrechtlichen Ausgestaltung der Leistungserbringung** durch Ärzte und Zahnärzte, die dem **Sachleistungsprinzip** folgt, sind die für ein privatrechtliches *Vertrags*verhältnis zwischen dem Kassenpatienten und den Ärzten bzw Zahnärzten erforderlichen **rechtsgeschäftlichen Willenserklärungen** mE nicht verifizierbar. Der Kassenpatient nimmt die Sachleistung in Anspruch (vgl dazu §§ 15 Abs. 2, 66, 76 Abs. 2 SGB V), er gibt dabei vor dem Hintergrund der das Verhältnis von Arzt und Patient bei der Behandlung als Kassenpatient prägenden krankenversicherungsrechtlichen Rechtslage keine auf Vertragsschluss gerichtete Willenserklärung ab. Für den Leistungsanspruch des Versicherten genügt es, dass die gesetzlichen Anspruchsvoraussetzungen des SGB V vorliegen, irgendeiner Erklärung des Kassenpatienten bedarf es nicht. Erbringt der Vertrags(zahn)arzt dem Anspruchsberechtigten die Sach- und Dienstleistung, erklärt auch er nicht privatrechtlich, dass er sich zu Diensten verpflichten wolle, sondern er erfüllt seine Verpflichtung zur Teilnahme an der vertragsärztlichen Versorgung gemäß § 95 Abs. 3 S. 1 SGB V. Gewiss verhält sich ein gesetzlich Krankenversicherter, wenn er zum Arzt geht, von der Überreichung seiner Krankenversicherungskarte (§ 15 Abs. 2 SGB V) abgesehen, rein äußerlich nicht anders als ein Privatpatient. Das Verhalten des gesetzlich Krankenversicherten und des Vertragsarztes ist aber *vor dem Hintergrund der gesetzlichen Ordnung der krankenversicherungsrechtlichen Leistungserbringung* auszulegen. Vor diesem Hintergrund hat das Verhalten nicht die objektive Bedeutung einer auf Abschluss eines Schuldvertrages (zumal Dienstvertrages) gerichteten Willenserklärung. Dass das Recht auf freie Arztwahl ausgeübt wird, rechtfertigt keine andere Bewertung. Die Krankenkasse schuldet nicht lediglich die Vermittlung eines Systems von Leistungserbringern, das Sachleistungsprinzip ist nicht nur eine besondere Finanzierungsmethode.

(2) Wenn es demnach zwischen Kassenpatienten und Vertragsarzt nicht zu einem Rechtsgeschäft kommt, besteht doch ein **gesetzliches Schuldverhältnis**. Weshalb dieses gesetzliche Schuldverhältnis, wie zum Teil angenommen wird, öffentlich-rechtlicher Natur sein sollte, ist nicht erkennbar. Ärzte und Zahnärzte handeln nicht als „Medizinbeamte" oder (etwa wie Notare) als beliehene Privatrechtssubjekte hoheitlich; sie werden, wenn auch als Vertragsärzte gemäß §§ 95 ff SGB V besonders zugelassen und zur Behandlung gemäß § 95 Abs. 3 SGB V verpflichtet, als *selbständige Freiberufler* tätig. Ihre Tätigkeit stellt sich rechtlich zum einen als öffentlich-rechtliche Sach- und Dienstleistungserbringung *der Krankenkassen* in Erfüllung öffentlich-rechtlicher Leistungsansprüche der Versicherten gegenüber den Kassen dar. Die Ärzte und Zahnärzte treten den Versicherten bei der Leistungserbringung zum anderen aber als Private, in ihrer Eigenschaft als approbierte selbständige Freiberufler, gegenüber. Sie handeln als Private wegen der besonderen Ausgestaltung durch das Krankenversicherungsrecht nur nicht als Dienst- oder Auftragnehmer kraft Rechtsgeschäfts. Ärzte und Zahnärzte handeln vielmehr, auf Grund ihrer Zulassung gemäß § 95 Abs. 3 S. 1 SGB V zur Teilnahme an der vertragsärztlichen Versorgung verpflichtet, bei Übernahme der Behandlung innerhalb des Rahmens der gesetzlichen Krankenversicherung auf Grund eines **privatrechtlichen gesetzlichen Schuldverhältnisses**. Dieses gesetzliche Schuldverhältnis zwi-

72 Vgl *Bley/Kreikebohm/Marschner*, Sozialrecht, Rn 664; *Isensee*, VSSR 1995, 321 (330 f); *Krause*, SGb 1982, 425 (430 ff); *Kreßel/Wollenschläger*, Sozialversicherungsrecht, 2. Teil, § 6 Rn 265; *Rüfner*, Sozialrecht, § 24 II; *Schmidt-De Caluwe*, VSSR 1998, 207 (224 ff); *Schmitt*, Leistungserbringung durch Dritte im Sozialrecht, 1990, S. 459 ff, 498 ff; *Schnapp/Düring*, NJW 1989, 2913 (2916 f); *Sodan*, Freie Berufe als Leistungserbringer im Recht der gesetzlichen Krankenversicherung, 1997, S. 126 ff.

schen Privaten wird **gemäß § 76 Abs. 4 SGB V** durch die **tatsächliche Übernahme der Behandlung** begründet. Das kraft Gesetzes zwischen Vertragsarzt und Kassenpatient entstehende **Behandlungsverhältnis** begründet gemäß § 241 BGB die **Leistungspflicht** des Arztes. Deren Inhalt bestimmt sich nach den Leistungspflichten der Krankenkassen gemäß §§ 11 ff SGB V, nach den sonstigen krankenversicherungsrechtlichen Vorschriften über die Leistungserbringung, namentlich den vom Bundesausschuss der Ärzte und Krankenkassen (§ 92 SGB V) zu erlassenden Richtlinien, sowie den Vorschriften der §§ 241 ff BGB. Im Sinne der modifizierten Subjektstheorie[73] berechtigtes und verpflichtetes Zuordnungssubjekt dieser Vorschriften sind Ärzte und Zahnärzte als Privatrechtssubjekte. Über die Leistungspflichten hinaus bestehen gemäß § 242 BGB unselbständige und selbständige **Nebenpflichten** des Vertragsarztes und des Kassenpatienten (Sorgfaltspflichten, Aufklärungspflichten, Verschwiegenheitspflichten, Recht auf Einsicht in die Krankenunterlagen). Wenn § 76 Abs. 4 SGB V für die Beziehungen zu Ärzten und Zahnärzten lediglich bestimmt, dass die Übernahme der Behandlung die Leistungserbringer zur Sorgfalt nach den Vorschriften des bürgerlichen Vertragsrechts verpflichtet, ist dies nur zu eng. Der Gesetzgeber hat die noch heute ungeklärte Rechtslage im Verhältnis von Vertragsarzt und Kassenpatient bei der Einführung des § 368d Abs. 4 RVO, dem der nur terminologisch veränderte § 76 Abs. 4 SGB V entspricht, nicht vollständig überschaut.

(3) Ist das auf dem Krankenversicherungsrecht beruhende Handeln der Ärzte und Zahnärzte bei der Leistungserbringung nichthoheitliches Handeln Privater gegenüber Privaten (in Erfüllung der öffentlich-rechtlichen Leistungspflicht der Krankenversicherung), folgt daraus die **deliktsrechtliche** Haftung nach den bürgerlichrechtlichen Vorschriften insbesondere der §§ 823 ff BGB. Der stRspr des BGH ist also – insoweit – zuzustimmen.

b) Zulassung zum Vertrags(zahn)arzt

199 An der vertrags(zahn)ärztlichen Versorgung nehmen gemäß § 95 Abs. 1 S. 1 SGB V **zugelassene Ärzte**, **ermächtigte Ärzte** (siehe § 116 SGB V)[74] **und ermächtigte ärztlich geleitete Einrichtungen** (siehe §§ 117-119 SGB V) teil. Um die **Zulassung** kann sich bewerben, wer als Arzt seine Eintragung in ein Arzt- oder Zahnarztregister nachweist; die Eintragung in das Arztregister setzt neben der Approbation als Arzt und einer zweijährigen Vorbereitungszeit voraus, dass der Arzt eine allgemeinmedizinische Weiterbildung oder eine Weiterbildung in einem anderen Fachgebiet erfolgreich abgeschlossen hat oder über eine gleichgestellte Qualifikation verfügt (§§ 95 Abs. 2, 95a Abs. 1, 4, 5 SGB V). Die Entscheidung in Zulassungssachen treffen gemäß § 96 SGB V Zulassungsausschüsse.

200 Seit Jahren hat die Zahl der zugelassenen Vertragsärzte ständig zugenommen. Die **steigende Zahl der Vertragsärzte** und der damit verbundene Konkurrenzdruck werden als wesentliche Ursache von Kostensteigerungen durch Ausweitung der Leistungsmengen im Bereich der ambulanten medizinischen Versorgung angesehen. Um dieser Entwicklung entgegenzutreten[75], sieht das Gesetz nach Ablauf einer längeren Vorlaufzeit vom 1. Januar 2003 an gemäß § 102 SGB V **eine Bedarfszulassung auf Grund von Verhältniszahlen** vor. Wird auf der Grundlage der Bedarfsplanungsrichtlinien der Bundesausschüsse der Ärzte und Krankenkassen bzw der

73 Siehe *Wolff/Bachof*, Verwaltungsrecht I, 9. Aufl., 1974, S. 99 ff; *Bachof*, in: Festgabe für BVerwG, 1978, 1 ff. Siehe auch GmSOGB, BVerwGE 74, 368 (370). Zur Abgrenzung von Öffentlichem Recht und Privatrecht ausführlich *Peine*, Allgemeines Verwaltungsrecht, 6. Aufl., 2002, Rn 41 ff.

74 Dazu Schulin/*Funk*, Handbuch des Sozialversicherungsrechts, Bd. 1, § 32 Rn 78 ff.

75 Siehe die Begründung des Gesetzentwurfs BT-Drucks. 12/3608, S. 96 ff.

Zahnärzte und Krankenkassen (siehe §§ 91, 92 Abs. 1 S. 2 Nr 9, 99, 101 SGB V) bei der ärztlichen oder zahnärztlichen Versorgung eine Überversorgung festgestellt, haben die Landesausschüsse der Ärzte und Krankenkassen nach Maßgabe des § 103 SGB V Zulassungsbeschränkungen anzuordnen. Im Jahr 1960 hatte das BVerfG die Zulassung als Kassenarzt auf der Grundlage seiner zu Art. 12 GG entwickelten Stufentheorie[76] als objektive Zulassungsvoraussetzung eingestuft; die Zulassung zum Vertragsarzt dürfte dann nur zum Schutz eines überragend wichtigen Gemeinschaftsgutes versagt werden[77]. In einer Entscheidung vom 20.3.2001[78] hat das BVerfG im Hinblick auf die Altersgrenzenregelung in § 98 Abs. 1 Nr 12 SGB V, § 25 Ärzte-ZV offen gelassen, ob das Recht der freien Berufs*wahl* berührt ist; die Regelung hat es zu Recht als durch legitime Gemeinwohlgründe von überragender Bedeutung gerechtfertigt angesehen, die auch eine Berufswahlregelung tragen würden. Vor dem Hintergrund der gegenüber 1960 ganz veränderten Verhältnisse (die Zahl der Ärzte hat sich in den vergangenen 40 Jahren mehr als verdreifacht: 1960 gab es rund 37 000, im Jahr 1998 annähernd 117 000 zugelassene Vertragsärzte) ist auch die auf Arztgruppen und Regionen ausgerichtete Bedarfszulassung nach Maßgabe der §§ 102 ff SGB V im Grenzbereich von Berufswahl- und Berufsausübungsfreiheit verhältnismäßig, weil die Finanzierbarkeit der gesetzlichen Krankenversicherung im Hinblick auf das Grundrecht der Berufsfreiheit ein herausragendes Gemeinschaftsinteresse darstellt[79]. Der im Rahmen der Verhältnismäßigkeitsprüfung nach der Stufentheorie der Berufsfreiheit gegenüberstehende Gemeinschaftsbelang hat heute größeres Gewicht als 1960, weil eine unbegrenzte Zunahme von Vertragsärzten über den Bedarf hinaus das Krankenversicherungssystem insgesamt gefährden würde. Neben der Bedarfszulassung gilt seit Januar 1999 für Vertragsärzte grundsätzlich die **Altersgrenze** von 68 Jahren (§ 95 Abs. 7 SGB V).

c) Hausärztliche und fachärztliche Versorgung

Gemäß § 73 Abs. 1 SGB V gliedert sich die vertragsärztliche Versorgung in die hausärztliche und die fachärztliche Versorgung[80]. An der hausärztlichen Versorgung nehmen Ärzte für Allgemeinmedizin und Ärzte ohne Gebietsbezeichnung teil. Inhalt und Umfang der hausärztlichen Versorgung werden durch Bundesmantelverträge bestimmt. Fachärztliche Leistungen dürfen nur von Fachärzten erbracht werden. **201**

Im Rahmen der durch §§ 63 ff SGB V geschaffenen Möglichkeiten, **neue Modelle** zu erproben, können die Krankenkassen durch Satzung bestimmen, unter welchen Voraussetzungen Versicherte einen Bonus erhalten, wenn sie sich verpflichten, Fachärzte nur bei Überweisung durch ihren Hausarzt aufzusuchen (§ 65 a SGB V).

---

76 Siehe dazu *Pieroth/Schlink*, Grundrechte, 17. Aufl., 2001, Rn 846 ff.

77 BVerfGE 11, 30 (44).

78 BVerfGE 103, 172 ff = NJW 2001, 1779 ff. Zur Streitfrage im Vorfeld siehe *Becker*, NZS 1999, 521; *Gitter*, in: Festschrift für Zöllner, 2000, S. 367; *Hufen*, MedR 1996, 394 ff, *Maaß*, NJW 1995, 3028 (3040) mwN; *von Maydell/Pietzker*, Begrenzung der Kassenarztzulassung: Verfassungs- und sozialrechtliche Aspekte, 1993; *Zipperer*, NZS 1993, 53 ff. Das BSG hält die Bedarfsplanung mit Zulassungsbeschränkungen in überversorgten Gebieten für mit der Verfassung vereinbar, BSG, NZS 1999, 98 ff.

79 Siehe im Anschluss an BVerfGE 103, 172 ff = NJW 2001, 1779 BVerfG, DVBl. 2002, 400 ff (= Beschl. v. 27.4.01 – 1 BvR 1282/99).

80 Das BVerfG hat in einem Kammerbeschluss eine auf die Verfassungswidrigkeit insbesondere von § 73 Abs. 1 SGB V gestützte Verfassungsbeschwerde nicht zur Entscheidung angenommen. Siehe BVerfG, NJW 1999, 2730 f.

3. Leistungserbringung durch Krankenhäuser

Schrifttum: *Dietz/Bofinger*, Krankenhausfinanzierungsgesetz, Bundespflegesatzverordnung und Folgerecht, Kommentar, Loseblattwerk; *Tuschen/Quaas*, Bundespflegesatzverordnung, Kommentar, 5. Aufl., 2001.

a) Rechtsbeziehungen

202 Die Krankenkassen erfüllen ihre Verpflichtung zur Krankenhausbehandlung gegenüber den Patienten durch zugelassene Krankenhäuser (im einzelnen geregelt in §§ 107-114 SGB V und im Krankenhausfinanzierungsgesetz – KHG). Zugelassene Krankenhäuser sind gemäß § 108 SGB V die **Hochschulkliniken**, die **Plankrankenhäuser** (das sind Krankenhäuser, die in den Krankenhausplan eines Landes aufgenommen sind) und **Krankenhäuser, die einen Versorgungsvertrag** mit den Landesverbänden der Krankenkassen und den Verbänden der Ersatzkassen **geschlossen haben**. Während sich der Versorgungsauftrag der Hochschulkliniken aus der Aufnahme der Hochschule in das Hochschulverzeichnis (§ 4 Hochschulbauförderungsgesetz) und bei den Plankrankenhäusern aus der Aufnahme in den Krankenhausplan (§ 8 Abs. 1 S. 2 KHG) ergibt, kommt der Versorgungsvertrag für Krankenhäuser, die gemäß § 108 Nr 3 SGB V auf der Basis eines Versorgungsvertrages tätig werden, durch schriftliche Einigung zwischen den Landesverbänden der Krankenkassen und den Verbänden der Ersatzkassen gemeinsam und dem Krankenhausträger zu Stande (§ 109 Abs. 1 SGB V). Der Abschluss des Versorgungsvertrages setzt voraus, dass das Krankenhaus die Gewähr für eine leistungsfähige und wirtschaftliche Krankenhausbehandlung bietet und für eine bedarfsgerechte Krankenhausbehandlung der Versicherten erforderlich ist (vgl § 109 Abs. 3 SGB V).

Die Träger der zugelassenen Krankenhäuser schließen sich zu **Landeskrankenhausgesellschaften** zusammen, die wiederum in der **Deutschen Krankenhausgesellschaft** zusammengeschlossen sind (vgl § 108a SGB V).

b) Finanzierung

203 Die Krankenhäuser werden seit 1972 nach einem **dualen System** finanziert (siehe § 4 KHG): Die **Investitionskosten** werden im Wege öffentlicher Förderung übernommen, für den **laufenden Betrieb** erhalten die Krankenhäuser leistungsgerechte Erlöse in Form von Pflegesätzen sowie Vergütungen für vor- und nachstationäre Behandlung und für ambulantes Operieren. Die Einzelheiten regeln das **Krankenhausfinanzierungsgesetz (KHG)**[81] und die **Bundespflegesatzverordnung (BPflV)**[82]. Die Vergütung der Krankenhausleistungen folgt einem gemischten System. Überwiegend richtet sie sich noch nach einheitlichen Pflegesätzen. Diese Pflegesätze (Abteilungspflegesätze als Entgelt für ärztliche und pflegerische Leistungen und der Basispflegesatz für die anderen Leistungen) werden zwischen den Krankenhausträgern und den Kostenträgern (vgl § 18 KHG) nach Maßgabe der Vorschriften

81 BGBl. I 1991, S. 886.
82 BGBl. I 1994, S. 2750.

der BPflV ausgehandelt und vertraglich vereinbart. Seit 1995 werden schrittweise leistungsorientierte und pauschalierende Vergütungen (**Fallpauschalen** und **Sonderentgelte** für Operationsleistungen) eingeführt (siehe § 17b KHG). Ab 2003 soll das gemischte System durch das neue pauschalierende Entgeltsystem ersetzt sein (siehe § 17b Abs. 3 KHG).

Zweck des KHG ist die wirtschaftliche Sicherung der Krankenhäuser, um eine bedarfsgerechte Versorgung der Bevölkerung mit leistungsfähigen, eigenverantwortlich wirtschaftenden Krankenhäusern zu gewährleisten und zu sozial tragbaren Pflegesätzen beizutragen (§ 1 Abs. 1 KHG). Die Pflegesätze müssen medizinisch leistungsgerecht sein und es dem Krankenhaus bei wirtschaftlicher Betriebsführung ermöglichen, den Versorgungsauftrag zu erfüllen. Bei der Ermittlung der Pflegesätze ist der Grundsatz der Beitragssatzstabilität (§ 71 Abs. 1 S. 1 SGB V) zu beachten (§ 17 Abs. 1 S. 3, 4 KHG).

c) Schiedsstelle

Schrifttum: *Düring*, Das Schiedswesen in der gesetzlichen Krankenversicherung, 1992; *Heinze/Wagner* (Hrsg.), Die Schiedsstelle des Krankenhausfinanzierungsgesetzes, 1989.

Können sich Krankenhausträger und Kostenträger über Budget- und Pflegesätze **204**
nicht einigen, entscheidet gemäß § 19 BPflV die gemäß § 18a KHG für jedes Land oder für Teile des Landes gebildete **Schiedsstelle**. Die Schiedsstellen bestehen aus einem neutralen Vorsitzenden sowie aus Vertretern der Krankenhäuser und Krankenkassen in gleicher Zahl (vgl § 18a Abs. 2 KHG).

4. Leistungserbringung durch andere

Die Einzelheiten der Beziehungen der Krankenkassen zu Leistungserbringern von **205**
Heilmitteln regeln die §§ 124, 125 SGB V, die der Beziehungen zu Leistungserbringern von Hilfsmitteln die §§ 126-128 SGB V, die Beziehungen zu Apotheken und pharmazeutischen Unternehmen die §§ 129-131 SGB V und die der Beziehungen zu sonstigen Leistungserbringern (Versorgung mit Haushaltshilfe, häuslicher Krankenpflege, Soziotherapie, Krankentransportleistungen, Vergütung von Hebammenleistungen) die §§ 132-134 SGB V. In den Einzelheiten ist vieles noch rechtlich ungeklärt[83].

83 Darstellung der wichtigsten Grundzüge zB bei *Gitter/Schmitt*, Sozialrecht, § 10 Rn 23 ff; *Kreßel/Wollenschläger*, Sozialversicherungsrecht, 2. Teil, § 6 Rn 268 f; *Rüfner*, Sozialrecht, § 24 IV.

§ 9 Pflegeversicherung

Schrifttum: *Bundesministerium für Arbeit- und Sozialordnung* (Hrsg.), Übersicht über das Sozialrecht, 6. Aufl., 2000, S. 395 ff; *Dalichau/Grüner/Müller-Alten*, SGB XI – Pflegeversicherung, Kommentar, Loseblattwerk; *Deutscher Sozialrechtsverband* (Hrsg.), Soziale Sicherheit bei Pflegebedürftigkeit – Bestandsaufnahme und Reformbestrebungen, Schriftenreihe des Deutschen Sozialrechtsverbandes, Bd. XXIX, 1987; *Ebsen*, Die gesetzliche Pflegeversicherung (SGB XI) auf dem Prüfstand des Bundesverfassungsgerichts, Jura 2002, 401; *Giesen*, Pflegeversicherung und Europäisches Gemeinschaftsrecht, SGb 1994, 63; *Igl*, Pflegeversicherung, in: SRH, C.17.; *ders.*, Das neue Pflegeversicherungsrecht, 1995; *ders.*, Die soziale Pflegeversicherung und ihre Auswirkungen auf die kommunale Sozialpolitik, in: Festschrift für Gitter, 1995, S. 387; *Igl/Klie* (Hrsg.), Pflegeversicherung auf dem Prüfstand, 2000; *Klie/Krahmer* (Hrsg.), Soziale Pflegeversicherung, Lehr- und Praxiskommentar (LPK-SGB XI), 1998; *Krasney*, Zum Pflegegeld des § 37 SGB XI, SGb 1996, 253; *Krauskopf* (Hrsg.), Soziale Krankenversicherung, Pflegeversicherung, Kommentar, Loseblattwerk; *Neumann*, Angebotssteuerung und Qualitätssicherung im SGB XI, VSSR 1994, 309; *ders.*, Normenvertrag, Rechtsverordnung oder Allgemeinverbindlicherklärung? Verfassungsrechtliche Grenzen der vertraglichen Rechtsetzung in der gemeinsamen Pflegeselbstverwaltung und Alternativen, 2002; *Peters/Mengert*, Sozialgesetzbuch XI – Soziale Pflegeversicherung, Kommentar, Loseblattwerk; *Ruland*, Das BVerfG und der Familienlastenausgleich in der Pflegeversicherung, NJW 2001, 1673; *Schulin*, Verträge mit den Leistungserbringern im Pflegeversicherungsrecht, VSSR 1994, 285; *ders.* (Hrsg.), Handbuch des Sozialversicherungsrechts, Bd. 4, Pflegeversicherungsrecht, 1997; *Sieveking* (Hrsg.), Sozialversicherung bei Pflegebedürftigkeit in der Europäischen Union, 1998; *Straub*, Die gesetzliche und private Pflegeversicherung, 1994; *Udsching*, SGB XI. Soziale Pflegeversicherung, Kommentar, 2. Aufl., 2000; *Vogel/Schaaf*, Soziale Pflegeversicherung SGB XI, 1995 mit Nachtrag 1997.

I. Grundlagen

1. Rechtsgrundlagen

206 Im Zusammenhang mit dem **sozialen Recht** auf Zugang zur Sozialversicherung (**§ 4 Abs. 1 SGB I**) hat, wer in der Sozialversicherung versichert ist, im Rahmen der gesetzlichen Kranken-, Pflege-, Unfall- und Rentenversicherung einschließlich der Alterssicherung der Landwirte die in **§ 4 Abs. 2 SGB I** vorgezeichneten Rechte. Die **Einweisungsvorschrift** des **§ 21a SGB I** zählt die Leistungen der Sozialen Pflegeversicherung auf und erklärt die bei den Krankenversicherungen errichteten Pflegekassen für zuständig. Die Einzelheiten des Pflegeversicherungsrechts regelt das am 1. Januar 1995 in Kraft getretene **SGB XI**. Die Sozialversicherung beruht seither auf fünf Säulen.

2. Hintergrund und Entwicklung

207 a) Bis zur Einführung der Sozialen Pflegeversicherung durch das Pflege-Versicherungsgesetz war das **Risiko der Pflegebedürftigkeit** als einziges großes gesellschaftstypisches Lebensrisiko nicht öffentlich-rechtlich abgesichert. Die Ausnahme

bildeten für ihren Regelungsbereich die gesetzliche **Unfallversicherung** (siehe jetzt § 44 SGB VII) und das Recht der **sozialen Entschädigung** (siehe für die Kriegsopferversorgung § 35 BVG, für den Lastenausgleich § 276 LAG). Die Einstandspflicht war in diesen Ausnahmefällen *kausal* begründet, bei Pflegebedürftigkeit wurden Leistungen erbracht, wenn die Pflegebedürftigkeit auf bestimmten Gründen (unfallversicherungsrechtlicher Versicherungsfall, insbesondere Arbeitsunfall; zu entschädigendes Sonderopfer, namentlich Wehrdienstbeschädigung) beruhte. In allen anderen Fällen blieb das Risiko der Pflegebedürftigkeit privat, Pflegebedürftige mussten ihr Vermögen einsetzen oder bei entsprechender Leistungsfähigkeit ihre Kinder auf Unterhalt in Anspruch nehmen. Das Sozialrecht hielt lediglich die letztzuständige **Sozialhilfe** bereit.

Für die Sozialhilfeträger wurde die nach dem Sozialhilferecht zu leistende Hilfe zur Pflege (vgl §§ 68-69c BSHG) indessen zu einer Jahr für Jahr größer werdenden Belastung. Etwa ein Drittel der Ausgaben der Sozialhilfe entfielen 1994 auf die Unterstützung Pflegebedürftiger[1]. Den Hintergrund bildeten der größer werdende Anteil alter Menschen an der Bevölkerung und die stark angestiegenen Heimpflegekosten. Das Interesse der Einzelnen an einer Vorsorge gegen das Risiko der Pflegebedürftigkeit war nicht ausgeprägt; es lag mehr im Interesse der Allgemeinheit, die Belastung der Sozialhilfeträger zu begrenzen als im Interesse der Einzelnen, für den Fall ihrer Pflegebedürftigkeit vorzusorgen[2].

Dem Pflege-Versicherungsgesetz sind **etwa zwanzig Jahre politischer und juristischer Diskussion** vorausgegangen. Den eigentlichen Anstoß gab ein Gutachten des *Kuratoriums Deutscher Altenhilfe* aus dem Jahr 1974[3]. Das Gutachten hatte insbesondere auf die schwierige Abgrenzung von Krankheit und (nicht abgesicherter) Pflegebedürftigkeit hingewiesen. Mit dem Gesundheits-Reformgesetz (GRG) von 1989 sind im Vorgriff auf die geplante Pflegeversicherung Pflegeleistungen für Schwerpflegebedürftige in das Krankenversicherungsrecht aufgenommen worden (§§ 53 ff SGB V aF).

b) Das Pflege-Versicherungsgesetz, wie es **1994** nach langer streitiger Diskussion **208**
schließlich verabschiedet worden ist, steht in der Tradition des deutschen Sozialversicherungsrechts. Es handelt sich um eine neue **Säule der öffentlich-rechtlich verfassten Sozialversicherung**, wobei jedoch die folgenden Besonderheiten bestehen: Zunächst ist die Pflegeversicherung zwar ein eigenständiger Sozialversicherungszweig mit eigenständiger Finanzierung, sie steht aber **unter dem Dach der gesetzlichen Krankenversicherung** (siehe § 1 Abs. 1, 3 SGB XI). Die Aufbringung der Beiträge folgt zum zweiten zwar äußerlich dem Halbteilungsprinzip (siehe § 58 Abs. 1 SGB XI), durch Streichung eines landesweiten gesetzlichen Feiertages[4] wird aber der **Arbeitgeberanteil teilweise kompensiert** (vgl § 58 Abs. 2 SGB XI). Die Pflegeversicherung ist schließlich eine **Volksversicherung**; gegen das Risiko der Pflegebedürftigkeit sind **alle (gesetzlich oder privat) Krankenversicherten** (ca.

1 Vgl Schulin/*Fuchs*, Handbuch des Sozialversicherungsrechts, Bd. 4, § 5 Rn 10 mwN.
2 Vgl *Schulin*, NZS 1994, 433 (436).
3 Siehe zu den einzelnen Entwicklungsschritten näher *Gitter/Schmitt*, Sozialrecht, § 13 Rn 1 f; *Igl*, in: SRH, C. 17., Rn 7-17.
4 Nur Sachsen hat keinen Feiertag abgeschafft, dort greift § 58 Abs. 3 SGB XI ein.

99% der Bevölkerung) pflichtversichert – entweder sozialversichert oder privat versichert[5]. Dabei ist das die Sozialversicherung kennzeichnende **soziale Schutzprinzip** auch in der privaten Pflegeversicherung gültig: Für die private Versicherung besteht nach Maßgabe von § 110 SGB XI ein Kontrahierungszwang, und es gilt auch dort nicht die individuelle Äquivalenz von Prämie und Leistung, die Prämie darf insbesondere den Höchstbetrag der gesetzlichen Pflegeversicherung nicht übersteigen und Kinder des Versicherungsnehmers sind beitragsfrei mitversichert. Die Leistungen der privaten Pflegeversicherung müssen nach Art und Umfang den Leistungen der gesetzlichen Pflegeversicherung gleichwertig sein (§ 23 Abs. 1 S. 2 SGB XI). Das BVerfG hat die Verfassungsmäßigkeit der Pflegeversicherung bestätigt; Aufsehen erregt haben die Aussagen des Gerichts in dem dritten Verfahren, dass es mit Art. 3 Abs. 1, Art. 6 Abs. 1 GG nicht zu vereinbaren sei, wenn Mitglieder der Pflegeversicherung, die Kinder erziehen, mit einem gleich hohen Pflegeversicherungsbeitrag belastet werden wie Mitglieder ohne Kinder[6].

Eine eigenständige Pflegeversicherung gibt es auch in Österreich und in den Niederlanden[7].

3. Organisation

209 Träger der Pflegeversicherung sind die **Pflegekassen** (§ 21a Abs. 2 SGB I, §§ 1 Abs. 3, 46 Abs. 1 SGB XI), diese werden bei jeder der in § 4 Abs. 2 SGB V genannten Krankenkassen errichtet (vgl §§ 1 Abs. 3, 46 Abs. 1 SGB XI). Die Pflegekassen sind rechtsfähige **Körperschaften des öffentlichen Rechts** mit **Selbstverwaltung** (§ 46 Abs. 2 S. 1 SGB XI). Dafür, dass die Krankenkassen den Pflegekassen die räumlichen, personellen und sachlichen Mittel zur Verfügung stellen, werden den Krankenkassen nach Maßgabe von § 46 Abs. 3 SGB XI die Verwaltungskosten einschließlich der Personalkosten pauschal erstattet. In Bezug auf die **Mitgliedschaft** der Versicherten folgt das SGB XI der Konzeption des Krankenversicherungsrechts. Die Mitgliedschaft bei einer Pflegekasse beginnt gemäß § 49 Abs. 1 SGB XI mit dem Tag, an dem die Versicherungspflicht eintritt (vgl §§ 20, 21 SGB XI), sie endet mit dem Tod des Mitglieds oder mit dem Ablauf des Tages, an dem die Voraussetzungen des § 20 oder des § 21 SGB XI entfallen, sofern nicht das Recht zur Weiterversicherung gemäß § 26 SGB XI ausgeübt wird.

4. Finanzierung

210 Die Ausgaben der Pflegeversicherung werden durch **Beiträge** der Mitglieder und der Arbeitgeber (Ausnahme: Sachsen) finanziert (§§ 1 Abs. 6, 54 ff SGB XI). Die beitragsrechtlichen Vorschriften der Pflegeversicherung stimmen dabei weitgehend mit denen der gesetzlichen Krankenversicherung überein. Die Beiträge richten sich

---

5 Siehe sogleich Rn 212 f.

6 BVerfGE 103, 197 ff = NJW 2001, 1709 ff; BVerfGE 103, 225 ff = NJW 2001, 1716 ff; BVerfGE 242 ff = NJW 2001, 1712 ff; BVerfGE 103, 271 ff = NJW 2001, 1707 ff. Siehe auch unten Rn 517 ff.

7 Rechtsvergleichend Schulin/*Eichenhofer*, Handbuch des Sozialversicherungsrechts, Bd. 4, § 30 Rn 37.

nach den Einnahmen der Mitglieder bis zur Beitragsbemessungsgrenze. Für mitversicherte Familienangehörige (§ 25 SGB XI) werden Beiträge nicht erhoben (§§ 1 Abs. 6 S. 3, 56 Abs. 1 SGB XI). Die **Beitragshöhe** beträgt gemäß § 55 Abs. 1 SGB XI seit dem 1. Juli 1996 1,7% der beitragspflichtigen Einnahmen. Die Höhe der Beiträge richtet sich also auch in der Pflegeversicherung nicht nach dem individuellen Risiko des Einzelnen. Die Finanzierung der Pflegeversicherung folgt dem **Umlageverfahren**. Es war ein wesentliches Anliegen der Pflegeversicherung, dass sie für alle Pflegebedürftigen sofort wirksam werden sollte. Das wäre bei einer privatrechtlichen Organisation der Pflegeversicherung (als pflichtige Versicherung nach Art der Kfz-Haftpflichtversicherung denkbar) nicht möglich gewesen, wegen der erforderlichen Kapitaldeckung hätten hinreichend ergiebige Leistungen erst längerfristig erwirtschaftet werden müssen[8].

Durch Verweis auf die §§ 226 und 228-238 SGB V in § 57 Abs. 1 SGB XI gelten bei den beitragspflichtigen Einnahmen die gleichen Grundsätze wie in der gesetzlichen Krankenversicherung. Die Zahlung der Beiträge erfolgt bei krankenversicherungspflichtigen Arbeitnehmern über den Gesamtsozialversicherungsbeitrag, § 60 Abs. 1 SGB XI verweist auf die §§ 253-256 SGB V. **Freiwillig krankenversicherte Arbeitnehmer** müssen für die Beiträge zur Pflegeversicherung allein aufkommen (§ 59 Abs. 4 S. 1 SGB XI), sie erhalten jedoch gemäß § 61 Abs. 1 SGB XI von ihrem Arbeitgeber einen Beitragszuschuss in Höhe der Hälfte des Beitrages, der als Arbeitgeberanteil nach § 58 SGB XI zu zahlen wäre. Arbeitnehmer, die in der **privaten Pflegeversicherung** versicherungspflichtig sind, erhalten einen Beitragszuschuss in Höhe des hälftigen Beitragsanteils, der bei einer Versicherungspflicht in der Sozialen Pflegeversicherung zu zahlen wäre, allerdings nicht mehr als die Hälfte der tatsächlichen Aufwendungen (vgl § 61 Abs. 2 SGB XI). **211**

II. Der versicherte Personenkreis

1. Versicherungspflicht

In den Schutz der Pflegeversicherung sind zunächst gemäß § 1 Abs. 2 S. 1 SGB XI **kraft Gesetzes** alle einbezogen, die in der **gesetzlichen Krankenversicherung** versichert sind. Hierzu zählen sowohl die in der gesetzlichen Krankenversicherung Pflichtversicherten (§ 20 Abs. 1 S. 2 Nr 1-11 SGB XI) als auch die in der gesetzlichen Krankenversicherung freiwillig Versicherten (§ 20 Abs. 3 SGB XI). Die freiwillig Krankenversicherten können auf Antrag von der Versicherungspflicht in der gesetzlichen Pflegeversicherung befreit werden, wenn sie nachweisen, dass sie bei einem privaten Versicherungsunternehmen nach Maßgabe des § 22 Abs. 1 SGB XI gegen Pflegebedürftigkeit versichert sind. **212**

Im Ergebnis gibt es also grundsätzlich keine Versicherungspflicht in der Pflegeversicherung ohne gleichzeitigen Schutz in der gesetzlichen Krankenversicherung. Der Versicherungsschutz umfasst gemäß § 25 SGB XI auch die **Familienmitglieder**.

8 Zu den familienpolitischen Konsequenzen des Umlageverfahrens siehe BVerfGE 103, 242 ff = NJW 2001, 1712 ff und unten Rn 517 ff. Die mit dem GG nicht zu vereinbarenden Vorschriften der §§ 54 Abs. 1, 2, 55 Abs. 1 S. 1, Abs. 2, 57 SGB XI können bis zu einer Neuregelung, längstens bis zum 31.12. 2004 weiter angewandt werden.

2. Pflichtige Versicherung

213 Wer in einer **privaten Krankenversicherung** versichert ist, ist nicht kraft Gesetzes in die gesetzliche Pflegeversicherung einbezogen, er muss jedoch eine private Pflegeversicherung abschließen (§§ 1 Abs. 2 S. 2, 23 SGB XI).

Das SGB XI enthält zwingende Bestimmungen über die **Ausgestaltung** der Privatversicherungsverträge in § 110 SGB XI.

III. Die Leistungen

1. Übersicht und Grundsätzliches

214 a) Die Pflegeversicherung hat die **Aufgabe**, Pflegebedürftigen Hilfe zu leisten, die wegen der Schwere der Pflegebedürftigkeit auf solidarische Unterstützung angewiesen sind (§ 1 Abs. 4 SGB XI). Dabei sollen gemäß § 2 Abs. 1 S. 1 SGB XI die Leistungen der Pflegeversicherung den Pflegebedürftigen helfen, trotz ihres Hilfebedarfs ein möglichst selbständiges und selbstbestimmtes Leben zu führen, das der Würde des Menschen entspricht. Die Pflegebedürftigen können gemäß § 2 Abs. 2 SGB XI zwischen Einrichtungen und Diensten verschiedener Träger wählen; ihren Wünschen zur Gestaltung der Hilfe soll, soweit sie angemessen sind, im Rahmen des Leistungsrechts entsprochen werden.

215 b) Die Pflegeversicherung kennt Dienst-, Sach- und Geldleistungen (vgl § 4 Abs. 1 SGB XI). Das Leistungsrecht folgt wie in der gesetzlichen Krankenversicherung grundsätzlich dem **Sachleistungsprinzip** (§ 36 Abs. 1 S. 1 SGB XI). Allerdings ist das Sachleistungsprinzip in seiner Bedeutung geringer, weil an Stelle von Pflegesachleistungen für die ambulante Pflege im häuslichen Bereich das Pflegegeld für selbstbeschaffte Pflegeleistungen (§ 37 SGB XI) oder eine Kombination von Geldleistung und Sachleistung (§ 38 SGB XI) gewählt werden kann. Für die privat Pflegeversicherten gilt ohnehin das Kostenerstattungsprinzip (§ 23 Abs. 1 S. 3 SGB XI). Im übrigen kann Kostenerstattung in den gesetzlich vorgesehenen Fällen erfolgen. Im Unterschied zu den anderen Sozialversicherungszweigen bietet die Pflegeversicherung nur eine **Grundsicherung**, die Leistungen sind betragsmäßig begrenzt (siehe §§ 36 Abs. 3, 4, 37 Abs. 1 SGB XI) und im übrigen, wie zu zeigen sein wird, grundsätzlich **pauschal bemessen**. Ein über die gewährte Grundsicherung hinausgehender Pflegebedarf muss durch den Einsatz eigener Mittel, durch Inanspruchnahme Unterhaltspflichtiger oder letztlich durch die Sozialhilfe[9] gedeckt werden.

216 c) Die Pflegeversicherung erbringt, wie noch näher darzulegen ist, **Leistungen für die Pflegebedürftigen** selbst und **Leistungen für Pflegepersonen** im Sinne von § 19 SGB XI. Gemäß § 3 S. 1 SGB XI soll die Pflegeversicherung mit ihren Leistungen **vorrangig die häusliche Pflege** und die Pflegebereitschaft der Angehörigen und Nachbarn unterstützen, damit die Pflegebedürftigen möglichst lange in ihrer

9 Vgl dazu BVerwG, NJW 2000, 3512 f.

Umgebung bleiben können; Leistungen der teilstationären Pflege und der Kurzzeitpflege gehen den Leistungen der vollstationären Pflege vor (§ 3 S. 2 SGB XI).

d) Leistungen der Pflegeversicherung werden nur auf **Antrag** gewährt. Gemäß § 33 **217**
Abs. 1 S. 2 SGB XI erfolgt die Leistungsgewährung ab Antragstellung, sofern zu diesem Zeitpunkt die Anspruchsvoraussetzungen vorliegen; wird der Antrag später als einen Monat nach Eintritt der Pflegebedürftigkeit gestellt, werden die Leistungen vom Beginn des Monats der Antragstellung an gewährt.

e) Die Leistungen der Pflegeversicherung sind **in Stufen eingeführt** worden. Leis- **218**
tungen bei häuslicher Pflege gab es vom 1. April 1995 an, Leistungen bei stationärer Pflege gibt es seit dem 1. Juli 1996 (vgl § 1 Abs. 5 SGB XI).

2. Vorrang von Prävention und Rehabilitation

Die Gesichtspunkte der Prävention und der Rehabilitation sind in allen Sozialversi- **219**
cherungsbereichen in den letzten Jahren stärker hervorgehoben worden. Auch in der Pflegeversicherung stellt der Vorrang von Prävention und Rehabilitation einen zentralen Grundsatz dar. Das Gesetz geht davon aus, dass Pflegebedürftigkeit ein grundsätzlich **beeinflussbarer Zustand** ist. Das Gesetz gestaltet den Vorrang in § 5 SGB XI aus. Die Pflegekassen wirken bei den zuständigen Leistungsträgern (namentlich der Krankenversicherung) darauf hin, dass frühzeitig alle geeigneten Maßnahmen der Prävention, der Krankenbehandlung und der Rehabilitation eingeleitet werden, um den Eintritt von Pflegebedürftigkeit zu vermeiden (§ 5 Abs. 1 SGB XI). Auch nach dem Eintritt der Pflegebedürftigkeit haben die Leistungsträger im Rahmen ihres Leistungsrechts die medizinischen und ergänzenden Leistungen zur Rehabilitation in vollem Umfang einzusetzen und darauf hinzuwirken, die Pflegebedürftigkeit zu überwinden, zu mindern und eine Verschlimmerung zu verhindern (§ 5 Abs. 2 SGB XI). Gemäß § 6 Abs. 1 SGB XI sollen die Versicherten durch gesundheitsbewusste Lebensführung, durch frühzeitige Beteiligung an Vorsorgemaßnahmen und durch aktive Mitwirkung an Krankenbehandlung und medizinischer Rehabilitation dazu beitragen, Pflegebedürftigkeit zu vermeiden; nach Eintritt der Pflegebedürftigkeit sind sie gehalten, an Maßnahmen der medizinischen Rehabilitation und der aktivierenden Pflege mitzuwirken (§ 6 Abs. 2 SGB XI).

Die Pflegekassen prüfen gemäß § 31 Abs. 1 S. 1 SGB XI im Einzelfall, welche Leistungen zur Rehabilitation geeignet und zumutbar sind, um Pflegebedürftigkeit zu überwinden, zu mindern oder ihre Verschlimmerung zu verhüten.

3. Leistungen bei Pflegebedürftigkeit

a) Der Versicherungsfall der Pflegebedürftigkeit

Der Versicherungsfall der Pflegebedürftigkeit wird durch § 14 SGB XI bestimmt. **220**
Pflegebedürftig sind Personen, die wegen einer körperlichen, geistigen oder seelischen Krankheit oder Behinderung für die gewöhnlichen und regelmäßig wieder-

kehrenden Verrichtungen im Ablauf des täglichen Lebens auf Dauer, voraussichtlich für mindestens sechs Monate, in erheblichem oder höherem Maß der Hilfe bedürfen (§ 14 Abs. 1 SGB XI). Was als Krankheit oder Behinderung im Sinne von § 14 Abs. 1 SGB XI gilt, bestimmt § 14 Abs. 2 SGB XI; Krankheit oder Behinderung in diesem Sinne sind namentlich Funktionsstörungen am Stütz- und Bewegungsapparat, Funktionsstörungen der inneren Organe oder der Sinnesorgane sowie Antriebs-, Gedächtnis- oder Orientierungsstörungen. Die gewöhnlichen und regelmäßig wiederkehrenden Verrichtungen sind in § 14 Abs. 4 SGB XI aufgezählt. Erfasst sind nur die **elementaren Grundbedürfnisse** und zu deren Erfüllung nötige Hilfsverrichtungen. Den wichtigen Bereich der **Kommunikation** (Kontaktpflege, Unterhaltung) nimmt das Gesetz bewusst aus[10].

Der sich aus der Pflegeversicherung ergebende Anspruch auf Grundpflege ist **abzugrenzen** von dem Anspruch auf häusliche Krankenpflege gemäß § 37 SGB V. Krankheitsspezifische Pflegemaßnahmen (sog. Behandlungspflege) sind nach der Rspr des BSG nur zu berücksichtigen, wenn sie Bestandteil der Hilfe bei diesen Verrichtungen sind[11].

b) Stufen der Pflegebedürftigkeit und Feststellung der Pflegebedürftigkeit

221 aa) Für die Leistungsgewährung werden die pflegebedürftigen Personen einer der in § 15 Abs. 1 Nr 1-3 SGB XI vorgesehenen drei Pflegestufen zugeordnet:

Zur *Pflegestufe I* (**erheblich Pflegebedürftige**) gehören Personen, die bei der Körperpflege, der Ernährung oder der Mobilität für wenigstens zwei Verrichtungen aus einem oder mehreren Bereichen mindestens einmal täglich der Hilfe bedürfen und zusätzlich mehrfach in der Woche Hilfe bei der hauswirtschaftlichen Versorgung benötigen.

Zur *Pflegestufe II* (**Schwerpflegebedürftige**) gehören Personen, die bei der Körperpflege, der Ernährung oder der Mobilität mindestens dreimal täglich zu verschiedenen Tageszeiten der Hilfe bedürfen und zusätzlich mehrmals in der Woche Hilfen bei der hauswirtschaftlichen Versorgung benötigen.

Zur *Pflegestufe III* (**Schwerstpflegebedürftige**) gehören Personen, die bei der Körperpflege, der Ernährung oder der Mobilität täglich rund um die Uhr, auch nachts, der Hilfe bedürfen und zusätzlich mehrfach in der Woche Hilfen bei der hauswirtschaftlichen Versorgung benötigen[12].

Gemäß § 17 SGB XI beschließen die Spitzenverbände der Pflegekassen gemeinsam und einheitlich unter Beteiligung des Medizinischen Dienstes und der Spitzenverbände der Krankenkassen Richtlinien zur näheren Abgrenzung der in § 14 SGB XI genannten Merkmale der Pflegebedürftigkeit, der Pflegestufen nach § 15 SGB XI und zum Verfahren der Feststellung der Pflegebedürftigkeit. Mit diesen 1994 verabschiedeten **Pflegebedürftigkeits-Richtlinien (PflRi)** soll eine einheitliche Beurteilungspraxis bei den Medizinischen Diensten und Pflegekassen erreicht werden.

10 Vgl BT-Drucks. 12/5262, S. 96.
11 BSGE 82, 27 ff; BSG, SGb 2002, 43; dazu *Igl*, SGb 1999, 111 ff.
12 Bei Kindern ist für die Zuordnung der zusätzliche Hilfebedarf gegenüber einem gesunden gleichaltrigen Kind maßgebend.

bb) Ob die Voraussetzungen der Pflegebedürftigkeit erfüllt sind und welche Stufe der Pflegebedürftigkeit vorliegt, **prüft die Pflegekasse durch den Medizinischen Dienst der Krankenversicherung** (§ 18 Abs. 1 S. 1 SGB XI). Der Medizinische Dienst hat im Rahmen seiner Prüfung auch darzustellen, ob und inwieweit präventive und rehabilitative Maßnahmen in Frage kommen. Das Ergebnis seiner Prüfung teilt der Medizinische Dienst der Pflegekasse mit, er erstellt darüber hinaus einen individuellen Pflegeplan, der namentlich Aussagen über den konkreten Hilfebedarf und über geeignete Hilfsmaßnahmen enthalten soll (§ 18 Abs. 5 SGB XI). Die verbindliche **Verwaltungsentscheidung** trifft rechtlich gesehen die Pflegekasse. **222**

Gegen eine ablehnende Entscheidung der Pflegekasse ist der Widerspruch (§§ 83 ff SGG) und bei dessen Zurückweisung die Klage vor den Sozialgerichten zulässig (§ 51 Abs. 2 S. 3 SGG); die Zuständigkeit der Sozialgerichte ist auch bei Streitigkeiten im Rahmen der privaten Pflegeversicherung gegeben[13].

c) Vorversicherungszeit

§ 33 Abs. 2 SGB XI legt bestimmte (zeitlich gestufte) Vorversicherungszeiten als Leistungsvoraussetzung fest. Vom 1. Januar 2000 an müssen Versicherte in den letzten zehn Jahren vor der Antragstellung mindestens fünf Jahre als Mitglied versichert oder gemäß § 25 SGB XI familienversichert sein. **223**

d) Leistungen bei häuslicher Pflege

aa) Die Leistungen bei häuslicher Pflege sind in den §§ 36-40 SGB XI geregelt. Das Gesetz unterscheidet **Pflegesachleistungen** (§ 36 SGB XI) und **Pflegegeld für selbst beschaffte Pflegehilfen** (§ 37 SGB XI). Zwischen den Sachleistungen und dem Pflegegeld und einer **Kombination** aus Sachleistung und Geldleistung können die Versicherten **wählen** (§§ 37 Abs. 1, 38 SGB XI). **224**

bb) In Bezug auf die **Pflegesachleistung** ist hervorzuheben: Die im eigenen Haushalt oder in einem anderen Haushalt gepflegten Pflegebedürftigen erhalten **Grundpflege** und **hauswirtschaftliche Versorgung** als Sachleistung (§ 36 Abs. 1 SGB XI). Die Leistungen werden durch geeignete **Pflegekräfte** erbracht. Diese können (das ist die Ausnahme) von der Pflegekasse selbst angestellt sein, in aller Regel sind sie bei ambulanten Pflegeeinrichtungen angestellt, mit denen die Pflegekasse einen Versorgungsvertrag abgeschlossen hat (§ 36 Abs. 1 S. 3 SGB XI). Auch durch Einzelpersonen, mit denen die Pflegekasse einen Vertrag nach § 77 Abs. 1 SGB XI abgeschlossen hat, kann die häusliche Pflegehilfe als Sachleistung erbracht werden (§ 36 Abs. 1 S. 4 SGB XI). **225**

Der Anspruch auf häusliche Pflegehilfe umfasst gemäß § 36 Abs. 3 SGB XI je Kalendermonat **226**

- für Pflegebedürftige der **Pflegestufe I** Pflegeeinsätze bis zu einem Gesamtwert von 384 Euro,

13 BSGE 79, 80 (82 ff).

- für Pflegebedürftige der **Pflegestufe II** Pflegeeinsätze bis zu einem Gesamtwert von 921 Euro,
- für Pflegebedürftige der **Pflegestufe III** Pflegeeinsätze bis zu einem Gesamtwert von 1432 Euro.

Die Pflegekassen können gemäß § 36 Abs. 4 SGB XI in besonders gelagerten Einzelfällen zur **Vermeidung von Härten** Pflegebedürftigen der Pflegestufe III weitere Pflegeeinsätze bis zu einem Gesamtwert von 1918 Euro monatlich gewähren, wenn ein außergewöhnlich hoher Pflegeaufwand vorliegt, der das übliche Maß der Pflegestufe III weit übersteigt. Darüber ist nach pflichtgemäßem Ermessen zu entscheiden, wobei § 36 Abs. 4 S. 2 SGB XI eine **Deckelung** insoweit vornimmt, als die Ausnahmeregelung insgesamt für nicht mehr als 3% der Fälle nach Stufe III der jeweiligen Pflegekasse Anwendung finden darf.

227 cc) An Stelle der häuslichen Pflegehilfe nach § 36 SGB XI können Pflegebedürftige gemäß § 37 SGB XI **Pflegegeld** beantragen. Dies setzt voraus, dass sie mit dem Pflegegeld die erforderliche Grundpflege und hauswirtschaftliche Versorgung in geeigneter Weise selbst sicherstellen. Das Pflegegeld beträgt je Kalendermonat:

- für Pflegebedürftige der **Pflegestufe I** 205 Euro,
- für Pflegebedürftige der **Pflegestufe II** 410 Euro,
- für Pflegebedürftige der **Pflegestufe III** 665 Euro.

228 Die häusliche Pflege können die Pflegebedürftigen vor diesem Hintergrund unterschiedlich organisieren. Es können namentlich Familienmitglieder, Nachbarn oder eine erwerbsmäßige Kraft die häusliche Pflege erbringen. Das Pflegegeld gemäß § 37 Abs. 1 S. 3 SGB XI ist in der Höhe niedriger festgelegt als die Gesamtwerte der Pflegeeinsätze gemäß § 36 Abs. 3 SGB XI, weil man ausschließen will, dass Pflegebedürftige mit zuvor unentgeltlich Pflegenden Beschäftigungsverhältnisse abschließen, wodurch die Pflegeversicherung belastet würde[14]. Wählen Pflegebedürftige die **Kombinationsleistung** (§ 38 SGB XI), erhalten sie über die in Anspruch genommene Sachleistung hinaus anteilig die Geldleistung. Bei Urlaub, Krankheit oder sonstiger Verhinderung der (nicht professionellen) Pflegeperson übernimmt die Pflegekasse nach Maßgabe von § 39 SGB XI die Kosten für eine **Ersatzpflegekraft**.

229 Wer Pflegegeld der Stufen I und II bezieht, ist verpflichtet, mindestens einmal halbjährlich, wer Pflegegeld der Stufe III bezieht, mindestens einmal im Vierteljahr einen **Pflegeeinsatz durch eine Pflegeeinrichtung**, mit der ein Versorgungsvertrag besteht, abzurufen. Dadurch soll die Qualität der häuslichen Pflege sichergestellt werden (siehe näher § 37 Abs. 3 SGB XI).

e) Teilstationäre Pflege und Kurzzeitpflege

230 Kann die häusliche Pflege nicht in ausreichendem Umfang sichergestellt werden, haben Pflegebedürftige nach Maßgabe von § 41 SGB XI Anspruch auf teilstationäre Pflege in Einrichtungen der Tages- oder Nachtpflege. Kann die häusliche Pflege zeitweise nicht, noch nicht oder nicht in dem erforderlichen Umfang erbracht wer-

14 Vgl BT-Drucks. 11/2237, S. 185 (zu § 57 SGB V aF).

den und reicht auch teilstationäre Pflege nicht aus, besteht nach Maßgabe von § 42 SGB XI Anspruch auf Kurzzeitpflege in einer vollstationären Einrichtung.

f) Vollstationäre Pflege

Voraussetzung der vollstationären Pflege ist gemäß § 43 Abs. 1 SGB XI, dass häusliche oder teilstationäre Pflege nicht möglich ist oder wegen der Besonderheit des einzelnen Falles nicht in Betracht kommt. Die Leistungen der Pflegeversicherung bei vollstationärer Pflege beschränken sich auf die **pflegebedingten Aufwendungen** und die **Aufwendungen der sozialen Betreuung** (sowie in der Zeit vom 1. Juli 1996 bis zum 31. Dezember 2001 die Aufwendungen für Leistungen der medizinischen Behandlungspflege höchstens bis zum Gesamtbetrag von 1432 Euro monatlich). Die Aufwendungen für Unterkunft und Verpflegung und für Zusatzleistungen (§ 88 SGB XI) sind nicht erfasst. Die jährlichen Ausgaben der einzelnen Pflegekassen für die bei ihr versicherten stationär Pflegebedürftigen dürfen im Durchschnitt 15 339 Euro je Pflegebedürftigen nicht übersteigen (§ 43 Abs. 2 S. 1 SGB XI). **231**

In besonderen Fällen können die Pflegekassen gemäß § 43 Abs. 3 SGB XI zur **Vermeidung von Härten** die pflegebedingten Aufwendungen bis zu einem Betrag von 1688 Euro monatlich übernehmen. Auch hier gibt es eine strenge **Deckelung**, die Ausnahmeregelung darf bei der einzelnen Pflegekasse für nicht mehr als 5% der bei ihr versicherten Pflegebedürftigen der Pflegestufe III, die stationäre Pflegeleistungen erhalten, Anwendung finden.

g) Leistungen für Pflegepersonen

Die §§ 44 und 45 SGB XI regeln Leistungen für Pflegepersonen. **Pflegepersonen** sind gemäß § 19 S. 1 SGB XI Personen, die nicht erwerbsmäßig einen Pflegebedürftigen in seiner häuslichen Umgebung pflegen. Das sind etwa **Familienangehörige**, **Nachbarn**, **Freunde**, auch Personen ohne persönliche Bindung zum Pflegebedürftigen, also etwa **ehrenamtliche Pfleger**[15]. Die Leistungen zur sozialen Sicherung nach § 44 Abs. 1 SGB XI erhält eine Pflegeperson aber nur dann, wenn sie eine pflegebedürftige Person (durchschnittlich) wenigstens 14 Stunden wöchentlich pflegt (§ 19 S. 2 SGB XI). Liegen die Voraussetzungen vor, steht die **Altersversorgung** der Pflegepersonen im Vordergrund. Durch Herabsetzung der beruflichen Tätigkeit oder durch den gänzlichen Verzicht auf eine eigene berufliche Tätigkeit entstehen Pflegepersonen, in aller Regel Frauen, über den Einkommensausfall hinaus Nachteile in der Rentenversicherung. Zum Ausgleich entrichtet nach näherer Maßgabe von § 44 SGB XI die Pflegekasse oder das private Versicherungsunternehmen, bei dem eine private Pflege-Pflichtversicherung besteht, Beiträge an die Rentenversicherung. Das Nähere regeln die §§ 3 S. 1 Nr 1a, 141 Abs. 1 Nr 8, 166 Abs. 2 und 170 Abs. 1 Nr 6 SGB VI. Die Bemessung der Beiträge hängt von der Pflegestufe **232**

---

15 Zivildienstleistende und Jugendliche im freiwilligen sozialen Jahr sind nicht erfasst, siehe BT-Drucks. 12/5262, S. 101. Näher zur Frage der Erwerbsmäßigkeit zB *Gitter/Schmitt*, Sozialrecht, § 14 Rn 58.

und von der Pflegezeit ab (siehe näher § 166 Abs. 2 SGB VI). Während der Pflegetätigkeit besteht außerdem **Unfallversicherungsschutz** der Pflegeperson nach Maßgabe der §§ 2 Abs. 1 Nr 17, 106 Abs. 2, 129 Abs. 1 Nr 7, 185 Abs. 2 S. 1 SGB VII.

IV. Das Recht der Leistungserbringung

Das Recht der Leistungserbringung regeln die §§ 69-81 SGB XI.

1. Pflegekassen

233 a) Die Ansprüche der Versicherten auf Leistungen richten sich gegen die bei den Krankenkassen errichteten **Pflegekassen** als Träger der Pflegeversicherung. Sie beruhen auf dem Versicherungsverhältnis und sind **öffentlich-rechtlich**. Die Pflegekassen erbringen die **Sachleistungen** der Pflegeversicherung durch sog. **Leistungserbringer**. Dies sind **ambulante Pflegeeinrichtungen** (Pflegedienste) iSv § 71 Abs. 1 SGB XI, **stationäre Pflegeeinrichtungen** (Pflegeheime) iSv § 71 Abs. 2 SGB XI, **Einzelpersonen als Pflegekräfte** unter den Voraussetzungen des § 77 Abs. 1 SGB XI, einzelne **bei den Pflegekassen angestellte Pflegekräfte** (§ 77 Abs. 2 SGB XI) und **Hilfsmittelerbringer** (§ 78 SGB XI).

234 b) Die Pflegekassen haben gemäß § 69 S. 1 SGB XI eine bedarfsgerechte und gleichmäßige, dem allgemein anerkannten Stand medizinisch-pflegerischer Erkenntnisse entsprechende pflegerische Versorgung der Versicherten zu gewährleisten (**Sicherstellungsauftrag**). Sie schließen zur Erfüllung ihres Sicherstellungsauftrages **Versorgungsverträge und Vergütungsvereinbarungen** mit Trägern von Pflegeheimen, Pflegediensten und sonstigen Leistungserbringern (vgl §§ 69 S. 2, 71 Abs. 1, 2 SGB XI). Gemäß § 69 S. 3 SGB XI sind dabei die Vielfalt, die Unabhängigkeit und Selbständigkeit sowie das Selbstverständnis der Träger von Pflegeeinrichtungen in Zielsetzung und Durchsetzung ihrer Aufgaben zu achten, es wird also der **Pluralismus der Pflegeeinrichtungen** gewährleistet[16].

Die Rechte und die Pflichten der Pflegeeinrichtungen bestimmt bereits die allgemeine Vorschrift des **§ 11 SGB XI**. Danach hat die Betreuung dem allgemein anerkannten Stand medizinisch-pflegerischer Erkenntnisse zu entsprechen, Inhalt und Organisation der Leistungen haben eine humane und aktivierende Pflege unter Achtung der Menschenwürde zu gewährleisten. Auf der anderen Seite muss die Vielfalt der Träger von Pflegeeinrichtungen gewahrt bleiben, dem Auftrag kirchlicher und sonstiger Träger der freien Wohlfahrtspflege ist Rechnung zu tragen, freigemeinnützige und private Träger haben Vorrang gegenüber öffentlichen Trägern. Die Länder sind gemäß § 9 SGB XI verantwortlich für die Vorhaltung einer leistungsfähigen, zahlenmäßig ausreichenden und wirtschaftlichen pflegerischen Versorgungsstruktur.

---

16 Näher Schulin/*Neumann*, Handbuch des Sozialversicherungsrechts, Bd. 4, § 20 Rn 25 ff.

c) Die in § 71 SGB XI näher beschriebenen Pflegeeinrichtungen stehen unter der Verantwortung einer ausgebildeten **Pflegefachkraft**; die Voraussetzungen für die Anerkennung als Pflegefachkraft regelt § 71 Abs. 3 SGB XI. **235**

2. Leistungserbringer

a) Gemäß § 72 Abs. 1 S. 1 SGB XI dürfen die Pflegekassen ambulante und stationäre Pflege nur durch Pflegeeinrichtungen gewähren, mit denen ein Versorgungsvertrag besteht, es nehmen damit nur **zugelassene** Pflegeeinrichtungen an der pflegerischen Versorgung teil. **236**

b) **Pflegedienste** und **Pflegeheime** haben gemäß §§ 71, 72 SGB XI Anspruch auf Beteiligung an der pflegerischen Versorgung, sofern sie selbständig wirtschaftende Einrichtungen sind, unter der ständigen Verantwortung einer ausgebildeten Pflegefachkraft ihre Dienste erbringen, die Gewähr für eine leistungsfähige und wirtschaftliche pflegerische Versorgung bieten und, soweit es um stationäre Einrichtungen geht, die Pflegebedürftigen voll- oder teilstationär unterbringen und verpflegen können. **237**

c) Der **Versorgungsvertrag** wird zwischen dem Träger der Pflegeeinrichtung (oder einer vertretungsberechtigten Vereinigung gleicher Träger) und den Landesverbänden der Pflegekassen im Einvernehmen mit den überörtlichen Trägern der Sozialhilfe im Land abgeschlossen, soweit nicht nach Landesrecht der örtliche Träger für die Pflegeeinrichtung zuständig ist (§ 72 Abs. 2 SGB XI). Erfüllt die Pflegeeinrichtung die tatbestandlichen Voraussetzungen, besteht ein Anspruch auf Abschluss eines Versorgungsvertrages (§ 73 Abs. 3 S. 1, HS 2 SGB XI). In diesem wird der **Versorgungsauftrag** der Pflegeeinrichtung (Art, Inhalt, Umfang der Pflegeleistungen, vgl § 72 Abs. 1 SGB XI) festgelegt. Aus dem Versorgungsvertrag ergeben sich die Versorgungspflicht der Pflegeeinrichtung und der Anspruch der zugelassenen Pflegeeinrichtung auf Abschluss einer Vergütungsvereinbarung mit der Pflegekasse (§ 72 Abs. 4 SGB XI). **238**

Der gemäß § 73 Abs. 1 SGB XI schriftlich abzuschließende Versorgungsvertrag ist **öffentlich-rechtlicher** Natur. Gegen die Ablehnung eines Versorgungsvertrages durch die Landesverbände der Pflegekassen ist der Rechtsweg zu den Sozialgerichten gegeben, ein Vorverfahren findet nicht statt (§ 73 Abs. 2 SGB XI).

d) Die zugelassenen Pflegeeinrichtungen erhalten nach Maßgabe der §§ 82-92 SGB XI als Vergütung eine **leistungsgerechte Pflegevergütung** für die allgemeinen Pflegeleistungen und bei stationärer Pflege ein angemessenes **Entgelt für Unterkunft und Verpflegung** (§ 82 Abs. 1 S. 1 SGB XI). Die näheren Einzelheiten für die Vergütung der stationären Pflegeleistungen regeln insbesondere die §§ 84, 87 und 88 SGB XI, für die ambulanten Pflegeleistungen wird die Vergütung in einer Rechtsverordnung des Bundesministeriums für Arbeit und Sozialordnung festgelegt (§ 90 SGB XI). **239**

e) Gemäß § 77 Abs. 1 SGB XI können zur Sicherstellung der häuslichen Pflege und hauswirtschaftlichen Versorgung auch individuelle Betreuungsverträge mit ein- **240** zelnen geeigneten **Pflegekräften** geschlossen werden, soweit und solange eine Versorgung nicht durch einen zugelassenen Pflegedienst gewährleistet werden kann. Die Ausgestaltung dieser Verträge ist in § 77 Abs. 1 S. 2 SGB XI geregelt. § 77 Abs. 2 SGB XI eröffnet die Möglichkeit, bei Bedarf einzelne Pflegekräfte zur Durchführung der häuslichen Pflege bei den Pflegekassen anzustellen. Die Verträge über die Versorgung mit **Pflegehilfsmitteln** regelt § 78 SGB XI.

3. Rechtsbeziehung zwischen Versicherten und Leistungserbringern

241 Das Rechtsverhältnis zwischen den pflegebedürftigen Versicherten und den Pflegeeinrichtungen ist noch weitgehend ungeklärt[17]. Anders als zwischen Kassenpatient und Vertragsarzt im Krankenversicherungsrecht[18] wird auch im Bereich der Geltung des Sachleistungsprinzips zwischen Pflegeversicherten und Leistungserbringern vielfach ein privatrechtlicher Vertrag geschlossen, weil die zu erbringenden Pflegeleistungen über den von der Pflegeversicherung umfassten pauschalen Rahmen hinausgehen. Heime im Sinne von § 1 Abs. 1 HeimG schließen mit den Versicherten privatrechtliche Heimverträge (§ 4 Abs. 1 HeimG).

§ 10 Unfallversicherung

Schrifttum: *Bereiter-Hahn/Mehrtens*, Die gesetzliche Unfallversicherung, Kommentar, Loseblattwerk; *Bley* (Hrsg.), Sozialgesetzbuch – Sozialversicherung, Gesamtkommentar, BT 6; *Gitter*, Schadensausgleich im Arbeitsunfallrecht, 1969; *ders.*, Grundlagen der gesetzlichen Unfallversicherung im Wandel der Zeit, SGb 1993, 297; *ders.*, Unfallversicherung, in: SRH, C.15.; *Fuchs/Giubboni*, Das Monopol der gesetzlichen Unfallversicherung auf dem Prüfstand des Europäischen Gerichtshofs, BG 2001, 320; *Hauptverband der gewerblichen Berufsgenossenschaften* eV (Hrsg.), 100 Jahre gesetzliche Unfallversicherung, 1985; *Holtmann*, Arbeitsunfall und Haftungsrisiken, 1998; *Kater/Leube*, Gesetzliche Unfallversicherung – SGB VII, 1997; *Krasney*, Die Handlungstendenz als Kriterium für die Zurechnung in der gesetzlichen Unfallversicherung, NZS 2000, 373; *ders.*, Die „Wie-Beschäftigten" nach § 2 Abs. 2 S. 1 SGB VII, NZS 1999, 577; *Lauterbach/Watermann*, Unfallversicherung – Sozialgesetzbuch VII, Loseblattwerk; *Plagemann/Plagemann*, Unfallversicherung – Sozialgesetzbuch VII, Loseblattwerk, 1981; *Schmitt*, SGB VII, Gesetzliche Unfallversicherung, 1998; *Schulin* (Hrsg.), Handbuch des Sozialversicherungsrechts, Bd. 2, Unfallversicherungsrecht, 1996; *ders.*, Gedanken zur Struktur des Versicherungsfalls im Entwurf des Unfallversicherungs-Einordnungsgesetzes, BG 1996, 140; *Seewald*, Ist es erforderlich, die Verteilung des Schadensrisikos bei unselbständiger Arbeit neu zu ordnen?, in: Verhandlungen des 56. DJT 1986, Bd. 1, F 1; *Steinmeyer*, Die Deutsche Gesetzliche Unfallversicherung und das Europäische koordinierende Sozialrecht, in: Festschrift für Gitter, 1995, S. 963; *Thüsing*, Die

17 Näher Schulin/*Neumann*, Handbuch des Sozialversicherungsrechts, Bd. 4, § 20 Rn 64 ff.
18 Dazu oben Rn 198 zur Krankenversicherung.

Versicherung des Wegeunfalls gemäß § 8 Abs. 2 SGB VII – Eine Präzisierung anhand rechtsvergleichender Überlegungen, SGb 2000, 595; *Waltermann*, Gesetzliche Unfallversicherung – Grundlagen, Entwicklung und neues SGB VII, BG 1997, 310; *ders.*, Der Arbeitsunfall im Bürgerlichen Recht, Arbeitsrecht und Sozialrecht, RdA 1998, 330; *Wickenhagen*, Geschichte der gewerblichen Unfallversicherung, 1980.

Zeitschrift: Die Berufsgenossenschaft (BG), hrsg. v. Hauptverband der gewerblichen Berufsgenossenschaften eV.

I. Grundlagen

1. Echte und unechte Unfallversicherung

Die gesetzliche Unfallversicherung ist an sich auf die Bewältigung des Risikos ausgerichtet, dass die materielle Existenz durch den Eintritt eines **Arbeitsunfalls** oder einer **Berufskrankheit** in Zusammenhang mit **abhängiger Arbeit** gefährdet oder vernichtet wird. Als die gesetzliche Unfallversicherung 1884 eingeführt wurde, war sie dementsprechend allein auf Arbeitsunfälle (damals Betriebsunfälle genannt) ausgerichtet. Auch heute bildet der Schutz der Arbeitnehmer vor Arbeitsunfällen und vor ihren Folgen den Kern der „echten" Unfallversicherung. 242

Das Modell der gesetzlichen Unfallversicherung gilt seit langem aber **über den Bereich der abhängigen Arbeit hinaus**. Der Gesetzgeber hat im Laufe der Jahre zahlreiche Tatbestände in das für die gesetzliche Arbeits-Unfallversicherung konzipierte Modell eingegliedert, obwohl sie nichts mit dem Bereich der abhängigen Arbeit zu tun haben. Dafür waren auch Gründe der verfassungsrechtlichen Kompetenzordnung ausschlaggebend. Man spricht insoweit von „**unechter Unfallversicherung**". Kraft Gesetzes versichert sind etwa Kinder während des Besuchs von Tageseinrichtungen, Schüler während des Schulbesuchs und Studierende während der Aus- und Fortbildung an Hochschulen (§ 2 Abs. 1 Nr 8a-c SGB VII), ferner Personen, die bei Unglücksfällen Hilfe leisten (§ 2 Abs. 1 Nr 13a SGB VII) oder Blutspender (§ 2 Abs. 1 Nr 13b SGB VII). Es handelt sich um Fälle, die rechtssystematisch der **sozialrechtlichen Entschädigung** zuzurechnen sind. Sie werden wegen ihrer Einordnung in das Modell der gesetzlichen Unfallversicherung (über den sprachlich möglichen Wortsinn hinaus) als „Arbeitsunfälle" bezeichnet. Im Vordergrund der nachfolgenden Darstellung steht die sozialversicherungsrechtliche „echte" Unfallversicherung, auf die entschädigungsrechtliche „unechte" Unfallversicherung wird, wo nötig, hingewiesen. 243

2. Rechtsgrundlagen

Wer vor dem Hintergrund des **sozialen Rechts** auf Zugang zur Sozialversicherung (**§ 4 Abs. 1 SGB I**) in der Sozialversicherung versichert ist, hat im Rahmen der gesetzlichen Unfallversicherung die in **§ 4 Abs. 2 SGB I** genannten Rechte. Die **Einweisungsvorschrift** des **§ 22 SGB I** zählt die Leistungen der gesetzlichen Unfall- 244 versicherung und die zuständigen Träger auf. Die Einzelheiten des Unfallversicherungsrechts regelt das zum 1. Januar 1997 in Kraft getretene **SGB VII**[1].

3. Hintergrund und Entwicklung

245 a) Die gesetzliche Unfallversicherung verfolgt **zwei Anliegen**: den Schutz der Versicherten durch eine leistungsfähige Versicherung (**Soziales Schutzprinzip**) und, damit verbunden, den Ausschluss der privatrechtlichen Schadensersatzhaftung des Unternehmers und weiterer Personen (**Prinzip der Haftungsersetzung durch Versicherungsschutz**)[2].

246 Letzteres ist bemerkenswert. An sich käme, wenn sich ein Arbeitsunfall ereignet, das **Privatrecht** zum Zuge. Das privatrechtliche Vertrags- und Deliktsrecht würde aber selbst in seiner heutigen Ausgestaltung nicht zu einem rechtlich angemessenen Ausgleich der Arbeitsunfallschäden führen. Gewiss hat sich das privatrechtliche Haftungsrecht vor allem in den letzten Jahrzehnten verändert, allgemein ist dort die Grenze zwischen *Unglück* und justiziablem *Unrecht* im Sinne der Anerkennung einer weitgehenden Ausgleichsbedürftigkeit eintretender Schäden verschoben worden. Im Zusammenhang mit den Gefahren der Technisierung und des Verkehrs ist es vor allem zu einem Ausbau der *Gefährdungshaftung* gekommen. Hinzu kommen *Beweiserleichterungen* im materiellen Schadensrecht und im Prozessrecht. Schließlich verdeutlicht die *Erweiterung der Verkehrssicherungspflichten* die Entwicklung des privatrechtlichen Haftungsrechts von einer Haftung allein für subjektives Verschulden zu einer Haftung auf der Grundlage objektiver Zurechnungskriterien. Diese Veränderungen würden auch bei der privatrechtlichen Ausgleichung von Arbeitsunfallschäden bedeutsam sein.

247 Warum es zu der gesetzlichen Unfallversicherung gekommen ist, die auch in der Gestalt des neuen SGB VII neben dem Versicherungsschutz durch den Ausschluss der privatrechtlichen Schadensersatzhaftung gekennzeichnet ist, zeigt der Blick auf das Haftungsrecht des ausgehenden 19. Jahrhunderts: Das privatrechtliche Deliktsrecht folgte – obwohl sich die Lebenswirklichkeit in Deutschland am Ende des 19. Jahrhunderts mit inzwischen weit vorangeschrittener Industrialisierung entscheidend verändert hatte – dem *Prinzip der Verschuldenshaftung*[3]. Es war der Arbeitsunfall, an dem sich in der zweiten Hälfte des 19. Jahrhunderts die Fragwürdigkeit eines auf dem Verschuldensprinzip beruhenden privatrechtlichen Haftungsrechts zeigte. Die Industrialisierung hatte zu einem enormen Ansteigen der Arbeitsunfälle geführt. Arbeitsunfälle bei der Industriearbeit hatten zudem ganz andere Schadensfolgen als Arbeitsunfälle bei der Landarbeit oder im Handwerk. Der Arbeitsunfall nahm dem Arbeiter und seiner Familie meist die Existenzgrundlage. Ersatz des Unfallschadens, vor allem des Erwerbsausfallschadens, war nach dem Privatrecht aus rechtlichen und tatsächlichen Gründen so gut wie nicht zu bekommen. Ohnehin gehen Arbeitsunfälle oft auf ein Selbstverschulden des Verletzten zurück, dafür gibt es keinen zivilrechtlich Haftenden.

1 BGBl. I 1996, S. 1254.
2 Siehe dazu grundsätzlich *Gitter*, Schadensausgleich im Arbeitsunfallrecht, 1969, S. 38 mwN.
3 Siehe näher *Gitter*, Schadensausgleich im Arbeitsunfallrecht, 1969, S. 11 f.

Auch wenn es sich um einen Unrechtsschaden handelte, für den ein Dritter verantwortlich war, war es im ausgehenden 19. Jahrhundert nahezu aussichtslos, die privatrechtlichen Haftungsansprüche durchzusetzen. Nur selten bestanden Ansprüche aus Vertragsverletzung oder Delikt gegen den Unternehmer selbst, der ja typischerweise Leitungsfunktion hat. Hatte der Unternehmer Auswahl- oder Überwachungspflichten schuldhaft verletzt, sodass seine Haftung in Betracht kam, scheiterte seine Inanspruchnahme meist, weil die Arbeiter das Geld für einen Prozess nicht aufbringen konnten, weil die Schadensersatzklage sie und die als Zeugen aussagenden Arbeitskollegen den Arbeitsplatz gekostet hätte oder weil der Verschuldensnachweis nach den damals geltenden Beweisregeln nicht zu führen war. Ansprüche gegen andere Beschäftigte und auch gegen Aufsichtspersonen waren in aller Regel nichts wert.

b) Um auf das Arbeitsunfallrisiko der Lohnarbeit angemessen zu reagieren, war so- **248**
fort nach der Reichsgründung das **Reichshaftpflichtgesetz von 1871** erlassen worden. Dieses traf eine privatrechtliche Lösung:

Der Unternehmer haftete gemäß § 2 RHG in einigen mit besonderen Gefahren verbundenen Gewerben auch für das (bewiesene) Verschulden des leitenden Personals. Diese (durchaus bescheidene) Ausweitung der privatrechtlichen Unternehmerhaftung war mit einer versicherungsrechtlichen Komponente verbunden. Gemäß § 4 RHG wurden dem Verletzten erbrachte Versicherungsleistungen auf den Schadensersatzanspruch angerechnet, wenn der Unternehmer sich zu wenigstens einem Drittel an den Prämien der Unfallversicherung beteiligt hatte. Das RHG hat sich als nicht ausreichend erwiesen. Man hätte theoretisch aber durchaus die privatrechtliche Haftung für Arbeitsunfallschäden der Lebenswirklichkeit weiter anpassen können, man hätte insbesondere eine Gefährdungshaftung einführen können, um den mit industriell organisierter Arbeit typischerweise verbundenen Zufallsschaden angemessen zuzuweisen. Das Haftungsrisiko wäre dann auf der Basis privatrechtlicher Verträge zu versichern gewesen. Wie eine privatrechtliche Lösung heute etwa aussehen könnte, zeigt uns die Kfz-Haftpflichtversicherung: Die Schadensersatzhaftung ist dort als Gefährdungshaftung ausgestaltet und mit der Verpflichtung zum Abschluss einer Haftpflichtversicherung gekoppelt. Dem Geschädigten wird sodann ein direkter Anspruch gegen die Haftpflichtversicherung eingeräumt. Es ist aber nicht zu einer Fortentwicklung der mit dem Reichshaftpflichtgesetz von 1871 gewählten privatrechtlichen Lösung gekommen.

c) Die Lösung *Bismarcks* war die öffentlich-rechtliche Unfallversicherung, einge- **249**
führt mit dem **Unfallversicherungs-Gesetz von 1884**. Die gesetzliche Unfallversicherung basiert seit ihren Anfängen auf einer **Versicherungskonzeption**. Insbesondere die (in einem Arbeitsverhältnis) Beschäftigten sind gegen das Risiko des Arbeitsunfalls (und das Risiko einer Berufskrankheit) versichert. Das gilt, wenn unter den Voraussetzungen des privatrechtlichen Haftungsrechts der Arbeitgeber oder Arbeitskollegen den Schaden zu tragen hätten, genauso gut aber, wenn der Schaden vom Verletzten selbst verschuldet worden ist. Damit erreicht die Versicherungskonzeption der gesetzlichen Unfallversicherung eine Lösungsbreite (Entschädigung bei Verschulden des Schädigers, bei Zufall und bei Selbstverschulden des Geschädigten), die eine privatrechtliche Haftpflichtkonzeption auch auf moderner Basis einer Gefährdungshaftung nicht erreichen könnte. Zugleich ist die Versicherungskonzeption der gesetzlichen Unfallversicherung mit der Frage der privatrechtlichen Haftung eng verbunden. Es ist ja zu bedenken, dass der Verletzte nicht sowohl die Unfallversicherungsleistung als auch den privatrechtlichen Schadensersatz erhalten darf. Deshalb verbindet sich mit der Versicherungskonzeption der gesetzlichen Unfallversicherung von je her die **Haftungsersetzung durch Versicherungsschutz**.

Der Arbeitgeber finanziert die gesetzliche Unfallversicherung allein, dafür wird ihm die privatrechtliche Haftung abgenommen. Der Unternehmer ist den in § 104 Abs. 1 SGB VII näher beschriebenen Versicherten sowie deren Angehörigen und Hinterbliebenen wegen eines **Personenschadens** nur schadensersatzpflichtig, wenn er den Versicherungsfall *vorsätzlich* oder *auf einem gemäß § 8 Abs. 2 Nr 1-4 SGB VII versicherten Weg* herbeigeführt hat. Die gesetzliche Unfallversicherung hat für die Unternehmer damit die Funktion einer Haftpflichtversicherung. Eine strukturgleiche Regelung trifft das Unfallversicherungsrecht (insbesondere) für Arbeitskollegen. Die Haftungsfreistellung gehört zum Kernbestand des Rechts der gesetzlichen Unfallversicherung, seit es die gesetzliche Unfallversicherung gibt. Sie ist in der Folgezeit, erneut durch das SGB VII, **fortentwickelt** worden[4].

250 **Zusammengefasst** gewährt die gesetzliche Unfallversicherung also **Versicherungsschutz** gegen die Folgen von Arbeitsunfällen und Berufskrankheiten, und zwar ohne Rücksicht auf die privatrechtliche Haftungslage. Der Arbeitgeber und insbesondere die Arbeitskollegen werden zugleich **von ihrer Haftung gegenüber dem Geschädigten freigestellt** (§§ 104 ff SGB VII). Damit hat die gesetzliche Unfallversicherung zugleich die Funktion einer **Haftpflichtversicherung**. Die öffentlich-rechtliche Versicherungslösung der gesetzlichen Unfallversicherung hat dem Privatrecht einen nennenswerten Teil des Haftungsrechts weggenommen. Bedenkt man zudem, dass auch Kranken- und Rentenversicherung wegen der Regressmöglichkeit namentlich bei Krankheit auf Grund eines haftungsrechtlich relevanten Unfallereignisses das privatrechtliche Haftungsrecht beeinflussen – es in wesentlichen Hinsichten zu einem Sachschadens- und Schmerzensgeldrecht machen, wie die Vielzahl der Haftungsprozesse zeigt –, ist die **Bedeutung des Sozialrechts für das privatrechtliche Haftungsrecht** offenkundig. Kein Lehrbuch, das dem Schadensrecht größere Aufmerksamkeit schenkt, und keiner der praxisorientierten Leitfäden zum Haftpflichtrecht kommt ohne Darstellung der Einflüsse des Sozialversicherungsrechts auf das privatrechtliche Schadensersatzrecht aus.

4. Organisation

251 Die Organisation der gesetzlichen Unfallversicherung regeln die §§ 114-149 SGB VII. Träger der gesetzlichen Unfallversicherung sind, was die „echte" Unfallversicherung angeht, zum einen die **gewerblichen Berufsgenossenschaften** und die **landwirtschaftlichen Berufsgenossenschaften**. Diese sind jeweils im Einzelnen in den Anlagen 1 und 2 zu § 114 SGB VII aufgezählt. Im Bereich der öffentlichen Hände sind zum anderen nach Maßgabe der §§ 125-129 SGB VII die **Unfallversicherungsträger der öffentlichen Hand** (insbesondere Bundesausführungsbehörde für Unfallversicherung, Landesunfallkassen, Gemeindeunfallversicherungsverbände) zuständig; in selbständiger Rechtsform betriebene Unternehmen des Bundes sowie der Länder und Gemeinden und Gemeindeverbände (zB ein als GmbH betriebenes kommunales Abfallbeseitigungsunternehmen) können unter den Voraussetzungen der §§ 125 Abs. 3, 128 Abs. 4, 129 Abs. 3 SGB VII aus der Zuständigkeit der Berufsgenossenschaften in die Zuständigkeit der Unfallversicherungsträger der

4 Siehe näher *Waltermann*, BG 1997, 310 (313 ff).

öffentlichen Hand übernommen werden[5]. Was den Bereich der „unechten" Unfallversicherung angeht, sind **die Unfallversicherungsträger der öffentlichen Hand** nach Maßgabe der zahlreichen Einzelregelungen in den §§ 125, 128 und 129 SGB VII zuständig, für Pflegepersonen zB die Gemeindeunfallversicherungsverbände (§ 129 Abs. 1 Nr 7 SGB VII). Hervorzuheben ist, dass die kraft Gesetzes gebildeten gewerblichen Berufsgenossenschaften nach Gewerbezweigen gegliedert sind. Zur Zeit bestehen 35 gewerbliche Berufsgenossenschaften (siehe Anlage 1 zu § 114 SGB VII). Sie sind **Körperschaften des öffentlichen Rechts** mit **Selbstverwaltung**.

5. Finanzierung

Die Finanzierung der „echten" Unfallversicherung beruht grundsätzlich allein auf den Beiträgen der Unternehmer, die Versicherte beschäftigen oder die selbst versichert sind (siehe §§ 150 ff SGB VII). Die „unechte" Unfallversicherung wird aus dem Steueraufkommen finanziert. **252**

Den **Hintergrund** für die Finanzierung der „echten" Unfallversicherung allein durch den Unternehmer bildet die Ersetzung der privatrechtlichen Unternehmerhaftung durch den sozialrechtlichen Versicherungsschutz. Die Einzelheiten der Beitragspflicht der Unternehmer regeln die §§ 150, 151 SGB VII. Die **Beitragshöhe** richtet sich im Wesentlichen nach der Unfallgefahr in dem Unternehmen und nach dem Entgelt der Versicherten (siehe näher §§ 153 ff SGB VII). Die Beiträge werden gemäß § 152 Abs. 1 SGB VII nach Ablauf des Kalenderjahres im Wege der **Umlage** festgesetzt. Zur Abstufung der Beiträge nach dem Grad der Unfallgefahr bilden die Berufsgenossenschaften gemäß § 157 SGB VII durch autonomes Satzungsrecht einen Gefahrentarif mit Gefahrenklassen. Sie haben ferner gemäß § 162 Abs. 1 SGB VII Zuschläge aufzuerlegen oder Nachlässe zu bewilligen.

II. Der versicherte Personenkreis

1. Pflichtversicherung kraft Gesetzes und kraft Satzung

In der gesetzlichen Unfallversicherung kann sich die Versicherungspflicht sowohl aus dem Gesetz (§ 2 SGB VII) als auch auf Grund Satzungsrechts (§ 3 SGB VII) ergeben.

a) Versicherung kraft Gesetzes

Die **Versicherung kraft Gesetzes** ist im Einzelnen in § 2 SGB VII geregelt. **§ 2 Abs. 1 SGB VII** zählt zunächst in **siebzehn Ziffern** auf, welche Personenkreise kraft Gesetzes unfallversichert sind. **253**

---

5 Das hat vor dem Hintergrund der Privatisierung insbesondere auf kommunaler Ebene praktische Bedeutung.

254 aa) Unfallversichert sind vor allem gemäß § 2 Abs. 1 Nr 1 SGB VII **Beschäftigte** iSv § 7 Abs. 1 SGB IV[6].

Anders als im Krankenversicherungsrecht (siehe § 5 Abs. 1 Nr 1 SGB V) muss es sich nicht um eine Beschäftigung gegen Entgelt handeln. Für § 2 Abs. 1 Nr 1 SGB VII genügt es, dass jemand überhaupt beschäftigt ist. Weder die **Geringfügigkeit einer Beschäftigung** noch die aus anderen Sozialversicherungszweigen bekannten Versicherungspflichtgrenzen nach oben spielen also eine Rolle. Auch ehrenamtliche Tätigkeit schließt ein Beschäftigungsverhältnis nicht aus.

255 bb) § 2 Abs. 1 Nr 2-7 SGB VII nennen weitere **mit der Beschäftigung in abhängiger Arbeit in Zusammenhang** stehende Personenkreise und bestimmte Unternehmer, bei denen das Gesetz davon ausgeht, dass sie ebenso schutzbedürftig sind wie Beschäftigte[7].

256 cc) Die Tatbestände des § 2 Abs. 1 Nr 8-17 SGB VII bezeichnen die in der „unechten" Unfallversicherung Versicherten.

257 (1) Seit 1971 sind **Kinder** während des Besuchs von Tageseinrichtungen, **Schüler** während des Besuchs von allgemein- oder berufsbildenden Schulen und **Studierende** während der Aus- und Fortbildung an den Hochschulen unter den näheren Voraussetzungen des § 2 Abs. 1 Nr 8a, b und c SGB VII versichert. Gemäß § 2 Abs. 1 Nr 12 SGB VII sind Personen unfallversichert, die in **Unternehmen zur Hilfe bei Unglücksfällen oder im Zivilschutz** unentgeltlich, insbesondere ehrenamtlich tätig sind oder an Ausbildungsveranstaltungen dieser Unternehmen teilnehmen.

258 (2) Gemäß § 2 Abs. 1 Nr 13 sind Personen versichert, die bei Unglücksfällen oder gemeiner Gefahr oder Not **Hilfe leisten** oder einen anderen aus erheblicher gegenwärtiger Gefahr für seine Gesundheit **retten**, Blut oder körpereigenes Gewebe **spenden** und Personen, die sich bei der **Verfolgung oder Festnahme** einer Person, die einer Straftat verdächtig ist, oder zum **Schutz eines widerrechtlich Angegriffenen** persönlich einsetzen. Kennzeichnend ist hier regelmäßig (anders § 2 Abs. 1 Nr 15 SGB VII), dass kein Bezug zur Beschäftigung in abhängiger Arbeit besteht, ferner fehlt es teilweise an einem dauernden Versicherungsverhältnis zu einem bestimmten Unfallversicherungsträger und an der Beitragszahlung. Die Versicherten erhalten etwa für Unfälle bei den in § 2 Abs. 1 Nr 13 SGB VII genannten Tätigkeiten eine **Entschädigung nach den Regeln der gesetzlichen Unfallversicherung**, obwohl es sich in der Systematik des Sozialrechts um Fälle handelt, die dem Bereich der **Sozialen Entschädigung** zuzurechnen sind. Dabei hat dieser Bereich eine insgesamt gesehen durchaus beträchtliche gesellschaftliche und wirtschaftliche Bedeutung. Das leuchtet für die gesetzliche Unfallversicherung der Kinder, Schüler und Studierenden, aber auch der ehrenamtlich Tätigen, der vielen im Gesundheitswesen oder in der Wohlfahrtspflege Tätigen oder der ca. 2,5 Millionen Blutspender ohne weiteres ein[8].

259 (3) Im Zusammenhang mit der Versicherung kommt auch hier der **Haftungsausschluss** nach den Regeln der gesetzlichen Unfallversicherung in Betracht. Die unfallversicherungsrechtliche Haftungsfreistellung (§§ 104 ff SGB VII, dazu unten Rn 306 ff) gilt gemäß **§ 106**

6 Siehe oben Rn 108 ff und für die gesetzliche Unfallversicherung noch *Gitter/Schmitt*, Sozialrecht, § 18 Rn 3 ff.

7 Näher zB *Gitter/Schmitt*, Sozialrecht, § 18 Rn 7 ff; *Kater/Leube*, Gesetzliche Unfallversicherung – SGB VII, 1997, § 2 Rn 23 ff.

8 Zahlen enthält der jeweilige Jahresbericht des Bundesverbandes der Unfallkassen eV.

Abs. 1, 2 SGB VII für Kinder, Schüler und Studierende oder für Pflegepersonen im Sinne des Pflege-Versicherungsgesetzes. In allen Fällen des § 106 Abs. 1 SGB VII gilt die Haftungsfreistellung für die Ersatzpflicht der Versicherten untereinander, für die Ersatzpflicht der Versicherten gegenüber den Betriebsangehörigen des „Unternehmens“, also etwa der Schüler gegenüber den Lehrern[9], aber auch der Schüler gegenüber vorübergehend in die schulische Organisation eingegliederten Personen[10], und für die Ersatzpflicht der Betriebsangehörigen gegenüber den Versicherten (zB der Lehrer oder Hausmeister gegenüber den Schülern). Entsprechendes gilt gemäß § 106 Abs. 2 SGB VII für die Ersatzpflicht der Pflegebedürftigen gegenüber den Pflegepersonen, für die Ersatzpflicht der Pflegepersonen gegenüber den Pflegebedürftigen und für die Ersatzansprüche einer Pflegeperson gegenüber einer anderen Pflegeperson, wenn sie denselben Pflegebedürftigen pflegen. Daraus resultiert ein über den mit der Beschäftigung in abhängiger Arbeit zusammenhängenden Bereich hinausgehender **praxisrelevanter Ausschluss des bürgerlich-rechtlichen Haftungsrechts**. Das durch Versicherung und Haftungsfreistellung gekennzeichnete **Modell der gesetzlichen Unfallversicherung** ist weit über den Bereich der eigentlichen Arbeitsunfälle hinaus fortentwickelt worden. Wegen ihrer gesetzessystematischen Einordnung spricht man auch in den Fällen der „unechten“ Unfallversicherung von „Arbeitsunfällen“. Man hat übrigens immer wieder darüber nachgedacht, ob nicht das durch Versicherung und Haftungsfreistellung gekennzeichnete Modell der gesetzlichen Unfallversicherung auf den Bereich des Straßenverkehrs übertragen werden sollte[11], und in neuerer Zeit ist die Frage aufgeworfen worden, ob das Modell der gesetzlichen Unfallversicherung nicht einer modernen Arzthaftung als Vorbild dienen könnte[12].

dd) Gemäß **§ 2 Abs. 2 SGB VII** sind über die in § 2 Abs. 1 Nr 1-17 SGB VII ge- **260**
nannten Personenkreise hinaus die sog. „**Wie-Beschäftigten**“ versichert. Das sind Personen, die wie nach § 2 Abs. 1 Nr 1 SGB VII Versicherte, also wie Beschäftigte, tätig werden. Der Versicherungsschutz nach § 2 Abs. 2 SGB VII ist gegenüber dem nach § 2 Abs. 1 Nr 1 SGB VII subsidiär.

(1) Die Wie-Beschäftigung ist dadurch **gekennzeichnet**, dass keine Versicherung **261**
als Beschäftigter nach § 2 Abs. 1 Nr 1 SGB VII besteht, aber vier Anforderungen erfüllt sind[13]: (1) Es muss sich um eine ernstliche, einem fremden Unternehmen wesentlich dienende Tätigkeit handeln; (2) diese muss in Übereinstimmung mit dem wirklichen oder mutmaßlichen Willen des Unternehmers stehen; (3) es muss sich um eine Tätigkeit handeln, die ihrer Art nach von Personen verrichtet werden kann, welche in einem dem allgemeinen Arbeitsmarkt zugänglichen Beschäftigungsverhältnis stehen; (4) die Verrichtung muss unter Umständen erfolgen, die einer Tätigkeit auf Grund eines Beschäftigungsverhältnisses ähnlich sind.

(2) **Zweck** des § 2 Abs. 2 SGB VII ist es, den Versicherungsschutz bei fremdnützi- **262**
gem Handeln nicht vom Bestehen eines formellen Beschäftigungsverhältnisses abhängig zu machen und auch kurzfristige, vorübergehende oder einmalige Verrichtungen in den Versicherungsschutz einzubeziehen. Vor dem Hintergrund des weit

9 Vgl BGH, NJW 1986, 1937 f.
10 Vgl BGH, NJW 1980, 289 f.
11 Siehe zB *Heitmann*, Reform des Schadensrechts für Verkehrsunfälle, 1996, S. 144 ff; *E. v. Hippel*, Schadensausgleich bei Verkehrsunfällen, 1968; *Sieg*, ZHR 1950, 95 (101 ff).
12 Siehe *Barta*, in: Festschrift für Gitter, 1995, S. 9 ff.
13 Siehe BSGE 5, 168 (174); 57, 91 (92); BSG, SozR 3-2200 § 539 Nr 25 mwN.

gefassten unfallversicherungsrechtlichen Unternehmerbegriffs[14] hat § 2 Abs. 2 SGB VII einen auf den ersten Blick **ungeahnt weiten Anwendungsbereich im nicht gewerbsmäßigen privaten Bereich** (wie etwa dem Haushalt, bei zum Eigenbedarf selbst ausgeführten Bauarbeiten oder im Zusammenhang mit der Kfz-Haltung). Das hat auch Bedeutung für die Frage der Haftung: Besteht Versicherungsschutz gemäß § 2 Abs. 2 SGB VII, kommt es gemäß §§ 104 ff SGB VII zum **Haftungsausschluss**[15].

Beispiele: Anschieben eines Fahrzeugs, dessen Motor nicht anspringt (BSGE 35, 140); anders aber das Schieben eines Pkw von der Autobahn, wenn die Voraussetzungen der Hilfe bei Unglücksfällen vorliegen, der Versicherungsschutz nach § 2 Abs. 1 Nr 13a SGB VII geht vor (BSG, SozR 3-2200 § 539 Nr 19 mwN); Reparatur, Reifenwechsel oder Waschen eines Pkw (vgl BGH, NJW 1987, 1643 f; SGb 1988, 28 mwN mit Anm. *Mummenhoff*); Renovierung der Wohnung mit Freunden (LSG Rheinland-Pfalz, Breithaupt 1994, 386 ff).

263 ee) Was das **Verhältnis der einzelnen Tatbestände** des § 2 SGB VII zueinander angeht, ist § 135 SGB VII einschlägig. Danach geht meist die Versicherung nach § 2 Abs. 1 Nr 1 SGB VII einer anderen Versicherung vor. Das gilt namentlich gegenüber der Versicherung durch „Wie-Beschäftigung". Die Ausnahme bilden § 135 Abs. 4 und Abs. 5 SGB VII.

Beispiele: **(1)** Erleidet der Arbeitnehmer eines Betriebs durch seine Hilfe bei einem Unglücksfall Schaden, besteht Versicherungsschutz gemäß § 2 Abs. 1 Nr 1 SGB VII, auch wenn zugleich die Voraussetzungen des § 2 Abs. 1 Nr 13a SGB VII vorliegen (§ 135 Abs. 1 Nr 5 SGB VII). Die praktisch wichtige Konsequenz ist, dass nicht der zuständige **Unfallversicherungsträger der öffentlichen Hand** (etwa das betreffende Land), sondern die für den Betrieb zuständige **Berufsgenossenschaft** eintritt. **(2)** Erleidet die im landwirtschaftlichen Unternehmen ihres Mannes M auf der Basis eines Arbeitsverhältnisses mitarbeitende F einen Arbeitsunfall, geht ihre nach § 2 Abs. 1 Nr 5a SGB VII bestehende Versicherung der Versicherung gemäß § 2 Abs. 1 Nr 1 SGB VII vor.

b) Versicherung kraft Satzung

264 Die Versicherungspflicht kann gemäß § 3 SGB VII auch durch Satzung begründet werden. Die Versicherungsträger können die Versicherung auf folgende Personenkreise erstrecken: **Unternehmer** und ihre im Unternehmen mitarbeitenden **Ehegatten**; Personen, die sich auf der **Unternehmensstätte aufhalten**[16].

2. Versicherungsfreiheit

265 Das Unfallversicherungsrecht geht davon aus, dass auch die in § 4 SGB VII genannten **Personenkreise**, etwa Beamte und ihnen gleichgestellte Personen (§ 4 Abs. 1 Nr 1 SGB VII), an sich zu den in der gesetzlichen Unfallversicherung Versicherten

---

14 Siehe § 136 SGB VII und dazu *Kater/Leube*, Gesetzliche Unfallversicherung – SGB VII, 1997, § 136 Rn 4 ff.

15 Siehe unten Rn 304 f, 306 ff.

16 Siehe näher *Gitter/Schmitt*, Sozialrecht, § 18 Rn 29 f mwN.

gehören. Weil sie aber anderweitig ausreichend abgesichert sind (die Beamten durch die beamtenrechtlichen Unfallfürsorgevorschriften, vgl §§ 30 ff BeamtVG) oder weil von einer hinreichenden wirtschaftlichen Fähigkeit zur Eigenvorsorge, zB der Ärzte, ausgegangen werden kann, nimmt das Unfallversicherungsrecht diese Personenkreise von der gesetzlichen Unfallversicherung aus. Die Versicherungsfreiheit tritt unter den Voraussetzungen des § 4 SGB VII automatisch ein und unterscheidet sich damit von der Versicherungsbefreiung auf Antrag gemäß § 5 SGB VII. Eine gemäß § 4 SGB VII versicherungsfreie Person kann bei anderen Tätigkeiten versichert sein[17]. Für **versicherungsfreie Unternehmer** bleibt die freiwillige Versicherung gemäß § 6 SGB VII möglich.

3. Freiwillige Versicherung

Das Unfallversicherungsrecht kennt auch die freiwillige Versicherung. Auf schrift- **266**
lichen Antrag können sich versichern: **Unternehmer** und ihre im Unternehmen mitarbeitenden **Ehegatten**, soweit nicht die einschränkenden Tatbestandsmerkmale des § 6 Abs. 1 Nr 1 SGB VII gegeben sind; Personen, die in Kapital- oder Personenhandelsgesellschaften regelmäßig **wie Unternehmer selbständig tätig** sind. Die freiwillige Unfallversicherung gemäß § 6 SGB VII beruht auf einer individuellen Entscheidung. Ihre inhaltliche Ausgestaltung entspricht im Prinzip der Ausgestaltung der Pflichtversicherung. Der Antrag auf Versicherung ist eine einseitige empfangsbedürftige öffentlich-rechtliche Willenserklärung, durch sie kommt das Versicherungsverhältnis ohne weiteres (also ohne Annahmeerklärung des Versicherungsträgers) zustande[18].

III. Die Leistungen der Prävention

1. Inhalt

a) Das SGB VII regelt im 2. Kapitel (§§ 14-25 SGB VII) die Verhütung von Arbeits- **267**
unfällen, Berufskrankheiten und arbeitsbedingten Gesundheitsgefahren. Das Gesetz stellt die Unfallverhütung, wie § 1 SGB VII zeigt, in den Vordergrund, um sie als **vorrangige und wichtigste Aufgabe** der gesetzlichen Unfallversicherung kenntlich zu machen. Schon das Unfallversicherungs-Gesetz von 1884 normierte die Zuständigkeit der Unfallversicherungsträger für die Verhütung von Arbeitsunfällen.

In den vergangenen 30 Jahren hat die Zahl der Arbeitsunfälle deutlich verringert werden können. Die angezeigten Arbeitsunfälle je 1000 Vollarbeitskräfte lagen in der ersten Hälfte der 60er-Jahre noch bei rund 11%, dieses Verhältnis hat sich seither kontinuierlich verbessert, im Jahr 1997 waren es noch knapp 4%[19]. Dahinter verbergen sich aber immer noch insgesamt rund 1,6 Millionen angezeigte Arbeitsunfälle im Jahr 1997.

---

17 Vgl BSGE 40, 208 ff (Nebenbeschäftigung eines Beamten).

18 Vgl die Rechtslage bei der freiwilligen Krankenversicherung, oben Rn 158.

19 Zu den Daten von 1997 siehe *Unfallverhütungsbericht Arbeit* 1997, BT-Drucks. 14/156, S. 118; die aktuellen Zahlen hat der Hauptverband der gewerblichen Berufsgenossenschaften (HVBG).

268 b) Wichtigstes Mittel zur Erfüllung der Präventionsaufgabe der Unfallversicherungsträger ist der Erlass von **Unfallverhütungsvorschriften** (§ 15 SGB VII), die von den Unfallversicherungsträgern als **autonomes Satzungsrecht** erlassen werden[20]. Solche Unfallverhütungsvorschriften schreiben etwa vor, dass Arbeitnehmer, wenn sie eine Baustelle betreten, Sicherheitsschuhe und Helme tragen müssen. Die autonomen Unfallverhütungsvorschriften der Unfallversicherungsträger werden branchenspezifisch erlassen, sie können die Unfallverhütung also sachnah regeln. Die Unfallverhütung wird durch technische Aufsichtsbeamte überwacht (siehe näher §§ 17 ff SGB VII). Dabei liegt ein Schwerpunkt der Arbeit der technischen Aufsichtsbeamten in der Beratung von Unternehmen und Beschäftigten. Die Unfallversicherungsträger widmen sich schließlich eingehend der Erforschung von Unfallgeschehen und Berufskrankheiten.

2. Unfallversicherungsrechtliche Prävention und staatlicher Arbeitsschutz

269 a) Die unfallversicherungsrechtliche Prävention steht neben dem **arbeitsrechtlichen Arbeitsschutzrecht**[21]. Das Arbeitsrecht enthält Vorschriften über den Arbeitnehmerschutz auf allen seinen Ebenen, im *Arbeitsvertragsrecht* (siehe § 618 BGB), im *Kollektiven Arbeitsrecht* (siehe §§ 80 Abs. 1 Nr 1, 81, 87 Abs. 1 Nr 7, 89, 90, 91 BetrVG) und vor allem im *Arbeitsschutzrecht*[22]. Was den Schutz vor Gefahren am Arbeitsplatz angeht, gilt seit August 1996 das **Arbeitsschutzgesetz (ArbSchG)**[23]. Das ArbSchG setzt die EG-Rahmenrichtlinien Arbeitsschutz von 1982 und die sie ergänzende EG-Richtlinie zum betrieblichen Arbeitsschutz für Arbeitnehmer mit befristetem Arbeitsverhältnis oder Leiharbeitsverhältnis von 1991[24] in das deutsche Recht um. Im Zusammenhang mit dem Arbeitsschutz spielt also **europäisches Gemeinschaftsrecht** eine wichtige Rolle. Das neue ArbSchG reformiert den betrieblichen Arbeitsschutz im Sinne der europarechtlichen Vorgaben.

Weitere wichtige Arbeitsschutzgesetze enthalten das Gerätesicherheitsgesetz (GSG) und die Gefahrstoffverordnung (GefStoffV). Sie regeln den produktbezogenen Gefahrenschutz im Vorfeld des betrieblichen Geschehens. Zu nennen sind schließlich das Arbeitssicherheitsgesetz (ArbSichG), das den Arbeitgeber im Interesse des Arbeitsschutzes und der Unfallverhütung verpflichtet, Betriebsärzte und Fachkräfte für Arbeitssicherheit zu bestellen, und die Arbeitsstättenverordnung (ArbStättVO), die den Arbeitgeber zur Einrichtung notwendiger und geeigneter Arbeitsstätten zwingt.

270 b) Was das **Verhältnis** von staatlichem arbeitsrechtlichem Arbeitsschutz und sozialrechtlicher Prävention durch die Unfallversicherungsträger angeht, gilt: Das staatliche Arbeitsschutzrecht als Teil des Arbeitsrechts und der sozialrechtliche Arbeitsschutz durch die Unfallversicherungsträger stehen nebeneinander. Den traditionel-

20 Zu Fragen der autonomen Rechtsetzung der Unfallversicherungsträger *Wallerath*, NZS 1997, 1 ff.
21 Siehe dazu *Söllner/Waltermann*, Grundriss des Arbeitsrechts, 13. Aufl., 2002, §§ 25, 26.
22 Näher *Waltermann*, RdA 1998, 330 ff.
23 Gesetz vom 7.8.1996, BGBl. I, S. 1246.
24 Richtlinie 89/391/EWG, Abl. Nr L 183, S. 1; Richtlinie 91/383/EWG, Abl. Nr L 206, S. 19.

len **Dualismus** von staatlichem und autonomem Arbeitsschutz hat auch das ArbSchG nicht angetastet. Vielmehr ist der bisher auf die Verhütung von Arbeitsunfällen und Berufskrankheiten bezogene Präventionsauftrag der Unfallversicherungsträger durch das SGB VII (siehe § 14 SGB VII) auf die Verhütung auch von arbeitsbedingten Gesundheitsgefahren ausgedehnt worden. Die Unfallverhütungsvorschriften der Unfallversicherungsträger können die staatlichen Arbeitsschutzvorschriften konkretisieren oder über sie hinausgreifende Anforderungen aufstellen. Bei der Überwachung der Unternehmen haben die Unfallversicherungsträger und die für den Arbeitsschutz zuständigen Landesbehörden gemäß § 20 SGB VII, § 21 Abs. 3 ArbSchG zusammenzuwirken.

IV. Die Leistungen im Versicherungsfall

Fall 7: Der bei Unternehmer U auf Grund eines Arbeitsverhältnisses beschäftigte A ist infolge Alkoholgenusses so betrunken, dass er seine Arbeitstätigkeit nicht mehr wahrnehmen kann. In diesem Zustand stürzt er im Laufe des Vormittags im Betrieb eine Treppe herunter. Besteht wegen des Treppensturzes Unfallversicherungsschutz?

Fall 8: Angenommen, A war nicht so betrunken, dass er seine betriebliche Tätigkeit nicht mehr verrichten konnte, und er stürzte, leidlich alkoholisiert und mit zu vielen Akten unter dem Arm, auf einem dienstlich veranlassten Weg die Treppe herunter.

Neben der Aufgabe, Arbeitsunfälle und Berufskrankheiten sowie arbeitsbedingte Gesundheitsgefahren zu verhüten (§ 1 Nr 1 SGB VII), ist die gesetzliche Unfallversicherung dazu da, **nach Eintritt von Arbeitsunfällen oder Berufskrankheiten** die Gesundheit und die Leistungsfähigkeit der Versicherten mit allen geeigneten Mitteln wiederherzustellen und sie oder ihre Hinterbliebenen durch Geldleistungen zu entschädigen (§ 1 Nr 2 SGB VII). **271**

1. Die Versicherungsfälle

Versicherungsfälle der gesetzlichen Unfallversicherung sind gemäß § 7 SGB VII **Arbeitsunfälle** und **Berufskrankheiten**; verbotswidriges Handeln schließt einen Versicherungsfall nicht aus. **272**

a) Der Arbeitsunfall

Der Arbeitsunfall als praktisch bedeutsamster Versicherungsfall der gesetzlichen Unfallversicherung wird durch **§ 8 Abs. 1 SGB VII** definiert. Gemäß § 8 Abs. 1 S. 1 SGB VII sind Arbeitsunfälle „Unfälle von Versicherten infolge einer den Versicherungsschutz nach §§ 2, 3 oder 6 begründenden Tätigkeit (versicherte Tätigkeit)“. Im Einzelnen: **273**

aa) Es muss zunächst ein **Unfall** vorliegen. Als Unfälle bezeichnet § 8 Abs. 1 S. 2 SGB VII „zeitlich begrenzte, von außen auf den Körper einwirkende Ereignisse, die **274** zu einem Gesundheitsschaden oder zum Tod führen". In Bezug auf diese Gesetzesdefinition des Unfalls ist folgendes hervorzuheben:

(1) § 8 Abs. 1 S. 2 SGB VII fordert die **Einwirkung von außen**. Sog. innere Ursachen, aus dem Menschen selbst kommende Ereignisse, sind nicht als Unfall anzusehen. Wenn das Gesetz für die Abgrenzung einen räumlichen Bezug wählt, ist dies nicht unproblematisch. Eine Einwirkung von außen kann auch gegeben sein, wenn sich der Ausgangspunkt im Körperinneren befindet (Beispiel: Kurzwellen setzen einen Herzschrittmacher außer Funktion, was tödliche Folgen hat, vgl BSG, SozR 2200 § 548 Nr 56).

(2) Das Ereignis muss, damit es ein Unfallereignis iSv § 8 Abs. 1 S. 2 SGB VII ist, **zu einem Gesundheitsschaden oder zum Tod** führen. Gesundheitsschaden in diesem Sinn ist der **Erstschaden** und als solcher jeder regelwidrige körperliche, geistige oder seelische Zustand. Dass der Schaden (in diesem Sinn des Erstschadens) gemäß der Definition des § 8 Abs. 1 S. 2 SGB VII im Unfallbegriff steckt, ist in Bezug auf die gesetzliche Unfallversicherung folgerichtig, denn ohne irgendeine Schädigung gibt es keinen Versicherungsfall. Da der Unfallbegriff den Schaden voraussetzt, muss auch eine *Kausalitätsbeziehung* (zwischen dem Ereignis und irgendeinem Körperschaden) schon innerhalb des Unfallbegriffs gegeben sein („die zu einem ... führen"). Wie noch darzulegen ist, ist diese **Kausalität innerhalb des Unfallbegriffs** begrifflich von der sog. haftungsbegründenden und der sog. haftungsausfüllenden Kausalität zu unterscheiden.

275 bb) Nur Unfälle **von Versicherten bei versicherten Tätigkeiten** können Arbeitsunfälle iSd Unfallversicherungsrechts sein.

(1) **Versicherte** iSv § 8 Abs. 1 S. 1 SGB VII sind die gemäß §§ 2, 3 oder 6 SGB VII versicherten Personen, also auch die in der „unechten" Unfallversicherung Versicherten, wenn deren Unfälle auch mit der „Arbeit" im eigentlichen Sinn nichts zu tun haben.

(2) Die Versicherten müssen den Unfall bei einer **versicherten Tätigkeit** erleiden. Gemeint ist die im konkreten Einzelfall tatsächlich unfallbringende Tätigkeit. Wer zwar zu einem der in § 2 Abs. 1 Nr 1-17 SGB VII aufgezählten Personenkreise, etwa zu den Beschäftigten (§ 2 Abs. 1 Nr 1 SGB VII), gehört, aber etwa bei der Arbeit in seinem Garten den Unfall hat, erleidet keinen Arbeitsunfall. Es handelt sich schon ihrer Art nach um eine private, nicht um eine versicherte Tätigkeit. Man spricht auch von **eigenwirtschaftlicher Tätigkeit**[25].

276 cc) Arbeitsunfälle sind nur Unfälle von Versicherten „infolge einer den Versicherungsschutz nach den §§ 2, 3 oder 6 begründenden Tätigkeit (versicherte Tätigkeit)". Es muss, was den konkreten Handlungsablauf angeht, ein **Zusammenhang zwischen versicherter Tätigkeit und Unfallgeschehen** bestehen.

277 (1) Die Definition des § 8 Abs. 1 S. 1 SGB VII geht, wie zuvor § 548 Abs. 1 S. 1 RVO, von der versicherten *Tätigkeit* aus, obwohl die §§ 2, 3 und 6 SGB VII den versicherten *Personenkreis* bestimmen. Es muss deshalb das den Körperschaden verursachende Unfallgeschehen der versicherten Tätigkeit in Anknüpfung an die versicherten Personenkreise zugeordnet werden. Dafür muss man zunächst die **Tätigkeitsbereiche ermitteln**. Dann ist zu fragen, ob zwischen Unfallgeschehen und ver-

25 *Gitter/Schmitt*, Sozialrecht, § 19 Rn 11.

sicherter Tätigkeit ein **Zusammenhang** besteht. Was diesen Zusammenhang zwischen versicherter Tätigkeit und Unfallgeschehen angeht, wird hin und wieder von Kausalität gesprochen. Es handelt sich aber in Wirklichkeit nicht um eine Kausalitätsfrage. Ob ein Zusammenhang zwischen versicherter Tätigkeit und Unfallgeschehen besteht, ist eine **Frage allein der Rechtsanwendung**: Es geht darum, ob Versicherungsschutz besteht oder nicht besteht. Nur solche Verhaltensweisen sind vom Versicherungsschutz erfasst, die sich **bei einer versicherten Tätigkeit zutragen**[26].

(2) Was namentlich die gemäß § 2 Abs. 1 **Nr 1** SGB VII **versicherten Beschäftigten** angeht, ist dieser Personenkreis also nur gegen Unfälle versichert, die im Zusammenhang mit ihrem Beschäftigungsverhältnis stehen, nicht jedoch gegen Unfälle im Privatbereich. **278**

(3) Wenn die Rechtsprechung des BSG insoweit von einem „**inneren**" oder „**sachlichen**" Zusammenhang spricht, bedeutet dies, dass es nicht nur auf den zeitlichen und räumlichen Bezug zu der versicherten Tätigkeit, etwa zu der Beschäftigung als Arbeitnehmer, ankommt. Die Frage des Zusammenhangs ist vielmehr vor dem Hintergrund des Versicherungsschutzes der gesetzlichen Unfallversicherung **wertend zu ermitteln**. Das BSG hat dies so formuliert[27]: „Ob eine Tätigkeit, welche zum Unfall führt, der versicherten Tätigkeit zuzurechnen ist, entscheidet sich danach, ob sie in einem rechtlich wesentlichen inneren Zusammenhang mit der Betriebstätigkeit steht. Diese innere – oder: sachliche – Verbindung ist wertend zu ermitteln, indem untersucht wird, ob die jeweilige Verrichtung innerhalb der Grenze liegt, bis zu welcher der Versicherungsschutz in der gesetzlichen Unfallversicherung reicht." Zu einer **Faustformel** verkürzt bedeutet dies: Es kommt darauf an, ob die Verhaltensweise, die zum Unfall führt, zu der versicherten Tätigkeit gehört (sodass Versicherungsschutz besteht) oder dem privaten Bereich (räumlich, zeitlich, wertungsmäßig) zuzurechnen ist. **279**

Beispiele: Kein innerer Zusammenhang besteht, wenn ein Versicherter am Arbeitsplatz in einer Pause sein Fahrzeug repariert; wenn Doktoranden einer Hochschule einen Festumzug veranstalten (BSG, VersR 1996, 867); die Einnahme einer Mahlzeit gehört zum Privatbereich, versichert sind nur die erforderlichen Betriebswege. **280**

Die Fähigkeit zu richtiger Unterscheidung von versicherten und privaten Tätigkeiten lässt sich durch Auswertung der zahlreichen höchstrichterlich entschiedenen Grenzfälle gewinnen[28].

Lösung zu Fall 7: A ist gemäß § 2 Abs. 1 Nr 1 SGB VII **kraft Gesetzes unfallversichert**. Ein **Arbeitsunfall** liegt vor, wenn A einen Unfall im Sinne von § 8 Abs. 1 S. 2

---

26 Die Auswechslung des in der RVO benutzten Wortes „bei" durch das Wort „infolge" ist kein Fortschritt, vgl *Schulin*, BG 1996, 140 (141); *Waltermann*, BG 1997, 310 (314).

27 BSGE 61, 127 (128).

28 Beispiele: BSG, BB 1994, 941 f (springende Hausmeisterin); BSG, Breithaupt 1983, 483 ff (zerbrochene Flasche im Papierkorb); BSG, SozR 2200 § 550 Nr 37 (offenes Messer in der Aktentasche); BSGE 42, 293 ff; 63, 212 (214) (Garage mit bzw ohne Zugang zum Wohnbereich).

SGB VII infolge einer versicherten Tätigkeit erlitten hat (§ 8 Abs. 1 S. 1 SGB VII). Ein **Unfall** liegt vor; dass der Körper des A auf die Treppe und auf den Boden geprallt ist, steht der Annahme eines „von außen auf den Körper einwirkenden Ereignisses" nicht entgegen[29]. Da aber A seine Tätigkeit wegen des Ausmaßes seiner Trunkenheit nicht mehr verrichten konnte, fehlt es am **inneren Zusammenhang** zwischen der versicherten Tätigkeit und der Verhaltensweise, die zum Unfall geführt hat[30]. Ein Arbeitsunfall ist also (mit der hL) zu verneinen.

281 dd) Über den inneren Zusammenhang des Unfalls mit der versicherten Tätigkeit hinaus muss der Unfall **auf die versicherte Tätigkeit zurückzuführen** sein. Man muss unterscheiden: Dass sich der Unfall bei einer versicherten Tätigkeit ereignet, führt dazu, dass überhaupt Versicherungsschutz des Versicherten besteht. Hinzukommen muss noch, dass zwischen der also **versicherten Verhaltensweise und dem Unfallereignis** ein Zusammenhang besteht. Nötig ist insoweit ein **Kausalzusammenhang**, zudem bedarf es auch insoweit einer **wertenden Betrachtung**. Dieser Zusammenhang wird meist als *haftungsbegründende Kausalität* bezeichnet.

282 (1) Rechtsprechung[31] und Schrifttum[32] beurteilen den als Kausalitätsfrage aufgefassten Zusammenhang nach der sog. **Theorie der rechtlich wesentlichen Ursache**. Nach dieser Theorie sind unter Abwägung ihrer verschiedenen Werte nur diejenigen Bedingungen als ursächlich anzusehen, die wegen ihrer besonderen Beziehung zu dessen Eintritt wesentlich mitgewirkt haben. Dies drückt man auch so aus, dass von allen Ursachen iS der naturwissenschaftlich-philosophischen Kausalitätslehre nur diejenigen rechtliche Bedeutung haben, denen nach der Anschauung des praktischen Lebens die wesentliche Bedeutung für den Eintritt des Erfolges zukommt[33].

Diese Definition zeigt indessen, dass hier **Kausalitätsfragen und Zurechnungsfragen miteinander vermischt** werden. Das ist seit längerem erkannt[34], daraus sollten aber auch die Konsequenzen gezogen werden, wie es im Zivilrecht längst geschehen ist. Dort erfasst man die Problematik, die im Sozialrecht mit der Einschränkung der „Wesentlichkeit" gelöst wird, begrifflich unter dem Gesichtspunkt des Schutzzwecks der Norm. Der Unterschied von Kausalität und (wertender) Zurechnung ist rechtswissenschaftlich gesehen beträchtlich: Kausalität ist eine Frage des „Seins", es geht um die Wirklichkeit, diese kann im Rahmen des Möglichen erforscht und geklärt werden. Was die „Theorie der rechtlich wesentlichen Ursache" unter bewertender Abwägung von

---

29 StRspr, vgl BSGE 61, 127 (130).

30 Zutreffend Wannagat/*Jung*, Sozialgesetzbuch, § 8 SGB VII, Rn 29 f. Das BSG sieht darin eine Kausalitätsfrage, vgl BSG, Breithaupt 1992, 106.

31 Vgl BSGE 1, 72 (76), 150 (156 f); 7, 53 (55); 12, 242 (245 f); 45, 176 (178 ff); 63, 277 (280); BSG, Breithaupt 1979, 777 (779); NZA 1986, 271 (271 f).

32 Grundlegend *Barta*, Kausalität im Sozialrecht, 1983. Siehe ferner *Benz*, BB 1982, 1860 ff; *Gitter/Schmitt*, Sozialrecht, § 19 Rn 17 ff; *Kater/Leube*, Gesetzliche Unfallversicherung – SGB VII, 1997, Vor §§ 7-13 Rn 30 ff; *Kreßel/Wollenschläger*, Sozialversicherungsrecht, 2. Teil, § 8 Rn 161; KassKomm/*Ricke*, § 8 SGB VII, Rn 4 ff; *Schulin/Igl*, Sozialrecht, Rn 445 ff.

33 *Kreßel/Wollenschläger*, Sozialversicherungsrecht, 2. Teil, § 8 Rn 161; KassKomm/*Ricke*, 8 SGB VII, Rn 4; *Schulin/Igl*, Sozialrecht, Rn 447.

34 Siehe zB BSGE 61, 127 (128); *Battenstein*, SGb 1983, 135 (137); *Kreßel/Wollenschläger*, Sozialversicherungsrecht, 2. Teil, § 8 Rn 161; *Wallerath*, NJW 1971, 228 ff.

dem als kausal Erkannten als wesentlich ansehen will, ist dagegen eine Frage des „Sollens“. Das hat mit Kausalität nichts zu tun, es geht vielmehr darum, welche *rechtliche Bedeutung* man einer bestimmten Ursache beimessen will. Es geht also zusammengefasst um zweierlei, zum einen um einen sinnlich wahrnehmbaren Wirklichkeitszusammenhang, zum anderen um die normative Frage der rechtlichen Bedeutung, also um Rechtsanwendung. Diese Differenzierung ist nicht zuletzt auch ein Beleg für den in der Rechtswissenschaft erzielten methodologischen Fortschritt von der Interessenjurisprudenz zur **Wertungsjurisprudenz**[35]. Für die Wertungsjurisprudenz kommt eine Vermischung von Kausalitätsfragen und Auslegungsfragen nicht in Betracht.

(2) Was die **Kausalität** angeht, gilt auch im Unfallversicherungsrecht zunächst die **283** *Äquivalenztheorie.* Wie im Strafrecht und im Privatrecht ist jede Bedingung ursächlich, die nicht hinweggedacht werden kann, ohne dass der Erfolg entfiele (*conditio sine qua non*). Diese Kausalität im naturwissenschaftlichen Sinn ist natürlich endlos, auf den naturwissenschaftlichen Kausalzusammenhang allein lassen sich rechtliche Folgen regelmäßig nicht stützen.

(3) Es bedarf deshalb zudem einer **wertenden Betrachtung**. **284**

Das Privatrecht schränkt bei der Frage der Schadensersatzpflicht des Schädigers folgendermaßen ein: In Bezug auf die haftungsausfüllende Kausalität (Kausalzusammenhang zwischen Pflicht- oder Rechtsgutverletzung und Schaden), wo das Bürgerliche Recht keine Konkretisierung durch bestimmte Tatbestandsvoraussetzungen enthält, wird geprüft, ob die objektive Zurechenbarkeit der Schadensfolgen nach den Regeln der *Adäquanztheorie*, nach der Lehre vom *Schutzzweck der Norm* oder aus sonstigen *Wertungsgründen* ausgeschlossen ist.

Auch das Sozialrecht benötigt **Zurechnungskriterien**, mit denen die als Ursache in Betracht kommenden Bedingungen wertend zugeordnet werden.

Die privatrechtliche *Adäquanztheorie*, die Bedingungen herausfiltert, welche „im allgemeinen und nicht nur unter ganz besonders eigenartigen, ganz unwahrscheinlichen und nach dem regelmäßigen Verlauf der Dinge außer Betracht zu lassenden Umständen zur Herbeiführung eines Erfolges geeignet“[36] sind, passt im Unfallversicherungsrecht nicht. Denn auch ganz untypische Geschehensabläufe können dem Versicherungsschutz unterfallen, insbesondere sind bei der Zuordnung von Schadensfolgen (haftungsausfüllende „Kausalität“) gerade auch untypische Schadensfolgen zu entschädigen.

Nicht im rechtswissenschaftlichen Ansatz, wohl aber als rechtlicher Maßstab ist die Zurechnung nur der wesentlichen Bedingungen, wie sie die sozialrechtliche *Theorie der rechtlich wesentlichen Ursache* vornimmt, angesichts des Schutzzwecks der Unfallversicherung sinnvoll. **Rechtlich wesentlich** ist danach die Bedingung, die bei wertender Betrachtung gegenüber anderen Bedingungen die überragende Bedeutung für den Erfolg hat. Dabei kommt es nicht (wie bei der Adäquanzbetrachtung im Privatrecht) auf eine generalisierende Betrachtung, sondern auf die **Umstände des Einzelfalls** an.

Lösung zu Fall 8: In Fall 8 erlitt der versicherte A den **Unfall infolge einer versicherten Tätigkeit**. Die Verhaltensweise (Begehen der Treppe, um, wenn auch leidlich be-

35 Siehe zum Begriff der Wertungsjurisprudenz nur *Horn*, Einführung in die Rechtswissenschaft und Rechtsphilosophie, 2. Aufl., 2001, Rn 160 ff.

36 Vgl RGZ 133, 126 (127).

trunken, zu arbeiten) ist versichert. Die weitere Frage ist, ob nicht aber der Sturz vor allem auf die Trunkenheit zurückzuführen ist[37]. **Kausalität** im Sinne der Äquivalenztheorie ist gegeben. Tritt nun bei **wertender Betrachtung** die versicherte Verhaltensweise (Dienstweg) als Ursache ganz gegenüber der anderen, dem nicht versicherten Bereich entspringenden Ursache (Trunkenheit) zurück, ist die versicherte Verhaltensweise jedoch gleichwohl unbeachtlich. Ein Arbeitsunfall wäre danach zu bejahen, wenn der Transport der Akten bei dem Sturz vor dem Hintergrund des Zwecks der Unfallversicherung noch eine hinreichende Rolle gespielt hat, er wäre zu verneinen, wenn der Aktentransport die Treppe hinunter als die für die Leistungserbringung relevante Ursache angesichts des Alkoholisierungsgrades des A derart in den Hintergrund tritt, dass sie rechtlich als unwesentlich einzustufen ist. Diese Rechtsanwendungsfrage könnte nur nach Aufklärung des genauen Unfallhergangs unter Berücksichtigung des Alkoholisierungsgrades des A beantwortet werden.

285 ee) Der kausal durch die versicherte Tätigkeit herbeigeführte Unfall muss schließlich ursächlich für die geltend gemachten **Körperschäden** sein. Hierbei ist zu untersuchen, ob und inwieweit ein Körperschaden die Folge eines bestimmten Unfallereignisses ist. Man spricht dabei von *haftungsausfüllender Kausalität*. Auch die haftungsausfüllende Kausalität ist aber – sowohl was den Zusammenhang zwischen Unfallereignis und primärem Gesundheitsschaden als auch das Verhältnis zu weiteren Folgeschäden bzw mittelbaren Unfallfolgen angeht – gemäß der Theorie der rechtlich wesentlichen Ursache wertend zu beurteilen. Die Frage der haftungsausfüllenden Kausalität erlangt besondere Bedeutung in den Fällen, in denen das Unfallereignis auf einen bereits vorher bestehenden Körperschaden einwirkt, diesen möglicherweise verschlimmert.

---

37 Siehe *Gitter/Schmitt*, Sozialrecht, § 19 Rn 17 ff; *Kreßel/Wollenschläger*, Sozialversicherungsrecht, 2. Teil, § 8 Rn 145.

ff) Zusammenfassende Übersicht 286

1. Schritt: Unfallereignis iSv § 8 Abs. 1 S. 2 SGB VII	**2. Schritt:** Unfall geschieht bei versicherter Tätigkeit	**3. Schritt:** Unfall ist auf die versicherte Tätigkeit zurückzuführen	**4. Schritt:** Unfall ist für die geltend gemachten Körperschäden ursächlich
Prüfung: – Ereignis (zeitlich begrenzt) – „Von außen" auf den Körper einwirkend – Gesundheitsschaden oder Tod durch das Ereignis	**Prüfung**: – Tätigkeit ist ihrer Art nach versicherte Tätigkeit – Konkrete Verhaltensweise gehört zur versicherten Tätigkeit (innerer Zusammenhang)	**Prüfung**: – Kausalzusammenhang zwischen konkreter versicherter Verhaltensweise und Unfallereignis – Bei wertender Betrachtung besteht Zurechnungszusammenhang, wenn die kausale versicherte Verhaltensweise wenigstens in gleicher Weise als wesentliche Ursache betrachtet werden kann wie andere, dem nicht versicherten Bereich entspringende	**Prüfung**: – Kausalzusammenhang zwischen Unfallereignis und geltend gemachten Körperschäden – Unfall muß wesentliche Ursache für Entstehung oder Verschlimmerung des Schadens sein.

b) Der Wegeunfall als Arbeitsunfall

Auch wenn Versicherte bei bestimmten weiteren Tätigkeiten einen Unfall haben, 287 handelt es sich um einen Arbeitsunfall iSv § 8 Abs. 1 S. 1 SGB VII. Die versicherten weiteren Tätigkeiten sind in § 8 Abs. 2 SGB VII aufgezählt. Die wichtigste Gruppe bilden die **Wegeunfälle**. Gemäß § 8 Abs. 2 Nr 1-4 SGB VII sind versichert:

Nr 1: Das Zurücklegen des mit der versicherten Tätigkeit zusammenhängenden unmittelbaren Weges nach und von dem Ort der Tätigkeit,

Nr 2: das Zurücklegen des von einem unmittelbaren Weg nach und von dem Ort der Tätigkeit abweichenden Weges, um

a. Kinder von Versicherten (§ 56 SGB I), die mit ihnen in einem gemeinsamen Haushalt leben, wegen ihrer oder ihrer Ehegatten beruflichen Tätigkeit fremder Obhut anzuvertrauen oder

b. mit anderen Berufstätigen oder Versicherten gemeinsam ein Fahrzeug zu benutzen,

Nr 3: das Zurücklegen des von einem unmittelbaren Weg nach und von dem Ort der Tätigkeit abweichenden Weges der Kinder von Personen (§ 56 SGB I), die mit ihnen in einem gemeinsamen Haushalt leben, wenn die Abweichung darauf beruht, dass die Kinder wegen der beruflichen Tätigkeit dieser Personen oder deren Ehegatten fremder Obhut anvertraut werden,

Nr 4: das Zurücklegen des mit der versicherten Tätigkeit zusammenhängenden Weges von und nach der ständigen Familienwohnung, wenn die Versicherten wegen der Entfernung ihrer Familienwohnung von dem Ort der Tätigkeit an diesem oder in dessen Nähe eine Unterkunft haben.

288 aa) Versichert ist (1925 eingeführt) der **Weg zwischen dem Ort der versicherten Tätigkeit und dem häuslichen Wirkungskreis**. Deshalb muss der häusliche Wirkungskreis, in dem kein Versicherungsschutz besteht, von dem versicherten Weg abgegrenzt werden, der seinerseits wiederum endet, wenn der Ort der versicherten Tätigkeit erreicht ist. Wege, die im Rahmen der versicherten Tätigkeit zurückgelegt werden, sog. **Betriebswege**, gehören zur versicherten Tätigkeit; ereignet sich hier ein Unfall, handelt es sich schon um einen Arbeitsunfall iSv § 8 Abs. 1 SGB VII, nicht um einen Wegeunfall. Die Grenzziehung zwischen dem häuslichen Wirkungskreis und dem versicherten Weg hat große praktische Bedeutung. Folgende **Grundzüge** gelten:

(1) Der **regelmäßige Ausgangspunkt** des Weges zum Ort der Tätigkeit und der **regelmäßige Endpunkt** des Weges vom Ort der Tätigkeit sind **Wohnung oder Haus** des Versicherten. Den sozusagen unfallversicherungsrechtlichen Rubikon bildet dabei die **Außentür** des vom Versicherten bewohnten Gebäudes (auch bei Mehrfamilienhaus mit abgeschlossenen Einzelwohnungen). Es muss nicht die Haustür sein, in Betracht kommt auch die Kellertür oder die Tür einer Hausgarage, wenn die Garage eine Verbindung zum Hausinneren aufweist[38].

(2) Ausgangs- oder Endpunkt kann statt der Wohnung oder des Hauses des Versicherten auch ein **dritter Ort** sein. Allerdings ist dann die Frage des *inneren Zusammenhangs* des zurückgelegten Weges mit der versicherten Tätigkeit im Auge zu behalten. Ein für die Frage des inneren Zusammenhangs bedeutsamer Gesichtspunkt ist die Entfernung des dritten Ortes zum Ort der Tätigkeit; der Weg vom dritten Ort zum Ort der Tätigkeit muss, was Länge und Dauer angeht, in einem angemessenen Verhältnis zum üblichen Weg des Versicherten stehen, wobei auf die gesamten Umstände des Einzelfalls abgestellt werden muss[39].

289 bb) Nur das Zurücklegen des **unmittelbaren Weges** ist versicherte Tätigkeit iSv § 8 Abs. 2 SGB VII. Dies muss nicht der kürzeste Weg sein, als unmittelbarer Weg ist auch ein längerer, aber dafür verkehrsgünstigerer Weg anzusehen. Auch insoweit kommt es auf den inneren Zusammenhang mit der versicherten Tätigkeit an. Wird der unmittelbare Weg aus privaten Gründen verändert, unterscheidet man unfallversicherungsrechtlich den Umweg und den Abweg.

Beim **Umweg** ist die Sachlage folgende: Der Versicherte bewegt sich in Richtung des Ortes der Tätigkeit, der gewählte Weg ist aus privaten Gründen aber nicht unerheblich länger, sodass der Zusammenhang mit der versicherten Tätigkeit aufgehoben ist. Die Grenzziehung ist

---

38 Näher zu Einzelheiten mit Nachweisen *Kreßel/Wollenschläger*, Sozialversicherungsrecht, 2. Teil, § 8 Rn 207 ff.

39 Vgl BSGE 8, 53 (56); 22, 60 (62); 52, 38 (39); 62, 113 (115 f); BSG, SozR 2200 § 550 RVO, Nr 78.

Frage des Einzelfalls[40]. Ein **Abweg** liegt vor, wenn der unmittelbare Weg in eine andere Richtung als die des Zielortes verlassen wird (oder der Versicherte am Zielort vorbeigeht). Abwege sind stets unversichert, auch wenn sie noch so geringfügig sind. Ist der unmittelbare Weg wieder erreicht, besteht weiter Versicherungsschutz.

cc) Wege sind nur versichert, soweit sie **mit der versicherten Tätigkeit in einem inneren Zusammenhang** stehen. **290**

Für die Zeit der **Unterbrechung** des Weges besteht kein Versicherungsschutz. Der Versicherungsschutz lebt wieder auf, sobald die Unterbrechung beendet ist, und zwar in dem Moment, in dem der Versicherte den öffentlichen Verkehrsraum des (zuvor unterbrochenen) versicherten Weges wieder erreicht[41]. Die versicherte Wegstrecke muss nicht an demselben Punkt fortgesetzt werden, an dem sie unterbrochen worden war. Wird der Weg für länger als zwei Stunden unterbrochen, ist nach der Rechtsprechung in der Regel davon auszugehen, dass sich der Versicherte von der versicherten Tätigkeit endgültig gelöst hat **(Zwei-Stunden-Grenze)**. Auf der anderen Seite führt eine geringfügige Tätigkeit in eigener Sache („im Vorübergehen") nicht zum Verlust des Versicherungsschutzes, sofern der öffentliche Verkehrsraum dabei nicht verlassen wird (Beispiel: Zeitungskauf am Kiosk an der Straße; kein Versicherungsschutz dagegen bei Einkauf in einem Lebensmittelmarkt). Überbrückt der Versicherte eine notwendige **Wartezeit** auf ein Verkehrsmittel durch eine Tätigkeit in eigener Sache, liegt keine Unterbrechung vor.

Im Rahmen der „unechten" Unfallversicherung der **Schüler** erfolgt die rechtliche Bewertung vor dem Hintergrund der Besonderheiten dieses Lebensbereichs; es ist namentlich der Spiel- und Bewegungsdrang von Kindern zu berücksichtigen.

dd) § 8 Abs. 2 Nr 2 und 3 SGB VII regeln, welche **abweichenden Wege** versichert **291**
sind; versicherte Tätigkeit ist gemäß § 8 Abs. 2 Nr 2a SGB VII das Zurücklegen eines abweichenden Weges, um **Kinder von Versicherten**, die mit ihnen in einem gemeinsamen Haushalt leben, wegen ihrer oder ihrer Ehegatten beruflichen Tätigkeit fremder Obhut anzuvertrauen, gemäß § 8 Abs. 2 Nr 2b SGB VII das Zurücklegen von abweichenden Wegen, um mit anderen Berufstätigen oder Versicherten gemeinsam ein Fahrzeug zu benutzen, wobei es genügt, wenn die **Fahrgemeinschaft** sich für eine einzige Fahrt zusammengeschlossen hat. § 8 Abs. 2 Nr 3 SGB VII erfasst an sich unversicherte Abwege oder Unterbrechungen des Weges von **selbst versicherten Kindern**. Versicherte Tätigkeit ist danach das Zurücklegen eines abweichenden Weges, wenn versicherte Kinder von Personen, die mit ihnen in einem gemeinsamen Haushalt leben, wegen beruflicher Tätigkeit fremder Obhut anvertraut werden[42].

Beispiel: Ein Schulkind geht wegen der Berufstätigkeit der Eltern nach Schulschluss zu den Großeltern, die es betreuen. Nicht nur der Weg zu den Großeltern (der als Weg zu einem *dritten Ort* versichert sein könnte), sondern auch der spätere Weg von den Großeltern nach Hause ist versichert.

§ 7 Abs. 2 Nr 4 SGB VII regelt den Versicherungsschutz für **Familienheimfahrten**.

---

40 Siehe näher KassKomm/*Ricke*, § 8 SGB VII, Rn 205 f sowie *Kater/Leube*, Gesetzliche Unfallversicherung – SGB VII, 1997, § 8 Rn 193 jeweils m Nachw.

41 Siehe zum Ganzen BSGE 63, 26 (27).

42 Siehe näher zB *Kater/Leube*, Gesetzliche Unfallversicherung – SGB VII, 1997, § 8 Rn 222.

c) Der Arbeitsgeräteunfall als Arbeitsunfall

292 aa) Gemäß § 8 Abs. 2 Nr 5 SGB VII ist versicherte Tätigkeit das Verwahren, Befördern, Instandhalten und Erneuern eines auch vom Versicherten gestellten Arbeitsgeräts oder einer Schutzausrüstung sowie deren vom Unternehmer veranlasste Erstbeschaffung. **Arbeitsgerät** im Sinne dieser Vorschrift sind dabei nicht nur Gerätschaften, die schon ihrer Zweckbestimmung nach als typisches Arbeitsgerät in Betracht kommen – wie zB Werkzeug –, sondern jeder Gegenstand, der als Mittel zur Erledigung der versicherten Tätigkeit geeignet ist und hauptsächlich genutzt wird[43].

Beispiele: Blindenführhund[44], Arbeitshose des Kfz-Monteurs[45] oder Stallkleidung des Landwirts[46]; auch Fahrzeuge können Arbeitsgerät sein, dass ein Versicherter seinen PKW auch für Geschäftsfahrten einsetzt und dafür ein Kilometergeld bekommt, genügt jedoch nicht, der Gegenstand muss seiner Zweckbestimmung nach **hauptsächlich** zur Erledigung der versicherten Tätigkeit gebraucht werden[47].

293 bb) Der Versicherungsfall des § 8 Abs. 2 Nr 5 SGB VII hat auch für die unechte Unfallversicherung der **Schüler** und **Studierenden** praktische Bedeutung. Kauft etwa ein Schüler einen Malkasten oder ein Student Schreibmaterial oder ein notwendiges Lehrbuch, ist die Erstbeschaffung versichert[48].

d) Die Berufskrankheit

294 Berufskrankheiten sind Krankheiten, die nicht Ausfluss des allgemeinen Lebensrisikos sind, sondern die die Versicherten infolge einer den Versicherungsschutz begründenden Tätigkeit erleiden (§ 9 Abs. 1 S. 1 SGB VII). Das Unfallversicherungsrecht kennt seit 1925 die Entschädigung für Berufskrankheiten. Das Recht der Berufskrankheiten hat große praktische Bedeutung und beinhaltet eine Vielzahl von Rechtsproblemen.

Die Berufskrankheit ist dadurch gekennzeichnet, dass sie nicht auf einem zeitlich begrenzten Ereignis beruht, sondern auf **dauernder Einwirkung**. Das Gesetz folgt dabei einem **Listenprinzip**: Berufskrankheiten sind gemäß § 9 Abs. 1 S. 1 SGB VII nur Krankheiten, die die Bundesregierung durch Rechtsverordnung mit Zustimmung des Bundesrates als Berufskrankheiten bezeichnet. Hinzukommen muss, dass die Versicherten die Krankheit infolge einer den Versicherungsschutz nach §§ 2, 3 oder 6 SGB VII begründenden Tätigkeit erleiden. Gemäß § 9 Abs. 2 SGB VII haben die Unfallversicherungsträger eine Krankheit, die nicht in der Rechtsverordnung bezeichnet ist oder bei der die dort bestimmten Voraussetzungen nicht vorliegen, wie eine Berufskrankheit als Versicherungsfall anzuerkennen, wenn im Zeitpunkt der Entscheidung nach neueren Erkenntnissen der medizinischen Wissenschaft die Voraussetzungen für eine Bezeichnung nach § 9 Abs. 1 S. 2 SGB VII erfüllt sind.

---

43 Siehe BSGE 24, 243 (246); 57, 260 (261); KassKomm/*Ricke*, § 8 SGB VII, Rn 246 ff.
44 BSGE 41, 102 ff.
45 BSGE 65, 210 (211).
46 Bay. LandesversAmt, Breithaupt 1952, 875 ff.
47 BSGE 24, 243 (246); BSG, SozR 2200 § 549 RVO, Nr 7.
48 Vgl BSG, SozR 2200 § 550 RVO, Nr 32; KassKomm/*Ricke*, § 8 SGB VII, Rn 256; zum Fall der Erneuerung des Arbeitsgeräts vgl BSG, SozR 2200 § 549 RVO, Nr 2, 6.

Schrifttum: *Köhler*, Voraussetzungen für die Entschädigung von Krankheiten als oder wie Berufskrankheiten, BG 1996, 388; *Plagemann*, Die neue Berufskrankheiten-Verordnung, NJW 1998, 2724; KassKomm/*Ricke*, § 9 SGB VII.

2. Die Leistungen

a) Heilbehandlung, Rehabilitation, Pflege, Geldleistungen

Versicherte haben nach Maßgabe der §§ 26-55 SGB VII Anspruch auf Heilbehandlung einschließlich Leistungen der medizinischen Rehabilitation, auf berufsfördernde, soziale und ergänzende Leistungen zur Rehabilitation, auf Leistungen bei Pflegebedürftigkeit sowie auf Geldleistungen (§ 26 Abs. 1 SGB VII). Ziel dieser Leistungen ist es gemäß § 26 Abs. 2 SGB VII, den Gesundheitsschaden möglichst umfassend zu beseitigen und die Erwerbsfähigkeit wieder voll herzustellen, zumindest aber Verschlimmerung zu verhüten und die Versicherten auf Dauer beruflich wiedereinzugliedern. Die Leistungen zur Heilbehandlung und zur Rehabilitation haben gemäß § 26 Abs. 3 SGB VII Vorrang vor Rentenleistungen („Reha vor Rente“). **295**

aa) Welche Maßnahmen die **Heilbehandlung** umfasst, ergibt sich aus den §§ 27-34 SGB VII. Die Unfallversicherungsträger haben alle Maßnahmen zu treffen, damit die Heilbehandlung möglichst frühzeitig nach dem Versicherungsfall einsetzt und sachgemäß erbracht wird. Dabei bedienen sich die Unfallversicherungsträger auf der Grundlage von § 34 Abs. 1 S. 3 SGB VII des sog. **Durchgangsarztverfahrens**: Verletzte werden zunächst von einem auf die unfallmedizinische Diagnose spezialisierten „Durchgangsarzt“ untersucht, der entscheidet, ob eine fachärztliche oder besondere unfallmedizinische Behandlung erforderlich ist. Die Unfallversicherungsträger unterhalten ferner **Unfallkliniken**, die auf die Unfallheilkunde, namentlich die Behandlung von bestimmten arbeitsunfalltypischen Verletzungsarten spezialisiert sind[49]. **296**

Wie im Krankenversicherungsrecht gilt auch im Unfallversicherungsrecht das **Sachleistungsprinzip**. Soweit es sich nicht um Geldleistungen handelt, werden die Ansprüche der Versicherten durch sog. Leistungserbringer erfüllt. Die Versorgung wird durch Verträge zwischen den Bundesverbänden der Unfallversicherungsträger auf der einen und den Bundesverbänden der Krankenkassen, den kassenärztlichen Bundesvereinigungen und der Deutschen Krankenhausgesellschaft auf der anderen Seite sichergestellt. Diese Verträge gehören, wie die entsprechenden Verträge im Krankenversicherungsrecht, dem öffentlichen Recht an. **297**

bb) Die **Leistungen zur Teilhabe am Arbeitsleben** (früher berufsfördernde Leistungen zur Rehabilitation, „Berufshilfe“) richten sich nach § 35 SGB VII und nach §§ 33-38, 40 f SGB IX. Sie sollen den Verletzten möglichst auf Dauer beruflich wiedereingliedern. Diese Leistungen werden ergänzt durch **Leistungen zur Teilhabe am Leben in der Gemeinschaft** und durch **ergänzende Leistungen** (wie zB Kraftfahrzeughilfe, Wohnungshilfe, Beratung, Haushaltshilfe uä, §§ 39-43 SGB VII) sowie durch **Leistungen bei Pflegebedürftigkeit** gemäß § 44 SGB VII. **298**

---

49 Siehe näher *Förster*, BG 1992, 242 (246 f); *Schulin/Igl*, Sozialrecht, Rn 502.

299 cc) Die Geldleistungen der gesetzlichen Unfallversicherung regeln die §§ 45-52 SGB VII. Wenn Versicherte infolge des Arbeitsunfalls arbeitsunfähig sind oder wegen einer Maßnahme der Heilbehandlung eine ganztägige Erwerbstätigkeit nicht ausüben können, wird unter den Voraussetzungen und nach Maßgabe der §§ 45-52 SGB VII **Verletztengeld** (in Höhe von 80%) als Entgeltersatz geleistet. **Übergangsgeld** (§§ 49-52 SGB VII) wird erbracht, wenn Versicherte infolge des Versicherungsfalls berufsfördernde Leistungen erhalten und deswegen eine ganztägige Beschäftigung nicht ausüben können.

Gemäß **§ 11 Abs. 4 SGB V** besteht auf Leistungen der gesetzlichen Krankenversicherung kein Anspruch, wenn sie als Folge eines Arbeitsunfalls oder einer Berufskrankheit zu erbringen sind. Bedeutung hat das namentlich beim Entgeltersatz: Bei **Arbeitsunfähigkeit** besteht zunächst Anspruch auf **Entgeltfortzahlung** nach den Vorschriften des Arbeitsrechts bis zur Dauer von sechs Wochen (§ 3 EFZG) in Höhe von 100% (§ 4 EFZG). Im Anschluss an die Entgeltfortzahlung besteht an sich nach dem Krankenversicherungsrecht ein Anspruch gegen den Krankenversicherungsträger auf Krankengeld (§§ 44, 46 SGB V), und nach dem Unfallversicherungsrecht ein Anspruch gegen den Unfallversicherungsträger auf Verletztengeld oder Übergangsgeld (§§ 45, 49 SGB VII). Das führt zu der Frage, wie sich die Entgeltersatzleistungen des Krankenversicherungsrechts und des Unfallversicherungsrechts zueinander verhalten. Im Grundsatz ist die Kumulierung von sozialrechtlich begründeten Leistungen möglich. Von diesem Grundsatz gibt es aber zahlreiche Ausnahmen. Insbesondere soll der Doppelbezug von Entgeltersatzleistungen verhindert werden. Bei Arbeitsunfällen soll der Verletzte nicht, weil er krank ist, Krankengeld und weil er als Folge eines Arbeitsunfalls krank ist, Verletztengeld oder Übergangsgeld nebeneinander beziehen können. Das Sozialversicherungsrecht verhindert den Doppelbezug von Leistungen, indem es **sog. Ruhensvorschriften** statuiert. Neben § 11 Abs. 4 SGB V bestimmt § 49 Abs. 1 Nr 3a SGB V, dass der Anspruch auf Krankengeld ruht, solange Versicherte Verletztengeld beziehen[50].

b) Renten, Beihilfen, Abfindungen

300 aa) Renten, Beihilfen und Abfindungen sind **Entschädigungsleistungen**. Sie sollen die durch den Versicherungsfall eingetretene Beeinträchtigung der Erwerbsfähigkeit ausgleichen. Das Gesetz unterscheidet zwischen Renten an Versicherte (§§ 56-62 SGB VII) und Renten, Sterbegeld, Erstattung der Überführungskosten und Beihilfen an Hinterbliebene (§§ 63-71 SGB VII); **Beihilfen** sind dabei dadurch gekennzeichnet, dass ein Anspruch auf Hinterbliebenenrente nicht besteht, weil der Tod der Versicherten nicht Folge eines Versicherungsfalls war (§ 71 SGB VII). Die Angehörigen werden vielmehr dafür entschädigt, dass sie zu Lebzeiten des Verunglückten in besonderer Weise von den Auswirkungen des Arbeitsunfalls mitbetroffen waren und der Verletzte oft nur eingeschränkt Vorsorge für die Angehörigen im Fall seines Todes treffen kann. **Abfindungen** sind Gesamtvergütungen, die an die Stelle des voraussichtlichen Rentenaufwandes treten (§§ 75-80 SGB VII).

301 bb) Im Zentrum der genannten Entschädigungsleistungen steht die **Verletztenrente**. Sie soll durch den Versicherungsfall entstandene Minderungen der Erwerbs-

50 Näher *Waltermann/Grohmann*, SGb 1997, 97 ff.

fähigkeit auf dem allgemeinen Arbeitsmarkt ausgleichen, darüber hinaus hat sie eine Schmerzensgeldfunktion[51].

Die Verletztenrente wird gemäß § 56 Abs. 1 S. 1 SGB VII gezahlt, wenn infolge eines Versicherungsfalls die Erwerbsfähigkeit des Versicherten über die 26. Woche nach dem Versicherungsfall hinaus um wenigstens 20% gemindert ist. Ist die Erwerbsfähigkeit infolge mehrerer Versicherungsfälle gemindert und erreichen die Vomhundertsätze zusammen wenigstens die Zahl 20, besteht für jeden, auch für einen früheren Versicherungsfall, Anspruch auf Rente (§ 56 Abs. 1 S. 2 SGB VII). Die Minderung der Erwerbsfähigkeit wird auf der Basis medizinischer Gutachten beurteilt, sie ist aber eine Rechtsfrage[52].

(1) Die Minderung der Erwerbsfähigkeit richtet sich gemäß § 56 Abs. 2 SGB VII **302**
nach dem Umfang der sich aus der Beeinträchtigung des körperlichen und geistigen Leistungsvermögens ergebenden verminderten Arbeitsmöglichkeiten auf dem gesamten Gebiet des Erwerbslebens. Dabei werden Nachteile berücksichtigt, die die Versicherten dadurch erleiden, dass sie bestimmte von ihnen erworbene besondere berufliche Kenntnisse und Erfahrungen infolge des Versicherungsfalls nicht mehr oder nur noch in vermindertem Umfang nutzen können. Die gesetzliche Unfallversicherung folgt dem **Prinzip der abstrakten Schadensberechnung**[53]. Die abstrakte Schadensberechnung ist dadurch gekennzeichnet, dass es nicht darauf ankommt, ob der Arbeitsunfall tatsächlich zu einer Einkommenseinbuße geführt hat. Die Verletztenrente wird auch gewährt, wenn tatsächlich keine Einkommenseinbuße zu verzeichnen ist oder der Verletzte sogar ein höheres Einkommen erzielt.

Im Einzelnen wird zunächst die *individuelle Erwerbsfähigkeit des Verletzten vor dem Unfall* ermittelt; sie wird rechnerisch mit 100% in Ansatz gebracht (auch dann, wenn der Verletzte bereits vorgeschädigt und deshalb nicht mehr voll erwerbsfähig war). Der individuellen Erwerbsfähigkeit des Verletzten wird sodann das *nach dem Unfall verbliebene Ausmaß der Erwerbsfähigkeit* gegenübergestellt. Die *Differenz* zwischen der individuellen Erwerbsfähigkeit vor dem Unfall und der verbliebenen Erwerbsfähigkeit ergibt die Minderung der Erwerbsfähigkeit. Diese abstrakte Schadensberechnung steht im **Unterschied zu der grundsätzlich konkreten Schadensberechnung** im **Privatrecht**. Dort ist gemäß § 249 S. 1 BGB der Zustand herzustellen, der bestehen würde, wenn der zum Ersatz verpflichtende Umstand nicht eingetreten wäre. Zu ersetzen sind dort die *konkrete Vermögenseinbuße* und der *konkret entgangene Gewinn*, nur ausnahmsweise kann der Schaden im Privatrecht abstrakt berechnet werden. Die abstrakte Schadensberechnung, bei der sich der Schaden nach dem gewöhnlichen Lauf der Dinge ergibt, räumt das Bürgerliche Recht dem Gläubiger zB gemäß § 288 Abs. 1 BGB ein.

(2) In der Höhe beträgt die Verletztenrente gemäß § 56 Abs. 3 SGB VII **zwei Drit-** **303**
tel des Jahresarbeitsverdienstes (Vollrente). Bei einer Minderung der Erwerbsfähigkeit wird eine Teilrente geleistet, die dem Grad der Minderung der Erwerbsfä-

51 Siehe näher *Gitter*, SGb 1981, 204 (208).

52 In manchen Bereichen gibt es Vorgaben, siehe KassKomm/*Ricke*, § 56 SGB VII, Rn 42 ff, namentlich beim Verlust von Gliedmaßen (sog. „Gliedertaxe“), Rn 64-80, 82.

53 Siehe näher *Gitter*, Schadensausgleich im Arbeitsunfallrecht, 1969, S. 159 ff.

higkeit entspricht. Die Berechnung der Jahresrente wird nach folgender Formel vorgenommen:

Jahresrente = 2/3 Jahresarbeitsverdienst × Minderung der Erwerbsfähigkeit in %.

Die Höhe der Verletztenrente hängt also vom **Jahresarbeitsverdienst** ab. Dieser ist eine Berechnungsgrundlage für die Geldleistungen der Unfallversicherung. Der Jahresarbeitsverdienst ist gemäß § 82 Abs. 1 S. 1 SGB VII der Gesamtbetrag der Arbeitsentgelte (§ 14 SGB IV) und Arbeitseinkommen (§ 15 SGB IV) des Versicherten in den 12 Kalendermonaten vor dem Monat, in dem der Versicherungsfall eingetreten ist. Für kraft Satzung Versicherte (selbständig Tätige, Unternehmer und Ehegatten) und für freiwillig Versicherte wird die Höhe des Jahresarbeitsverdienstes durch Satzung der Unfallversicherungsträger bestimmt (§ 83 SGB VII). Der Jahresarbeitsverdienst beträgt mindestens 40% für Versicherte, die im Zeitpunkt des Versicherungsfalls das 15., aber noch nicht das 18. Lebensjahr vollendet haben, und 60% für Versicherte, die im Zeitpunkt des Versicherungsfalls das 18. Lebensjahr vollendet haben (**Mindestjahresarbeitsverdienst**, § 85 Abs. 1 SGB VII). Der Prozentsatz bemisst sich nach der im Zeitpunkt des Versicherungsfalls maßgebenden Bezugsgröße. Der Jahresarbeitsverdienst beträgt höchstens das Zweifache der im Zeitpunkt des Versicherungsfalls maßgebenden Bezugsgröße, die Satzung kann eine höhere Obergrenze bestimmen (**Höchstjahresarbeitsverdienst**, § 85 Abs. 2 SGB VII). Die **Bezugsgröße** ist das durchschnittliche Arbeitsentgelt aller Versicherten der Rentenversicherung der Arbeiter und Angestellten ohne Auszubildende im vorvergangenen Kalenderjahr (§ 18 Abs. 1 SGB IV). Die Bezugsgröße wird alljährlich vom Bundesministerium für Arbeit und Sozialordnung bekannt gegeben, sie liegt 2002 bei 28 140 Euro im Westen, 23 520 Euro im Osten.

V. Haftung von Unternehmern, Unternehmensangehörigen und anderen Personen

Fall 9: Straßenbauunternehmer U fährt täglich mehrmals die Baustellen ab, auf denen seine Arbeitskräfte tätig sind. Als er die Baustelle in der Innenstadt von G wieder verlassen will, übersieht er beim Zurücksetzen seines PKW eine mit Steinen beladene Schubkarre. Die Schubkarre fällt in eine Baugrube; Arbeitnehmer A, in der Grube beschäftigt, erleidet komplizierte Armbrüche, die ihn für drei Monate arbeitsunfähig machen, seine Armbanduhr wird zerstört. Baggerfahrer B, ebenfalls Arbeitnehmer des U und durch das Unfallereignis einen kurzen Moment abgelenkt, schädigt beim Schwenken der Schaufel den Arbeitskollegen C, den bei U beschäftigten Leiharbeitnehmer D und den bei der Kanalbaufirma K angestellten und für K auf der Baustelle tätigen E. Die Firmen U und K sind in keiner Weise rechtlich verbunden, ergänzen sich aber tatsächlich. Bei dem Versuch, A aus der Baugrube zu bergen, quetscht Arbeitnehmer F aus Unachtsamkeit die Hand des U. U liegt fünf Wochen arbeitsunfähig in der Handchirurgie. Alle Geschädigten wollen die jeweiligen Schädiger vor dem zuständigen Landgericht auf Schadensersatz in Anspruch nehmen.

Schrifttum: Geigel/*Kolb*, Der Haftpflichtprozeß, 23. Aufl., 2001, S. 1340-1386; *Gitter*, Schadensausgleich im Arbeitsunfallrecht, 1969; *Holtmann*, Arbeitsunfall und Haftungsrisiken, 1998; *Küppersbusch*, Ersatzansprüche bei Personenschaden, 7. Aufl., 2000, Rn 392-432; *H. Lange*, Schadensersatz, 2. Aufl., 1990, S. 3-8; *Leube*, Gesetzliche Unfallversicherung – Haftungsfreistellung bei Personenschäden im öffentlichen Dienst, ZTR 1999, 302;

ders., Haftungsbegrenzung bei Personenschäden in der Schule (§§ 104 ff. SGB VII), VersR 2000, 948; *Maschmann*, Haftung und Haftungsbeschränkung bei Arbeitsunfällen nach neuem Unfallversicherungsrecht (§§ 104 ff SGB VII), SGb 1998, 54; *Otto/Schwarze*, Die Haftung des Arbeitnehmers, 3. Aufl., 1998; *Rolfs*, Die Haftung unter Arbeitskollegen und verwandte Tatbestände, 1995; *ders.*, Aktuelle Entwicklungen beim unfallversicherungsrechtlichen Haftungsausschluß (§§ 104 ff SGB VII), DB 2001, 2294; *B. Schmidt*, Der Umfang der Haftungsfreistellungen bei Personenschäden – insbesondere nach § 106 Abs. 3 SGB VII, BB 2002, Heft 36; Wussow/*Schloën*, Unfallhaftpflichtrecht, 14. Aufl., 1996, Rn 2590-2696; *Waltermann*, Änderungen im Schadensrecht durch das neue SGB VII, NJW 1997, 3401; *ders.*, Aktuelle Fragen der Haftungsbeschränkung bei Personenschäden, NJW 2002, 1225.

In den §§ 104-113 SGB VII (früher §§ 636-642 RVO) regelt das Unfallversicherungsrecht einen Gegenstand besonders, der sich an sich nach dem Privatrecht richtet: Wenn ein Unternehmer oder eine andere im Betrieb tätige Person, namentlich ein Arbeitskollege, im Zusammenhang mit einer betrieblichen Tätigkeit einen Personenschaden bei einem für den Betrieb Tätigen verursacht, würde sich ohne die besonderen Vorschriften der §§ 104 ff SGB VII die Haftung nach dem privatrechtlichen Vertrags- und Deliktsrecht richten. Im Zusammenhang mit der **Versicherung des Arbeitsunfallrisikos** erhalten die Versicherten aber Leistungen der gesetzlichen Unfallversicherung, und zwar unabhängig von eigener oder fremder Fahrlässigkeit (Aspekt des sozialen Schutzes). Diese Versicherungslösung muss sich auf die an sich eingreifende privatrechtliche Vertrags- und Deliktshaftung auswirken. Es wäre nicht sinnvoll, wenn Verletzte die Unfallversicherungsleistungen bekommen würden und darüber hinaus noch vom Schädiger Schadensersatz beanspruchen könnten. Die Versicherungsleistungen sind durch die Beitragszahlungen der Unternehmen (siehe §§ 150 ff SGB VII) erkauft. Die Abstimmung von zivilrechtlichem Schadensersatz und sozialrechtlicher Unfallversicherung geschieht vor diesem Hintergrund in der Weise, dass die gesetzliche Unfallversicherung die privatrechtliche Haftung für Personenschäden in bestimmtem Umfang ausschließt (Aspekt der Haftungsfreistellung)[54]. **304**

Die Haftungsfreistellung der Unternehmer gemäß § 104 SGB VII ist neben dem Gedanken des Schutzes durch die Unfallversicherung die zweite Grundidee der gesetzlichen Unfallversicherung. Die Haftungsfreistellung wird von drei Gesichtspunkten getragen: Der erste ist das **Finanzierungsargument –** die Unternehmer tragen allein die Beiträge zur gesetzlichen Unfallversicherung, deshalb wird ihnen die Haftung abgenommen. Der zweite ist das **Friedensargument** – durch die Haftungsfreistellung werden belastende Auseinandersetzungen zwischen Arbeitnehmern (als Klägern und Zeugen) und Arbeitgebern vermieden. Der Verletzte hat schließlich mit dem Versicherungsträger einen zahlungskräftigen Schuldner (**Liquiditätsargument**). **305**

54 Siehe grundlegend *Gitter*, Schadensausgleich im Arbeitsunfallrecht, 1969, insbesondere S. 38 ff, 211 ff.

1. Haftungsfreistellung der Unternehmer

306 a) Unternehmer (§ 136 Abs. 3 SGB VII) sind den in § 104 Abs. 1 SGB VII beschriebenen Versicherten sowie deren Angehörigen und Hinterbliebenen nach privatrechtlichem Vertrags- und Deliktsrecht wegen eines **Personenschadens** nur dann schadensersatzpflichtig, wenn sie den Versicherungsfall vorsätzlich oder auf einem (gemäß § 8 Abs. 2 Nr 1-4 SGB VII) versicherten Weg herbeigeführt haben. Ansonsten sind sie von der Haftung durch § 104 SGB VII freigestellt.

307 aa) Diese Haftungsfreistellung für Personenschäden gilt erstens nur **gegenüber denjenigen Versicherten**, die **für ihre Unternehmen tätig** sind oder **zu ihren Unternehmen in einer sonstigen die Versicherung begründenden Beziehung stehen**. Dazu gehören auch **Leiharbeitnehmer**. Die Mithilfe in einem Unternehmen, etwa durch einen Arbeitnehmer eines anderen Unternehmens, kann unter den Voraussetzungen des § 2 Abs. 2 SGB VII[55] als **„Wie-Beschäftigung"** Versicherungsschutz in dem Unternehmen der Hilfstätigkeit genießen. Der Unternehmer dieses Unternehmens ist dann von seiner privatrechtlichen Haftung freigestellt, denn der Mithelfende ist Versicherter, der „in einer sonstigen die Versicherung begründenden Beziehung" zu seinem Unternehmen steht (und Versicherungsleistungen erhält).

Es ist dabei stets sorgfältig zu prüfen, ob der Verletzte als „Wie-Beschäftigter" für das fremde Unternehmen oder für seinen Stammbetrieb tätig geworden ist. Dafür kommt es darauf an, welchem Aufgabenbereich seine Tätigkeit zuzuordnen ist. Hat der Verletzte eine Aufgabe wahrgenommen, die sowohl zum Aufgabenbereich seines Stammunternehmens als auch zu dem des Unfallunternehmens gehört, ist regelmäßig anzunehmen, dass er allein im Interesse seines Stammunternehmens tätig geworden ist[56].

308 bb) Die Haftungsfreistellung setzt zweitens voraus, dass der betreffende Personenschaden **durch einen Versicherungsfall** (Arbeitsunfall, Berufskrankheit) verursacht worden ist.

309 b) Die Haftungsfreistellung gilt nur für Schadensersatzansprüche wegen **Personenschäden**; Sachschäden können ungehindert nach den privatrechtlichen Vorschriften geltend gemacht werden. Die Haftungsfreistellung **umfasst** alle Ansprüche auf Ersatz des Personenschadens einschließlich des immateriellen Schadens. Auch der Anspruch auf **Schmerzensgeld** ist nach vom BVerfG gebilligter hM durch Unfallversicherung ersetzt[57].

310 c) Was die **Ausnahmetatbestände** angeht, ist folgendes hervorzuheben: In Bezug auf die **vorsätzliche Herbeiführung** genügt bedingter Vorsatz. Verletzungshandlung und Erfolg müssen vom Vorsatz erfasst sein[58]. Auch beim **Wegeunfall** sollen dem Geschädigten über die Entschädigungsleistungen der gesetzlichen Unfallversicherung hinausgehende zivilrechtliche Schadensersatzansprüche nicht vorenthalten

---

55 Siehe oben Rn 261.

56 Vgl BGH, SGb 1996, 669 f mit Anm. *Benz*.

57 Vgl BVerfGE 34, 118 (129 ff). Dazu zB *Gitter*, in: Festschrift für Wiese, 1998, S. 131 (134); *Otto/Schwarze*, 3. Aufl., 1998, Rn 526, 533, 537.

58 Näher Wannagat/*Waltermann*, Sozialgesetzbuch, § 104 SGB VII, Rn 19 mwN.

werden. Dazu gehören aber nicht sog. **Betriebswege** (zB Fahrt zu einem Kunden), sie sind versicherte Tätigkeit[59]. Wege auf dem Werksgelände sind auch dann Betriebswege, wenn sie Teil des Heimwegs oder des Wegs zur Arbeit sind[60].

In **Fall 9** gilt für bürgerlich-rechtliche Ansprüche des **A gegen U**: U würde A, **das Sozialversicherungsrecht außer Betracht gelassen**, gemäß § 823 Abs. 1 BGB, § 823 Abs. 2 BGB iVm § 229 StGB und gemäß § 7 StVG auf Ersatz des Personen- und Sachschadens haften, unter den Voraussetzungen des § 847 BGB wäre U zur Zahlung von Schmerzensgeld verpflichtet. Die Voraussetzungen für seinen Anspruch müsste A darlegen und beweisen, unter Umständen müsste A gegen U klagen und gegen ihn vollstrekken, bei Insolvenz des U würde die Realisierung seiner Ansprüche (teilweise) scheitern. In Bezug auf Entgeltersatz würde ein Schadensersatzanspruch des A gemäß § 6 Abs. 1 EFZG auf U insoweit übergegangen sein, als dieser nach dem EFZG Arbeitsentgelt fortgezahlt hätte, Forderung und Schuld würden damit in der Person des U zusammenfallen, sodass die Forderung erlischt (Fall der Konfusion). Lässt man in einem zweiten gedanklichen Schritt nur **das Unfallversicherungsrecht außer Betracht**, könnte A seinen Personenschaden (auch) insoweit nicht geltend machen, als seine Krankenversicherung Leistungen (Heilbehandlung, Entgeltersatz durch Zahlung von Krankengeld im Anschluss an die Entgeltfortzahlung) zu erbringen hat, insoweit wäre der Schadensersatzanspruch des A gemäß § 116 Abs. 1 SGB X auf den Krankenversicherungsträger übergegangen. Ersatz für Sachschäden und Schmerzensgeld könnte A nach Bürgerlichem Recht verlangen. **Wegen der Regelungen des Unfallversicherungsrechts stellt sich die Rechtslage aber anders dar**: Die Haftung des U für Personenschäden ist gemäß **§ 104 Abs. 1 SGB VII** ausgeschlossen. A ist für das Unternehmen des U tätiger Versicherter gemäß § 2 Abs. 1 Nr 1 SGB VII. Sein Personenschaden ist durch einen Versicherungsfall (Arbeitsunfall gemäß § 8 Abs. 1 SGB VII) verursacht worden. Die Ausnahmetatbestände greifen nicht ein, U hat den Unfall weder vorsätzlich noch auf einem nach § 8 Abs. 2 Nr 1-4 SGB VII versicherten Weg herbeigeführt. Die Haftungsfreistellung umfasst alle Ansprüche auf Ersatz des Personenschadens, auch den Schmerzensgeldanspruch, nicht aber den Sachschaden. Im Ergebnis kann A den U nach den Vorschriften des Bürgerlichen Rechts nur auf Ersatz seiner Sachschäden (Armbanduhr) in Anspruch nehmen.

2. Haftungsfreistellung betrieblich Tätiger

a) Die größte praktische Bedeutung der Haftungsfreistellung liegt im Anwen- **311**
dungsbereich von § 105 SGB VII. Danach sind die **im Betrieb tätigen Personen** von der Haftung freigestellt. Das sind insbesondere die **Arbeitskollegen** des durch einen Arbeitsunfall Verletzten bzw Getöteten. § 105 SGB VII geht, zumal in der mit In-Kraft-Treten des SGB VII erneut erweiterten Fassung, über den Kreis der Arbeitskollegen aber hinaus. Von der Haftung freigestellt sind alle „Personen, die durch eine betriebliche Tätigkeit einen Versicherungsfall von Versicherten dessel-

59 Zum sog. Werksverkehr als Betriebsweg siehe BGHZ 145, 311 ff = NJW 2001, 442. Zustimmend *Plagemann*, NZV 2001, 233 (236), ablehnend *Hebeler*, VersR 2001, 951.
60 BAG, NJW 2001, 2039 (2040).

ben Betriebes verursachen". Es kommt nicht mehr (anders noch § 637 RVO) darauf an, ob der Schädiger „Betriebsangehöriger des Unfallbetriebes" ist[61]. Betriebliche Tätigkeit im Sinne von § 105 SGB VII kann namentlich eine „**Wie-Beschäftigung**" (§ 2 Abs. 2 SGB VII) sein, auch „Wie-Beschäftigte" können also von der Haftung freigestellt sein.

312 b) Die Haftungsfreistellung wirkt **gegenüber Versicherten desselben Betriebs**. Das sind zunächst Arbeitnehmer desselben Betriebs, aber auch sonstige in den Betrieb Eingegliederte, es genügt, wenn jemand als „Wie-Beschäftigter" gemäß § 2 Abs. 2 SGB VII versichert ist. Die Haftungsfreistellung gilt aber nur gegenüber Versicherten desselben Betriebs, nicht schon desselben Unternehmens. Darüber hinaus ist unter Umständen § 106 Abs. 3, 3. Fall SGB VII einschlägig.

313 Die jetzt in § 105 SGB VII geregelte Haftungsfreistellung ist mit dem In-Kraft-Treten des SGB VII **erweitert** worden. Seit Geltung des SGB VII wirkt die Haftungsfreistellung auch gegenüber versicherten und nichtversicherten Unternehmern, zum anderen gegenüber den gemäß § 4 Abs. 1 Nr 1 SGB VII versicherungsfreien Personen, insbesondere den Beamten. Wird also ein **Unternehmer** geschädigt, ist der iSv § 105 Abs. 1 SGB VII betrieblich tätige Schädiger von der privatrechtlichen Haftung diesem gegenüber freigestellt. Für diese Erweiterung spricht, dass es von Zufälligkeiten abhängt, ob betrieblich Tätige einen Arbeitskollegen oder den (mitarbeitenden) Unternehmer durch Fahrlässigkeit schädigen. Entsprechendes gilt, wenn **Beamte** geschädigt werden (obwohl es hier nicht zu einem Versicherungsfall kommen kann, weil die Beamten gemäß § 4 Abs. 1 Nr 1 SGB VII versicherungsfrei sind). Geschädigte Beamte erhalten also Leistungen nach beamtenrechtlichen Vorschriften, aber keinen Schadensersatzanspruch gegen den betrieblich tätigen Schädiger. Bedeutung hat dies vor allem im Bereich des Öffentlichen Dienstes, wo auf Grund eines Arbeitsverhältnisses Beschäftigte und beamtete Beschäftigte nebeneinander tätig sind[62].

314 Der nähere Blick auf die **Entwicklung der jetzt in § 105 SGB VII geregelten Haftungsfreistellung** ist aufschlussreich für das Verständnis der Hintergründe und Zwecke der unfallversicherungsrechtlichen Haftungsfreistellung der im Betrieb tätigen Personen: § 637 RVO, den § 105 SGB VII mit Wirkung vom 1.1.1997 abgelöst hat, war durch das Gesetz zur Neuregelung des Rechts der gesetzlichen Unfallversicherung von 1963 (UVNG) eingeführt worden. Das hatte folgenden Hintergrund: Die arbeitsrechtliche Fortentwicklung der Arbeitnehmerhaftung durch die richterrechtlich geschaffenen **Grundsätze der beschränkten Arbeitnehmerhaftung** hatte die seit Einführung der Unfallversicherung 1884 bestehende Haftungsfreistellung der Unternehmer gefährdet, wie an zwei Fallbeispielen verdeutlicht sei:

Beispiel 1: Arbeitnehmer A schädigt bei der Arbeit auf einer Baustelle fahrlässig den vorbeigehenden Passanten P. Wird A von P in Anspruch genommen, hat A vor dem Hintergrund der beschränkten Arbeitnehmerhaftung[63] (analog § 670 BGB iVm § 257 BGB) einen *Freistel-*

---

61 Siehe zur alten Rechtslage BGH, NJW 1978, 2553 f.

62 Näher *Leube*, ZTR 1999, 302 ff.

63 Siehe näher zB *Lieb*, Arbeitsrecht, 7. Aufl., 2000, Rn 207-218; *Söllner/Waltermann*, Grundriss des Arbeitsrechts, 13. Aufl., 2002, § 31 II, IV.

lungsanspruch gegen seinen Arbeitgeber; wenn er dem P bereits Schadensersatz geleistet hat, hat er (analog § 670 BGB) gegen seinen Arbeitgeber einen *Ersatzanspruch*.

Beispiel 2: Geschädigter ist nicht ein außenstehender Dritter (wie soeben der Passant P), sondern der im selben Betrieb beschäftigte Arbeitskollege B. Nach dem Bürgerlichen Recht und dem Arbeitsrecht müsste hier das Gleiche gelten: Der Arbeitgeber müsste nach den Grundsätzen der beschränkten Arbeitnehmerhaftung den A bei leichter und mittlerer Fahrlässigkeit (ganz oder teilweise) von den gegen ihn gerichteten Ansprüchen des B *freistellen* bzw, wenn A dem B Schadensersatz geleistet hat, dem A *Ersatz leisten*. Im Unterschied zu Beispiel 1 liegt aber ein **Arbeitsunfall** vor. Im Zusammenhang mit der Versicherung des Arbeitsunfallrisikos hat der Unternehmer durch seine Beitragszahlung seine privatrechtliche Haftung abgelöst. In der Konstellation des Beispiels 2 nützt ihm das aber nichts, weil er nach den Grundsätzen über die beschränkte Arbeitnehmerhaftung den Schädiger A (ganz oder teilweise) freistellen muss. Der Arbeitgeber müsste also letztlich zahlen, obwohl er seine Schadensersatzhaftung durch die Beiträge in die Unfallversicherung abgelöst hat. In einer berühmt gewordenen Entscheidung hat das **BAG**[64] folgende Lösung gefunden: Der nach dem bürgerlich-rechtlichen Schadensersatzrecht an sich bestehende Schadensersatzanspruch des geschädigten Arbeitnehmers (B) gegen den Arbeitskollegen, der den Schaden verursacht hat (A), ist im Umfang der arbeitsrechtlichen Haftungsbeschränkung ausgeschlossen. Diese Lösung hat später **§ 637 RVO gesetzlich legitimiert**. § 637 RVO ist darüber aber noch hinausgegangen. Er regelte nicht nur die von der arbeitsrechtlichen Haftungsbeschränkung erfassten Fälle, die Haftungsfreistellung erfasste auch die grobe Fahrlässigkeit, obwohl hier nach den Grundsätzen der Arbeitnehmerhaftung kein Freistellungs- oder Ersatzanspruch des Schädigers gegen den Arbeitgeber besteht. Dieser Weg ist durch die in § 105 Abs. 2 SGB VII geregelte Haftungsfreistellung gegenüber (nicht versicherten, im Wege des Erst-recht-Schlusses auch gegenüber versicherten) **Unternehmern** und durch die in § 105 Abs. 1 S. 2 SGB VII geregelte Haftungsfreistellung gegenüber **Beamten** als gemäß § 4 Abs. 1 Nr 1 SGB VII versicherungsfreien Personen fortgesetzt worden. Es handelt sich in diesen Fällen nicht um eine Haftungsablösung, weil die Betriebsangehörigen keine Beiträge und damit kein Äquivalent für die ihnen abgenommene Haftung leisten. Das Haftungsrecht für Arbeitsunfälle ist mit den Neuerungen der §§ 105, 106 SGB VII weiter zu einer sozialen Haftpflichtversicherung fortentwickelt worden. Tragend sind dafür das Friedensargument und der **Gesichtspunkt der Gefahrengemeinschaft**: Jeder im Betrieb Tätige kann gleichermaßen zum Geschädigten und zum Schädiger werden[65].

In **Fall 9** gilt für die bürgerlich-rechtlichen Ansprüche des U: Ist U als Unternehmer nicht selbst in der gesetzlichen Unfallversicherung versichert, gilt § 105 Abs. 2 SGB VII. Gemäß § 105 Abs. 2 S. 1 SGB VII gilt § 105 Abs. 1 SGB VII entsprechend, F ist also gegenüber U von der Haftung für Personenschäden freigestellt. U erhält gemäß § 105 Abs. 2 S. 2 SGB VII Versicherungsleistungen, Geldleistungen allerdings nur nach Maßgabe von § 105 Abs. 2 S. 3, 4 SGB VII[66]. Ist U in der gesetzlichen Unfallversicherung versichert (vgl §§ 3 Abs. 1 Nr 1, 6 Abs. 1 Nr 1 SGB VII), greift § 105 Abs. 2 SGB VII seinem Wortlaut nach nicht ein. Für versicherte Unternehmer muss die Regelung aber erst recht gelten, sodass die planwidrige Unvollständigkeit des Gesetzes durch analoge Anwendung des § 105 Abs. 2 SGB VII zu schließen ist.

---

64 Siehe BAGE (GS) 5, 1 (10).

65 Näher *Waltermann*, BG 1997, 310 (315 ff); *ders.*, NJW 2002, 1225 (1227).

66 Näher Wannagat/*Waltermann*, Sozialgesetzbuch, § 105 SGB VII, Rn 13-20.

3. Zusammenwirken von Unternehmen, gemeinsame Betriebsstätte

315 Gemäß § 106 Abs. 3 SGB VII gilt die Haftungsfreistellung auch beim **Zusammenwirken von Unternehmen** bei Unglücksfällen oder von Unternehmen des Zivilschutzes. Seit dem In-Kraft-Treten des SGB VII gilt die Haftungsfreistellung ferner auch dann, wenn Versicherte mehrerer Unternehmen vorübergehend betriebliche Tätigkeiten auf einer **gemeinsamen Betriebsstätte** verrichten. Zu den Voraussetzungen des praxisrelevanten § 106 Abs. 3, 3. Fall SGB VII hat der BGH kürzlich erstmals Stellung genommen[67].

Auf der einen Seite genügt es nicht, wenn zwei Versicherte sich bei der Ausübung ihrer jeweiligen betrieblichen Tätigkeit zufällig begegnen, auf der anderen Seite geht es aber auch zu weit, wenn man darauf abstellt, ob die Unternehmen einen „gemeinsamen Zweck verfolgen" und deshalb an demselben Ort tätig sind[68]; auch wenn Unternehmen an demselben Ort tätig sind, verfolgen sie kaum jemals einen gemeinsamen, sondern fast immer ihre jeweils eigenen Zwecke (die Elektrofirma den Einbau einer Elektroanlage, der Heizungsinstallateur die Errichtung der Heizungsanlage; die Errichtung des Gebäudes bezwecken beide nicht gemeinsam). Entscheidend ist, dass die Versicherten der verschiedenen Unternehmen zwar für ihre Unternehmen, aber an demselben Ort (derselben Betriebsstätte) tätig werden *und* dieser Ort insofern *gemeinsame* Betriebsstätte ist, als wegen der Tätigkeit an demselben Ort ein gleich gelagertes Risiko der Versicherten besteht, dass sie Versicherte eines anderen Unternehmens ebenso schädigen wie Versicherte ihres Betriebs (Versicherte desselben Betriebs im Sinne von § 105 SGB VII). Der Versicherte des fremden Unternehmens muss durch die betriebliche Tätigkeit des Schädigers (zumindest) vorübergehend demselben typischen Risiko ausgesetzt sein, dem sonst insbesondere Arbeitskollegen desselben Betriebs ausgesetzt sind, weil sie sich bei der versicherten Tätigkeit ablaufbedingt in die Quere kommen. Der BGH stellt darauf ab, ob die betrieblichen Tätigkeiten bewusst und gewollt bei einzelnen Maßnahmen ineinander greifen, miteinander verknüpft sind, sich ergänzen oder unterstützen, wobei es ausreicht, dass die gegenseitige Verständigung stillschweigend durch bloßes Tun erfolgt. Bedeutung hat dies namentlich auf **Baustellen**, wenn dort mehrere Unternehmen (Maurer, Elektriker, Heizungsinstallateur) nebeneinander tätig sind. Das weitere Tatbestandsmerkmal „vorübergehend" wird man als „zumindest vorübergehend" interpretieren müssen, es kann vor dem Hintergrund der Zwecke der Haftungsfreistellung (Finanzierungs- und Friedensargument) kaum angenommen werden, dass für eine andauernde Tätigkeit auf der gemeinsamen Betriebsstätte etwas anderes gelten soll. Die Haftungsfreistellung gilt auch für und gegen den Unternehmer, allerdings nur, soweit er auf der gemeinsamen Betriebsstätte tätig ist[69]. Letztlich nimmt § 106 Abs. 3, 3. Fall SGB VII der leistungsverpflichteten Berufsgenossenschaft und dem Arbeitgeber zu Gunsten der privaten Haftpflichtversicherer den Regressanspruch aus übergegangenem Recht (§ 116 SGB X) in den Fällen leichter und mittlerer Fahrlässigkeit (sonst gilt § 110 SGB VII) und dem Geschädigten den Schmerzensgeldanspruch.

---

67 Siehe BGHZ 145, 331 ff = NJW 2001, 443 ff. Näher zur Streitfrage Brackmann/*Krasney*, Handbuch der Sozialversicherung, Bd. 3/1, § 106 SGB VII, Rn 15 f; Wannagat/*Waltermann*, Sozialgesetzbuch, § 106 SGB VII, Rn 5 ff mwN, auch zur Rspr der Oberlandesgerichte.

68 Vgl Brackmann/*Krasney*, Handbuch der Sozialversicherung, Bd. 3/1, § 106 SGB VII, Rn 16; *Maschmann*, SGb 1998, 54 (59); *Otto*, NZV 1996, 473 (475).

69 BGH, NJW 2001, 3125 f; BGH, NJW 2001, 3127 f; *B. Schmidt*, BB 2002, Heft 36; *Waltermann*, NJW 2002, 1225 (1230) mwN.

70 Vgl zum alten Recht BGH, NJW 1983, 2882 f; NJW 1987, 1022 f; NJW 1994, 1480 f.

In **Fall 9** gilt für die bürgerlich-rechtlichen Ansprüche von C, D und E: Baggerfahrer B ist als Arbeitnehmer des U eine im Betrieb tätige Person, B gehört also zum Personenkreis der von der Haftung gemäß § 105 Abs. 1 SGB VII Freigestellten. C ist wie B Arbeitnehmer des U, also ist er gemäß § 2 Abs. 1 Nr 1 SGB VII Versicherter desselben Betriebs, das Schadensereignis ist für ihn ein Arbeitsunfall iSv § 8 Abs. 1 SGB VII. C kann also B, der nicht vorsätzlich gehandelt hat, gemäß § 105 Abs. 1 SGB VII nicht auf Ersatz seines Personenschadens (Schmerzensgeld eingeschlossen) in Anspruch nehmen. Leiharbeitnehmer D ist nicht Beschäftigter iSv § 2 Abs. 1 Nr 1 SGB VII, er ist aber als „Wie-Beschäftigter“ gemäß § 2 Abs. 2 SGB VII Versicherter des Unfallbetriebs[70], auch für ihn ist das Schadensereignis ein Arbeitsunfall iSv § 8 Abs. 1 SGB VII, auch ihm gegenüber ist B freigestellt. In Bezug auf E liegen die Voraussetzungen des § 105 SGB VII nicht vor, er ist für die Kanalbaufirma K tätig gewesen, genießt also über diesen Betrieb – seinen „Stammbetrieb“, nicht über den „Unfallbetrieb“ des U – Versicherungsschutz. Dennoch haftet B auch E gegenüber beschränkt, und zwar gemäß § 106 Abs. 3, 3. Fall SGB VII: Versicherte des U und der Firma K verrichteten vorübergehend Tätigkeiten auf derselben Baustelle. Diese Baustelle ist nach dem oben Dargelegten eine gemeinsame Betriebsstätte iSv § 106 Abs. 3, 3. Fall SGB VII. Es gelten also die §§ 104, 105 SGB VII für die Ersatzpflicht der für die Unternehmen U und K Tätigen untereinander, also auch für die Ersatzpflicht des B gegenüber E. Im Ergebnis können also C, D und E wegen ihrer Personenschäden den B nicht nach den Vorschriften des Bürgerlichen Rechts in Anspruch nehmen.

4. Weitere Haftungsfreistellungen

Gemäß § 106 Abs. 1 SGB VII gelten die §§ 104 und 105 SGB VII für die dort genannten Personenkreise entsprechend. Besonders zu beachten ist die Haftungsfreistellung für die in § 2 Abs. 1 Nr 8 SGB VII genannten Personengruppen der **Kinder**, **Schüler** und **Studierenden** (untereinander, gegenüber den Betriebsangehörigen des „Unternehmens“, also etwa der Schüler gegenüber den Lehrern, und der Betriebsangehörigen gegenüber den Versicherten, zB der Lehrer gegenüber den Schülern). Entsprechendes gilt gemäß § 106 Abs. 2 SGB VII für die Ersatzpflicht der Pflegebedürftigen gegenüber den **Pflegepersonen**, für die Ersatzpflicht der Pflegepersonen gegenüber den Pflegebedürftigen und für die Ersatzpflicht einer Pflegeperson gegenüber einer anderen Pflegeperson, wenn sie denselben Pflegebedürftigen im Rahmen des SGB XI pflegen. **316**

In Bezug auf diese Tatbestände bedarf es der Auslegung des Begriffs der „betrieblichen Tätigkeit“ in Anpassung an die besondere tatsächliche Situation, etwa die Schulsituation.

Betriebsangehörige können nach Maßgabe von § 106 Abs. 4 SGB VII auch gegenüber **Unternehmensbesuchern** freigestellt sein.

5. Regress der Sozialversicherungsträger

Gemäß **§ 110 SGB VII** können die Sozialversicherungsträger für die infolge des Versicherungsfalls entstandenen Aufwendungen bis zur Höhe des zivilrechtlichen Scha- **317** densersatzanspruchs Regress nehmen, wenn die gemäß §§ 104-107 SGB VII von der Haftung Freigestellten den Versicherungsfall **vorsätzlich** oder **grob fahrlässig** herbeigeführt haben. § 110 SGB VII gibt den Sozialversicherungsträgern einen **originären** Rückgriffsanspruch. Dieser ist, weil privatrechtlicher Natur, vor den **Zivilgerichten** einzuklagen. Im Unfallversicherungsrecht gilt insoweit also nicht das grundsätzliche sozialrechtliche Rückgriffsmodell des gesetzlichen Forderungsübergangs[71].

Das **Verschulden** braucht sich nach neuem Recht nur noch auf das den Versicherungsfall verursachende Handeln oder Unterlassen zu beziehen, es muss nicht darüber hinaus auch die Schadensfolgen umfassen, wie es der BGH zu Recht zu § 640 RVO vertreten hatte[72].

§ 11 Rentenversicherung

Schrifttum: *Becker*, Transfergerechtigkeit und Verfassung – Die Finanzierung der Rentenversicherung im Steuer- und Abgabensystem und im Gefüge staatlicher Leistungen 2001; *Boecken*, Verfassungsrechtliche Fragen einer Organisationsreform der gesetzlichen Rentenversicherung, 2000; *Blomeyer*, Die „Riester-Rente" nach dem Altervermögensgesetz (AVmG), NZA 2001, 913; *Brettschneider*, Das Rentenrecht, 2. Aufl., 2001; *Eicher/Haase/Rauschenbach* (Hrsg.), Die Rentenversicherung der Arbeiter und der Angestellten, 2 Bd., Loseblattwerk; *von Einem/Schäfer/Bressel ua*, Gesetzliche Rentenversicherung, Sozialgesetzbuch VI, Kommentar, 1999; *Furtmayer*, Das neue Altersvermögensgesetz, 2002; *Grüner/Dalichau*, Gesetzliche Rentenversicherung, SGB VI, Kommentar, Loseblattwerk; *Hase*, Anrechnung von Kindererziehungszeiten in der Rentenversicherung: Element eines sozialen Ausgleichs neuer Art?, VSSR 1995, 25; *Hauck*, Sozialgesetzbuch – SGB VI, Gesetzliche Rentenversicherung, 4 Bd., Loseblattwerk; *Hebeler*, Generationengerechtigkeit als verfassungsrechtliches Gebot in der sozialen Rentenversicherung, 2001; *Köhler*, Die Neuregelungen des AVmEG, DAngVers 2001, 165; *Kreikebohm* (Hrsg.), Sozialgesetzbuch (SGB VI), Gesetzliche Rentenversicherung, 2. Aufl., 2002; *Langen*, Die neue Rentenanpassung ab 1.7.2001, DAngVers 2001, 239; *Lilge* (Hrsg.), Kommentar zum Renten-Reformgesetz 92, 2 Bd., Loseblattwerk; *Lueg/von Maydell/Ruland* (Hrsg.), Gemeinschaftskommentar zum Sozialgesetzbuch – Gesetzliche Rentenversicherung (GK – SGB VI), 6 Bd., Loseblattwerk; *Maier/Harthun-Kindl/Hennies/Wagner/Fichte/Kahl*, Berliner Kommentar zum Renten-Reformgesetz, Loseblattwerk; *Marburger*, Die Rentenversicherung, 2002; *Michaelis/Thiede*, Reform der gesetzlichen Rentenversicherung: Zwischen Kontinuität und Paradigmenwechsel, DAngVers 2000, 426; *Pelikan*, Rentenversicherung, SGB VI, 10. Aufl., 2002; *Rüfner*, Möglichkeiten und Grenzen einer Neuordnung der Finanzierung öffentlich-rechtlicher Sozialleistungssysteme, in: Schriftenreihe des Deutschen Sozialrechtsverbandes, Bd. 45, 1999, S. 101; *Ruland*, Solidarität und Individualität – ein allgemeines Thema – Konkretisiert am Beispiel der Rentenversicherung, DRV 2000, S. 733; *ders.*, Licht, aber auch viel Schatten. Die Rentenreform, eine vorläufige Bilanz, Soziale Sicherheit 2001, 43; *ders.*, Schwerpunkte der Rentenreformen in Deutschland, NJW 2001, 3505; *Schulin* (Hrsg.), Handbuch des Sozialversicherungsrechts, Bd. 3, Rentenversicherungsrecht, 1999; *VDR* (Hrsg.), Kommentar zum Recht der Gesetzlichen Rentenversicherung, Loseblattwerk; *ders.*, Auswirkungen veränderter ökonomischer und rechtlicher Rahmenbedingungen auf die gesetzliche Rentenver-

71 Siehe dazu unten Rn 593 ff.
72 BGHZ 75, 328 (330 f).

sicherung in Deutschland, 1998; *Zacher*, Alterssicherung – Spiegel der gesellschaftlichen Entwicklung, in: *ders.*, Abhandlungen zum Sozialrecht, 1993, S. 498 ff; *Zimmer/Weisberg/Weisberg-Schwarz*, Rentenversicherung der Arbeiter und Angestellten, Loseblattwerk; *Zweng/Scheerer/Buschmann/Dörr*, Handbuch der Rentenversicherung, Teil II, SGB VI, Kommentar, 2 Bd., Loseblattwerk.

Zeitschriften: *Die Rentenversicherung* (rv), *Deutsche Rentenversicherung* (DRV), hrsg. vom Verband Deutscher Rentenversicherungsträger; *Die Angestelltenversicherung* (DAngVers.), Mitteilungsblatt der Bundesversicherungsanstalt für Angestellte.

I. Grundlagen

1. Rechtsgrundlagen

Im Zusammenhang mit dem **sozialen Recht** auf Zugang zur Sozialversicherung 318
(**§ 4 Abs. 1 SGB I**) hat, wer in der Sozialversicherung versichert ist, im Rahmen der gesetzlichen Kranken-, Pflege-, Unfall- und Rentenversicherung einschließlich der Alterssicherung der Landwirte die in **§ 4 Abs. 2 SGB I** vorgezeichneten Rechte. Die **Einweisungsvorschrift** des **§ 23 SGB I** zählt die Leistungen der gesetzlichen Rentenversicherung einschließlich der Alterssicherung der Landwirte auf und benennt die Träger der Rentenversicherung. Die Einzelheiten des Rentenversicherungsrechts regelt das zum 1. Januar 1992 in Kraft getretene **SGB VI**.

Das mit dem **Rentenreformgesetz 1992 (RRG 1992)**[1] eingeführte SGB VI hat das in der RVO enthaltene Buch über die gesetzliche Rentenversicherung abgelöst, und im SGB VI ist seitdem auch die zuvor im Reichsknappschaftsgesetz (RKnG) geregelte Rentenversicherung der im Bergbau Beschäftigten (knappschaftliche Rentenversicherung) enthalten. Neben dem SGB VI stehen das 1995 in Kraft getretene **Gesetz über die Alterssicherung der Landwirte (ALG)**[2] und das 1983 in Kraft getretene **Gesetz über die Sozialversicherung der selbständigen Künstler und Publizisten (Künstlersozialversicherungsgesetz)**. Im Zusammenhang mit der Einordnung in das Sozialgesetzbuch ist das Rentenversicherungsrecht nicht nur in systematischer und begrifflicher Hinsicht überarbeitet worden, es ist auch in der Sache verändert worden; die Eingliederung in das Sozialgesetzbuch war wie in der gesetzlichen Krankenversicherung nicht lediglich ein *Kodifikations-*, sondern zugleich ein *Reformvorhaben.*

Das Rentenversicherungsrecht ist nach seiner Eingliederung in das SGB bereits 319
wieder mehrfach geändert worden, und soeben ist eine grundlegende Strukturreform verabschiedet worden: Durch das **Gesetz zur Ergänzung des Gesetzes zur Reform der gesetzlichen Rentenversicherung und zur Förderung eines kapitalgedeckten Altersvorsorgevermögens (Altersvermögensergänzungsgesetz)**[3] ist die gesetzliche Rentenversicherung mit Wirkung vom 1. Januar 2002 reformiert worden. Der damit zusammenhängende, im **Gesetz zur Reform der gesetzlichen Rentenversicherung und zur Förderung eines kapitalgedeckten Altersvorsorgevermögens (Altersvermögensgesetz)** geregelte Aufbau einer zusätzlichen privaten Altersvorsorge mit staatlicher Förderung („Riester-Rente“) war im Bundesrat

---

1 BGBl. I 1989, S. 2261.
2 BGBl. I 1994, S. 1890.
3 BGBl. I 2001, S. 403.

zustimmungsbedürftig; dieser Teil der Rentenreform ist nach Behandlung im Vermittlungsausschuss am 26. Juni 2001 verabschiedet worden und zum 1. Januar 2002 in Kraft getreten[4].

Im Folgenden wird auf die knappschaftliche Rentenversicherung (die der Rentenversicherung für Arbeiter und Angestellte sehr ähnlich ist), auf die Altershilfe für Landwirte (die sich von den anderen Zweigen der Rentenversicherung in zahlreichen Hinsichten unterscheidet) und auf die Künstlersozialversicherung nicht eingegangen[5].

2. Hintergrund

320 a) Die Vorsorge gegen die Risiken des Alters, der Invalidität und des Todes (letzteres im Interesse der Hinterbliebenen) erfolgt vor allem im Bereich der abhängigen Beschäftigung durch die öffentlich-rechtlich organisierte **gesetzliche Rentenversicherung**. Daneben bestehen die Sicherungen des **Beamtenrechts** und der **berufsständischen Versorgungswerke** (zB Versorgungswerke der Rechtsanwälte, der Ärzte).

Die Versorgung der **Beamten**, **Richter** und **Soldaten** ist steuerfinanziert. Träger der Versorgung ist der jeweilige Dienstherr. Rechtsgrundlage ist insbesondere das Beamtenversorgungsgesetz (BeamtVG), dieses ist Teil des öffentlichen Dienstrechts[6].

Im Bereich der abhängigen Beschäftigung treten neben die Absicherung durch die gesetzliche Rentenversicherung die **betriebliche Altersversorgung**[7] in der Privatwirtschaft und die **Zusatzversorgung des öffentlichen Dienstes**; die Zusatzversorgungen des öffentlichen Dienstes bilden eine besondere Form der „betrieblichen Altersversorgung" (auf tarifvertraglicher Basis), zB durch kommunale Zusatzversorgungskassen[8]. In allen Bereichen spielte neben den genannten Sicherungssystemen die **private Vorsorge** bisher schon eine mehr oder weniger große Rolle. Nunmehr soll mit der Reform durch das **Altersvermögensgesetz (AVmG)** die zusätzliche private Vorsorge, staatlich gefördert, neben die Absicherung durch die gesetzliche Rentenversicherung treten, damit die wegen der demographischen Entwicklung[9] bei Stabilisierung der Beitragssätze beschlossene Absenkung des Rentenniveaus aufgefangen wird.

321 b) Die **gesellschaftliche und wirtschaftliche Bedeutung** der gesetzlichen Rentenversicherung ist sehr groß. Mehr als 80% der aus dem Erwerbsleben Ausgeschiedenen beziehen Einnahmen aus der gesetzlichen Rentenversicherung, mit denen sie in

---

4 BGBl. I 2001, S. 1310.

5 Dargestellt zB bei *Gitter/Schmitt*, Sozialrecht, § 24 Rn ff.

6 Im Sozialbudget (oben Rn 59) sind die Leistungen der Beamtenversorgung ausgewiesen.

7 Siehe *Ahrend/Förster/Rühmann*, Gesetz zur Verbesserung der betrieblichen Altersvorsorge, Kommentar, 8. Aufl., 2002; *Blomeyer/Otto*, Gesetz zur Verbesserung der betrieblichen Altersversorgung, Kommentar, 2. Aufl., 1997; *Griebeling*, Betriebliche Altersversorgung, 1996; *Höfer*, Gesetz zur Verbesserung der betrieblichen Altersversorgung, Kommentar, Loseblattwerk; *Wellisch/Näth*, BB 2002, 1393 ff.

8 Die Tarifparteien haben sich geeinigt, die Zusatzrenten in Betriebsrenten umzuwandeln, wie sie in der Privatwirtschaft üblich sind, vgl Tarifvertrag vom 13. November 2001 (Altersversorgung 2001).

9 Siehe unten Rn 322.

erster Linie oder ausschließlich ihren Lebensunterhalt bestreiten. Die Ausgaben der gesetzlichen Rentenversicherung betrugen 2001 ca. 220 Mrd. Euro[10]. Die gesetzliche Rentenversicherung ist der mit Abstand größte Zweig der Sozialversicherung.

c) Die Alterssicherung (nicht nur durch die gesetzliche Rentenversicherung, sondern namentlich auch die Beamtenversorgung) steht vor **großen Herausforderungen**: Immer weniger Erwerbstätige müssen immer mehr Rentner und Pensionäre für einen immer längeren Zeitraum versorgen. Nicht nur entspricht die **Alterstruktur** einer auf dem Kopf stehenden Pyramide. Es hat sich auch die **Laufzeit der Renten verlängert**, weil die Lebenserwartung gestiegen und das Renteneintrittsalter gesunken ist. Wegen einer verlängerten Ausbildungsphase und wegen des zeitlich früheren Ausscheidens der Älteren aus dem Erwerbsleben steht dem zugleich eine **verkürzte Dauer der Beitragszahlung** gegenüber. Zudem bleibt fraglich, ob potenziell Erwerbstätige wegen der **Arbeitsmarktlage** eine versicherungspflichtige Beschäftigung überhaupt bekommen und wenn, ob sie diese für eine ausreichend lange Zeit ausüben werden. **322**

Während in der Bundesrepublik derzeit etwa 2,5 Personen im Alter von 20 bis 60 Jahren auf einen über 60-jährigen kommen, wird sich dieses Verhältnis bis zum Jahr 2030 auf etwa 1,4 zu 1 verändern[11]. Die zu der auf dem Kopf stehenden **Alterspyramide** führende demographische Entwicklung könnte zu einem guten Teil aufgefangen werden: Ausbildungszeiten müssten ohne Qualitätsverlust verkürzt werden, Kindererziehung und Erwerbstätigkeit müssten leichter nebeneinander möglich sein, Ältere oder Leistungsgeminderte müssten in das Arbeitsleben integriert bleiben, Arbeitsplätze könnten durch Zuwanderung besetzt werden. Die demographische Entwicklung würde in dem Maß an Brisanz verlieren, in dem die zukünftig arbeitende Generation ihre geringere Zahl durch eine höhere Erwerbsquote ausgleichen könnte. Dies stünde allerdings unter dem Vorbehalt einer hinreichenden Entwicklung auf dem Arbeitsmarkt.

3. Entwicklung und Rentenreformen[11a]

a) Die heutige gesetzliche Rentenversicherung geht zurück auf das dritte Bismarcksche Sozialversicherungsgesetz, das **Gesetz betreffend die Invaliditäts- und Altersversicherung** vom 22. Juni 1889 (in Kraft getreten am 1. Januar 1891). Die Grundstrukturen dieses Gesetzes bestehen noch heute. Im Jahr 1911 fasste die **Reichsversicherungsordnung (RVO)** die Gesetze der damals bestehenden Versicherungszweige Krankenversicherung, Unfallversicherung und Invaliditäts- und Altersversicherung zusammen, für die besser verdienenden und standesbewussten Angestellten wurde mit dem **Angestelltenversicherungsgesetz (AVG)** eine Sonderregelung geschaffen, die unter meist milderen tatbestandlichen Voraussetzungen sehr viel günstigere Rentenversicherungsleistungen vorsah als die RVO für die Arbeiter. Durch die **Rentenreform 1957** wurde die gesetzliche Rentenversicherung **323**

10 Siehe *VDR* (Hrsg.), Rentenversicherung in Zahlen, 2002, S. 14.

11 Vgl *Statistisches Bundesamt* (Hrsg.), Bevölkerungsentwicklung in Deutschland bis zum Jahr 2050 – Ergebnisse der 9. Koordinierten Bevölkerungsvorausberechnung, 2000.

11a Zu den geschichtlichen und zu den sozialpolitischen Grundlagen *Schulin/Frerich/Frey*, Handbuch des Sozialversicherungsrechts, Bd. 3, §§ 1, 2.

grundlegend umgestaltet. War die Rente der gesetzlichen Rentenversicherung ursprünglich nur Mittel zur Abwendung von Notlagen, besteht ihre Aufgabe seither darin, vorzeitig Erwerbsunfähigen, Altersrentnern und Hinterbliebenen eine hinreichende Existenzsicherung zu bieten, die die volle Sicherung des Lebensstandards zwar nicht erreicht, sich aber am **Lebensstandard** doch orientiert. Die Renten wurden **dynamisiert**, und das Finanzierungssystem wurde vom Kapitaldeckungsverfahren zum **Umlageverfahren** umgestaltet.

Im **Kapitaldeckungsverfahren** wird aus den Beiträgen Vermögen gebildet. Dieses Vermögen ist die Grundlage der späteren Rentenleistungen. Die Geldentwertungen nach dem Ersten Weltkrieg und nach dem Zweiten Weltkrieg haben bekanntlich die nach diesem Finanzierungssystem für die Rentenleistungen vorgesehenen Vermögen vernichtet. Aber auch nicht spektakuläre jährliche Inflationsraten senken prinzipiell den Wert der Rentenanwartschaften[12]. Die Renten errechneten sich vor der Rentenreform von 1957 zudem auf der Basis von Beiträgen, die lange Zeit vorher entrichtet worden waren, sodass Geldentwertung und Preisentwicklung diesen Renten die Kaufkraft nahmen. Auch wurden im Verlauf der Arbeitsbiographie eintretende Lohnsteigerungen für die zurückgelegten Zeiten vor 1957 nicht wirksam, es kam dadurch zu einer Diskrepanz zwischen den erworbenen Rentenanwartschaften und dem zuletzt erzielten Einkommen. Mit einer neuen Rentenformel wurde die Höhe der Renten davon abhängig, wie sich während des Versicherungslebens das **Durchschnittsentgelt des Versicherten** zum zeitabschnittsgleichen **Durchschnittsentgelt aller Versicherten** verhalten hatte, die Renten wurden **dynamisiert**.

324 b) Das **Umlageverfahren**, unjuristisch auch als „**Generationenvertrag**" bezeichnet, kommt ohne Kapitalansammlung aus. § 153 Abs. 1 SGB VI organisiert das Umlageverfahren in der Weise, dass die Ausgaben eines Kalenderjahres durch die Einnahmen desselben Kalenderjahres und, soweit erforderlich, durch Entnahmen aus der sog. Schwankungsreserve (§§ 216 ff SGB VI) gedeckt werden. Während also die Beiträge an die derzeitigen Rentner weitergegeben werden, erlangen die erwerbstätigen Versicherten auf Grund ihrer Beitragsleistungen Anwartschaften für ihre Altersversorgung, die dann später durch die Beiträge der nachfolgenden Generationen eingelöst werden. Kurz zusammengefasst beruht die Absicherung also nicht auf der Bildung von Vermögen, sondern auf der Kontinuität der Versicherung. Das Umlageverfahren ermöglicht dabei Rentenleistungen, die am aktuellen Lohnniveau ausgerichtet sind, Inflationstendenzen werden aufgefangen und Lohnerhöhungen führen zu Rentenerhöhungen. Das Umlageverfahren setzt andererseits aber auch voraus, dass die erwerbstätige Generation durch hinreichende Beitragsleistungen die Renten erwirtschaften kann. Dies wiederum hat – neben ausreichender Beschäftigung – zur Voraussetzung, dass die künftigen Rentner für soviel Nachwuchs sorgen, dass für die Zeit ihrer Rente genügend Beitragszahler zur Verfügung stehen – woran es fehlt. Den Zusammenhang zwischen der politischen Gestaltung der Alterssicherungssysteme und der **Familienpolitik** hat man jahrelang übersehen[13], inzwischen hat man aber begonnen, dies zu berücksichtigen.

Wenn vor dem Hintergrund der Zukunftsprobleme der Alterssicherung zum Teil die Abkehr vom Umlageverfahren und der Übergang zu einem Kapitaldeckungsverfahren empfohlen wird, ist über den genannten Inflationsgesichtspunkt hinaus zumindest folgendes zu bedenken: Der Bevölkerungsrückgang auf Grund der niedrigen Geburtenrate führt für sich gesehen

12 Bei einer Inflation von 3% (das entspricht knapp der durchschnittlichen DM-Entwertung) halbiert sich der Geldwert in etwa 23 Jahren, in 46 Jahren beträgt er noch etwa ein Viertel. Diese Entwertung muss durch Erträge ausgeglichen werden.

13 Überblick und Nachweise bei *Ruland*, in: SRH, C.16., Rn 72 mwN. Siehe auch Rn 518 f.

in einem kapitalgedeckten System zwar nicht zu augenfälligen Nachteilen, wie sie in Bezug auf das Umlageverfahren leicht erkennbar sind. Andere Belastungen wie die durch eine höhere Lebenserwartung sind aber auch dort nicht geringer. Problematisch wäre in jedem Fall die Dimension eines solchen Vorhabens. Um vergleichbare Rentenausgaben wie derzeit aus der gesetzlichen Rentenversicherung leisten zu können, müssten bei vorgesehenem Verbrauch des Angesparten rund 2 Billionen Euro vorgehalten werden, bei Zahlung aus Erträgen wären zwischen 5 und 6 Billionen Euro vorzuhalten. Dies sind volkswirtschaftlich gesehen enorme Größenordnungen[14]. Man muss fragen, ob Vermögensmassen dieser Größenordnung wirtschaftlich und politisch sicher und ertragreich angelegt werden könnten, was nur global möglich wäre, und man müsste annehmen können, dass eine Volkswirtschaft überhaupt in der Lage ist, so viel (geschützt vor Begehrlichkeiten) für die Zukunft zurückzulegen. Im Übergang müsste die arbeitende Generation ansparen und zugleich für die Umlageversorgung der Rentenempfänger (wie auch immer) aufkommen[15]. Realistisch ist lediglich die **zusätzliche** Absicherung in einem kapitalgedeckten System, wie sie das **Altersvermögensgesetz** jetzt vorsieht.

c) Mit der **Rentenreform 1992** wurde die in RVO und AVG für Arbeiter und Angestellte getrennt geregelte Rentenversicherung zusammengefasst und in das Sozialgesetzbuch eingeordnet. Inhaltlich hat der Gesetzgeber auf das sich verschlechternde Verhältnis zwischen der (ansteigenden) Zahl der Rentner (bei zudem steigender Lebenserwartung) und der (abnehmenden) Zahl der Erwerbstätigen (und damit potenziellen Beitragszahler) reagiert. Die Lebensarbeitszeit wurde stufenweise verlängert. Um die Belastungen auf Beitragszahler, Rentner und Staat besser zu verteilen, wurden die Rentenanpassung, die Beitragssatzfestsetzung und die Höhe des Bundeszuschusses in einen sich selbst regulierenden Mechanismus eingebunden. Die Rentenanpassung erfolgte, weil wegen der gestiegenen Abgabenbelastung der Löhne die faktisch steuerfreien Renten schneller zulegten als die Nettolöhne, nicht mehr brutto-, sondern nettoorientiert, in den Jahren 2000 und 2001 vorübergehend entsprechend dem Anstieg der Lebenshaltungskosten. Angesichts der **Wiedervereinigung** der beiden deutschen Staaten am 3. Oktober 1990 kam es zur Geltung des neuen Rentenversicherungsrechts (das am 9. November 1989, dem Tag der Maueröffnung, verabschiedet worden war) vom 1. Januar 1992 an auch in den neuen Bundesländern. Die vielfältigen Übergangsregelungen dazu enthält das **Renten-Überleitungsgesetz (RÜG)**[16]. **325**

Durch das **Gesetz zur Förderung eines gleitenden Übergangs in den Ruhestand** vom 23. Juli 1996[17] und das **Gesetz zur Umsetzung des Programms für mehr Wachstum und Beschäftigung in den Bereichen der Rentenversicherung und Arbeitsförderung** vom 25. September 1996[18] ist die Anhebung der Altersgrenzen

---

14 Bei etwa 4 Billionen DM liegt derzeit das in Deutschland insgesamt vorhandene Geldvermögen. Siehe näher *Rüfner*, in: Deutscher Sozialrechtsverband (Hrsg.), Die Finanzierung der Sozialleistungen in der Zukunft, SDSRV, Bd. 45, 1999, S. 101 (113 ff); *Ruland*, VSSR 1997, 19 (28 f).

15 Zu verfassungsrechtlichen Fragen des Übergangs (wegen Art. 14 GG, Vertrauensschutz, Sozialstaatsprinzip und Art. 3 GG) siehe *Rüfner*, in: Deutscher Sozialrechtsverband (Hrsg.), Die Finanzierung der Sozialleistungen in der Zukunft, SDSRV, Bd. 45, 1999, S. 101 (116 ff).

16 BGBl. I 1991, S. 1606. Siehe dazu Schulin/*Eyrich*, Handbuch des Sozialversicherungsrechts, Bd. 3, §§ 71, 72; zu Besonderheiten in den neuen Bundesländern *Ruland*, in: SRH, C.16., Rn 296 ff.

17 BGBl. I, S. 1078.

18 BGBl. I, S. 1461.

vorgezogen und beschleunigt worden (vgl §§ 236 Abs. 1 S. 2-4, 237a Abs. 2 SGB VI). Die vorzeitige Inanspruchnahme führt zu Rentenabschlägen (näheres regelt § 77 SGB VI). Die Rentenminderungen können jeweils durch zusätzliche Beitragszahlungen gemäß § 187a SGB VI verhindert werden.

326 d) Mit dem Altersvermögensergänzungsgesetz (AVmEG) vom 21. März 2001[19] und dem Altersvermögensgesetz (AVmG) vom 26. Juni 2001 hat der Gesetzgeber auf die Notwendigkeit einer weiteren grundlegenden Rentenreform zur Bewältigung der Auswirkungen der demographischen Entwicklung und des Wandels der Arbeitswelt auf zwei Ebenen reagiert.

aa) Die Reform der „eigentlichen" gesetzlichen Rentenversicherung verändert das Recht **innerhalb der bestehenden Systemstrukturen**, einem Systemwechsel zu einer vorleistungsunabhängigen steuerfinanzierten Grundrente wurde zu Recht erneut eine Absage erteilt. Im Rentenversicherungsrecht des SGB VI befindet sich nach dem Altersvermögensergänzungsgesetz nunmehr ein **neues Steuerungsinstrument**. Bereits vom Jahr 2001 an orientiert sich der Anstieg der gesetzlichen Renten im Prinzip an der Entwicklung der Bruttolöhne, wobei aber diese **Bruttolohnanpassung zweifach modifiziert** ist („modifizierte Bruttolohnanpassung"[20]). Der Bruttobetrag wird zum einen mit 90% angesetzt, zum anderen werden aus dem Bruttolohnbetrag die Beiträge zur gesetzlichen Rentenversicherung und der private Vorsorgeaufwand herausgerechnet (vgl § 68 SGB VI, eine Übergangsregelung enthält § 255e SGB VI[21]). Dadurch werden die gesetzlichen Altersbezüge vom Jahr 2003 an etwas langsamer steigen als die Löhne. Das nicht zur Geltung gelangte **Rentenreformgesetz 1999** hatte zur Bewältigung der Problematik in die Rentenanpassungsformel einen sog. demographischen Faktor[22] aufgenommen.

bb) Neben die veränderte Steuerung der Rentenanpassung tritt der Aufbau einer **zusätzlichen kapitalgedeckten Altersvorsorge** mit staatlicher Förderung, verbunden mit einer **Stärkung der betrieblichen Altersversorgung**. Diese zusätzliche Altersvorsorge („Riester-Rente"), auch durch eine betriebliche Altersversorgung, ist nicht mehr Ergänzung, sondern teilweiser Ersatz der gesetzlichen Rentenversicherung. Regelungen zur Beitragstragung sieht das Gesetz nicht vor, die Arbeitnehmer tragen die Aufwendungen also allein. Darin liegt eine Abkehr von der bisher je zur Hälfte von Arbeitnehmern und Arbeitgebern finanzierten Rentenversicherung mit dem Ziel der Lebensstandardsicherung für langjährig Versicherte. Die Lebensstandardsicherung wird vor den dargelegten Hintergründen durch die gesetzliche Rentenversicherung allein nicht mehr erreicht.

Der mit der Reform angestrebten Begrenzung der Beitragsentwicklung in der gesetzlichen Rentenversicherung (vorgesehen sind 20% im Jahr 2020 und 22% im Jahr 2030) korrespondiert auf der Leistungsseite ein einnahmeabhängig geringer werdendes Rentenniveau (nach

19 Siehe oben Rn 319.
20 Vgl *Ruland*, Soziale Sicherheit 2001, 43 (44).
21 Näher unten Rn 380.
22 Siehe dazu Schulin/*Kreikebohm/Mette*, Handbuch des Sozialversicherungsrechts, Bd. 3, § 78 Rn 5 ff.

gegenwärtiger Rechnungsart wird das Eckrentenniveau[23] im Jahr 2030 rund 67% des Nettoeinkommens gegenüber derzeit 70% betragen). Kurz gesagt: Während sich bisher die Beitragssätze nach den Ausgaben richteten, orientieren sich in Zukunft die Ausgaben an den Beitragseinnahmen. Es vollzieht sich damit ein Wechsel von einem leistungsorientierten zu einem beitragsorientierten System. Reformiert wurde darüber hinaus insbesondere das Recht der **Hinterbliebenenrenten**.

4. Organisation

In organisatorischer Hinsicht besteht die Trennung der Versicherungszweige in Arbeiter- und Angestelltenversicherung noch fort (§ 125 SGB VI): Träger der Rentenversicherung der Arbeiter sind die (23) **Landesversicherungsanstalten**, die **Bahnversicherungsanstalt** und die **Seekasse**; Träger der Rentenversicherung der Angestellten ist die **Bundesversicherungsanstalt für Angestellte** in Berlin, und Träger der knappschaftlichen Rentenversicherung ist die **Bundesknappschaft** in Bochum. Die Träger der Rentenversicherung sind **Körperschaften des öffentlichen Rechts** mit **Selbstverwaltung**. Sie haben sich im **Verband Deutscher Rentenversicherungsträger, VDR** zusammengeschlossen (siehe § 146 SGB VI). **327**

5. Finanzierung

a) Die Finanzierung der gesetzlichen Rentenversicherung ist in den §§ 153-227 SGB VI geregelt. Die Einnahmen der gesetzlichen Rentenversicherung beruhen ganz überwiegend (zu über 80%) auf **Beiträgen**, im übrigen auf Zuschüssen des Bundes (§ 153 Abs. 2 SGB VI). Das Umlageverfahren (§ 153 Abs. 1 SGB VI) führt dazu, dass die Ausgaben eines Kalenderjahres durch die Einnahmen desselben Kalenderjahres (und soweit erforderlich durch Entnahmen aus der Schwankungsreserve) gedeckt werden. Die **Zuschüsse des Bundes** (§ 213 SGB VI) gleichen (zum Teil) Belastungen der gesetzlichen Rentenversicherung aus, die ihren Grund nicht in der reinen Invaliditäts-, Alters- und Hinterbliebenenversicherung haben, also nicht der Versichertengemeinschaft, sondern der Gesamtgesellschaft zuzurechnen sind, wie zB nachwirkende Kriegsfolgelasten, Lasten durch die Wiedervereinigung, Ausgleich von Familienlasten, Leistungen zur Entlastung des Arbeitsmarktes. **328**

b) In Bezug auf das **Beitragsrecht** gilt Folgendes: **Getragen** werden die Beiträge bei Beschäftigten im Grundsatz von den Versicherten und den Arbeitgebern je zur Hälfte (siehe § 168 SGB VI), Selbständige und freiwillig Versicherte tragen ihre Beiträge selbst (§§ 169 Nr 1, 171 SGB VI), bei Künstlern und Publizisten werden die Beiträge von der Künstlersozialkasse getragen (§ 169 Nr 2 SGB VI), zur Beitragstragung bei sonstigen Versicherten siehe § 170 SGB VI. **329**

---

23 Der Begriff Eckrentenniveau bezeichnet das Verhältnis einer auf 45 Versicherungsjahren mit Durchschnittsverdienst (also 45 Entgeltpunkten) beruhenden Nettorente zum aktuellen Nettodurchschnittsverdienst.

330 aa) Die **Höhe** der Beiträge richtet sich gemäß § 157 SGB VI nach einem Vomhundertsatz (Beitragssatz) von der Beitragsbemessungsgrundlage, die bis zur jeweiligen **Beitragsbemessungsgrenze** (§ 159 SGB VI) berücksichtigt wird; da nur das beitragspflichtige Einkommen auch versichert ist, stellt die Beitragsbemessungsgrenze zugleich eine Leistungsbemessungsgrenze dar. **Beitragsbemessungsgrundlage** für Versicherungspflichtige sind die beitragspflichtigen Einnahmen (§ 161 Abs. 1 SGB VI). Freiwillig Versicherte sind nicht beitragspflichtig, sie erhalten bei Eintritt des Versicherungsfalls in dem Maß Leistungen, wie sie zuvor Beiträge tatsächlich gezahlt haben. Beitragsbemessungsgrundlage für sie ist jeder Betrag zwischen der Mindestbeitragsbemessungsgrundlage gemäß § 167 SGB VI und der Beitragsbemessungsgrenze (§ 161 Abs. 2 SGB VI). Zu den beitragspflichtigen Einnahmen versicherungspflichtig Beschäftigter gehört insbesondere das Arbeitsentgelt (siehe im Einzelnen §§ 162 f SGB VI). Der (für alle Versicherten gleiche) **Beitragssatz** wird also nach Maßgabe des § 158 SGB VI in Prozenten der beitragspflichtigen Einnahmen festgesetzt, und zwar gemäß § 160 Nr 1 SGB VI von der Bundesregierung mit Zustimmung des Bundesrates durch **Rechtsverordnung**.

Der Beitragssatz beträgt 2002 19,1%. Auch die Beitragsbemessungsgrenze, aus der sich zugleich der höchstmögliche Beitrag ergibt, wird gemäß § 160 Nr 2 SGB VI durch Rechtsverordnung bestimmt. Die Beitragsbemessungsgrenze beträgt 2002: 4500 Euro/Monat, 54 000 Euro/Jahr für Arbeiter und Angestellte in den alten Bundesländern; 3750 Euro/Monat, 45 000 Euro/Jahr für Arbeiter und Angestellte in den neuen Bundesländern.

331 bb) Die **Zahlung der Beiträge** richtet sich nach §§ 173 ff SGB VI. Für die Zahlung der Beiträge von Versicherungspflichtigen aus dem Arbeitsentgelt gelten gemäß § 174 Abs. 1 SGB VI die Vorschriften über den Gesamtsozialversicherungsbeitrag (§§ 28d-28n und 28r SGB IV), im übrigen sind die Beiträge von denjenigen, die sie zu tragen haben, unmittelbar an die Rentenversicherungsträger zu zahlen (§ 173 S. 1 SGB VI).

6. Versicherung

332 In der gesetzlichen Rentenversicherung ist der Versicherungscharakter am deutlichsten ausgeprägt. Dabei ist die gesetzliche Rentenversicherung eine reine **Risikoversicherung**. Nur bei Eintritt eines der gesetzlich erfassten Risiken werden Leistungen erbracht. Gleichwohl hat die **Anwartschaft** auf eine Rente Vermögenswert und ist vom Schutz des Art. 14 Abs. 1 GG erfasst[24].

Auch in der gesetzlichen Rentenversicherung begegnen Elemente des **sozialen Ausgleichs**. Dazu zählen etwa Anrechnungszeiten (§§ 58, 252 ff SGB VI) oder Ersatzzeiten (§§ 250 f SGB VI) für Ausfallzeiten wegen Kriegsdienstes, Flucht, Vertreibung oder ähnlicher Tatbestände, die Entschädigungscharakter haben. Mehr als vier Prozentpunkte des Beitragssatzes werden, ohne dass dagegen verfassungsrechtliche

24 Vgl BVerfGE 53, 257 (290 ff) und oben Rn 15.

Bedenken bestehen[25], auf die vorwiegend fürsorgerisch motivierte Hinterbliebenenrente verwandt. Jedenfalls soweit es nicht um den Ausgleich **innerhalb** der Versichertengemeinschaft geht, spricht man von **versicherungsfremden Leistungen**[26]. Diese müssten durch den Bundeszuschuss ausgeglichen werden, was früher nicht in vollem Umfang geschah. Inzwischen ist anzunehmen, dass der Bundeszuschuss die gesamtgesellschaftlichen Aufwendungen der gesetzlichen Rentenversicherung aufwiegt, sodass auch Beamte und Selbständige an der Finanzierung nicht beitragsgedeckter Leistungen beteiligt sind[27].

II. Der versicherte Personenkreis

1. Versicherungspflicht

a) **Versicherungspflichtig kraft Gesetzes** sind die in §§ 1-3 SGB VI genannten 333
Personengruppen.

aa) Zunächst sind gemäß § 1 SGB VI die **Beschäftigten** versicherungspflichtig. 334
Das sind Personen, die gegen Arbeitsentgelt oder zu ihrer Berufsausbildung beschäftigt sind (§ 1 S. 1 Nr 1 SGB VI), Behinderte nach Maßgabe von § 1 S. 1 Nr 2 SGB VI, Personen, die in Einrichtungen der Jugendhilfe oder in Berufsbildungswerken oder ähnlichen Einrichtungen für Behinderte für eine Erwerbstätigkeit befähigt werden sollen (§ 1 S. 1 Nr 3 SGB VI), Auszubildende, die eine außerbetriebliche Berufsausbildung nach dem BBiG absolvieren (§ 1 S. 1 Nr 3a SGB VI) und Mitglieder geistlicher Genossenschaften, Diakonissen sowie Angehörige ähnlicher Gemeinschaften während ihres Dienstes für die Gemeinschaft und während der Zeit ihrer außerschulischen Ausbildung (§ 1 S. 1 Nr 4 SGB VI). Im Vordergrund stehen also auch hier die Arbeitnehmer.

Die Versicherungspflicht besteht **unabhängig von der Höhe des Einkommens**. Die Beitragsbemessungsgrenze (§ 159 SGB VI) ist also in der gesetzlichen Rentenversicherung nicht zugleich eine Versicherungspflichtgrenze (wie in der gesetzlichen Krankenversicherung), sie ist vielmehr die Grenze für die Höhe des versicherten Entgelts.

bb) In der gesetzlichen Rentenversicherung sind ferner die in § 2 S. 1 Nr 1-9 SGB 335
VI genannten **selbständig Tätigen** versicherungspflichtig, zB bestimmte selbständig tätige Lehrer und Erzieher (§ 2 S. 1 Nr 1 SGB VI), Hebammen und Entbindungspfleger (§ 2 S. 1 Nr 3 SGB VI), Künstler und Publizisten (§ 2 S. 1 Nr 5 SGB VI), in die Handwerksrolle eingetragene Handwerker (§ 2 S. 1 Nr 8 SGB VI) und gemäß § 2 S. 1 Nr 9 SGB VI Personen, die im Zusammenhang mit ihrer selbständigen Tätigkeit regelmäßig keinen versicherungspflichtigen Arbeitnehmer beschäftigen, dessen Arbeitsentgelt aus diesem Beschäftigungsverhältnis regelmäßig 325

25 Vgl BVerfGE 97, 271 (285).

26 Siehe dazu umfassend *Rolfs*, Das Versicherungsprinzip im Sozialversicherungsrecht, 2000, S. 193 ff. Ferner zB *Frohn*, SGb 2000, 1 ff; *Leisner*, NZS 1996, 97 ff; *Ruland*, DRV 1995, 28 ff, *ders.*, in: SRH, C.16., Rn 58 ff; BSGE 81, 276 (279 f); BVerfG, NJW 2000, 2496 ff.

27 Vgl *Rombach*, NZS 2002, 72 ff mwN.

Euro im Monat übersteigt und die auf Dauer und im Wesentlichen nur für einen Auftraggeber tätig sind.

§ 2 S. 1 Nr 9 SGB VI, eingefügt durch das (Vorschalt-)Gesetz zu Korrekturen in der Sozialversicherung und zur Sicherung der Arbeitnehmerrechte vom 19. Dezember 1998[28] begründet die Versicherungspflicht derjenigen, die nicht Beschäftigte im Sinne von § 7 Abs. 1 S. 1 SGB IV sind, aber als (in der Fassung des Gesetzes zur Förderung der Selbständigkeit nicht mehr ausdrücklich so bezeichnete) **arbeitnehmerähnliche Selbständige** in die gesetzliche Rentenversicherung kraft Gesetzes einbezogen werden. Der rentenversicherungspflichtige Personenkreis ist dadurch gezielt erweitert worden. Die Vorschrift soll der Erosion des versicherten Personenkreises durch zunehmende Überführung von abhängigen Beschäftigungen in arbeitnehmerähnliche selbständige Tätigkeiten entgegenwirken[29].

336 cc) Schließlich sind die in § 3 S. 1 Nr 1-4 SGB VI als **sonstige Versicherte** bezeichneten Personen bezogen auf bestimmte, zeitlich begrenzte besondere Umstände (zB Wehrdienst oder Zivildienst, Bezug von Krankengeld, Verletztengeld oder ähnlichen Entgeltersatzleistungen) versicherungspflichtig.

Auch in der gesetzlichen Rentenversicherung kommt es für die Entstehung des Sozialversicherungsverhältnisses gemäß § 1 S. 1 Nr 1 SGB VI nicht auf die Wirksamkeit des Arbeitsvertrags an. Entscheidend ist, ob ein Beschäftigungsverhältnis im Sinne von § 7 Abs. 1 SGB IV besteht (siehe oben Rn 108 ff). Die in § 2 SGB VI genannten Selbständigen sind auf Grund ihrer besonderen Schutzbedürftigkeit und im Interesse der Allgemeinheit versicherungspflichtig. Ende 2000 waren in den alten Bundesländern rund 68 000 Handwerker, in den neuen Bundesländern rund 15 000 Handwerker pflichtversichert[30].

337 b) Neben der Versicherungspflicht kraft Gesetzes kennt das SGB VI die **Versicherungspflicht auf Antrag**. Die in § 4 SGB VI Genannten (zB Entwicklungshelfer; für begrenzte Zeit im Ausland beschäftigte Deutsche) haben, wenn sie nicht schon die Voraussetzungen der Versicherungspflicht kraft Gesetzes erfüllen, die Möglichkeit, ihre Versicherungspflicht durch Stellung eines Antrags zu begründen.

2. Versicherungsfreiheit

338 Gemäß **§ 5 Abs. 1 SGB VI** versicherungsfrei sind diejenigen Personengruppen, deren Altersversorgung bereits anderweitig gesichert ist, die also der Sicherung durch die gesetzliche Rentenversicherung nicht bedürfen. Hierzu gehören insbesondere Beamte, Richter und sonstige Beschäftigte von Körperschaften, Anstalten oder Stiftungen des öffentlichen Rechts mit Anwartschaft auf eine Versorgung nach beamtenrechtlichen Vorschriften oder Grundsätzen oder mit Anwartschaft auf eine Versorgung nach entsprechenden kirchenrechtlichen Regelungen. Versicherungsfrei sind gemäß **§ 5 Abs. 2 SGB VI** ferner **geringfügig Beschäftigte** (§ 8 Abs. 1 SGB IV) und **geringfügig selbständig Tätige** (§ 8 Abs. 3 SGB IV). Gleiches gilt für **Studierende** einer Fachschule oder Hochschule, die während der Dauer ihres

28 BGBl. I, S. 3843 ff, neu gefasst durch das Gesetz zur Förderung der Selbständigkeit vom 20.12.1999, BGBl. I 2000, S. 2 ff. – Zur Neuregelung *Hanau/Eltzschig*, NZS 2002, 281 ff.
29 BT-Drucks. 14/45, S. 46.
30 Siehe *VDR* (Hrsg.), Rentenversicherung in Zahlen, 2002, S. 21 f.

Studiums ein in ihrer Studien- oder Prüfungsordnung vorgeschriebenes Praktikum oder ein Praktikum ohne Entgelt oder für weniger als regelmäßig 325 Euro im Monat ableisten (**§ 5 Abs. 3 SGB VI**), versicherungsfrei sind schließlich Personen, die eine Altersversorgung beziehen (**§ 5 Abs. 4 SGB VI**). Studierende, die mehr als geringfügig beschäftigt werden, sind seit Oktober 1996 rentenversicherungspflichtig.

Von dem Grundsatz, dass geringfügig Beschäftigte auch in der gesetzlichen Rentenversicherung versicherungsfrei sind, begründet **§ 5 Abs. 2 S. 2 SGB VI** die Ausnahme. Er eröffnet abweichend vom Grundsatz der Versicherungsfreiheit der geringfügigen Beschäftigung die Möglichkeit, die **Versicherungspflicht in der Rentenversicherung zu wählen**. Dazu muss durch schriftliche Erklärung gegenüber dem Arbeitgeber auf die Versicherungsfreiheit verzichtet werden. Der Verzicht kann nur mit Wirkung für die Zukunft und bei mehreren geringfügigen Beschäftigungen nur einheitlich erklärt werden, und er ist für die Dauer der Beschäftigung bindend. Obwohl an den Arbeitgeber zu richten, ist die Erklärung auf die Begründung eines Pflichtversicherungsverhältnisses öffentlich-rechtliche Willenserklärung.

3. Befreiung von der Versicherungspflicht

Die Voraussetzungen, unter denen die Befreiung von der Versicherungspflicht möglich ist, regelt **§ 6 SGB VI**. Befreien lassen können sich unter den Voraussetzungen des § 6 Abs. 1 SGB VI diejenigen Personengruppen, bei denen eine anderweitige ausreichende Absicherung in der Regel gegeben ist, bei denen diese aber gleichwohl nicht ohne weiteres unterstellt wird. Zu diesem Personenkreis gehören insbesondere Personengruppen, die auf Grund landesgesetzlicher Regelung Pflichtmitglied in einer berufsständischen Versorgungseinrichtung sind. So sind etwa Rechtsanwälte oder Ärzte in Versorgungswerken versichert. Selbständig tätige Handwerker können sich von der Versicherungspflicht befreien lassen, wenn für sie mindestens 18 Jahre lang Pflichtbeiträge gezahlt worden sind (ausgenommen sind Bezirksschornsteinfegermeister). **339**

Arbeitnehmerähnliche Selbständige können nach Maßgabe von § 6 Abs. 1a SGB VI befreit werden, und zwar: gemäß § 6 Abs. 1a Nr 1 SGB VI Existenzgründer vorübergehend für drei Jahre nach erstmaliger Aufnahme einer selbständigen Tätigkeit, gemäß § 6 Abs. 1a Nr 2 SGB VI Selbständige, die nach Vollendung des 58. Lebensjahres erstmals nach § 2 S. 1 Nr 9 SGB VI versicherungspflichtig werden. Zu beachten ist auch die Übergangsregelung des § 231 Abs. 5 SGB VI.

4. Nachversicherung

Bestimmte Personen, die (mit Rücksicht auf eine anderweitige Anwartschaft auf eine Versorgung) nach dem Rentenversicherungsrecht versicherungsfrei oder von der Versicherungspflicht befreit waren und die ohne Anspruch auf Versorgung oder ohne eine Anwartschaft auf Versorgung aus ihrer rentenversicherungsfreien Beschäftigung ausgeschieden sind oder die ihren Anspruch auf Versorgung verloren haben, werden nach Maßgabe des **§ 8 Abs. 2 SGB VI** nachversichert. Zu diesen Personen gehören insbesondere **Beamte** und **Richter**, sonstige Beschäftigte von Körperschaften, Anstalten oder Stiftungen des öffentlichen Rechts, deren Verbän- **340** den einschließlich der Spitzenverbände oder ihrer Arbeitsgemeinschaften. Durch die Nachversicherung werden diese Personen so gestellt, als wären sie für die Zeit ihres versicherungsfreien Beschäftigungsverhältnisses in der gesetzlichen Rentenversicherung versicherungspflichtig gewesen.

Beispiel: Der in einem Bundesministerium in Bonn beschäftigte Beamte B, Ende dreißig, scheidet aus dem öffentlichen Dienst aus, weil er nicht mit dem Ministerium nach Berlin umziehen möchte, und nimmt eine Tätigkeit in einem Wirtschaftsunternehmen auf. B erhält nach beamtenrechtlichen Vorschriften im Zeitpunkt des Ausscheidens keine lebenslängliche Versorgung. Durch die Nachversicherung entsteht ein Versicherungsverhältnis, die Nachversicherungsbeiträge gelten als rechtzeitig entrichtete Pflichtbeiträge (§ 185 Abs. 2 S. 1 SGB VI). Die Berechnung der Beiträge erfolgt nach den Vorschriften, die im Zeitpunkt der Zahlung der Beiträge für versicherungspflichtige Beschäftigte gelten (§ 181 Abs. 1 SGB VI).

341 Die Nachversicherung erstreckt sich gemäß § 8 Abs. 2 S. 2 SGB VI auf den Zeitraum, in dem die Versicherungsfreiheit oder die Befreiung von der Versicherungspflicht vorgelegen hat. Sie erfolgt nach näherer Maßgabe der §§ 181-186 SGB VI durch Beitragszahlung an den Träger der Rentenversicherung. Angehörige von berufsständischen Versorgungseinrichtungen, zB eines Versorgungswerks der Rechtsanwälte, oder Nachzuversichernde, die innerhalb eines Jahres nach dem Ausscheiden Pflichtmitglied einer solchen Versorgungseinrichtung werden, können gemäß § 186 SGB VI verlangen, dass der ehemalige Arbeitgeber die Nachversicherungsbeiträge statt zur gesetzlichen Rentenversicherung an die berufsständische Versorgungseinrichtung zahlt. Die Beiträge bemessen sich nach den Vorschriften, die im Zeitpunkt des Eintritts der Voraussetzungen für die Nachversicherung gelten.

5. Versicherung auf Grund Versorgungsausgleichs und Rentensplitting

342 a) Das Bürgerliche Recht geht davon aus, dass Versorgungsanwartschaften, die Ehepartner erwerben, von beiden Ehepartnern zu gleichen Teilen erwirtschaftet worden sind. Im Fall der Ehescheidung findet daher nach Maßgabe der §§ 1587 ff BGB ein **Versorgungsausgleich** statt[31]. Der Ehepartner, dessen Anwartschaften die des anderen übersteigen, hat dem anderen die Hälfte des Unterschiedsbetrags abzugeben. Die rentenversicherungsrechtliche Seite dieses Versorgungsausgleichs regeln § 8 Abs. 1 Nr 2 SGB VI und §§ 52, 76, 86, 100, 101 Abs. 3, 187, 281a SGB VI. Auch Personen, für die auf Grund eines Versorgungsausgleichs Rentenanwartschaften übertragen oder begründet sind, sind danach versichert.

b) Versichert ist mit Wirkung vom 1. Januar 2002 an auch, für wen auf Grund eines **Rentensplittings unter Ehegatten** Rentenanwartschaften übertragen oder begründet sind (siehe auch §§ 52, 76c, 120a-120c SGB VI). Ehegatten können durch übereinstimmende Erklärung bestimmen, dass die von ihnen in der Ehe erworbenen Ansprüche auf eine anpassungsfähige Rente zwischen ihnen aufgeteilt werden (§ 120a

31 Siehe dazu *Schlüter*, Familienrecht, 9. Aufl., 2001, Rn 230 ff. Ausführlich *Grohmann*, Interdependenz von Zivilrecht und Sozialrecht nach der Ehescheidung. Der Versorgungsausgleich und seine Auswirkungen in der Renten- und Krankenversicherung, 2002.

Abs. 1 SGB VI). Das Rentensplitting unter Ehegatten ist nur möglich, wenn die Ehe entweder nach dem 31. Dezember 2001 geschlossen worden ist oder die Ehe am 31. Dezember 2001 bestand und beide Ehegatten nach dem 1. Januar 1962 geboren sind (§ 120a Abs. 2 SGB VI).

6. Freiwillige Versicherung

a) Die freiwillige Versicherung in der gesetzlichen Rentenversicherung regelt **§ 7 SGB VI**. Der freiwilligen Versicherung kommt in der gesetzlichen Rentenversicherung besondere Bedeutung zu. Denn grundsätzlich kann jeder Deutsche (auch mit gewöhnlichem Aufenthalt im Ausland[32]) und jeder Ausländer (mit gewöhnlichem Aufenthalt im Inland) für Zeiten nach Vollendung des 16. Lebensjahrs der gesetzlichen Rentenversicherung freiwillig beitreten. Diese mit dem Rentenreformgesetz 1972 eingeführte Möglichkeit hat die gesetzliche Rentenversicherung zu einer **Volksversicherung** gemacht. **343**

Das Versicherungsverhältnis kommt mit dem Zugang der Beitrittserklärung der beitrittsberechtigten Person bei dem Rentenversicherungsträger zu Stande. Nach dem Erreichen der rentenversicherungsrechtlichen Altersgrenze können freiwillig Beiträge nur noch gezahlt werden, wenn der Versicherte noch keine Altersrente oder nur eine Teilrente bezieht (§ 7 Abs. 3 SGB VI).

b) Freiwillig Versicherte können die Höhe ihrer Beiträge in bestimmten Grenzen frei wählen (§§ 161 Abs. 2, 167, 197 Abs. 2 SGB VI). Die freiwillige Versicherung hat nicht dieselben Rechtswirkungen wie die Pflichtversicherung oder die Pflichtversicherung auf Antrag, sie berechtigt nicht zum Bezug einer Rente wegen verminderter Erwerbsfähigkeit (vgl § 43 Abs. 1 S. 1 Nr 2 SGB VI). **344**

Ende 2000 waren in der gesamten Bundesrepublik Deutschland etwa 660 000 Personen freiwillig versichert[33]. Die meisten von ihnen zahlten lediglich den Mindestbeitrag.

III. Leistungen zur Teilhabe (Rehabilitationsleistungen)

1. Die **Aufgabe** der gesetzlichen Rentenversicherung besteht nicht nur darin, an die Versicherten Altersrenten oder Renten wegen verminderter Erwerbsfähigkeit zu leisten oder Rentenleistungen an Hinterbliebene verstorbener Versicherter zu erbringen. Aufgabe der gesetzlichen Rentenversicherung ist auch die Erhaltung, Besserung und Wiederherstellung der Erwerbsfähigkeit der Versicherten. Die Leistungen zur Teilhabe (früher: Rehabilitation) **(§§ 9-31 SGB VI)** sollen den Eintritt des Versicherungsfalls der vorzeitigen Erwerbsminderung abwenden oder, wenn der Versicherungsfall eingetreten ist, dessen Folgen, wenigstens teilweise, beseitigen. Dazu erbringt die gesetzliche Rentenversicherung gemäß § 9 Abs. 1 SGB VI Leistungen zur medizinischen Rehabilitation, Leistungen zur Teilhabe am Arbeitsleben **345**

32 Sozialversicherungsabkommen können etwas anderes vorsehen.
33 Siehe *VDR* (Hrsg.), Rentenversicherung in Zahlen, 2002, S. 20.

und ergänzende Leistungen zur Rehabilitation. Diese Leistungen haben Vorrang vor Rentenleistungen (§ 9 Abs. 1 S. 2 SGB VI), die bei erfolgreicher Rehabilitation nicht oder voraussichtlich erst zu einem späteren Zeitpunkt zu erbringen wären (**„Rehabilitation vor Rente“**). Die Versicherten sind verpflichtet, an der Rehabilitation aktiv mitzuwirken.

Im Jahr 1999 betrugen die Ausgaben der Rentenversicherungsträger für Rehabilitationsleistungen ca. 8,0 Milliarden DM[34]. Die Betonung des Vorrangs der Rehabilitationsleistungen gegenüber den Rentenleistungen hat sowohl humanitäre als auch wirtschaftliche Gründe.

346 2. Was die **Voraussetzungen für die Leistungen** angeht, unterscheidet das Gesetz persönliche und versicherungsrechtliche Voraussetzungen.

Die **persönlichen Voraussetzungen** hat der Versicherte erfüllt, wenn seine Erwerbsfähigkeit wegen Krankheit oder Behinderung erheblich gefährdet oder gemindert ist und eine Minderung der Erwerbsfähigkeit durch die Leistungen abgewendet werden kann bzw wenn seine Erwerbsfähigkeit gemindert ist und diese wesentlich gebessert oder wiederhergestellt werden kann oder der Eintritt von Erwerbsunfähigkeit oder Berufsunfähigkeit abgewendet werden kann (§ 10 SGB VI). Abzustellen ist bei der Prognose dabei jeweils auf die tatsächlich ausgeübte Tätigkeit; Vergleichstätigkeiten dürfen dafür nicht herangezogen werden. Was die in § 11 SGB VI geregelten **versicherungsrechtlichen Voraussetzungen** angeht, müssen Versicherte bei Antragstellung grundsätzlich entweder die Wartezeit von 15 Jahren erfüllt haben oder eine Rente wegen verminderter Erwerbsfähigkeit beziehen (§§ 43, 45 SGB VI). § 11 Abs. 2 und 2a SGB VI regeln Tatbestände, bei deren Vorliegen eine Rehabilitation unter erleichterten versicherungsrechtlichen Voraussetzungen beansprucht werden kann. Trotz Vorliegens der persönlichen und versicherungsrechtlichen Voraussetzungen sind Rehabilitationsleistungen in den Fällen des § 12 Abs. 1 Nr 1-5 SGB VI ausgeschlossen; das betrifft namentlich die Fälle, in denen andere Versicherungsträger einzutreten haben.

347 3. In Bezug auf die Leistungen unterscheidet das Rentenversicherungsrecht (wie die gesetzliche Unfallversicherung) zwischen **medizinischen Leistungen** (§ 15 SGB VI) und **Leistungen zur Teilhabe am Arbeitsleben** (§ 16 SGB VI). Neben diese treten das **Übergangsgeld** (§§ 20, 21 SGB VI) als Entgeltersatzleistung, **ergänzende Leistungen** (§ 28 SGB VI) wie Haushaltshilfe oder Reisekosten und **sonstige Leistungen** (§ 31 SGB VI) wie etwa Leistungen zur Eingliederung in das Erwerbsleben oder Nachkuren.

Die **medizinischen Leistungen** umfassen vor allem die Behandlung durch Ärzte oder andere Heilberufe sowie die Versorgung mit Arzneimitteln und mit Heil- und Hilfsmitteln; sie werden auch stationär in ärztlich geleiteten Kurkliniken oder Sanatorien erbracht (§ 15 Abs. 2 SGB VI). Die **Leistungen zur Teilhabe am Arbeitsleben** bestehen vor allem in Hilfen zur Erhaltung und Erlangung eines Arbeitsplatzes, zur Berufsvorbereitung, Ausbildung, Umschulung oder Fortbildung. Die Leistungen der Rehabilitation sind **Ermessensleistungen** (§ 9 Abs. 2 SGB VI). Auf die Leistung von Übergangsgeld besteht bei Vorliegen der gesetzlichen Voraussetzungen ein Rechtsanspruch (§ 20 Abs. 1 SGB VI). § 32 SGB VI regelt **Zuzahlungen** der Versicherten bei medizinischen und bei sonstigen Leistungen.

---

34 Siehe *Statistisches Bundesamt* (Hrsg.), Statistisches Jahrbuch 2001 für die Bundesrepublik Deutschland, 2001, S. 475.

IV. Rentenleistungen

1. Rentenarten und Rentenanspruch

a) Die gesetzliche Rentenversicherung kennt Renten wegen **Alters**, Renten wegen **vermin-** 348
derter Erwerbsfähigkeit und Renten wegen **Todes** (§ 33 Abs. 1 SGB VI).

Übersicht: 349

Rentenarten

Rente wegen Alters	Rente wegen verminderter Erwerbsfähigkeit	Rente wegen Todes
1. Regelaltersrente, § 35 2. Altersrente für langjährig Versicherte, § 36 3. Altersrente für schwerbehinderte Menschen, § 37 4. Altersrente für langjährig unter Tage beschäftigte Bergleute, § 40 5. Altersrente wegen Arbeitslosigkeit oder nach Altersteilzeitarbeit, § 237 6. Altersrente für Frauen, § 237a	1. Rente wegen teilweiser Erwerbsminderung, § 43 Abs. 1 2. Rente wegen voller Erwerbsminderung, § 43 Abs. 2 3. Rente für Bergleute, § 45	1. Kleine Witwen- oder Witwerrente, § 46 Abs. 1 2. Große Witwen- oder Witwerrente, § 46 Abs. 2 3. Erziehungsrente, § 47 4. Waisenrente, § 48

b) Auf die Leistungen der gesetzlichen Rentenversicherung haben die Versicherten und ihre Hinterbliebenen einen **Anspruch**, wenn die für die jeweilige Rente erforderliche Mindestversicherungszeit (Wartezeit) erfüllt ist und die jeweiligen besonderen versicherungsrechtlichen und persönlichen Voraussetzungen vorliegen (§ 34 Abs. 1 SGB VI).

c) Leistungen der gesetzlichen Rentenversicherung werden gemäß § 19 S. 1 350
SGB IV, § 115 Abs. 1 SGB VI nur **auf Antrag** erbracht. Grundsätzlich beginnt die Altersrente mit dem Ersten des Monats, der auf den Tag folgt, an dem die Anspruchsvoraussetzungen erfüllt sind (§ 99 Abs. 1 S. 1 SGB VI). Das setzt aber voraus, dass die Rente bis zum Ende des dritten Kalendermonats nach dem Ablauf des Monats beantragt wird, in dem die Anspruchsvoraussetzungen vorliegen; wird der Antrag später gestellt, beginnt die Leistung mit dem Beginn des Monats der Antragstellung (§ 99 Abs. 1 S. 2 SGB VI).

d) Vor der Vollendung des 65. Lebensjahres gelten **Hinzuverdienstgrenzen**. Nur 351
wenn die in § 34 Abs. 3 SGB VI genannten Hinzuverdienstgrenzen vor der Vollen-

dung des 65. Lebensjahres nicht überschritten sind, besteht Anspruch auf eine Rente wegen Alters (§ 34 Abs. 2 SGB VI). Wer nach der Vollendung des 65. Lebensjahres weiter arbeitet, kann neben seinem Arbeitsentgelt die volle Rente beziehen.

2. Wartezeiterfüllung, rentenrechtliche Zeiten

Für fast alle Leistungen der gesetzlichen Rentenversicherung ist Voraussetzung, dass die Versicherten bestimmte rentenversicherungsrechtliche Zeiten zurückgelegt haben.

352 a) Neben dem Eintritt eines der gesetzlich normierten Versicherungsfälle (Alter, Minderung der Erwerbsfähigkeit, Tod) setzt die Inanspruchnahme einer Leistung (anders als in der Kranken- und Unfallversicherung) in der Regel die Erfüllung bestimmter **Wartezeiten** voraus.

353 aa) Die **allgemeine Wartezeit** beträgt fünf Jahre, ihre Erfüllung ist Voraussetzung für einen Anspruch auf Regelaltersrente, auf Rente wegen verminderter Erwerbsfähigkeit und auf Rente wegen Todes (vgl § 50 Abs. 1 SGB VI).

354 bb) Die Erfüllung der **Wartezeit von 15 Jahren** ist Voraussetzung für einen Anspruch auf Altersrente wegen Arbeitslosigkeit oder nach Altersteilzeitarbeit und für einen Anspruch auf Altersrente für Frauen (§ 243b SGB VI). § 50 Abs. 2-4 SGB VI sieht **längere Wartezeiten** (von 20, 25 und 35 Jahren) für bestimmte weitere Rentenansprüche vor; welche Zeiten im Einzelnen auf die jeweiligen gesetzlichen Wartezeiten (die allgemeine Wartezeit oder die Wartezeiten von 15, 20, 25 oder 35 Jahren) angerechnet werden, normiert § 51 SGB VI. Die allgemeine Wartezeit ist **vorzeitig erfüllt**, wenn Versicherte wegen eines Arbeitsunfalls oder einer Berufskrankheit, wegen einer Wehrdienstbeschädigung, wegen einer Zivildienstbeschädigung oder wegen eines Gewahrsams (§ 1 Häftlingshilfegesetz) vermindert erwerbsfähig geworden oder gestorben sind (§ 53 Abs. 1 S. 1 SGB VI).

Grundsätzlich müssen die Wartezeiten in der Zeit zwischen dem Beginn der Versicherung und dem Eintritt des Versicherungsfalls (Alter, Minderung der Erwerbsfähigkeit, Tod) erfüllt sein, es kommt nicht darauf an, in welchen Abschnitten dieses Zeitrahmens die Zeiten zurückgelegt worden sind. Ausnahmsweise müssen die Zeiten jedoch in zeitlicher Nähe zum Eintritt des Versicherungsfalls zurückgelegt sein, namentlich für Ansprüche auf Renten wegen verminderter Erwerbsfähigkeit. Man spricht insoweit von **Vorversicherungszeiten**.

355 b) Welche Zeiten die Leistungsansprüche der gesetzlichen Rentenversicherung als sog. **rentenrechtliche Zeiten** beeinflussen können, regeln die §§ 54-62 SGB VI. Das Gesetz kennt als rentenrechtliche Zeiten gemäß § 54 Abs. 1 SGB VI (1) **Beitragszeiten**, (2) **beitragsfreie Zeiten** und (3) **Berücksichtigungszeiten**.

356 aa) **Beitragszeiten** sind gemäß § 55 SGB VI Zeiten, für die Pflichtbeiträge oder freiwillige Beiträge gezahlt worden sind. Dabei gelten als Pflichtbeitragszeiten auch Zeiten, für die Pflichtbeiträge nach besonderen Vorschriften als gezahlt gelten, wie zB Zeiten der Kindererziehung gemäß § 56 SGB VI.

bb) **Beitragsfreie Zeiten** sind gemäß § 54 Abs. 4 SGB VI Kalendermonate, die mit 357
Anrechnungszeiten (§§ 58, 252 ff SGB VI), mit einer **Zurechnungszeit** (§§ 59, 253a SGB VI) oder mit **Ersatzzeiten** (§§ 250, 251 SGB VI) belegt sind (wenn für sie nicht auch Beiträge gezahlt worden sind).

cc) **Berücksichtigungszeiten** ergeben sich gemäß § 57 SGB VI durch die Zeiten 358
der Erziehung eines Kindes bis zu dessen vollendetem zehnten Lebensjahr, soweit die Voraussetzungen für die Anrechnung einer Kindererziehungszeit (§§ 56, 249 f SGB VI) auch in dieser Zeit vorliegen.

Beispiel: Die gesetzlich rentenversicherte V bekommt am 11. Oktober 1993 ihr zweites Kind F. Für Zeiten der Erziehung des F in dessen ersten drei Lebensjahren gelten Pflichtbeiträge gemäß § 56 Abs. 1 SGB VI als gezahlt, V ist in dieser Zeit pflichtversichert, die Zeit ist daneben Berücksichtigungszeit. Die weiteren sieben Jahre bis zur Vollendung des zehnten Lebensjahres des F sind Berücksichtigungszeiten gemäß § 57 SGB VI.

3. Altersrenten

Übersicht:

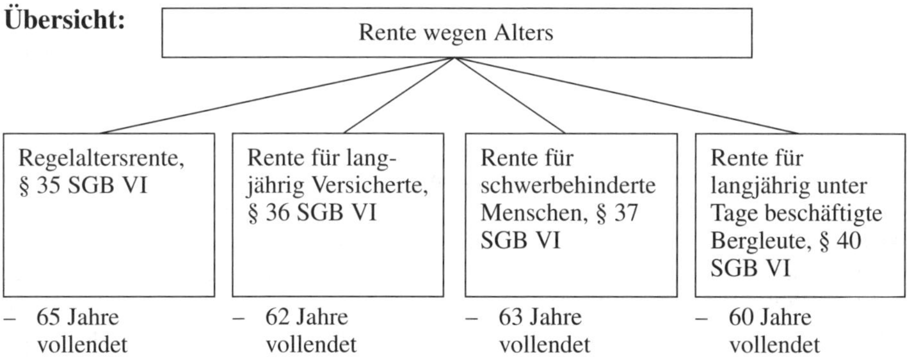

a) Rente wegen Alters wird vom 1. Januar 2000 an im Grundsatz (unbeschadet der 359
Sonderregelungen des *Fünften Kapitels*, insbesondere in §§ 237, 237a SGB VI) in **vier Formen** geleistet.

b) Versicherte haben Anspruch auf die **Regelaltersrente**, wenn sie das 65. Lebensjahr 360
vollendet haben und wenn sie die allgemeine Wartezeit (regelmäßig fünf Jahre Beitragszeiten, §§ 50 ff SGB VI) erfüllt haben (§ 35 SGB VI). Die Wartezeit muss nicht mit der Vollendung des 65. Lebensjahres erfüllt sein, sondern erst bei Rentenbeginn.

Beispiel: A hat die erforderlichen Beitragszeiten erst mit 68 Jahren zurückgelegt. Mit dem darauf folgenden Monat hat A Anspruch auf die Regelaltersrente.

aa) Die sozialversicherungsrechtlichen „Altersgrenzen" ziehen keine Altersgren- 361
zen für die Arbeitsverhältnisse der Versicherten oder für deren Berufstätigkeit allgemein, sie legen lediglich fest, von welchem Alter an Versicherte eine **Altersrente beanspruchen können**, wenn die sonstigen Voraussetzungen des Rentenversiche-

rungsrechts gegeben sind. Damit verbindet sich keine Aussage über das arbeitsrechtliche **Schicksal des Arbeitsverhältnisses**. Anders als im Beamtenrecht gibt es im Arbeitsrecht keine gesetzliche Altersgrenze. Die in §§ 35 ff SGB VI bestimmten Altersstufen bilden aber natürlich den Hintergrund für die **arbeitsrechtliche Gestaltung** des Übergangs vom Arbeitsleben in den Ruhestand.

Solche Gestaltungen gibt es sowohl in Arbeitsverträgen als auch in Tarifverträgen und in Betriebsvereinbarungen[35]. § 41 S. 1 SGB VI stellt klar, dass der Anspruch eines Versicherten auf Altersrente **kein Kündigungsgrund** sein kann. Eine **arbeitsvertragliche Altersgrenzenvereinbarung**, nach der die Beendigung des Arbeitsverhältnisses ohne Kündigung zu einem Zeitpunkt vorgesehen ist, in dem der Arbeitnehmer vor der Vollendung des 65. Lebensjahres eine Altersrente beantragen kann, gilt gemäß § 41 S. 2 SGB VI dem Arbeitnehmer gegenüber als auf die Vollendung des 65. Lebensjahres abgeschlossen, es sei denn, dass die Vereinbarung innerhalb der letzten drei Jahre vor diesem Zeitpunkt abgeschlossen oder von dem Arbeitnehmer bestätigt worden ist[36]. Ob im Arbeitsrecht **tarifvertragliche Altersgrenzenregelungen** mit dem Grundrecht der Berufsfreiheit (Art. 12 Abs. 1 GG) zu vereinbaren sind[37] und ob Altersgrenzen in **Betriebsvereinbarungen** in zulässiger Weise vereinbart werden können[38], ist umstritten.

362 bb) Die Regelaltersrente ist nur nach der Vorstellung des Gesetzes die Regelform der Altersrente, vor allem vor dem Hintergrund der hohen Arbeitslosigkeit enden die Arbeitsverhältnisse in der Wirklichkeit in aller Regel wesentlich früher, im Durchschnitt vor der Vollendung des 60. Lebensjahres. Die Situation am Arbeitsmarkt hat zu einer **Frühverrentungspraxis** geführt, die die gesetzliche Rentenversicherung erheblich belastet. Diese von einem breiten gesellschaftlichen Konsens getragene Praxis wird um so bedenklicher, je mehr das Durchschnittsalter der Bevölkerung steigt, also das neben der Massenarbeitslosigkeit zu bewältigende Phänomen der auf dem Kopf stehenden Alterspyramide im Zeitlauf an Bedeutung gewinnt. Daraus resultiert Handlungsbedarf. Der Gesetzgeber hat vor diesem Hintergrund in dem Bestreben, die Lebensarbeitszeit zu verlängern, die **stufenweise Anhebung der Altersgrenzen** von 60 und 63 Jahren auf 65 Jahre normiert (siehe §§ 236 Abs. 1 S. 2-4, Abs. 2, 3, 237 Abs. 3, 4, 237a Abs. 2, 3 SGB VI). Die vorzeitige Inanspruchnahme der Altersrente führt zu Abschlägen (§ 77 Abs. 2 Nr 2a) SGB VI), die mit der vorzeitigen Inanspruchnahme verbundene Rentenminderung kann nach Maßgabe des § 76a Abs. 1, 3 SGB VI durch Beitragszahlungen ausgeglichen werden.

363 c) Gemäß § 36 SGB VI können **langjährig Versicherte** mit der Vollendung des 62. Lebensjahres Altersrente beanspruchen, wenn sie die lange Wartezeit von 35 Jahren erfüllt haben.

---

35 Dazu *Boecken*, Verh. d. 62. DJT, 1998, S. B 31 ff; *Waltermann*, NJW 1998, 2488 ff.

36 Aus dem umfangreichen Schrifttum zu dieser Regelung siehe *Boecken*, NZA 1995, 145 ff; *Waltermann*, NZA 1994, 822 ff.

37 Vgl *Boecken*, Verh. d. 62. DJT, 1998, S. B 32 ff mwN; *Waltermann*, Berufsfreiheit im Alter. Verfassungsrechtliche und arbeitsrechtliche Schranken tarifvertraglicher Altersgrenzenregelungen, 1989.

38 Vgl *Boecken*, Verh. d. 62. DJT, 1998, S. B 42 ff; *Boerner*, Altersgrenzen für die Beendigung von Arbeitsverhältnissen in Tarifverträgen und Betriebsvereinbarungen, 1992, S. 275 ff; *Waltermann*, Rechtsetzung durch Betriebsvereinbarung zwischen Privatautonomie und Tarifautonomie, 1996, S. 157 ff.

d) Altersrente für **schwerbehinderte Menschen** wird gemäß § 37 SGB VI gewährt, wenn Versicherte das 63. Lebensjahr vollendet haben, bei Beginn der Altersrente als schwerbehinderte Menschen (§ 2 Abs. 2 SGB IX) anerkannt sind und die Wartezeit von 35 Jahren erfüllt haben. Die vorzeitige Inanspruchnahme dieser Altersrente nach Vollendung des 60. Lebensjahres ist (mit Abschlägen) möglich. **364**

Bis zum 31. Dezember 2000 war Altersgrenze für diese Rente die Vollendung des 60. Lebensjahres, Anspruch hatten zudem Berufsunfähige und Erwerbsunfähige nach altem Recht. Die **Übergangsregelung** des § 236a SGB VI regelt die stufenweise Anhebung auf die jetzt gültige Altersgrenze 63 und den Schutz älterer Berufs- und Erwerbsunfähiger.

e) Auch für **langjährig unter Tage beschäftigte Bergleute** wird gemäß § 40 SGB VI Altersrente gewährt, wenn sie das 60. Lebensjahr vollendet und die Wartezeit von 25 Jahren erfüllt haben. **365**

f) Die in der Sonderregelung des § 237 SGB VI geregelte Altersrente wegen **Arbeitslosigkeit oder nach Altersteilzeitarbeit** soll älteren Versicherten, die länger arbeitslos sind, das vorzeitige Ausscheiden aus dem Erwerbsleben ermöglichen. Voraussetzung ist, dass die Versicherten vor dem 1. Januar 1952 geboren sind, das 60. Lebensjahr vollendet und die Wartezeit von 15 Jahren erfüllt haben; zudem müssen sie entweder bei Beginn der Rente arbeitslos sein und, nachdem sie das Alter von 58 Jahren und sechs Monaten erreicht haben, insgesamt 52 Wochen arbeitslos sein oder 24 Kalendermonate Altersteilzeitarbeit ausgeübt haben. Hinzukommen muss schließlich, dass die Versicherten in den letzten zehn Jahren vor dem Beginn der Rente acht Jahre lang Pflichtbeiträge für eine versicherte Beschäftigung oder Tätigkeit entrichtet haben (Vorversicherungszeit).

g) Versicherte **Frauen** können gemäß § 237a SGB VI Altersrente mit der Vollendung des 60. Lebensjahres beanspruchen, wenn sie vor dem 1. Januar 1952 geboren sind, nach der Vollendung des 40. Lebensjahres mehr als zehn Jahre Pflichtbeiträge für eine versicherte Beschäftigung oder Tätigkeit geleistet und die Wartezeit von 15 Jahren erfüllt haben. Mit freiwilligen Beiträgen allein kann ein Anspruch auf Altersrente für Frauen nicht erworben werden.

h) Gemäß § 42 SGB VI können Versicherte eine Altersrente auch als **Teilrente** in Anspruch nehmen. Die Teilrente beträgt ein Drittel, die Hälfte oder zwei Drittel der erreichten Vollrente (§ 42 Abs. 2 SGB VI). Wenn bei der gegenwärtigen Arbeitsmarktlage im Hinblick auf die Zukunft der Einstieg in eine Verlängerung der Lebensarbeitszeit realistisch sein soll, muss der **gleitende Übergang vom Erwerbsleben in den Ruhestand**[39] gefördert werden. Neben der in § 42 SGB VI vorgesehenen Teilrente gilt auch das Altersteilzeitgesetz (ATZG) von 1996[40]. **366**

4. Renten wegen verminderter Erwerbsfähigkeit

Das Rentenversicherungsrecht kennt nach der zum 1. Januar 2001 in Kraft getretenen Neuregelung durch das **(Vorschalt-) Gesetz zur Reform der Renten wegen verminderter Erwerbsfähigkeit**[41] als Renten wegen verminderter Erwerbsfähig- **367**

39 Siehe dazu zB *Boecken*, Verh. d. 62. DJT, 1998, S. B 159 ff mwN.

40 BGBl. I, S. 1078. Dazu *Bauer*, NZA 1997, 401 ff; *Boecken*, NJW 1996, 3386 ff; *Preis/Rolfs*, SGb 1998, 147 ff. Zu Änderungen durch am 1.1.2000 und am 1.7.2000 in Kraft getretene Vorschriften *Gaul/Cepl*, BB 2000, 1727 ff.

41 BGBl. I 2000, S. 1827. Zum neuen Recht *Joussen*, NZS 2002, 294 ff.

keit die **Rente wegen Erwerbsminderung** (§ 43 SGB VI) und die **Rente für Bergleute** (§ 45 SGB VI). Durch die Renten wegen verminderter Erwerbsfähigkeit wird das Invaliditätsrisiko vor dem Erreichen der Altersgrenze abgedeckt.

368 a) Die Rente wegen Erwerbsminderung ist mit Wirkung vom 1. Januar 2001 an die Stelle der Renten wegen Berufsunfähigkeit (§ 43 SGB VI aF) und Erwerbsunfähigkeit (§ 44 SGB VI aF) getreten. Das Gesetz unterscheidet nunmehr die Rente wegen teilweiser Erwerbsminderung und die Rente wegen voller Erwerbsminderung. Die Rente wegen **teilweiser Erwerbsminderung** knüpft daran an, dass der Versicherte wegen Krankheit oder Behinderung auf nicht absehbare Zeit außer Stande ist, mindestens *sechs* Stunden täglich erwerbstätig zu sein (§ 43 Abs. 1 SGB VI). Die Rente wegen **voller Erwerbsminderung** setzt voraus, dass der Versicherte außer Stande ist, mindestens *drei* Stunden täglich erwerbstätig zu sein (§ 43 Abs. 2 S. 1, 2 SGB VI, siehe ferner § 43 Abs. 2 S. 3 Nr 1 und 2 SGB VI). Mit der Neuregelung der Renten wegen Erwerbsminderung ist die Berufsunfähigkeitsrente nicht entfallen; § 240 SGB VI enthält eine für bei Inkrafttreten über 40jährige (vor dem 2. Januar 1961 Geborene) relevante **Übergangsregelung**, nach der es noch für eine längere Zeit im Wesentlichen bei der alten Rechtslage bleiben wird.

369 b) Für die Übergangszeit bleiben Rechtsprechung und Schrifttum zur bisherigen Rechtslage weitgehend aktuell. Die Rente bei **teilweiser Erwerbsminderung wegen Berufsunfähigkeit** knüpft nach der Übergangsvorschrift des § 240 Abs. 2 SGB VI wie § 43 SGB VI aF daran an, dass die Erwerbsfähigkeit wegen Krankheit oder Behinderung gegenüber derjenigen von körperlich, geistig und seelisch gesunden Versicherten mit ähnlicher Ausbildung und gleichwertigen Kenntnissen und Fähigkeiten auf weniger als sechs Stunden gesunken ist. Es kommt also auf einen bestimmten Kreis von Tätigkeiten an. Der Kreis der Tätigkeiten, nach denen die Erwerbsfähigkeit zu beurteilen ist, umfasst gemäß § 240 Abs. 2 S. 2 SGB VI alle Tätigkeiten, die den Kräften und Fähigkeiten des Versicherten entsprechen und ihm unter Berücksichtigung der Dauer und des Umfangs seiner Ausbildung sowie des Berufs und der besonderen Anforderungen der bisherigen Berufstätigkeit zugemutet werden können. *Zumutbar* ist gemäß § 240 Abs. 2 S. 3 SGB VI stets eine Tätigkeit, für die die Versicherten durch Leistungen zur beruflichen Rehabilitation mit Erfolg ausgebildet oder umgeschult worden sind. Berufsunfähig ist gemäß § 240 Abs. 2 S. 4 SGB VI nicht, wer eine zumutbare Tätigkeit mindestens sechs Stunden täglich ausüben kann; dabei ist die jeweilige Arbeitsmarktlage nicht zu berücksichtigen. Über die Berufsunfähigkeit entscheidet danach der Umfang des Restleistungsvermögens. Für den Umfang des Restleistungsvermögens kommt es nach der höchstrichterlichen Rechtsprechung[42] nicht nur auf Ausbildung, Fähigkeiten und körperliche oder geistige Kräfte des Versicherten an, sondern auch auf die Arbeitsmarktsituation (sog. *konkrete Betrachtungsweise*). Versicherte dürfen auf ihnen an sich zumutbare Berufe nur verwiesen werden, wenn dafür Arbeitsplätze vorhanden sind.

Die Rente wegen Berufsunfähigkeit hat kaum noch Bedeutung, nur etwa 6% der Renten wegen verminderter Erwerbsfähigkeit waren zuletzt Berufsunfähigkeitsrenten[43]. Auf der anderen Seite ist die Rechtslage gerade in Bezug auf die Renten wegen Berufsunfähigkeit besonders kompliziert, und die sozialgerichtliche Rechtsprechung hatte sich besonders häufig mit ihr zu beschäftigen. Die Rechtsprechung hat zur Konkretisierung des Begriffs der Zumutbarkeit ein **Mehr-**

---

42 Siehe BSGE (GS) 30, 167 (176 f); (GS) 30, 192 (195 ff); (GS) 43, 75 (79).

43 *VDR* (Hrsg.), Rentenversicherung in Zahlen, 1999, S. 32 ff.

stufenschema entwickelt[44]. Dieses Mehrstufenschema bezieht sich auf Arbeiterberufe, es gilt jedoch für die Angestellten entsprechend[45]. Die Versicherten dürfen grundsätzlich nur auf eine Tätigkeit der Berufsgruppe verwiesen werden, die eine Stufe unter der Gruppe ihres bisherigen Berufs liegt. Folgende **Stufen** sind zu unterscheiden: Die **erste Gruppe** bildet der Leitberuf des Vorarbeiters mit Vorgesetztenfunktion bzw der Leitberuf des besonders hoch qualifizierten Facharbeiters. Die **zweite Gruppe** bildet der Leitberuf des Facharbeiters mit zwei- bis dreijähriger Lehre und Abschlussprüfung. Die **dritte Gruppe** bildet der Leitberuf des angelernten Arbeiters mit ein- bis zweijähriger Anlernzeit, und die **vierte Gruppe** bilden die ungelernten Arbeiter.

c) Die **Rente wegen Erwerbsminderung** nach neuem Recht setzt neben der teil- **370**
weisen (§ 43 Abs. 1 S. 2 SGB VI) oder vollen Erwerbsminderung (§ 43 Abs. 2 S. 2 SGB VI) voraus, dass die Versicherten in den letzten fünf Jahren vor Eintritt der Erwerbsminderung drei Jahre lang Pflichtbeiträge für eine versicherte Beschäftigung oder Tätigkeit gezahlt und vor dem Eintritt der Erwerbsminderung die allgemeine Wartezeit (von fünf Jahren) erfüllt haben.

d) In ihrer **Höhe** entspricht die Rente wegen voller Erwerbsminderung der Alters- **371**
rente (Rentenartfaktor 1,0 gemäß § 67 Nr 3 SGB VI). Die Rente wegen teilweiser Erwerbsminderung, die davon ausgeht, dass der Versicherte noch einen Teil seines Lebensunterhalts verdienen kann, liegt niedriger (Rentenartfaktor 0,5 gemäß § 67 Nr 2 SGB VI). Beide Renten wegen verminderter Erwerbsfähigkeit setzen voraus, dass der Versicherte noch nicht das 65. Lebensjahr vollendet hat, sodass er Altersrente beziehen könnte.

e) Erwerbsgemindert ist nicht, wer unter den üblichen Bedingungen des allgemei- **372**
nen Arbeitsmarkts mindestens sechs Stunden täglich erwerbstätig sein kann. Auch eine weniger angenehme oder schlechter bezahlte Arbeit muss, soweit dies nicht eine offensichtliche Härte darstellen würde, angenommen werden[46]. Versicherte können jedoch nicht auf Tätigkeiten verwiesen werden, für die ihnen die fachlichen Voraussetzungen fehlen oder die sie nur auf Kosten ihrer Gesundheit ausüben können[47].

f) Die **Renten wegen Erwerbsminderung** werden nach Maßgabe von § 102 **373**
Abs. 2 SGB VI **auf Zeit** oder **auf unbestimmte Zeit** gewährt.

g) Besteht **nebeneinander** Anspruch auf Leistungen aus der Renten- und der Un- **374**
fallversicherung, gehen die Leistungen aus der Unfallversicherung den Rentenleistungen nach Maßgabe von § 93 SGB VI vor.

5. Renten wegen Todes

a) Im Fall des Todes des Versicherten sichert die gesetzliche Rentenversicherung **375**
dessen Hinterbliebene. Sie erhalten nach Maßgabe des § 46 SGB VI **Witwen-/Wit-**

44 BSGE 43, 243 (245 ff); 45, 276 (277); 59, 201 (203).
45 Siehe BSGE 55, 45 (48); 57, 291 (297); 66, 226 (228).
46 Vgl BSGE 19, 147 (149); 30, 192 (206).
47 BSGE 28, 271 (272).

werrente, nach Maßgabe des § 47 SGB VI **Erziehungsrente** und nach Maßgabe des § 48 SGB VI **Waisenrente**. Bei der Witwen- bzw Witwerrente und bei der Waisenrente handelt es sich um Renten, die aus einer fremden Versicherung des Verstorbenen abgeleitet sind. Die zum 1. Januar 2002 in Kraft getretenen Änderungen (Verschärfungen) des Hinterbliebenen-Rentenrechts greifen nicht ein, wenn die Voraussetzungen der **Übergangsregelung des § 242a SGB VI** gegeben sind.

b) Das Gesetz unterscheidet in § 46 SGB VI die kleine und die große Witwen- oder Witwerrente. Beide scheiden vom 1. Januar 2002 an gemäß § 46 Abs. 2a SGB VI aus, wenn die (nach dem 1. Januar 2002 geschlossene, § 242a Abs. 3 SGB VI) Ehe nicht mindestens ein Jahr gedauert hat, soweit nicht die Umstände im Einzelfall ergeben, dass die Begründung eines Anspruchs auf Hinterbliebenversorgung nicht Zweck der Eheschließung war.

Die **kleine Witwen- bzw Witwerrente** erhalten Witwen oder Witwer, die nicht wieder geheiratet haben, schon dann, wenn der versicherte Ehegatte die allgemeine Wartezeit (von fünf Jahren) erfüllt hat (§ 46 Abs. 1 SGB VI). Der Anspruch besteht vom 1. Januar 2002 an längstens für 24 Kalendermonate nach Ablauf des Monats, in dem der Versicherte verstorben ist (§ 46 Abs. 1 S. 2 SGB VI). Nach der Übergangsregelung in § 242a Abs. 1 SGB VI gilt die Beschränkung auf 24 Kalendermonate allerdings nicht, wenn der Ehegatte vor dem 1. Januar 2002 verstorben ist; dies gilt auch, wenn mindestens ein Ehegatte bei Inkrafttreten älter als 40 Jahre war (vor dem 2. Januar 1962 geboren ist) und die Ehe vor dem 1. Januar 2002 geschlossen wurde. Anspruch auf die **große Witwen- bzw Witwerrente** haben Witwen oder Witwer, die nicht wieder geheiratet haben, unter folgenden Voraussetzungen: Sie erziehen entweder ein noch nicht achtzehnjähriges Kind (eigenes Kind oder Kind des versicherten Ehegatten) oder sie haben das 45. Lebensjahr vollendet oder sie sind erwerbsgemindert (§ 46 Abs. 2 S. 1 Nr 1-3 SGB VI, siehe aber auch die Übergangsregelung in § 242a Abs. 2 SGB VI). Der Anspruch auf die (kleine und große) Witwen- oder Witwerrente entfällt mit dem Ablauf des Monats, in dem der überlebende Ehegatte eine neue Ehe eingeht (§§ 46 Abs. 1, 100 Abs. 3 S. 1 SGB VI). Wird die erneute Ehe aufgelöst oder für nichtig erklärt, hat der überlebende Ehegatte unter den Voraussetzungen des § 46 Abs. 1, 2 SGB VI erneut Anspruch auf die kleine oder große Witwen- oder Witwerrente (**Witwen- bzw Witwerrente nach dem vorletzten Ehegatten**, § 46 Abs. 3 SGB VI). Eine Rente, die bereits einmal aufgelebt war, kann nicht noch einmal aufleben.

Beispiel: Die Witwe W des V heiratet den X, nach der Scheidung von X heiratet sie Y. Wird sie auch von Y geschieden, lebt die Rente nach V nicht wieder auf[48].

Die kleine Witwen- bzw Witwerrente beträgt 25% der Versichertenrente des verstorbenen Versicherten (Rentenartfaktor 0,25 gemäß § 67 Nr 5 SGB VI), die große Witwen- bzw Witwerrente beträgt vom 1. Januar 2002 an 55% der Versichertenrente des verstorbenen Versicherten (Rentenartfaktor 0,55 gemäß § 67 Nr 6 SGB VI). Der vom 1. Januar 2002 an geltenden Absenkung der Rentenhöhe steht eine verbesserte Berücksichtigung von Kindererziehungsleistungen gegenüber.

48 Vgl BVerfGE 55, 114 (128 ff). Zu Anrechungsfragen siehe § 90 SGB VI.

6. Rentenhöhe und Rentenanpassung

Fall 10: V hat 25 Jahre lang bei der Fa. F in Gießen gearbeitet. Die von ihr zur gesetzlichen Rentenversicherung entrichteten Beiträge entsprechen 90% des Durchschnittsentgelts aller Versicherten. V beantragt nach Erreichen der Altersgrenze im Januar 2002 Altersrente und fragt, wie hoch diese sein wird.

a) Die Renten der gesetzlichen Rentenversicherung sind **im Grundsatz lohn- und** 376
beitragsbezogen: Gemäß § 63 Abs. 1 SGB VI richtet sich die Höhe einer Rente vor allem nach der Höhe der während eines Versicherungslebens durch Beiträge versicherten Arbeitsentgelte und Arbeitseinkommen.

b) Für die **Berechnung der einzelnen Rente** sind **vier Faktoren** bestimmend: Das 377
in den einzelnen Kalenderjahren durch Beiträge versicherte Arbeitsentgelt und Arbeitseinkommen wird zunächst gemäß § 63 Abs. 2 SGB VI in **Entgeltpunkte** umgerechnet; die Versicherung eines Arbeitsentgelts oder Arbeitseinkommens in Höhe des Durchschnittsentgelts eines Kalenderjahres (gemäß Anlage 1 SGB VI) ergibt einen vollen Entgeltpunkt. Die Rentenleistung des jeweiligen Versicherten wird also durch die Anzahl der erreichten Entgeltpunkte (auf Grund seines versicherten Arbeitsentgelts und seiner Versicherungsdauer) bestimmt. Auf diese Weise wird abstrahierend eine Bewertung erreicht, die von der weiteren Lohn- und Preisentwicklung sowie der Höhe des Beitragssatzes unabhängig ist. Gemäß § 63 Abs. 5 SGB VI werden sodann Vorteile und Nachteile einer unterschiedlichen Rentenbezugsdauer durch einen **Zugangsfaktor** vermieden.

Die Vervielfältigung des den Versicherten betreffenden Zugangsfaktors mit den von ihm erreichten Entgeltpunkten (also die Verbindung der ersten beiden Faktoren), ergibt die *persönlichen Entgeltpunkte* (§ 66 SGB VI). Bei der Ermittlung der persönlichen Entgeltpunkte sind die Vorschriften der §§ 70 ff SGB VI zu beachten. § 70 Abs. 2 SGB VI gibt hier neben anderem einen Anreiz, neben der Kindererziehung in eingeschränktem Umfang erwerbstätig zu bleiben; die dabei erworbenen Entgeltpunkte werden um bis zu 50% auf höchstens einen Entgeltpunkt aufgestockt.

Gemäß § 63 Abs. 4 SGB VI wird drittens das Sicherungsziel der jeweiligen Rentenart im Verhältnis zu einer Altersrente durch den **Rentenartfaktor** (§ 67 SGB VI) bestimmt. Dies trägt dem Umstand Rechnung, dass nicht alle Renten demselben Sicherungsbedarf dienen (siehe § 67 Nr 2, 5-8 SGB VI). Schließlich wird viertens durch den **aktuellen Rentenwert** dafür gesorgt, dass sich die jeweilige Lohn- und Gehaltsentwicklung auf die Rentenhöhe auswirkt: Entsprechend der Entwicklung des Durchschnittsentgelts unter Berücksichtigung der Veränderung des Beitragssatzes zur Rentenversicherung wird der aktuelle Rentenwert gemäß §§ 63 Abs. 7, 68 f SGB VI **jährlich durch Rechtsverordnung bestimmt**. Bei der Ermittlung des aktuellen Rentenwerts für die Zeit vom 1. Juli 2001 bis zum 1. Juli 2010 gilt § 255e SGB VI. An die Stelle des Faktors für die Veränderung des Beitragssatzes zur gesetzlichen Rentenversicherung (§ 68 Abs. 3 SGB VI) tritt der Faktor für die Veränderung des Beitragssatzes zur Rentenversicherung *und* des Altersvorsorgeanteils[49].

49 Zur „modifizierten Bruttolohnanpassung" siehe sogleich unten Rn 380.

Die Größe des aktuellen Rentenwertes gewährleistet, dass sich die Renten nicht am nominellen Wert der (zum Teil vor Jahrzehnten gezahlten und somit gemessen an der Preissituation bei Rentenbeginn niedrigen) Beiträge orientieren, sondern die im Zeitlauf eingetretene wirtschaftliche Entwicklung aufnehmen.

378 c) Unter Berücksichtigung dieser vier Faktoren ergibt sich der Monatsbetrag der Rente nach folgender **Rentenformel** (§ 64 SGB VI): Die unter Berücksichtigung des Zugangsfaktors ermittelten **persönlichen Entgeltpunkte** (EP), der **Rentenartfaktor** (RF) und der **aktuelle Rentenwert** (ARw) werden mit ihrem Wert bei Rentenbeginn miteinander multipliziert. Die Rentenformel stellt sich also folgendermaßen dar:

Monatsrente = EP × RF × ARw.

Für die Berechnung der Renten ist also nicht die absolute Höhe der eingezahlten Beiträge bzw der mit diesen Beiträgen versicherten Entgelte maßgebend. Entscheidend ist vielmehr der Anteil der Versichertenentgelte am jeweiligen Durchschnittsjahresentgelt. Es kommt damit für den Wert eines Beitrags jeweils auch auf das Jahr an, in dem bzw für das der Beitrag gezahlt worden ist. Liegt das versicherte Entgelt über dem Durchschnittsverdienst aller Versicherten eines Kalenderjahres, ergibt sich mehr als ein Entgeltpunkt, liegt es darunter, ergibt sich entsprechend weniger als ein Entgeltpunkt. Die Entgeltpunkte für beitragsfreie Zeiten bestimmen sich nach dem durchschnittlichen Gesamtwert aller für Beitragszeiten erreichten Entgeltpunkte (Gesamtleistungsbewertung, § 71 SGB VI).

Im **Ausgangsfall 10** erhält V für jedes Jahr ihrer Berufstätigkeit 0,9 Entgeltpunkte (§§ 63 Abs. 2, 70 Abs. 1 S. 1 SGB VI), also (25 × 0,9) 22,5 Entgeltpunkte (EP). Bei der Altersrente beträgt der Rentenartfaktor (RF) 1,0 (§ 67 Nr 1 SGB VI). Der aktuelle Rentenwert (ARw) beträgt im Januar 2002 25,31 Euro für die alten Bundesländer. Also ergibt sich gemäß § 64 SGB VI eine Monatsrente von 22,5 × 1 × 25,31 Euro = 569,48 Euro.

379 d) Das SGB VI ging im Hinblick auf die **Rentenhöhe** bisher im Prinzip davon aus, dass den Versicherten nach einem erfüllten Arbeitsleben etwa **70%** ihres letzten (Netto-) Einkommens als Rente zur Verfügung stehen sollen (sog. **Eckrentenniveau**, dh Verhältnis der auf 45 Entgeltpunkten beruhenden Nettorente zum aktuellen Nettodurchschnittsverdienst). Das setzt allerdings 45 Versicherungsjahre voraus, die selten (und zunehmend seltener) erreicht werden.

Durch das **Altersvermögensergänzungsgesetz** wird unter Zugrundelegung der gegenwärtig praktizierten Rechnungsart das Eckrentenniveau für Rentenzugänge des Jahres 2030 auf etwa 67% absinken. Den geringeren Leistungen der gesetzlichen Rentenversicherung stehen die Erträge der staatlich geförderten zusätzlichen kapitalgedeckten Altersvorsorge gegenüber.

380 e) Die **Anpassung der Renten** erfolgt zum 1. Juli eines jeden Jahres, indem der bisherige aktuelle Rentenwert durch den neuen aktuellen Rentenwert ersetzt wird (§ 65 SGB VI). Dies geschieht gemäß § 69 SGB VI durch Rechtsverordnung. Bei der an der Entwicklung der Bruttolöhne orientierten „modifizierten Bruttolohnanpassung“[50] erfolgt eine Anpassung entsprechend dem prozentualen Anstieg der

50 Siehe oben Rn 326.

Bruttoverdienste aller Beschäftigten im Durchschnitt. Dieser Prozentsatz wird zum einen um die Veränderung des Rentenversicherungsbeitrags korrigiert; steigt der Beitrag, fällt die Anpassung geringer aus. Der Prozentsatz reduziert sich zudem um den Altersvorsorgeanteil; dadurch fallen die Rentenanpassungen in den Jahren von 2003 bis 2010 um jeweils 0,5% niedriger aus (vgl § 255e Abs. 3 SGB VI), ab 2011 ist die Anpassung festgeschrieben. **Zwei Zeiträume** sind zu unterscheiden:

aa) In der Zeit vom **1. Juli 2001 bis zum 1. Juli 2010** steigt der Altervorsorgeanteil (AVA) jährlich schrittweise nach Maßgabe von § 255e Abs. 3 SGB VI bis auf 4% an. In dieser Phase des Aufbaus der privaten Altersvorsorge gilt die Rentenanpassungsformel des § 255e Abs. 4 SGB VI.

bb) Die von der Aufbauphase unabhängige **grundsätzliche Rentenanpassungsformel** regelt § 68 SGB VI; sie kommt wegen der Übergangsregelung des § 255e SGB VI erst **vom 1. Juli 2010 an** zur Anwendung.

cc) Ausgangspunkt bei der Anpassung des aktuellen Rentenwerts (AR_t), der Bestandteil der Rentenformel[51] ist, ist der Faktor für die **Veränderung des Bruttolohns** (§ 68 Abs. 2 SGB VI). Der alte aktuelle Rentenwert (Beispiel: am 30. Juni 2002 25,31 Euro) wird mit dem Faktor für die Veränderung des Bruttolohns (ermittelt gemäß § 68 Abs. 2 SGB VI) und mit dem Faktor für die Veränderung des Rentenbeitragssatzes (RVB, ermittelt gemäß § 68 Abs. 3 SGB VI) vervielfältigt (§ 68 Abs. 1 S. 3 SGB VI). Es ergibt sich danach die folgende **Rentenanpassungsformel** (§ 68 Abs. 5 SGB VI):

$$AR_t = AR_{t-1} \times \frac{BE_{t-1}}{BE_{t-2}} \times \frac{90\% - AVA_{2009} - RVB_{t-1}}{90\% - AVA_{2009} - RVB_{t-2}}$$

dd) Der Unterschied zwischen den Rentenanpassungsformeln gemäß § 255e SGB VI (für die Phase des Aufbaus der privaten Altersvorsorge) und gemäß § 68 SGB VI (als Grundsatz) liegt darin, dass in der Aufbauphase bei noch nicht vollem Altersvorsorgeanteil der Bruttolohn mit 100% in Ansatz gebracht und auf den jeweiligen (gemäß § 255e SGB VI ansteigenden) Altersvorsorgeanteil (des vergangenen und vorvergangenen Jahres) abgestellt wird. Nach dem 1. Juli 2010 wird dagegen der Bruttolohn mit 90% in Ansatz gebracht und auf den festgeschriebenen Altersvorsorgeanteil von 4% abgestellt. Unterschiede durch den Austausch des Wertes von 100% gegen den Basiswert von 90% ergeben sich nur, wenn sich zugleich der Rentenbeitragssatz ändert[52]. Der Austausch des Basiswerts führt dann zu einem etwas flacheren Rentenanstieg. Die Berücksichtigung des Altersvorsorgeanteils bei der Rentenanpassung wirkt natürlich unabhängig davon, ob Versicherte von der geförderten privaten Vorsorge Gebrauch machen oder nicht.

Wenn damit wieder eine (modifizierte) Bruttolohnanpassung der Renten erfolgt, wirken sich anders als bei der zwischenzeitlich geltenden Nettoanpassung insbesondere Änderungen der Steuerbelastung und der Arbeitnehmerbeiträge zur Sozialversicherung nicht aus.

Der **aktuelle Rentenwert**[53] hat also eine zweite Funktion, er ist das Instrument, mit dem die laufenden Renten jährlich an die wirtschaftliche Entwicklung angepasst werden.

---

51 Zu ihr oben Rn 378 ff.

52 Siehe die Beispiele bei *Langen*, DAngVers 2001, 239 (243).

53 Siehe oben Rn 377.

V. Geförderte private Altersvorsorge

1. Grundsatz

380a Die mit der veränderten Steuerung der Rentenanpassung verbundene zukünftige Absenkung des Rentenniveaus soll durch den Aufbau einer geförderten privaten Altersvorsorge auf Kapitaldeckungsbasis kompensiert werden. Vorgesehen ist, dass die förderungsberechtigten gesetzlich Rentenversicherten (und auch Beamte, § 10a Abs. 1 S. 1 EStG) einen **Mindesteigenbetrag** in eine private Zusatzversicherung investieren, der nach Maßgabe von § 86 EStG bis auf 4% des Vorjahreseinkommens im Jahr 2008 ansteigt. Diese private Altersvorsorge wird alternativ auf zwei Wegen **staatlich gefördert**: entweder durch eine **Zulage** (§§ 79 ff EStG) oder durch die **steuerliche Abzugsfähigkeit als Sonderausgabe** (§ 10a EStG). Die maßgeblichen Regelungen finden sich daher nicht im SGB VI, sondern in den genannten Vorschriften des Einkommensteuerrechts. Welche Alternative der Förderung im Einzelfall vorzugswürdig ist, richtet sich nach der Einkommenslage und der Kinderzahl.

Der prozentuale Mindesteigenbetrag (bis zu 4% im Jahr 2008) führt bei Besserverdienenden zu einem höheren Aufwand bei festgeschriebenem staatlichem Zuschuss. Ein verheirateter Versicherter mit zwei Kindern und einem Jahresverdienst von 50 000 Euro muss ab 2008 2000 Euro aufwenden, um die staatliche Förderung von 678 Euro (154 Euro je Ehegatte, 185 Euro je Kind) auszuschöpfen; hier wird es sinnvoll sein, statt die Zulage in Anspruch zu nehmen, bis zu 2100 Euro von der Steuer abzusetzen.

2. Förderungsfähige Produkte[54]

380b Damit eine private Altersvorsorge förderungsfähig ist, muss sie bestimmten gesetzlichen Vorgaben entsprechen; für geeignete Produkte ist eine Zertifizierung vorgesehen, die sich nach dem **Gesetz über die Zertifizierung von Altersvorsorgeverträgen** (AltZertG) richtet. Unter den Voraussetzungen der §§ 92a, 92b EStG kommt auch privates Wohneigentum als förderungsfähige Altersvorsorge in Betracht, wenn es eigenen Wohnzwecken dient.

3. Betriebliche Altersversorgung

380c Wichtige Triebfeder der betrieblichen Altersversorgung[55] war früher die Gewinnung und langfristige Bindung von Mitarbeitern. Wegen der anhaltenden hohen Arbeitslosigkeit war diese Triebfeder lange Zeit erlahmt, jetzt gerät die betriebliche Altersversorgung, auch zur Mitarbeiterbindung, wieder in das Blickfeld, gestärkt durch ihre Einbeziehung in die geförderte private Altersvorsorge mit der Rentenre-

---

54 Nähere Informationen finden sich zB auf den Internetseiten des Verbandes Deutscher Rentenversicherungsträger (http://www.vdr.de) und der Zertifizierungsstelle der Bundesanstalt für Finanzdienstleistungsaufsicht (http://www.altzertg.bund.de).

55 Siehe zB *Söllner/Waltermann*, Grundriss des Arbeitsrechts, 13. Aufl., 2002, § 33 IV; *Zöllner/Loritz*, Arbeitsrecht, 5. Aufl., 1998, S. 323 ff.

form 2001. Vor dem Hintergrund des eingeführten **Anspruchs auf Entgeltumwandlung** bis zur Höhe von 4% der Beitragsbemessungsgrenze in der gesetzlichen Rentenversicherung (§ 1a BetrAVG) kann die steuerlich geförderte Betriebsrente Baustein eines Gesamtvergütungsmodells sein. Bisher beruhten Versorgungsabreden durch Entgeltumwandlung auf freiwilliger Vereinbarung zwischen Arbeitgeber und Arbeitnehmer.

Die Durchführung der Entgeltumwandlung wird durch Vereinbarung geregelt (§ 1a Abs. 1 S. 2 BetrAVG). Der Arbeitgeber kann allerdings die Wahl eines Pensionsfonds, einer Pensionskasse oder (im Ergebnis auch) einer Direktversicherung durchsetzen, wenn er diese Versorgungsträger anbietet (vgl § 1a Abs. 1 S. 3 BetrAVG). Die neu eingeführte Durchführung in Pensionsfonds ergänzt die bisher schon bekannten Durchführungswege der betrieblichen Altersvorsorge. Gruppenverträge ermöglichen günstige Konditionen, sodass gegenüber der privaten Vorsorge Renditegewinne erzielt werden. Die Anwartschaften bleiben erhalten, wenn vor Eintritt des Versorgungsfalls (jedoch nach Vollendung des 30. Lebensjahres) das Arbeitsverhältnis endet und die Zusage in diesem Zeitpunkt mindestens fünf Jahre bestanden hat (siehe § 1b Abs. 1 BetrAVG). Die staatliche Förderung (vgl §§ 10a, 82 Abs. 2 EStG) kann nur entweder für eine private oder die betriebliche Altersvorsorge beansprucht werden. Bis 2008 kann die Förderung gemäß § 3 Nr 63 EStG (Lohnsteuer- und teilweise Sozialabgabenfreiheit) attraktiver sein als die Förderung gemäß § 10a EStG.

§ 12 Arbeitsförderung

Schrifttum: *Benda*, Sozialrechtliche Eigentumspositionen im Arbeitskampf, 1986; *Benöhr* (Hrsg.), Arbeitsvermittlung und Arbeitslosenversorgung in der neueren deutschen Rechtsgeschichte, 1991; *Bolay/Eisenreich/Isele*, SGB III – Arbeitsförderung, 2002; *Eichenhofer*, Neue Grundsätze der Arbeitsförderung, SGb 2000, 289; *Gagel ua*, Sozialgesetzbuch III – Arbeitsförderung –, Kommentar, Loseblattwerk; *Geiger/Hummel*, Arbeitsförderungsrecht – SGB III, 2000; Gemeinschaftskommentar zum Arbeitsförderungsrecht (GK-SGB III), Loseblattwerk; *Hanau*, Welche arbeits- und ergänzenden sozialrechtlichen Regelungen empfehlen sich zur Bekämpfung der Arbeitslosigkeit?, in: Verhandlungen des 63. DJT 2000, Bd. 1, C 1; *Hauck/Noftz*, SGB III – Arbeitsförderung, Kommentar, Loseblattwerk; *Henkes/Baur/Kopp/Polduwe*, Handbuch Arbeitsförderung SGB III, 1999; *Henning/Henke/Schlegel/Theuerkauf/Estelmann*, SGB III – Arbeitsförderung, Kommentar, Loseblattwerk; *Jahn/Groß/Schmidt*, Sozialgesetzbuch für die Praxis, Arbeitsförderung SGB III, 1998; *Kleinhenz*, Welche arbeits- und ergänzenden sozialrechtlichen Regelungen empfehlen sich zur Bekämpfung der Arbeitslosigkeit?, in: Verhandlungen des 63. DJT 2000, Bd. 1, B 1; *Knigge/Ketelsen/Marschall/Wissing*, Kommentar zum Arbeitsförderungsgesetz, Loseblattwerk; *Kruse/Zamponi*, Job-AQTIV-Gesetz, Das neue Recht der Arbeitsförderung, 2002; *Lohre/Mayer/Stevens-Bartol*, Arbeitsförderung – Sozialgesetzbuch III, 3. Aufl., 2000; *Mönks*, Der Versicherungsfall der Arbeitslosigkeit, 1991; *Niesel* (Hrsg.), Sozialgesetzbuch, Arbeitsförderung – SGB III –, 2. Aufl., 2002; *Ricken*, Arbeitslosengeldansprüche Teilzeitbeschäftigter nach dem SGB III, NZS 1997, 558; *Rittweger*, Das neue Recht der Arbeitsförderung, 1998; *Ruhm*, Arbeitsförderungsrecht – SGB III, 2000; *B. Schmidt*, Neues aus dem Arbeitsförderungsrecht, NZS 2002, 415 ff; *Schönefelder/Kranz/Wanka*, SGB III – Arbeitsförderung, Kommentar, Loseblattwerk; *Weber*, Arbeitsförderungsgesetz, 14. Aufl., 1995; *Wissing/Pitschas/Eicher*, Sozialgesetzbuch (SGB III), Arbeitsförderung, Kommentar, Loseblattwerk; *Zacher*, Arbeit, Arbeitslosigkeit und Sozialleistungssysteme in globaler Perspektive, in: Festschrift für Krasney, 1997, S. 807.

I. Grundlagen

Fall 11: A ist seit drei Jahren bei Unternehmer U in Gießen beschäftigt. U kündigt das Arbeitsverhältnis am 30. November 2001 wegen eines angeblichen Diebstahls von Materialien fristlos. Dagegen wehrt sich A mit einer fristgemäß beim Arbeitsgericht Gießen eingelegten Kündigungsschutzklage. Am 1. Dezember 2001 meldet sich A beim Arbeitsamt Gießen arbeitslos und erhält Arbeitslosengeld. Bald kommen Zweifel auf, dass A den Diebstahl begangen hat. Als im Gütetermin vor dem Arbeitsgericht am 10. Januar 2002 keine Verdachtsmomente mehr bestehen, schließen A und U einen Vergleich, nach dem das Arbeitsverhältnis zum 30. November 2001 endete, wobei sich U verpflichtet, dem A für den Verlust des Arbeitsplatzes eine Abfindung von 10 000 Euro zu zahlen.

Fall 12: Bei sonst gleicher Sachlage wie in Fall 11 gewährt das Arbeitsamt dem A während der Dauer des Kündigungsschutzverfahrens Arbeitslosengeld. Im Juni 2002 stellt das Arbeitsgericht Gießen rechtskräftig fest, dass die außerordentliche Kündigung des U vom 30. November 2001 unwirksam war.

1. Rechtsgrundlagen

381 Wer am Arbeitsleben teilnimmt oder teilnehmen will, hat gemäß **§ 3 Abs. 2 SGB I** ein **soziales Recht** auf (1) Beratung bei der Wahl des Bildungswegs und des Berufs, (2) individuelle Förderung seiner beruflichen Weiterbildung, (3) Hilfe zur Erlangung und Erhaltung eines angemessenen Arbeitsplatzes und (4) wirtschaftliche Sicherung bei Arbeitslosigkeit und bei Zahlungsunfähigkeit des Arbeitgebers. Die **Einweisungsvorschrift** des **§ 19 SGB I** zählt die Leistungen der Arbeitsförderung auf. Die Einzelheiten des Arbeitsförderungsrechts regelt das **SGB III**[1].

2. Hintergrund

382 Das am 1. Januar 1998 in Kraft getretene SGB III versucht, (über die Einordnung des Arbeitsförderungsrechts in das Sozialgesetzbuch hinaus) eine arbeitsmarkt- und beschäftigungspolitische Antwort auf die andauernde **Massenarbeitslosigkeit** zu geben. Das Arbeitsförderungs-Reformgesetz, mit dem das Arbeitsförderungsrecht die jetzt geltende Gestalt bekommen hat, gehört zu den sozialpolitisch besonders umstrittenen sozialrechtlichen Reformgesetzen[2]. Die **Ziele der Arbeitsförderung** sind in **§ 1 Abs. 1 SGB III** wie folgt beschrieben: „Die Leistungen der Arbeitsförderung sollen dazu beitragen, dass ein hoher Beschäftigungsstand erreicht und die Beschäftigungsstruktur ständig verbessert wird. Sie sind insbesondere darauf auszurichten, das Entstehen von Arbeitslosigkeit zu vermeiden oder die Dauer der Arbeitslosigkeit zu verkürzen. Dabei ist die Gleichstellung von Frauen und Männern als durchgängiges Prinzip zu verfolgen."

---

1 BGBl. I 1997, S. 594.

2 Siehe aus dem Schrifttum zum AFRG zB *Bader*, ArbuR 1997, 381 ff; *Kopp*, NZS 1997, 456 ff; *Niesel*, NZA 1997, 580 ff; *Rolfs*, NZA 1998, 17 ff; *Scherle/Arians*, NZS 1997, 212 ff.

Für die Leistungen der Arbeitsförderung gibt **§ 1 Abs. 1 S. 4 SGB III** folgende Vorgabe: „Die Leistungen sind so einzusetzen, dass sie der beschäftigungspolitischen Zielsetzung der Sozial-, Wirtschafts- und Finanzpolitik der Bundesregierung entsprechen.“ Wie weit die Aufgaben der Arbeitsförderung vor diesem Hintergrund im Einzelnen reichen, ergibt sich aus den in § 3 SGB III aufgezählten Leistungen. § 2 SGB III formuliert – wenn auch durch das Job-AQTIV-Gesetz abgeschwächt – eine besondere Verantwortung der Arbeitgeber und Arbeitnehmer für die Beschäftigung[3]. Gegenüber dem alten Arbeitsförderungsrecht ist der Anspruch an eine **staatliche Arbeitsmarktpolitik** reduziert worden. **383**

Das **Problem der Arbeitslosigkeit** hat in Deutschland und in Europa nach wie vor erhebliche Ausmaße. 2000 waren im Bundesgebiet durchschnittlich rund 3,9 Millionen Personen arbeitslos (Quote: 9,6%). Im Mai 2002 waren in der gesamten Bundesrepublik Deutschland 3,95 Millionen Arbeitslose registriert, das ergibt eine Quote von 9,5%. Die Zahl der Arbeitslosen in der Europäischen Union wurde für 1999 auf 15,7 Millionen Menschen geschätzt, was einer Quote von 9,2% entspricht. Die Bundesanstalt für Arbeit hat 2000 insgesamt 98,7 Mrd. DM an Ausgaben bestritten, davon für Arbeitslosengeld und für Insolvenzgeld zusammen 48,2 Mrd. DM, für Arbeitsbeschaffungsmaßnahmen 7,2 Mrd. DM und für Kurzarbeitergeld 0,7 Mrd. DM[4].

3. Entwicklung

Obwohl das Risiko der Arbeitslosigkeit mit der sich entwickelnden Industriegesellschaft von Anfang an verbunden war, ist es, nicht nur in Deutschland, erst deutlich nach der Jahrhundertwende zu einer gesetzlichen Regelung gekommen, mit der man versucht hat, dieses Lebensrisiko aufzufangen. Die *Bismarcksche Sozialversicherung* der Kaiserzeit hatte das Risiko der Arbeitslosigkeit nicht erfasst, erst die **Verordnung über die Erwerbslosenfürsorge** von 1918 hatte als sog. Demobilmachungsmaßnahme[5] die Gemeinden verpflichtet, eine Erwerbslosenfürsorge einzurichten. 1922 schuf dann das **Arbeitsnachweisgesetz** die Grundlagen einer *Arbeitsvermittlung*. 1923 vollzog man den ersten Schritt von der Fürsorge zur Versicherung: Grundlagen der Finanzierung waren von nun an Beiträge der Arbeitgeber und Arbeitnehmer. 1926 wurde eine sog. Krisenunterstützung als Ergänzung der Erwerbslosenfürsorge eingeführt. Die Ablösung der Erwerbslosen*fürsorge* als Sonderform der allgemeinen Armenfürsorge durch eine *versicherungsmäßige* Gestaltung vollendete sich durch das **Gesetz über Arbeitsvermittlung und Arbeitslo-** **384**

3 Kündigungsschutzrechtliche Bedeutung im Arbeitsrecht hat § 2 SGB III zumal in der neuen Fassung, nicht, die Vorschrift begründet Verpflichtungen von Arbeitgebern und Arbeitnehmern gegenüber dem Träger der Arbeitsförderung. Siehe zum alten Rechtszustand *Löwisch*, NZA 1998, 729 f; *Preis*, NZA 1998, 449 ff; *Rolfs*, NZA 1998, 17 (18 f); *Rüthers*, NJW 1998, 283 f; *Schaub*, NZA 1997, 810 f.

4 Zu den Zahlen siehe *Statistisches Bundesamt* (Hrsg.), Statistisches Jahrbuch 2001 für die Bundesrepublik Deutschland, S. 126, 478 und Statistisches Jahrbuch 2001 für das Ausland, S. 54.

5 Sechs Millionen Soldaten mussten in Arbeit und Brot gebracht werden. Die Zahl der Arbeit Suchenden verdeutlicht die Dimension der damaligen strukturellen und kriegsbedingten („Demobilmachung“, Ruhrbesetzung) Arbeitslosigkeit: 1920 waren es knapp 500 000, 1923 waren es mehr als 2 Millionen, 1929 über 3 Millionen und 1932 5,6 Millionen.

senversicherung von 1927, das eine reichseinheitliche Versicherung einführte. Der Zusammenhang mit der Fürsorge ging aber nie ganz verloren, wie sich noch heute an der Arbeitslosenhilfe zeigt. 1957 wurde das Gesetz über Arbeitsvermittlung und Arbeitslosenversicherung von 1927 grundlegend neu gestaltet, insbesondere vereinheitlicht und in Bezug auf die Leistungen verbessert. 1969 trat an die Stelle des Gesetzes über Arbeitsvermittlung und Arbeitslosenversicherung das **Arbeitsförderungsgesetz (AFG)**.

Mit dem AFG vollzog sich der Wandel zu einer Arbeitsmarktpolitik, die Arbeitslosigkeit im Interesse der Arbeitnehmer und der Gesellschaft nach Möglichkeit verhindern sollte. Seither spielt der **Gedanke der Vorsorge** eine große Rolle. Es zeigte sich im Folgenden aber auch immer deutlicher, dass Arbeitslosigkeit ein Risiko ist, dem durch individuelles Verhalten nur bedingt vorgebeugt werden kann und das auch durch eine gute staatliche Arbeitsförderung bei Massenarbeitslosigkeit nur begrenzt beeinflussbar ist.

385 Das **Arbeitsförderungs-Reformgesetz** vom 27. März 1997 hat das Arbeitsförderungsrecht nicht nur als **SGB III** in das Sozialgesetzbuch integriert, sondern auch in wichtigen Hinsichten verändert. So wurden zB die Voraussetzungen der Versicherungspflicht und der Leistungsgewährung modifiziert und eine Reihe neuer Förderungsinstrumente eingeführt. Seit seinem Inkrafttreten hat das SGB III bereits zahlreiche Änderungen erfahren. Ein wichtiges Reformgesetz aus jüngster Zeit ist das sog. **Job-AQTIV-Gesetz** vom 10. Dezember 2001[6], das dem Aktivieren, Qualifizieren, Trainieren, Investieren und Vermitteln (daher der Name AQTIV) gewidmet ist. Es dient der Modernisierung der Arbeitsvermittlung, die nun schon präventiv tätig werden soll.

4. Organisation

386 Trägerin der Arbeitsförderung ist gemäß § 367 SGB III die **Bundesanstalt für Arbeit**. Sie ist im Gesetz (wie zuvor in § 189 Abs. 1 AFG) als rechtsfähige Körperschaft des öffentlichen Rechts bezeichnet, obwohl sie keine Mitglieder im eigentlichen Sinn hat und ihr deshalb ein wesentliches Begriffsmerkmal der Körperschaft fehlt. Verwaltungsrechtlich wäre die Bundesanstalt für Arbeit als **Anstalt des öffentlichen Rechts** einzuordnen[7]. Die Einzelheiten regeln die §§ 367-401 SGB III. Die Bundesanstalt für Arbeit nimmt ihre Aufgaben in **Selbstverwaltung** wahr (§§ 374 ff SGB III). Ihren Verwaltungsunterbau bilden die Landesarbeitsämter und die Arbeitsämter (§ 368 SGB III). Die Organe der Bundesanstalt für Arbeit setzen sich aus Vertretern der Arbeitnehmer, der Arbeitgeber und öffentlicher Körperschaften zusammen (§ 380 Abs. 1 SGB III), letztere sind beteiligt wegen der arbeitsmarktpolitischen Aufgabe der Bundesanstalt für Arbeit.

---

6 BGBl. I, S. 3443; dazu *Körner*, NZA 2002, 241 ff; *Luthe*, SGb 2002, 77 ff, 136 ff; vgl auch *B. Schmidt*, NZS 2002, 415 ff.

7 Siehe *Eichenhofer*, Sozialrecht, Rn 450; *Rüfner*, Sozialrecht, § 37; *Schulin/Igl*, Sozialrecht, Rn 828; aA *Knigge*, in: Knigge/Ketelsen/Marschall/Wittrock, AFG, § 189 Rn 2.

5. Finanzierung

Die Leistungen der Arbeitsförderung und die sonstigen Ausgaben der Bundesanstalt für Arbeit werden gemäß § 340 SGB III durch **Beiträge** der Versicherungspflichtigen, der Arbeitgeber und Dritter, ferner durch **Umlagen** (§§ 354-362 SGB III), durch **Mittel des Bundes** (§§ 363-365 SGB III) und durch sonstige Einnahmen finanziert. Das Beitragsrecht ist in den §§ 341-353 SGB III geregelt. Der **Beitragssatz** beträgt gemäß § 341 Abs. 2, 3 SGB III 6,5% der maßgeblichen beitragspflichtigen Einnahmen (§§ 342 ff SGB III). Die Beiträge werden von den versicherungspflichtigen Beschäftigten und den Arbeitgebern je zur Hälfte (3,25%) getragen. **387**

6. Arbeitslosenversicherung

Das Arbeitsförderungsrecht ist zu einem wichtigen Teil **auch Sozialversicherungsrecht**, insbesondere regelt es die Versicherung des Risikos der Arbeitslosigkeit. In diesem Teil ist das Arbeitsförderungsrecht strukturgleich mit dem Krankenversicherungs-, Pflegeversicherungs-, Unfallversicherungs-, und Rentenversicherungsrecht. Mit der Einordnung in das Sozialgesetzbuch hat der Gesetzgeber das Arbeitsförderungsrecht mehr als bisher in Übereinstimmung mit der Sozialversicherung im engeren Sinn konzipiert. **388**

Die Versicherungspflicht ist im Zweiten Kapitel neu strukturiert, das Beitragsrecht (im Zehnten Kapitel) ist jetzt in Anlehnung an das Krankenversicherungs- und Rentenversicherungsrecht gestaltet. Die **Vorschriften des SGB IV** gelten nunmehr unmittelbar auch für das Arbeitsförderungsrecht, soweit dort nicht speziellere Regelungen existieren (§ 1 Abs. 1 S. 2 SGB IV). Ausgenommen ist das Organisationsrecht des SGB IV, Sonderregelungen gelten auch für das Haushaltsrecht der Bundesanstalt für Arbeit. Dennoch behält das Arbeitsförderungsrecht seine Sonderstellung gegenüber den anderen Zweigen der Sozialversicherung (der Sozialversicherung „im eigentlichen Sinn“). Dies kommt auch in der systematischen Stellung vor dem SGB IV zum Ausdruck.

a) Versicherungspflicht

Im Arbeitsförderungsrecht gibt es nur die Pflichtversicherung, gegen das Risiko der Arbeitslosigkeit kann man sich nicht freiwillig gesetzlich versichern. In einem arbeitsförderungsrechtlichen **Versicherungsverhältnis** stehen zwei Personengruppen: Versicherungspflichtig sind gemäß §§ 24 Abs. 1, 25 Abs. 1 SGB III erstens **Beschäftigte**, dh Personen, die gegen Arbeitsentgelt oder zu ihrer Berufsausbildung beschäftigt sind. Versicherungspflichtig sind gemäß §§ 24 Abs. 1, 26 Abs. 1 SGB III zweitens **sonstige Versicherungspflichtige**. Sonstige Versicherungspflichtige sind zB jugendliche Behinderte, die in Berufsbildungswerken an einer berufsfördernden Maßnahme teilnehmen (§ 26 Abs. 1 Nr 1 SGB III) oder Personen, die auf Grund gesetzlicher Verpflichtung länger als drei Tage Wehrdienst oder Zivildienst leisten (§ 26 Abs. 1 Nr 2 SGB III). Gemäß § 26 Abs. 2 SGB III sind versicherungspflichtig Personen in der Zeit, in der sie von einem Leistungsträger zB Krankengeld, Verletztengeld oder Übergangsgeld beziehen, wenn sie unmittelbar **389** vor Beginn dieser Leistung versicherungspflichtig waren oder eine laufende Entgeltersatzleistung nach dem Arbeitsförderungsrecht bezogen haben, oder Personen, die von einem privaten Krankenversicherungsunternehmen Krankentagegeld beziehen, wenn sie unmittelbar vor Beginn dieser Leistung versicherungspflichtig waren.

Nach der Rechtslage des AFG waren zahlreiche Unterbrechungszeiten der Beschäftigung gleichgestellt, auch Zeiten, in denen nicht andere Leistungsträger Beiträge entrichteten. So waren zum Beispiel Zeiten des Bezugs von Erziehungsgeld beitragsfrei gleichgestellt. Nach dem SGB III werden nur noch Zeiten berücksichtigt, für die Beiträge zur Arbeitslosenversicherung zu entrichten sind. Diese Regelung führt zu einer mittelbaren Diskriminierung von Frauen. Deshalb werden vom 1. Januar 2003 an Zeiten des Bezugs von Mutterschaftsgeld und Erziehungszeiten für Kinder bis zu drei Jahren in die Versicherungspflicht einbezogen, wenn zuvor eine versicherungspflichtige Beschäftigung bestand oder Entgeltersatzleistungen bezogen wurden[8].

b) Versicherungsfreie Beschäftigte

390 Versicherungsfrei sind, wie auch sonst in der Sozialversicherung, bestimmte **Personengruppen**, namentlich die Beamten, Richter, Soldaten auf Zeit und Berufssoldaten oder die Geistlichen (siehe § 27 Abs. 1 SGB III). In Bezug auf **Teilzeitbeschäftigte** ist das Arbeitsförderungsrecht seit dem Inkrafttreten des SGB III dem Sozialversicherungsrecht angeglichen[9]. Es gilt jetzt auch im Arbeitsförderungsrecht die **Geringfügigkeitsgrenze** der Sozialversicherung (§ 8 SGB IV). In die Versicherungspflicht sind also grundsätzlich alle Personen einbezogen, die eine Beschäftigung mit einer Arbeitszeit von 15 Stunden und mehr wöchentlich ausüben oder mehr als 325 Euro verdienen[10]. Auch wenn die Geringfügigkeitsgrenze von 15 Stunden in der Woche überschritten wird, kann gleichwohl eine geringfügige Beschäftigung vorliegen, wenn die Beschäftigung auf zwei Monate oder fünfzig Arbeitstage innerhalb eines Jahres begrenzt ist (§ 8 Abs. 1 Nr 2 SGB IV).

II. Leistungen der aktiven Arbeitsförderung

1. Vorbemerkung

391 Das Arbeitsförderungsrecht sichert nicht allein das individuelle Risiko der gegen Arbeitslosigkeit Versicherten, es hat nicht nur diese sozialversicherungsrechtliche Seite. Es verfolgt zugleich allgemeine arbeitsmarktpolitische Ziele. Eine hilfreiche Vorgabe für die Systematisierung des Arbeitsförderungsrechts liefert das SGB III selbst. Gemäß § 3 Abs. 4 SGB III sind **Leistungen der aktiven Arbeitsförderung** alle Leistungen der Arbeitsförderung mit Ausnahme von **Anschlussunterhalts-**

8 Vgl Art. 1 Nr 10, Art. 10 Job-AQTIV-Gesetz (BGBl. I 2001, S. 3446, 3463).
9 Näher zur Neuregelung *Ricken*, NZS 1997, 558 (560 f).
10 Siehe oben Rn 117 ff. Kritisch zur Einführung der Geringfügigkeitsgrenze haben sich im Gesetzgebungsverfahren sowohl der Deutsche Gewerkschaftsbund und die Bundesvereinigung der Deutschen Arbeitgeberverbände als auch die Bundesanstalt für Arbeit geäußert. Siehe zusammenfassend und mit Nachweisen *Scherle/Arians*, NZS 1997, 212 (214).

geld, Arbeitslosengeld, Teilarbeitslosengeld, Arbeitslosenhilfe und Insolvenzgeld.

Übersicht:

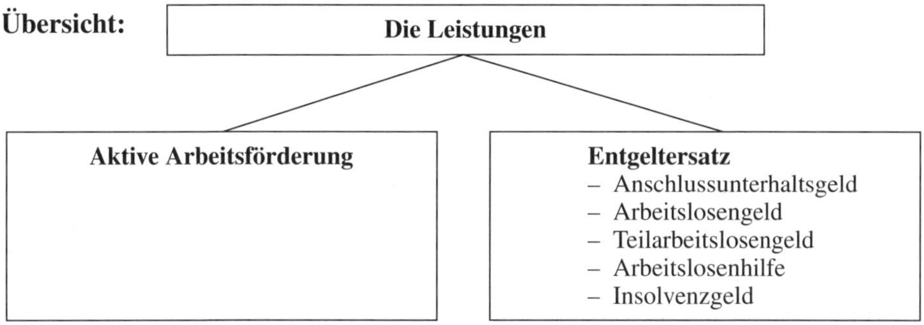

Die Leistungen der aktiven Arbeitsförderung gehen gemäß § 5 SGB III diesen Entgeltersatzleistungen vor. Diesen Vorgaben des Gesetzes entsprechend kommen im Folgenden zunächst die Leistungen der aktiven Arbeitsförderung zur Sprache, später dann die Entgeltersatzleistungen Arbeitslosengeld und Teilarbeitslosengeld (III), Arbeitslosenhilfe (IV) und Insolvenzgeld (V).

Im Verhältnis zu anderen Leistungsträgern oder anderen öffentlich-rechtlichen Stellen dürfen Leistungen der aktiven Arbeitsförderung nur erbracht werden, wenn nicht diese Stellen zur Erbringung gleichartiger Leistungen verpflichtet sind (vgl § 22 SGB III).

2. Kriterien der Leistungsvergabe und freie Förderung

a) Die Leistungen der aktiven Arbeitsförderung sind nach dem SGB III im Grundsatz nur noch **Ermessensleistungen** (hinsichtlich des „Ob"). Die Ausnahmen bilden der Anspruch auf Beauftragung eines Dritten mit der Vermittlung, die Berufsausbildungsbeihilfe, die besonderen Leistungen zur Teilhabe am Arbeitsleben, Kurzarbeitergeld, Wintergeld, Winterausfallgeld und der Eingliederungszuschuss bei der Einarbeitung von Berufsrückkehrern (§ 3 Abs. 5 SGB III). Kriterien für die Vergabe von Ermessensleistungen werden in § 7 SGB III geregelt. In den §§ 4 ff SGB III sind weitere Kriterien und Grundsätze der Leistungsvergabe normiert. **392**

b) Gemäß § 10 SGB III können die Arbeitsämter bis zu 10% der im Eingliederungstitel enthaltenen Mittel für Ermessensleistungen als freie Leistungen der aktiven Arbeitsförderung einsetzen, sog. **freie Förderung**. Die Leistungen müssen den Zielen und Grundsätzen der gesetzlichen Leistungen entsprechen und dürfen nicht gesetzliche Leistungen aufstocken; bei Leistungen an Arbeitgeber ist darauf zu achten, dass es nicht zu Wettbewerbsverzerrungen kommt. Damit bestehen für die örtlichen Arbeitsämter Gestaltungsspielräume, mit denen auf regionale Anforderungen reagiert werden kann[11]. **393**

11 Dazu *Kühnert*, Erfahrungen und Probleme bei der regionalen Steuerung von Arbeitsförderung, 1999.

Die örtlichen Arbeitsämter setzen die Mittel der freien Förderung oft zur Unterstützung bestimmter Personengruppen ein. Dies geschieht zB durch die Gewährung einer Hilfe für die Einstellung arbeitsloser Jugendlicher, die eine betriebliche oder außerbetriebliche Berufsausbildung abgeschlossen haben.

3. Beratung und Vermittlung

394 Das Arbeitsamt hat Jugendlichen und Erwachsenen, die am Arbeitsleben teilnehmen oder teilnehmen wollen, nach Maßgabe der §§ 29, 30-33 SGB III **Berufsberatung** und Arbeitgebern nach Maßgabe der §§ 29, 34 SGB III **Arbeitsmarktberatung** anzubieten. Es hat Ausbildungsuchenden, Arbeitsuchenden und Arbeitgebern **Ausbildungsvermittlung** und **Arbeitsvermittlung** nach Maßgabe der §§ 35-40 SGB III anzubieten. Ein Vermittlungsmonopol der Bundesanstalt für Arbeit besteht allerdings – anders als nach früherem Recht[12] – nicht. Nach neuem Recht ist eine Arbeitsvermittlung auch durch private Vermittler möglich (vgl §§ 296 ff SGB III).

Ein uneingeschränktes **Vermittlungsmonopol** der Bundesanstalt für Arbeit würde gegen das Europäische Gemeinschaftsrecht verstoßen. In der Rechtssache „*Höfner und Elser*" hat der Europäische Gerichtshof festgestellt, dass ein Verbot privater Arbeitsvermittlung für Führungskräfte der Wirtschaft zum Schutz eines staatlichen Vermittlungsmonopols gegen europarechtliches Wettbewerbsrecht verstoßen kann[13].

394a Auf die grundsätzlich unentgeltlichen (§ 43 SGB III) Beratungs- und Vermittlungsmaßnahmen besteht ein Rechtsanspruch der Berechtigten. Seit Januar 2002 ist die Vermittlung intensiviert worden, sie soll auch verstärkt **präventiv** eingesetzt werden. Spätestens zu Beginn der Arbeitslosigkeit hat das Arbeitsamt gemeinsam mit dem Arbeitsuchenden dessen Bewerberprofil zu ermitteln (**Profiling**). Falls erforderlich ist eine Eignungsfeststellung durchzuführen. Die aus den individuellen Chancen folgende Vermittlungsstrategie ist in einer **Eingliederungsvereinbarung** gemäß § 35 Abs. 4 SGB III festzuhalten. Diese enthält für einen zu bestimmenden Zeitraum die Vermittlungsbemühungen des Arbeitsamtes, die Eigenbemühungen des Arbeitslosen und die vorgesehenen Leistungen der aktiven Arbeitsförderung[14]. Dies entspricht dem Grundsatz des Förderns und Forderns. Anspruch auf verstärkte vermittlerische Unterstützung haben Arbeitslose, deren Eingliederung voraussichtlich erschwert ist oder die nach sechs Monaten noch keine Beschäftigung aufgenommen haben (§ 37 Abs. 2 SGB III). Das Arbeitsamt kann zu seiner Unterstützung auch Dritte (wie **private Vermittler**) mit der Vermittlung beauftragen. Ein Rechtsanspruch hierauf steht einem Arbeitslosen gemäß § 37a SGB III zu, wenn er nach sechs Monaten noch arbeitslos ist. Darüber hinaus können Arbeitslose (befristet bis Ende 2004) nach Maßgabe von § 421g SGB III einen **Vermittlungsgutschein** erhalten, mit dem sich das Arbeitsamt verpflichtet, die Kosten eines vom Arbeitnehmer eingeschalteten Vermittlers bis zu einer bestimmten Höhe zu übernehmen.

12 Vgl *Gagel*, AFG, § 4 Rn 1-11.
13 EuGH v. 23.4.1991 – *Höfner und Elser*, Rs. C-41/90 –, Slg. 1991, I 1979 (2010 ff, 2019).
14 Näher *Körner*, NZA 2002, 241 (242 f).

4. Leistungen an Arbeitnehmer

a) Allgemeine Unterstützungs- und Förderungsleistungen

Die Leistungen an Arbeitnehmer, geregelt im Vierten Kapitel, bestehen zunächst aus **Leistungen zur Unterstützung der Beratung und Vermittlung.** Nach Maßgabe der §§ 45, 46 SGB III können bei Arbeitslosen, bei von Arbeitslosigkeit bedrohten Arbeitsuchenden sowie bei Ausbildungsuchenden *Bewerbungskosten* und *Reisekosten* (zB von Fahrten zu Vorstellungsgesprächen) übernommen werden. Dies setzt Bedürftigkeit voraus. Zur **Verbesserung der Eingliederungsaussichten** können Arbeitsuchende bei *Maßnahmen der Eignungsfeststellung* und bei *Trainingsmaßnahmen* durch Weiterleistung von Arbeitslosengeld oder Arbeitslosenhilfe und durch Übernahme von Maßnahmekosten gefördert werden (§§ 48-51 SGB III). Zur **Förderung der Aufnahme einer Beschäftigung** kennt das Arbeitsförderungsrecht bei Bedürftigkeit *Mobilitätshilfen*, zB in Gestalt von Übergangshilfen zum Lebensunterhalt, Fahrtkosten- oder Umzugskostenbeihilfen (§§ 53, 54 SGB III) oder die *Arbeitnehmerhilfe* von 13 Euro täglich (§ 56 SGB III). Zur **Förderung der Aufnahme einer selbständigen Tätigkeit**, die Arbeitslosigkeit beendet oder vermeidet, können Arbeitnehmer *Überbrückungsgeld* in Höhe des Betrages des Arbeitslosengeldes oder der Arbeitslosenhilfe für einen Zeitraum von regelmäßig sechs Monaten nach Maßgabe des § 57 SGB III erhalten. **395**

b) Förderung der Berufsausbildung und der beruflichen Weiterbildung

Die Förderung der Berufsausbildung (§§ 59-75 SGB III) und die Förderung der beruflichen Weiterbildung (§§ 77-95 SGB III) sind von herausragender **Bedeutung**. Arbeitskräfte ohne abgeschlossene Berufsausbildung sind von Arbeitslosigkeit besonders betroffen, ihr Anteil an den registrierten Arbeitslosen betrug Ende September 2000 rund 38%[15]. Eine gute Ausbildung und beständige Weiterbildung sind notwendige Zukunftsinvestitionen für die Gesellschaft und für den Einzelnen. Dabei genügt nicht irgendeine gute Ausbildung, nötig und sinnvoll ist aus dem Blickwinkel der Arbeitsförderung nur eine Erstausbildung oder berufliche Weiterbildung, die auch gefragt ist. Die wissenswerten Einzelheiten zu den Voraussetzungen und Leistungen einer individuellen[16] Förderung der Erstausbildung und der Weiterbildung erschließen sich durch Lektüre der §§ 59 ff bzw §§ 77 ff SGB III[17]. Dabei wird sich auch zeigen: Die Förderung der individuellen beruflichen Erstausbildung erfolgt unter engeren Voraussetzungen als die berufliche Weiterbildung. Voraussetzung ist insbesondere, dass dem Auszubildenden die erforderlichen Mittel nicht zur Verfügung stehen (§ 59 Nr 3 SGB III). Teilnehmer an einer für die Weiterbildungsförderung anerkannten Vollzeitmaßnahme können nach Maßgabe der §§ 153 ff SGB III **396**

15 Vgl *Statistisches Bundesamt* (Hrsg.), Statistisches Jahrbuch 2001 für die Bundesrepublik Deutschland, S. 123.

16 Zur institutionellen Förderung an Träger durch Förderungsleistungen für Aufbau, Erweiterung und Ausstattung von Einrichtungen siehe unten 5.

17 Siehe auch die ausführlichere Darstellung bei *Gitter/Schmitt*, Sozialrecht, § 30 Rn 11 ff.

Unterhaltsgeld erhalten. Der Anspruch auf Anschlussunterhaltsgeld ergibt sich aus § 156 SGB III.

c) Förderung der Teilhabe behinderter Menschen am Arbeitsleben

397 Ausführlich geregelt ist in den §§ 97-111 SGB III die Förderung der Teilhabe behinderter Menschen am Arbeitsleben[18]. Behinderte können die allgemeinen oder besondere Leistungen (wie zB Ausbildungsgeld, Übergangsgeld oder die Übernahme von Maßnahmekosten) zur Förderung der beruflichen Eingliederung erhalten, die wegen der Art oder wegen der Schwere der Behinderung erforderlich sind, um ihre Erwerbsfähigkeit zu erhalten, zu bessern, herzustellen oder wiederherzustellen und ihre Teilhabe am Arbeitsleben zu sichern.

d) Kurzarbeitergeld

398 aa) Kurzarbeitergeld (§§ 169-181 SGB III) gehört nach der Vorgabe des § 3 Abs. 4 SGB III zu den **Leistungen der aktiven Arbeitsförderung**. Denn das Kurzarbeitergeld hat nicht in erster Linie den Zweck, die einzelnen Arbeitnehmer bei Kurzarbeit finanziell zu sichern; es geht vielmehr vor allem darum, gefährdete Arbeitsplätze zu erhalten[19]. Zu diesem Zweck soll verhindert werden, dass den Arbeitnehmern betriebsbedingt gekündigt wird. Es handelt sich um eine Leistung mit auch arbeitsmarktpolitischer Zielsetzung. Kurzarbeitergeld ist andererseits, wie das Arbeitslosengeld, eine **Versicherungsleistung**[20].

399 bb) Kurzarbeit ist die vorübergehende Herabsetzung der vereinbarten Arbeitszeit. Sie kann **arbeitsrechtlich**, wenn eine entsprechende arbeitsvertragliche oder tarifvertragliche Regelung besteht, vom Arbeitgeber einseitig angeordnet werden[21]. Fehlt es an einer solchen **Kurzarbeitsklausel**, bedarf es zur wirksamen Einführung der Kurzarbeit, die ja nicht vertragsgemäß ist, einer Vereinbarung zwischen Arbeitgeber und Arbeitnehmer oder einer Änderungskündigung. Wird Kurzarbeit vom Arbeitgeber trotzdem einseitig angeordnet, ist die Anordnung unwirksam, der Arbeitgeber gerät in Annahmeverzug und bleibt, obwohl nicht die volle Zeit gearbeitet worden ist, gemäß § 611 BGB iVm § 615 BGB zur Lohnzahlung verpflichtet.

400 cc) Das Arbeitsförderungsrecht knüpft den Anspruch auf Kurzarbeitergeld an folgende **Voraussetzungen** (§§ 169 Nr 1-4, 170 ff SGB III): Es muss ein erheblicher Arbeitsausfall mit Entgeltausfall vorliegen, es müssen die betrieblichen und die persönlichen Voraussetzungen erfüllt sein und der Arbeitsausfall muss dem Arbeitsamt (vom Arbeitgeber oder von der Betriebsvertretung schriftlich) angezeigt worden sein.

---

18 Zum Behindertenrecht allgemein siehe unten Rn 537 ff.

19 BSGE 46, 218 (222); 64, 185 (188). In der früheren Fassung des Arbeitsförderungsrechts kam das deutlicher zum Ausdruck, vgl § 63 Abs. 1 S. 2 Halbs. 2 AFG. An der Ratio hat sich gleichwohl nichts geändert.

20 Gagel/*Bieback*, SGB III, § 169 Rn 7 f; *Rüfner*, Sozialrecht, § 38 II 1.

(1) Ein **Arbeitsausfall** ist gemäß § 170 Abs. 1 SGB III erheblich, wenn er auf wirtschaftlichen Gründen oder auf einem unabwendbaren Ereignis beruht, vorübergehend und nicht vermeidbar ist. Wirtschaftliche Gründe sind zB Kapitalmangel, Rohstoffmangel, vorübergehender Auftragsrückgang, Absatzschwierigkeiten. Da der Arbeitsausfall unvermeidbar (§ 170 Abs. 1 Nr 3, Abs. 4 SGB III) sein muss, dürfen diese Gründe nicht auf eine fehlerhafte Betriebsführung zurückzuführen sein. Ein unabwendbares Ereignis liegt neben den in § 170 Abs. 3 SGB III genannten Fällen (ungewöhnlicher Witterungsverlauf, nicht zu vertretende behördliche oder behördlich anerkannte Maßnahme) bei unverschuldeten, notstandsähnlichen Fällen (zB einem unverschuldeten Brandschaden) vor[22]. Es müssen ferner im jeweiligen Kalendermonat (Anspruchszeitraum) mindestens ein Drittel der im Betrieb beschäftigten Arbeitnehmer (ohne Auszubildende) von einem Entgeltausfall von jeweils mehr als 10% ihres monatlichen Entgelts betroffen sein (zu den weiteren Einzelheiten siehe § 170 Abs. 2-4 SGB III). Als Neuerung ist hervorzuheben, dass gemäß § 170 Abs. 4 SGB III von Vermeidbarkeit auszugehen ist, wenn zunächst Arbeitszeitguthaben aufgelöst werden können.

(2) Die **betrieblichen Voraussetzungen** sind gemäß § 171 SGB III erfüllt, wenn im Betrieb regelmäßig mindestens ein Arbeitnehmer beschäftigt ist. Betrieb ist auch eine Betriebsabteilung. Die **persönlichen Voraussetzungen** des Anspruchstellers sind gemäß § 172 SGB III gegeben, wenn der Arbeitnehmer nach Beginn des Arbeitsausfalls eine versicherungspflichtige Beschäftigung fortsetzt, aus zwingenden Gründen aufnimmt oder im Anschluss an die Beendigung eines Berufsausbildungsverhältnisses aufnimmt, das Arbeitsverhältnis nicht gekündigt oder durch Aufhebungsvertrag aufgelöst ist und der Arbeitnehmer nicht gemäß § 172 Abs. 2 und 3 SGB III vom Bezug des Kurzarbeitergeldes ausgeschlossen ist. Neuerdings gilt dies auch, wenn der Arbeitnehmer während des Bezugs von Kurzarbeitergeld arbeitsunfähig wird, solange sein Anspruch auf Entgeltfortzahlung besteht oder ohne den Arbeitsausfall bestehen würde (§ 172 Abs. 1a SGB III). Die Anforderungen an die **Anzeige bei dem Arbeitsamt** sind in § 173 SGB III geregelt. Bei Arbeitskämpfen gelten die Vorschriften über das Ruhen des Anspruchs auf Arbeitslosengeld für den Anspruch auf Kurzarbeitergeld gemäß § 174 Abs. 1 SGB III entsprechend[23].

dd) Den **Leistungsumfang** regeln die §§ 177-179 SGB III. Das Kurzarbeitergeld beträgt für Arbeitnehmer, die mindestens ein Kind haben, sowie für Arbeitnehmer, deren Ehegatte mindestens ein Kind hat, im Grundsatz 67% (siehe § 178 Nr 1 SGB III), für die übrigen Arbeitnehmer 60% der sog. Nettoentgeltdifferenz im Anspruchszeitraum (siehe § 178 Nr 2 SGB III). Die Nettoentgeltdifferenz wird gemäß § 179 SGB III pauschaliert festgestellt. Kurzarbeitergeld wird im Regelfall längstens für eine Bezugszeit von sechs Monaten gewährt (§ 177 Abs. 1 S. 3 SGB III). **401**

21 Umstritten ist, ob Kurzarbeit auf Grund einer entsprechenden Regelung in Betriebsvereinbarungen vom Arbeitgeber einseitig angeordnet werden kann. Dies wird vom BAG bejaht, siehe BAG, NZA 1991, 607 (607 f, unter IV 3). Näher (ablehnend) *Waltermann*, Rechtsetzung durch Betriebsvereinbarung zwischen Privatautonomie und Tarifautonomie, 1996, S. 175 ff.

22 Vgl Niesel/*Roeder*, SGB III, 2. Aufl., 2002, § 170 Rn 21 ff mit weiteren Beispielen.

23 Siehe näher unten Rn 429 ff.

e) Förderung der ganzjährigen Beschäftigung in der Bauwirtschaft

402 Zur Förderung der ganzjährigen Beschäftigung in der Bauwirtschaft gab es früher das **Schlechtwettergeld**. Es war im wesentlichen entsprechend dem Kurzarbeitergeld geregelt. Anknüpfungspunkt war der Arbeitsausfall in der Schlechtwetterzeit vom 1. November bis 31. März (§ 75 Abs. 2 Nr 2 AFG), der durch zwingende Witterungsgründe verursacht sein musste. Das Schlechtwettergeld ist zum Ende der Schlechtwetterzeit 1995/96 ausgelaufen. Nach der Regelung des SGB III haben seit dem 1. Januar 1998 Arbeitnehmer in der Bauwirtschaft jetzt unter bestimmten Voraussetzungen Anspruch auf (wie es nun heißt) **Wintergeld** (§§ 209 Nr 1, 210 f iVm §§ 212 f SGB III) und auf **Winterausfallgeld** (§§ 209 Nr 2, 210 f iVm §§ 214 f SGB III). Es handelt sich dabei um flankierende Maßnahmen, die Regelung der Folgen witterungsbedingter Einflüsse auf die Arbeitsabläufe in der Bauwirtschaft obliegt jetzt den Arbeits- und Tarifvertragsparteien. Mit der ab 1. November 1999 geltenden Fassung ist in den §§ 209 ff SGB III die Lastenverteilung zwischen Arbeitnehmern, Arbeitgebern und der Bundesanstalt für Arbeit im Interesse der Beschäftigungssicherung modifiziert worden.

Bis 1997 regelte der **Bundesrahmentarifvertrag für das Baugewerbe (BRTV-Bau)**, dass den Arbeitnehmern bei witterungsbedingtem Arbeitsausfall in der Schlechtwetterzeit für maximal 150 Arbeitsstunden pro Kalenderjahr ein Überbrückungsgeld von 75% des Arbeitsentgelts gezahlt wurde. Der Tarifvertrag sah eine teilweise Erstattung durch die von den Tarifvertragsparteien getragene Urlaubs- und Lohnausgleichskasse der Bauwirtschaft vor. Daneben war es möglich, dass die wöchentliche Arbeitszeit über das Jahr unterschiedlich verteilt, also im Sommer mehr gearbeitet wurde als im Winter. Seit Sommer 1997 regelt der – zuletzt mit Wirkung vom 15. Mai 2001 geänderte und seit Juni 2001 allgemeinverbindliche – Tarifvertrag nur noch Maßnahmen der Arbeitszeitverteilung. Durch Betriebsvereinbarung oder einzelvertragliche Vereinbarung kann eine von den tariflichen Arbeitszeitregelungen abweichende Arbeitszeitverteilung vereinbart werden. Der Arbeitgeber kann innerhalb von zwölf Kalendermonaten 150 Arbeitsstunden vor- und 30 Arbeitsstunden nacharbeiten lassen. Der Lohn für die Vorarbeitsstunden wird einem Ansparkonto gutgeschrieben und gegebenenfalls zum Ausgleich für die ersten Ausfallstunden als Winterausfallgeld-Vorausleistung verwendet[24].

f) „Kombilohn" nach dem „Mainzer Modell"

403 Eine neue Leistung an Arbeitnehmer findet sich seit dem 1. März 2002 außerhalb des Katalogs des SGB III. Es handelt sich um die Förderung nach dem sog. „Sonderprogramm Mainzer Modell der Bundesregierung", häufig auch als Kombilohn bezeichnet. Rechtsgrundlage sind die entsprechenden Richtlinien des Bundesministeriums für Arbeit und Sozialordnung[25]. Eintritte in das Modell sind nach den gegenwärtigen Richtlinien nur bis Ende 2003 möglich.

---

24 Vgl Bundesrahmentarifvertrag für das Baugewerbe v. 3.2.1981 idF v. 15.5.2001 bzw idF v. 30.7.1997 bzw idF v. 30.11.1995. Zum (dies flankierenden) Gesetz zur Neuregelung der Förderung der ganzjährigen Beschäftigung in der Bauwirtschaft (BGBl. I 1999, S. 2230) siehe *Marschner*, DB 1999, 2263 ff.

25 Vgl Richtlinien zur Durchführung des Sonderprogramms „Mainzer Modell" vom 6. Februar 2002, BAnz. 41/2002, S. 3534 ff. Dazu näher *Kaltenborn/Pilz*, AuA 2002, 155 ff; *B. Schmidt*, NZS 2002, 415 ff.

Voraussetzung für die Förderung nach dem Mainzer Modell ist die Aufnahme einer sozialversicherungspflichtigen Beschäftigung mit einer Wochenarbeitszeit von mindestens fünfzehn Stunden. Die Vergütung aus diesem Arbeitsverhältnis muss den tariflichen oder ortsüblichen Bedingungen entsprechen (Art. 2, § 2 der Richtlinien). Der Arbeitnehmer darf innerhalb der letzten sechs Monate vor Beginn der Förderung nicht in demselben Unternehmen sozialversicherungspflichtig beschäftigt gewesen sein. Dagegen ist der Wechsel aus einer früheren geringfügigen Beschäftigung förderungsfähig. Die Förderung ist daneben gemäß Art. 2, § 1 der Richtlinien an bestimmte Einkommensgrenzen geknüpft. Nicht gefördert werden Auszubildende und Studenten. Die Förderung nach dem Mainzer Modell ist eine Ermessensentscheidung, ein Rechtsanspruch auf die Leistungen besteht nicht. Der Kern der Förderung besteht in einem **Zuschuss zum Arbeitnehmeranteil** an den Sozialversicherungsbeiträgen. Zusätzlich wird geförderten Arbeitnehmern mit minderjährigen Kindern, für die ein Anspruch auf Kindergeld besteht, ein **Zuschlag zum Kindergeld** gewährt. Die Förderung nach dem Mainzer Modell kann maximal 36 Monate andauern. Die Leistungen aus diesem Programm können nicht auf die Sozialhilfe angerechnet werden.

5. Leistungen an Arbeitgeber

In seinem Fünften Kapitel enthält das SGB III die Vorschriften über Leistungen an Arbeitgeber.

a) Eingliederungszuschüsse

Zur Förderung von eingliederungsbedürftigen Arbeitnehmern können Arbeitgeber nach Maßgabe der §§ 217-223 SGB III zum Ausgleich von Minderleistungen **Zuschüsse zu den Arbeitsentgelten** erhalten[26]. Förderungsbedürftig sind Arbeitnehmer, die ohne diese Leistung nicht oder nicht dauerhaft in den Arbeitsmarkt eingegliedert werden können (§ 217 S. 2 SGB III). Eingliederungszuschüsse können gezahlt werden, wenn Arbeitnehmer zur Eingliederung einer besonderen Einarbeitung bedürfen, wenn Arbeitnehmer, wie etwa Langzeitarbeitslose (gesetzlich definiert in § 18 SGB III) oder behinderte Menschen, nur schwer vermittelt werden können oder wenn Arbeitnehmer das 55. Lebensjahr (bzw gemäß § 421 f SGB III befristet bis zum 31. Dezember 2006 das 50. Lebensjahr) vollendet haben (§ 218 Abs. 1 Nr 1-3 SGB III). Seit dem 1. Oktober 2000[27] können Eingliederungszuschüsse auch für schwerbehinderte Menschen im Sinne des § 104 Abs. 1 Nr 3 Buchstabe a bis d SGB IX erbracht werden (§ 222a SGB III). Mit Wirkung vom 1. Januar 2004 wird zudem ein Eingliederungszuschuss für jüngere Arbeitnehmer eingeführt. 404

Wenn das Beschäftigungsverhältnis während des Förderungszeitraums oder innerhalb eines Zeitraums nach dem Ende des Förderungszeitraums, der der Förderungsdauer entspricht (längstens jedoch innerhalb eines Zeitraums von 12 Monaten) beendet wird, ist ein nach § 218 Abs. 1 Nr 1 oder 2 oder nach § 222a Abs. 1 SGB III gewährter Eingliederungszuschuss teilweise zurückzuzahlen. Das gilt nicht, wenn der Arbeitgeber aus personen-, verhal-

26 Siehe näher *Lampe*, Eingliederungszuschüsse im Kontext arbeitsmarktpolitischer Maßnahmen, 2000.

27 Eingeführt durch Gesetz zur Bekämpfung der Arbeitslosigkeit Schwerbehinderter vom 29.9.2000 (BGBl. I, S. 1394), dazu *Cramer*, DB 2000, 2217 ff.

tens- oder betriebsbedingten Gründen zur Kündigung berechtigt war oder wenn die Beendigung des Arbeitsverhältnisses, ohne dass der Arbeitgeber den Grund hierfür zu vertreten hat, auf das Bestreben des Arbeitnehmers hin erfolgt sowie ferner nicht, wenn der Arbeitnehmer das Mindestalter für den Bezug der gesetzlichen Altersrente erreicht hat (§ 223 Abs. 2 SGB III).

b) Einstellungszuschuss bei Neugründungen

405 Arbeitgeber, die vor nicht mehr als zwei Jahren eine selbständige Tätigkeit aufgenommen haben, können gemäß § 225 SGB III für die unbefristete Beschäftigung eines zuvor arbeitslosen förderungsbedürftigten Arbeitnehmers auf einem neu geschaffenen Arbeitsplatz nach weiterer Maßgabe der §§ 226, 227 SGB III einen Zuschuss für bis zu 12 Monate in Höhe von 50% des berücksichtigungsfähigen Arbeitsentgelts erhalten.

c) Der Eingliederungsvertrag

406 Zur Eingliederung von Langzeitarbeitslosen und Arbeitslosen, bei denen die Vermittlung erschwert ist, konnten der Arbeitsgeber und der Arbeitslose mit Zustimmung des Arbeitsamts bisher einen Eingliederungsvertrag abschließen. Die Eingliederung von Arbeitnehmern sollte durch die Übernahme des Arbeitsentgelts für Ausfallzeiten durch das Arbeitsamt gefördert werden. Der Eingliederungsvertrag hat keine praktische Bedeutung erlangt und wurde zum 1. Januar 2002 abgeschafft.

d) Förderung der beruflichen Weiterbildung durch Vertretung

407 Arbeitgeber, die einem Arbeitnehmer die Teilnahme an einer beruflichen Weiterbildung ermöglichen und als Vertreter einen Arbeitslosen einstellen, können gemäß §§ 229 ff SGB III eine Lohnkostenzuschuss erhalten[28]. Dies gilt auch, wenn der Vertreter ein zuvor arbeitsloser Leiharbeitnehmer ist. Diese sog. **Jobrotation** soll zum einen die Weiterbildungsmöglichkeiten des Stammarbeitnehmers verbessern, indem Personalengpässe vermieden werden. Zum anderen kann der zuvor arbeitslose Vertreter praktische Berufserfahrung sammeln und so seine Vermittlungschancen erhöhen. Der Einstellungszuschuss beträgt zwischen 50% und 100% des berücksichtigungsfähigen Arbeitsentgelts und wird bis zu zwölf Monate geleistet.

e) Förderung der Berufsausbildung und der beruflichen Weiterbildung und Förderung der Teilhabe am Arbeitsleben

408 Gemäß §§ 235-238 SGB III können Arbeitgeber **Zuschüsse** für die berufliche Ausbildung von Auszubildenden, für die berufliche Weiterbildung von Arbeitnehmern und für die betriebliche Aus- oder Weiterbildung von behinderten Menschen erhalten. Ab 1. Januar 2004 wird auch die Erstattung einer Praktikumsvergütung möglich sein.

---

28 Vgl *Luthe*, SGb 2002, 136 (140 f).

6. Leistungen an Träger

Neben der individuellen Förderung von bestimmten Personen oder Personengruppen kennt auch das Arbeitsförderungsrecht das Instrument der **institutionellen Förderung** bestimmter Träger, das sind natürliche oder juristische Personen, die Maßnahmen der Arbeitsförderung selbst durchführen oder durch Dritte durchführen lassen (§ 21 SGB III). Das SGB III enthält im 6. Kapitel dazu zunächst Vorschriften über die **institutionelle Förderung der Berufsausbildung** (§§ 240-246 SGB III). Dahinter steht der Gedanke, dass Maßnahmen der individuellen Berufsbildungsförderung ins Leere gehen müssten, wenn keine entsprechenden Bildungseinrichtungen vorhanden sind. Leistungen an Träger sind ferner die **Förderung von Einrichtungen der beruflichen Aus- oder Weiterbildung oder der beruflichen Rehabilitation** (§§ 248-250 SGB III), **Zuschüsse zu Sozialplanmaßnahmen** (§§ 254-258 SGB III)[29], **die Förderung von Jugendwohnheimen** (§ 252 SGB III), die **Förderung von Arbeitsbeschaffungsmaßnahmen** (§§ 260-270 SGB III), sog. **Strukturanpassungsmaßnahmen** (§§ 272-278 SGB III) und sog. **Beschäftigung schaffende Infrastrukturmaßnahmen** (§ 279a SGB III). **409**

Arbeitsbeschaffungsmaßnahmen liegt der Gedanke zu Grunde, dass die Förderung des produktiven Einsatzes Arbeitsloser mit dem Ziel ihrer Wiedereingliederung in das Berufsleben für die Arbeitslosen und für die Allgemeinheit sinnvoller ist als die Unterstützung durch Entgeltersatzleistungen. Nach Maßgabe der **§§ 260 ff SGB III** erhalten Träger von Arbeitsbeschaffungsmaßnahmen **Zuschüsse und Darlehen** für die Beschäftigung von Arbeitnehmern, die ihnen vom Arbeitsamt nach den Kriterien des § 263 SGB III zugewiesen werden. Die Förderung setzt voraus, dass die Träger oder die von ihnen zu beauftragenden Unternehmen (§ 262 SGB III) mit den zugewiesenen Arbeitslosen Arbeitsverhältnisse mit dem Ziel begründen, die Eingliederungsvoraussetzungen zu verbessern. Die Arbeitslosen dürfen nur für Arbeiten beschäftigt werden, die im **öffentlichen Interesse** liegen (§ 261 Abs. 1, 3 SGB III). Um Wettbewerbsverzerrungen und Mitnahmeeffekte zu vermeiden, muss es sich um im Sinne von § 261 Abs. 2 SGB III **zusätzliche Arbeiten** handeln (§ 260 Abs. 1 SGB III). Vergibt der Träger die Arbeiten an ein Wirtschaftsunternehmen, genügt es, wenn die **Fördermittel zusätzlich** eingesetzt werden, sofern der Verwaltungsausschuss des Arbeitsamtes zustimmt (§ 260 Abs. 3 SGB III). Die Förderung, in der Regel ein Zuschuss zwischen 30 und 75% des berücksichtigungsfähigen Arbeitsentgelts, darf in der Regel nur zwölf Monate dauern (Einzelheiten §§ 264-267 SGB III)[30]. Ab 2003 können Arbeitslose nicht mehr in Arbeitsbeschaffungsmaßnahmen zugewiesen werden, wenn sie in den letzten drei Jahren bereits entsprechend gefördert worden sind (§ 269 Abs. 1a SGB III). Parallelen zur Förderung durch Arbeitsbeschaffungsmaßnahmen weist die Förderung von **Strukturanpassungsmaßnahmen** (§§ 272-278 SGB III) auf, die befristet bis zum 31. Dezember 2008 möglich ist. Die Förderung dient der Schaffung neuer Arbeitsplätze oder dem Ausgleich von Arbeitsplatzverlusten, die infolge von Personalanpassungsmaßnahmen verursacht werden und sich auf den örtlichen Arbeitsmarkt erheblich nachteilig auswirken (Beispielsweise bei Niedergang eines regional bedeutenden Wirtschaftszweigs). Neu ist die Möglichkeit, dass öffentlich-rechtliche Träger gemäß § 279a SGB III einen Zuschuss zu den Kosten von Arbeiten zur **Verbesserung der Infrastruktur** erhalten können. **410**

---

29 Dazu *Kopp*, NZS 1997, 456 (457 f); *Rolfs*, NZA 1998, 17 (20 ff).

30 Das BVerfG hat die in § 265 Abs. 1 S. 1 SGB IV angeordnete Bindung der Zuschüsse an die Vereinbarung untertariflicher Entgelte (Lohnabstandsklauseln) gebilligt. Vgl BVerfGE 100, 271 ff.

7. Weitere Aufgaben der Bundesanstalt für Arbeit

411 Über die aktive Arbeitsmarktförderung und die Verwaltung der Entgeltersatzleistungen hinaus nimmt die Bundesanstalt für Arbeit Aufgaben der Statistik, der Arbeitsmarkt- und Berufsforschung und der Berichterstattung wahr (§§ 280-283 SGB III). Durch das Job-AQTIV-Gesetz vom 10. Dezember 2001[31] soll die Evaluation verbessert werden, indem die Eingliederungsbilanz (§ 11 SGB III) weiterentwickelt und die Wirkungsforschung der Bundesanstalt für Arbeit ausgebaut wird. Die Bundesanstalt für Arbeit ist zudem für die Erteilung von Genehmigungen und Erlaubnissen im Rahmen der Ausländerbeschäftigung und der privaten Beratung und Vermittlung und für die grenzüberschreitende Anwerbung von Arbeitnehmern zuständig (§§ 284-288, 288a-300, 302 SGB III). Schließlich obliegen ihr Aufgaben bei der Bekämpfung von Leistungsmissbrauch und illegaler Ausländerbeschäftigung (§§ 304-308 SGB III).

III. Entgeltersatz durch Arbeitslosengeld und Teilarbeitslosengeld

412 Das SGB III unterscheidet, wie dargelegt, die Leistungen der aktiven Arbeitsförderung von bestimmten Entgeltersatzleistungen des Arbeitsförderungsrechts (§ 3 Abs. 4 SGB III). Das Arbeitslosengeld ist die wichtigste der in § 3 Abs. 4 SGB III genannten Entgeltersatzleistungen (Anschlussunterhaltsgeld, Arbeitslosengeld, Teilarbeitslosengeld, Arbeitslosenhilfe und Insolvenzgeld). Das Arbeitslosengeld ist (wie auch die anderen genannten Entgeltersatzleistungen) eine **Leistung an Arbeitnehmer**, die Vorschriften über das Arbeitslosengeld (§§ 117-148 SGB III) befinden sich also im Vierten Kapitel. Das Arbeitslosengeld gehört zu den Leistungen des Arbeitsförderungsrechts, die dem **Versicherungsprinzip** unterliegen. Einen Anspruch auf Arbeitslosengeld haben Arbeitnehmer gemäß § 117 Abs. 1 SGB III unter den folgenden **drei Voraussetzungen**:

(1) wenn sie **arbeitslos** sind,

(2) wenn sie sich beim Arbeitsamt **arbeitslos gemeldet** haben und

(3) wenn sie die **Anwartschaftszeit erfüllt** haben.

Arbeitnehmer, die das 65. Lebensjahr vollendet haben, haben von Beginn des folgenden Monats an keinen Anspruch auf Arbeitslosengeld (§ 117 Abs. 2 SGB III).

1. Der Versicherungsfall der Arbeitslosigkeit

413 Gemäß **§ 118 Abs. 1 SGB III** ist ein Arbeitnehmer arbeitslos, wenn er zum einen vorübergehend nicht in einem Beschäftigungsverhältnis steht (Beschäftigungslosigkeit) und zum anderen eine versicherungspflichtige, mindestens 15 Wochenstunden umfassende Beschäftigung sucht (Beschäftigungssuche).

---

31 BGBl. I, S. 3443.

a) **Beschäftigungslosigkeit** liegt auch dann vor, wenn eine geringfügige Beschäftigung (oder selbständige Tätigkeit) ausgeübt wird, die weniger als 15 Stunden wöchentlich umfasst (§ 118 Abs. 2 S. 1, Abs. 3 SGB III). Vor diesem Hintergrund wirkt es sich auch für die Leistung von Arbeitslosengeld aus, dass die für die Bestimmung der versicherungsfreien Beschäftigung früher nach dem AFG maßgebliche Kurzzeitigkeitsgrenze (18 Wochenstunden) aufgegeben wurde. In der ursprünglichen Fassung des § 118 SGB III sollte Arbeitslosigkeit ausgeschlossen sein, wenn der Betreffende mehr als eine nur geringfügige Beschäftigung iSv § 8 Abs. 1 SGB IV ausübte[32], also in zeitlicher und finanzieller Hinsicht mehr als geringfügig beschäftigt war. Dies hat das Erste SGB III-ÄndG vom 16. Dezember 1997[33] zu Recht modifiziert. Es ist jetzt gemäß § 118 Abs. 1 Nr 2, Abs. 2 SGB III nur noch die zeitliche Geringfügigkeit maßgeblich. 414

Liegt also die Wochenarbeitszeit unter 15 Stunden, steht dies der Annahme von Beschäftigungslosigkeit iSv § 118 Abs. 2 SGB III nicht entgegen, auch wenn der Verdienst aus dieser Tätigkeit oberhalb der Geringfügigkeit liegt. Der Verdienst ist nach Maßgabe des § 141 SGB III auf das Arbeitslosengeld anzurechnen. Eine ehrenamtliche Tätigkeit schließt Arbeitslosigkeit auch dann nicht aus, wenn sie mehr als 15 Wochenstunden in Anspruch nimmt, sofern sie die berufliche Eingliederung nicht behindert (§ 118a SGB III)[33a].

b) Gemäß § 119 Abs. 1 SGB III **sucht eine Beschäftigung**[34], wer alle Möglichkeiten nutzt und nutzen will, um seine Beschäftigungslosigkeit zu beenden und den Vermittlungsbemühungen des Arbeitsamtes zur Verfügung steht. Durch letzteres wird nach neuem Recht das Merkmal der Verfügbarkeit zu einer Voraussetzung des Versicherungsfalls der Arbeitslosigkeit. 415

Der Gesichtspunkt der Beschäftigungssuche ist erst durch das SGB III ausdrücklich in den Gesetzeswortlaut aufgenommen worden. Die Verbindung des Gesichtspunkts der Beschäftigungslosigkeit mit dem Merkmal der Beschäftigungssuche im Begriff der Arbeitslosigkeit soll nach der Gesetzesbegründung hervorheben, dass Arbeitslosigkeit die Bereitschaft zur Aufnahme einer neuen Beschäftigung umfasst und es in erster Linie Aufgabe des Arbeitslosen selbst ist, für seine berufliche Wiedereingliederung zu sorgen[35]. Es ist richtig, wenn das SGB III die in dieser Hinsicht an sich selbstverständliche Eigeninitiative betont, dies ändert angesichts der Massenarbeitslosigkeit aber auch nichts daran, dass eine Vielzahl der um Arbeit Bemühten trotz aller Anstrengungen keinen Erfolg haben wird.

aa) **Verfügbar** ist gemäß § 119 Abs. 2 SGB III, wer iSv § 119 Abs. 3, 4 SGB III arbeitsfähig und seiner Arbeitsfähigkeit entsprechend arbeitsbereit ist. 416

Es kommt nach neuem Recht nicht mehr darauf an, dass Arbeitslose das Arbeitsamt täglich aufsuchen können und für das Arbeitsamt täglich erreichbar sind. Entscheidend ist gemäß § 119 Abs. 3 SGB III, dass Arbeitslose durch nichts gehindert sind, unverzüglich das Arbeitsamt oder einen potenziellen Arbeitgeber aufzusuchen, an Maßnahmen der beruflichen

32 Kritisch zu Recht *Scherle/Arians*, NZS 1997, 212 (214).
33 BGBl. I, S. 2970.
33a Dazu *Wissing*, SGb 2002, 366 ff.
34 Zur Voraussetzung der Beschäftigungssuche siehe BSGE 88, 172 ff; *Wissing*, SGb 1998, 497 ff, 559 ff.
35 BT-Drucks. 13/4941, S. 175. Eine Änderung der Rechtslage geht damit freilich nicht einher.

Eingliederung teilzunehmen oder sonstigen Vorschlägen oder Mitteilungen des Arbeitsamtes Folge zu leisten[36].

417 bb) Eine einschneidende Verschärfung in Bezug auf das Merkmal der Verfügbarkeit enthält die **Zumutbarkeitsregelung** des § 121 SGB III. Anders als nach früherem Recht sind Arbeitslosen alle ihrer Arbeitsfähigkeit entsprechenden Beschäftigungen zumutbar, soweit allgemeine oder personenbezogene Gründe der Zumutbarkeit einer Beschäftigung nicht entgegenstehen[37]. Nach altem Recht (§ 12 der ZumutbarkeitsAO) war jede Beschäftigung einer von fünf Qualifikationsstufen zuzuordnen. Erst nach Ablauf einer bestimmten Zeit war dem Arbeitslosen die Aufnahme einer Beschäftigung der im Verhältnis zu seiner früheren Beschäftigung nächst niedrigeren Qualifikationsstufe zumutbar. Nach der Regelung des § 121 SGB III ist von dem Grundsatz, dass Arbeitslosen alle ihrer Arbeitsfähigkeit entsprechenden Beschäftigungen zumutbar sind, nur dann eine Ausnahme zu machen, wenn die Beschäftigung gegen gesetzliche, tarifvertragliche oder in einer Betriebsvereinbarung festgelegte Bestimmungen über Arbeitsbedingungen oder gegen Bestimmungen des arbeitsrechtlichen Arbeitsschutzes verstößt (entgegenstehende allgemeine Gründe, siehe § 121 Abs. 2 SGB III) oder wenn das mit der neuen Beschäftigung zu erzielende Arbeitsentgelt unter den in § 121 Abs. 3 SGB III genannten Grenzen liegt (in den ersten drei Monaten 20%, in den nächsten drei Monaten 30% unter dem der Bemessung zu Grunde liegenden Arbeitsentgelt) bzw wenn die täglichen Pendelzeiten zwischen der Wohnung und der neuen Arbeitsstätte im Vergleich zur Arbeitszeit unverhältnismäßig lang sind (personenbezogene Gründe)[38].

Die in § 121 Abs. 4 S. 2 SGB III bestimmten Zeiten liegen bei 2,5 Stunden (für eine Arbeitszeit über 6 Stunden) bzw 2 Stunden.

2. Arbeitslosmeldung

418 Arbeitslose müssen sich persönlich beim zuständigen Arbeitsamt arbeitslos melden. Eine Meldung ist auch zulässig, wenn die Arbeitslosigkeit noch nicht eingetreten, der Eintritt der Arbeitslosigkeit aber innerhalb der nächsten zwei Monate zu erwarten ist (§ 122 Abs. 1 SGB III). Nach neuem Recht ist die rechtliche Wirkung der Arbeitslosmeldung nicht mehr auf drei Monate begrenzt[39].

---

36 *Henning/Henke/Schlegel/Theuerkauf/Estelmann*, SGB III, § 119 Rn 4. Zu den Möglichkeiten, in den Mitgliedstaaten der Europäischen Union unter Aufgabe der Verfügbarkeit für das örtliche Arbeitsamt Arbeit zu suchen, siehe Art. 69 VO (EWG) Nr 1408/71. Näher dazu *Waltermann*, in: Oetker/Preis, EAS, Teil B, Nr 9140, Rn 31 ff.

37 Näher *Toparkus*, Zumutbare Beschäftigung im Arbeitsförderungsrecht (§ 121 SGB III), 1999.

38 Kritisch *Gagel/Lauterbach*, NJ 1997, 345 (348).

39 Der frühere § 122 Abs. 2 Nr 3 SGB III ist mit Wirkung vom 1.8.1999 durch das Zweite SGB III-Änderungsgesetz vom 21.7.1999, BGBl. I, S. 1648 (1649) aufgehoben worden.

3. Anwartschaftszeit

Der Anspruch auf Arbeitslosengeld setzt schließlich voraus, dass die gesetzlich vorgeschriebene Anwartschaftszeit erfüllt ist. Die Anwartschaftszeit hat gemäß § 123 SGB III erfüllt, wer in der **Rahmenfrist von drei Jahren** (näher § 124 SGB III) **mindestens zwölf Monate** (das sind 360 Kalendertage, vgl § 339 SGB III) in einem Versicherungspflichtverhältnis gestanden hat. **419**

Zeiten des Bezugs von Mutterschaftsgeld oder Erziehungsgeld oder Zeiten des Bezugs von Unterhaltsgeld oder Übergangsgeld bei der Teilnahme an Maßnahmen zur beruflichen Weiterbildung oder berufsfördernden Rehabilitation erfüllen anders als nach früherem Recht nicht mehr die Voraussetzungen. Zur Vermeidung von Härten ist in diesen und anderen Fällen eine „beitragsfreie Aufrechterhaltung" des Versicherungsschutzes möglich (§ 124 Abs. 3 SGB III).

Im **Fall 11** erfüllt A die Voraussetzungen für die Gewährung von Arbeitslosengeld. Auf Grund des Aufhebungsvergleichs ist der Versicherungsfall der Arbeitslosigkeit gegeben: A ist seit dem 1. Dezember 2001 beschäftigungslos, und er sucht eine neue Beschäftigung. A hat sich auch beim zuständigen Arbeitsamt arbeitslos gemeldet. Mit seinem dreijährigen Arbeitsverhältnis bei U hat er die Anwartschaftszeit des § 123 SGB III erfüllt.

4. Dauer und Umfang des Anspruchs

a) Der Anspruch auf Arbeitslosengeld besteht nur **zeitlich befristet**. Die Dauer richtet sich im Einzelfall nach der Dauer des Versicherungspflichtverhältnisses innerhalb einer erweiterten Rahmenfrist von sieben Jahren (§ 127 Abs. 1 Nr 1 SGB III) und nach dem Alter des Arbeitslosen (§ 127 Abs. 1 Nr 2 SGB III). **420**

Ein Anspruch auf Arbeitslosengeld für die Zeit von mehr als zwölf Monaten ist erst nach Vollendung des 45. Lebensjahres möglich, die Höchstanspruchsdauer von 32 Monaten steht von der Vollendung des 57. Lebensjahres an offen (vgl § 127 Abs. 2 SGB III).

b) Die **Höhe des Arbeitslosengeldes** beträgt **67%**, bei kinderlosen Arbeitslosen **60%** des sog. Leistungsentgelts, eines auf Grund des im Bemessungszeitraum (§ 130 SGB III) erzielten Bruttoentgelts pauschal ermittelten Nettoentgelts (§ 129 SGB III, Einzelheiten §§ 130 ff SGB III). **421**

5. Berücksichtigung von Entlassungsentschädigungen, insbesondere Abfindungen

Entlassungsentschädigungen, namentlich Abfindungen, haben in der Praxis große Bedeutung. Seit Anfang der Neunzigerjahre ist die Personalpolitik durch eine schnell angestiegene **Frühverrentungspraxis** geprägt. Deren Kosten müssen überwiegend von der Arbeitslosenversicherung und der Rentenversicherung getragen werden, die Frühverrentung wird regelmäßig aber auch von einer Abfindungszahlung des Arbeitgebers begleitet. Um die Arbeitslosenversicherung zu entlasten, hat **422** der Gesetzgeber 1997 die Anrechnung von Abfindungsleistungen auf das Arbeitslosengeld normiert. Diese Regelung ist inzwischen wieder aufgehoben worden.

423 a) Mit dem **AFRG**[40] hatte der Gesetzgeber die bis dahin in § 117 AFG geregelte Berücksichtigung von Abfindungen **grundlegend neu gestaltet**. Die zum 1. April 1997 als § 115a AFG in Kraft getretene Regelung war bei Inkrafttreten des SGB III in der Gestalt des § 140 Abs. 1 SGB III durch das **Erste SGB III-Änderungsgesetz** vom 16. Dezember 1997[41] bereits **wieder geändert** worden. Durch eine **Übergangsregelung** hat all dies so gut wie keine praktische Bedeutung erlangt.

424 b) Durch das **Entlassungsentschädigungs-Änderungsgesetz** vom 24. März 1999[42] ist (vorübergehend bis zu einer endgültigen Regelung) der Rechtszustand wiederhergestellt worden, wie er vor dem Inkrafttreten des AFRG bis zum 31. März 1997 bestanden hat. Der neu eingefügte **§ 143a SGB III entspricht in begrifflicher Anpassung an das SGB III dem früheren § 117 AFG**.

Danach **ruht der Anspruch auf Arbeitslosengeld**, wenn der Arbeitslose wegen der Beendigung des Arbeitsverhältnisses eine sog. Entlassungsentschädigung (Abfindung, Entschädigung oder ähnliche Leistung) erhalten oder zu beanspruchen hat und das Arbeitsverhältnis ohne Einhaltung einer ordentlichen Kündigungsfrist beendet worden ist[43]. Prinzipiell ruht der Anspruch auf Arbeitslosengeld von dem Ende des Arbeitsverhältnisses an bis zu dem Tag, an dem das Arbeitsverhältnis bei Einhaltung der Frist geendet hätte, längstens jedoch ein Jahr (§ 143a Abs. 1, Abs. 2 S. 1 SGB III). Grund für die Regelung ist die Vermutung, dass die Abfindung bei dieser Sachlage Entgeltansprüche für die Zeitspanne zwischen der Aufhebungsvereinbarung und dem Ende der ordentlichen Kündigungsfrist abgelten soll[44]. Während des Ruhenszeitraums soll der Arbeitslose seinen Lebensunterhalt aus der Abfindung bestreiten. Nach Ablauf des Ruhenszeitraums setzt der Leistungsanspruch im Fall des § 143a SGB III ohne weitere Auswirkungen ein, das Ruhen des Anspruchs führt nur zu einer Verschiebung des Leistungszeitraums, nicht zu einer Einbuße beim Leistungsanspruch.

Unter in § 143a Abs. 2 S. 2 SGB III näher bestimmten Voraussetzungen verkürzt sich der Ruhenszeitraum.

425 Im **Fall 11** ist die Abfindung des A gemäß § 143a SGB III zu berücksichtigen. Sein Arbeitsverhältnis zu U ist ohne Einhaltung der ordentlichen Kündigungsfrist beendet worden, die hier gemäß § 622 Abs. 2 Nr 1 BGB einen Monat zum Ende eines Kalendermonats betragen hätte. Die Kündigung durch U wurde am 30. November 2001 ausgesprochen. Demnach ruht der Anspruch des A auf Arbeitslosengeld bis zum 31. Dezember 2001 (§ 143a Abs. 1 S. 1, 2 SGB III). Anders wäre es gemäß § 143a Abs. 2 S. 2 Nr 3 SGB III nur, wenn Arbeitgeber U tatsächlich zur fristlosen Kündigung berechtigt gewesen wäre. Der gegen A gerichtete Verdacht bestand bei Vergleichsschluss aber nicht mehr.

40 Vgl *Bader*, ArbuR 1997, 381 (383 ff); *Bauer/Röder*, BB 1997, 2588 ff; *Gaul*, NJW 1998, 644 (647); *Hanau*, RdA 1998, 296 ff; *Neef/Schrader*, DB 1999, 281 ff.

41 BGBl. I, S. 2970.

42 BGBl. I, S. 396. Siehe dazu *Hümmerich*, NZA 1999, 342 ff; *Rockstroh/Polduwe*, DB 1999, 529 ff; *Schaub*, BB 1999, 1059 ff.

43 Zum Ruhen von Arbeitslosengeld durch Abfindungen aus Sozialplänen siehe BSGE 87, 250 ff; *Gagel*, NZS 2000, 327 ff.

44 Siehe BSG, SozR 4100, § 117 Nr 13; BSG, NZA 1988, 443 (445).

6. Ruhen des Anspruchs

a) Der Anspruch auf Arbeitslosengeld ruht nicht nur, wenn Arbeitslose wegen der Beendigung des Arbeitsverhältnisses eine sog. **Entlassungsentschädigung** (insbesondere Abfindung) erhalten oder zu beanspruchen haben und das Arbeitsverhältnis ohne Einhaltung einer ordentlichen Kündigungsfrist beendet worden ist. Der Anspruch ruht auch während der Zeit, für die Arbeitslose einen Anspruch auf **andere Sozialleistungen** (zB Krankengeld, Verletztengeld, Mutterschaftsgeld, Rente) haben (§ 142 SGB III). Der Anspruch auf Arbeitslosengeld ruht ferner während der Zeit, für die Arbeitslose **Arbeitsentgelt** erhalten oder zu beanspruchen haben (§ 143 Abs. 1 SGB III) oder soweit sie wegen der Beendigung des Arbeitsverhältnisses eine **Urlaubsabgeltung** erhalten oder zu beanspruchen haben (§ 143 Abs. 2 SGB III). Soweit allerdings diese Leistungen tatsächlich nicht gezahlt werden, wird das Arbeitslosengeld auch für diese Zeit geleistet (§ 143 Abs. 3 SGB III, sog. Gleichwohlgewährung). **426**

Im **Fall 12** stand A für die Zeit nach dem 1. Dezember 2001 ein Anspruch auf Lohnzahlung gegen U zu. Der Lohn wurde ihm aber nicht gezahlt, deshalb bleibt die Festsetzung des (gleichwohl) gewährten Arbeitslosengeldes rechtmäßig.

b) Da das Arbeitsentgelt und die Urlaubsabgeltung gemäß § 143 Abs. 3 S. 1 SGB III Arbeitsentgelt im Sinne des § 115 SGB X sind, kommt es in Bezug auf die entsprechenden Ansprüche des Arbeitslosen zu einem **Forderungsübergang** auf die Bundesanstalt für Arbeit. Wenn der Arbeitgeber das Arbeitsentgelt oder die Urlaubsabgeltung trotz des Rechtsübergangs mit befreiender Wirkung an den Arbeitslosen oder einen Dritten gezahlt hat, muss der Bezieher des Arbeitslosengeldes diese Leistung gemäß § 143 Abs. 3 S. 2 SGB III der Bundesanstalt für Arbeit erstatten. **427**

Im **Fall 12** ist der Anspruch des A aus § 611 BGB iVm § 615 BGB gegen U (in Höhe des geleisteten Arbeitslosengeldes) gemäß § 115 Abs. 1 SGB X auf das Arbeitsamt übergegangen[45].

c) Der Anspruch ruht ferner, wenn gemäß § 144 SGB III eine **Sperrzeit** eintritt. Das ist insbesondere der Fall, wenn Arbeitslose ihr Beschäftigungsverhältnis selbst gelöst oder durch ein arbeitsvertragswidriges Verhalten Anlass für die Lösung des Beschäftigungsverhältnisses gegeben und dadurch vorsätzlich oder grob fahrlässig die Arbeitslosigkeit herbeigeführt haben (Sperrzeit wegen Arbeitsaufgabe, § 144 Abs. 1 Nr 1 SGB III). § 144 Abs. 1 Nr 1 SGB III ist insbesondere einschlägig, wenn Arbeitnehmer einen **Aufhebungsvertrag** oder einen **Aufhebungsvergleich** schlie- **428**

45 Zu den (streitigen) Folgen einer solchen Rückabwicklung vgl Gagel/*Winkler*, SGB III, § 143 Rn 83 ff.

ßen[46]. Die Sperrzeit beträgt grundsätzlich 12 Wochen. Der Anspruch auf Arbeitslosengeld ruht gemäß § 145 SGB III während einer **Säumniszeit** von zwei Wochen, wenn Arbeitslose ihrer allgemeinen Meldepflicht nicht nachkommen.

Im **Fall 11** hat A durch den Abschluss des Prozessvergleichs, mit dem die Parteien das Arbeitsverhältnis aufgehoben haben, seine Arbeitslosigkeit im Sinne des § 144 Abs. 1 Nr 1 SGB III schuldhaft herbeigeführt. Folglich tritt eine Sperrzeit von 12 Wochen ein. Diese bewirkt nicht nur das Ruhen des Anspruchs auf Arbeitslosengeld (§ 144 Abs. 2 S. 2 SGB III)[47], sondern führt gemäß § 128 Abs. 1 Nr 4 SGB III auch zu einer Minderung des Anspruchs.

429 d) **Arbeitskämpfe** führen bei Beteiligten und oft auch bei unbeteiligten Arbeitnehmern zu Arbeitslosigkeit iSv § 118 Abs. 1 SGB III.

Der rechtmäßige Streik suspendiert die Arbeitspflicht der Arbeitnehmer für die Dauer des Arbeitskampfes. Damit verlieren die Arbeitnehmer gemäß § 326 Abs. 1 BGB ihren Anspruch auf das Arbeitsentgelt.

Was die Gewährung von Arbeitslosengeld angeht, sind zwei Konstellationen unproblematisch: Gemäß **§ 146 Abs. 2 SGB III** ruht der Anspruch auf Arbeitslosengeld, wenn Arbeitnehmer durch persönliche Beteiligung an einem inländischen Arbeitskampf (Streik, Aussperrung) arbeitslos geworden sind. Auf der anderen Seite hat gemäß § 146 Abs. 1 S. 2 SGB III Anspruch auf Arbeitslosengeld, wer in einem Betrieb außerhalb des fachlichen Geltungsbereichs des umkämpften Tarifvertrags beschäftigt ist oder war. In dem ersten Fall würde sonst die Streikkasse auf Kosten der Beitragszahler der Arbeitslosenversicherung entlastet, in dem zweiten Fall können die Betreffenden an dem angestrebten Tarifabschluss nicht teilhaben. Problematisch und umstritten ist die Frage, unter welchen Voraussetzungen Ansprüche auf Arbeitslosengeld bei von einem Arbeitskampf nur mittelbar betroffenen Arbeitnehmern ruhen sollen, wenn diese dem fachlichen Geltungsbereich des Tarifvertrags unterfallen[48]. Dabei sind wiederum zwei Fälle zu unterscheiden: der Fall, dass der Arbeitnehmer dem **fachlichen und räumlichen** Geltungsbereich angehört, und der Fall, dass der Arbeitnehmer **nur dem fachlichen**, nicht aber dem räumlichen Geltungsbereich angehört.

430 aa) Der Gesetzgeber hatte 1986 § 116 AFG (politisch umstritten) in der Weise neu gefasst, dass mittelbar betroffene Arbeitnehmer im **räumlichen und fachlichen** Geltungsbereich des umkämpften Tarifvertrags kein Arbeitslosengeld erhalten, wenn die umkämpften oder geforderten Arbeitsbedingungen nach Abschluss eines entsprechenden Tarifvertrags auch für sie (normativ) gelten oder wenn sie zu ihren Gunsten (durch Bezugnahme im Arbeitsvertrag) angewendet würden (§ 116 Abs. 3 S. 1 Nr 1 und S. 3 AFG). **Außerhalb des räumlichen,**

---

46 Siehe näher *Bauer*, Arbeitsrechtliche Aufhebungsverträge, 6. Aufl., 1999; *Gagel/Vogt*, Beendigung von Arbeitsverhältnissen, 5. Aufl., 1996; *Schmitt-Rolfes*, Arbeitsrechtliche Aufhebungsverträge und Abfindungsvereinbarungen, 2001; *Schweiger*, NZS 2002, 79 ff.

47 Die Berechnung erfolgt allerdings ohne Rücksicht auf den parallelen Ruhenstatbestand des § 143a SGB III, vgl Gagel/*Winkler*, SGB III, § 144 Rn 11.

48 Siehe dazu zB *Benda*, Sozialrechtliche Eigentumspositionen im Arbeitskampf, 1986; *Schwerdtfeger*, Rechtsfragen zu § 116 AFG nF, 1990; *Seiter*, Staatliche Neutralität im Arbeitskampf, 1985.

aber innerhalb des fachlichen Geltungsbereichs des umkämpften Tarifvertrags ruhte der Anspruch auf Arbeitslosengeld, wenn folgende Voraussetzungen gegeben waren: Es musste in dem räumlichen Geltungsbereich des Tarifvertrags, dem der Betrieb zuzuordnen ist, eine der Hauptforderung des Arbeitskampfes gleichwertige Forderung erhoben worden sein. Ferner musste das Verhandlungsergebnis voraussichtlich in dem räumlichen Geltungsbereich, in dem nicht gekämpft wurde, im Wesentlichen übernommen werden. Das Bundesverfassungsgericht hat die Verfassungsmäßigkeit dieser Regelung bestätigt[49].

bb) § 146 SGB III regelt die Frage genauso wie § 116 AFG. Der Anspruch der mit- **431**
telbar Betroffenen ruht gemäß § 146 Abs. 3 S. 1 Nr 1, Nr 2 SGB III nur, wenn der Betrieb, in dem der Arbeitslose zuletzt beschäftigt war, (1) dem **räumlichen und fachlichen** Geltungsbereich des umkämpften Tarifvertrags zuzuordnen ist oder (2) **nicht dem räumlichen, aber dem fachlichen** Geltungsbereichs des umkämpften Tarifvertrags zuzuordnen ist **und** im räumlichen Geltungsbereich des Tarifvertrags, dem der Betrieb zuzuordnen ist, (a) eine Forderung erhoben worden ist, die einer Hauptforderung des Arbeitskampfes nach Art und Umfang gleich ist, ohne mit ihr übereinstimmen zu müssen und (b) das Arbeitskampfergebnis aller Voraussicht nach im Wesentlichen übernommen wird. Der Anspruch auf Arbeitslosengeld ruht nur, wenn die umkämpften oder geforderten Arbeitsbedingungen nach Abschluss eines entsprechenden Tarifvertrags für den Arbeitnehmer gelten oder auf ihn angewendet würden (§ 146 Abs. 3 S. 3 SGB III). Der Verwaltungsausschuss des Landesarbeitsamts kann gemäß § 146 Abs. 4 SGB III ausnahmsweise bestimmen, dass Personen Arbeitslosengeld zu leisten ist, wenn das Ruhen des Anspruchs für eine bestimmte Gruppe von Arbeitnehmern ausnahmsweise nicht gerechtfertigt ist. Die Feststellung, ob die Voraussetzungen für ein Ruhen des Arbeitslosengeldanspruchs mittelbar Betroffener gemäß § 146 Abs. 3 S. 1 Nr 2 *lit.* a und b SGB III erfüllt sind, trifft der *Neutralitätsausschuss* der Bundesanstalt für Arbeit (§ 393 SGB III).

7. Erstattungspflichten des Arbeitgebers

§ 147 a SGB III, eingefügt durch das Entlassungsentschädigungs-Änderungsgesetz **432**
(EEÄndG) vom 24. März 1999[50], regelt unter bestimmten Voraussetzungen eine Erstattungspflicht des Arbeitgebers, wenn dieser das Arbeitsverhältnis mit einem älteren Arbeitnehmer beendet, ohne dass der Arbeitnehmer dazu Anlass gegeben hat[51].

Einen weiteren Tatbestand einer Erstattungspflicht enthält § 147 b SGB III[52] für Arbeitgeber, die ein Arbeitsverhältnis unter Missachtung eines tarifvertraglichen Verbots witterungsbedingter Kündigungen im Baugewerbe gekündigt haben.

49 BVerfGE 92, 365 (393 ff). Siehe dazu *Heilmann/Menke*, ArbuR 1996, 11 (16); *Lieb*, JZ 1995, 1174 ff; *Zachert*, ZRP 1995, 445 ff.

50 BGBl. I, S. 396.

51 Näher *Grobys*, NZA 2002, 660 ff; *Marschner*, AuA 2002, 29 ff – Zur früheren Regelung des § 128 AFG in der bis zum 31.12.1985 geltenden Fassung BVerfGE 81, 156 ff. Zur bis März 1997 geltenden Fassung des § 128 AFG *Hanau/Plagemann* (Hrsg.), Der neue § 128 AFG – Erstattungspflicht des Arbeitgebers bei der Frühverrentung, 1993.

52 Eingeführt durch Gesetz zur Neuregelung der Förderung der ganzjährigen Beschäftigung in der Bauwirtschaft vom 23.11.1999 (BGBl. I, S. 2230).

Das BVerfG hat die in § 148 SGB III geregelte Erstattungspflicht bei einer Konkurrenzklausel in ihrer früheren Form für mit Art. 12 Abs. 1 GG unvereinbar erklärt[53]. Der Gesetzgeber hat die Regelung daraufhin mit Wirkung zum 1. Januar 2001 dahingehend modifiziert, dass nur noch 30% des Arbeitslosengeldes zu erstatten sind[54].

Die Erstattungspflicht des § 147a SGB III bezweckt, die missbräuchliche Inanspruchnahme von Leistungen durch die Beendigung von Arbeitsverhältnissen älterer Arbeitnehmer zu verhindern. Daneben soll die Arbeitslosenversicherung gemäß § 148 SGB III im Interesse der Beitragszahler auch von den Kosten der Arbeitslosigkeit für solche Arbeitnehmer entlastet werden, die auf Grund eines Wettbewerbsverbots, das allein im Interesse des ehemaligen Arbeitgebers liegt, schwer vermittelbar sind.

8. Teilarbeitslosengeld

433 Das Teilarbeitslosengeld ist eine in das System der Arbeitslosenversicherung neu eingeführte Entgeltersatzleistung. Teilarbeitslose Arbeitnehmer haben nach Maßgabe des **§ 150 SGB III** Anspruch auf Teilarbeitslosengeld. Teilarbeitslos ist, wer eine versicherungspflichtige Beschäftigung verloren hat, die er neben einer weiteren versicherungspflichtigen Beschäftigung ausgeübt hat, und eine versicherungspflichtige Beschäftigung sucht (§ 150 Abs. 2 Nr 1 SGB III). Die Dauer des Anspruchs auf Teilarbeitslosengeld beträgt sechs Monate (§ 150 Abs. 2 Nr 3 SGB III).

Das Teilarbeitslosengeld verbessert den Versicherungsschutz von Beschäftigten, die **mehrere Teilzeitbeschäftigungen** nebeneinander ausüben. Sie hatten bisher, auch wenn sie aus beiden Beschäftigungen Beiträge zur Arbeitslosenversicherung entrichteten, bei Verlust eines der Arbeitsplätze keinen Anspruch auf Arbeitslosengeld, soweit angesichts der weiteren ausgeübten beitragspflichtigen Beschäftigung Arbeitslosigkeit im Sinne des Gesetzes nicht vorlag.

IV. Entgeltersatz durch Arbeitslosenhilfe

434 1. Die Arbeitslosenhilfe ist **keine Versicherungsleistung**. Sie wird aus Mitteln des Bundes (steuer-)finanziert (§ 363 Abs. 1 SGB III). Organisationsrechtlich erbringt die Bundesanstalt für Arbeit die Arbeitslosenhilfe als Auftragsverwaltung des Bundes (§ 205 SGB III). Die Vorschriften über das Arbeitslosengeld sind auf die Arbeitslosenhilfe in vielen Hinsichten anwendbar (siehe § 198 SGB III). Die Arbeitslosenhilfe weist **Parallelen zur Sozialhilfe** auf[55]. Anspruch auf Arbeitslosenhilfe hat nämlich nur, wer **bedürftig** ist (§ 190 Abs. 1 Nr 5 SGB III). Von der Sozialhilfe unterscheidet sich die Arbeitslosenhilfe insofern, als sie nicht rein final ausgerichtet ist, sondern eine Vorleistung des Arbeitslosen voraussetzt.

53 BVerfG, NJW 1999, 935 ff; dazu *Diller*, NJW 1999, 897 ff.

54 Siehe Gesetz zur Neuregelung der sozialversicherungsrechtlichen Behandlung von einmalig gezahltem Arbeitsentgelt vom 21.12.2000 (BGBl. I, S. 1971); vgl hierzu *Marschner*, AuA 2001, 63 f.

55 Zur sozialrechtlichen Einordnung *Eichenhofer*, Sozialrecht, Rn 482; *Gitter/Schmitt*, Sozialrecht, § 30 Rn 61; eingehend *Spellbrink*, SGb 2000, 296 ff.

2. **Bedürftigkeit** besteht nicht, soweit Arbeitslose andere Sozialleistungen beanspruchen können oder privatrechtliche Unterhaltsansprüche haben (siehe §§ 193 f SGB III). Für Arbeitslose mit Familienunterhaltspflicht für wenigstens ein minderjähriges Kind beläuft sich die Arbeitslosenhilfe auf **57%** des pauschal ermittelten Leistungsentgelts, sonst auf **53%** (§§ 195, 198 S. 2 Nr 4, 129 ff SGB III). **435**

3. Bedürftige Arbeitslose, die sich arbeitslos gemeldet und die Altersgrenze nicht überschritten haben, erhalten Arbeitslosenhilfe nur unter der **Voraussetzung** (§ 190 SGB III), dass sie einen Anspruch auf Arbeitslosengeld deshalb nicht haben, weil sie die Anwartschaftszeit nicht erfüllen; sie müssen außerdem innerhalb der Vorfrist (§ 192 SGB III) Arbeitslosengeld bezogen haben, ohne dass der Anspruch wegen des Eintritts von Sperrzeiten mit einer Dauer von insgesamt 24 Wochen erloschen ist. Die neben dieser sog. **Anschlussarbeitslosenhilfe** nach früherem Recht gewährte **originäre Arbeitslosenhilfe** wurde zum 1. Januar 2000 abgeschafft[56]. **436**

V. Entgeltersatz durch Insolvenzgeld

1. Arbeitnehmer haben Anspruch auf Insolvenzgeld[57], wenn sie im Inland beschäftigt waren und bei Vorliegen eines Insolvenzereignisses für die vorausgehenden drei Monate ihres Arbeitsverhältnisses noch Ansprüche auf Arbeitsentgelt haben. **Insolvenzereignis** iS der seit dem 1. Januar 1999 geltenden §§ 183-189 SGB III sind die Eröffnung des Insolvenzverfahrens über das Vermögen des Arbeitgebers, die Abweisung des Antrages auf Eröffnung des Insolvenzverfahrens mangels Masse oder die vollständige Beendigung der Betriebstätigkeit im Inland, wenn ein Antrag auf Eröffnung des Insolvenzverfahrens nicht gestellt worden ist und ein Insolvenzverfahren offensichtlich mangels Masse nicht in Betracht kommt (§ 183 Abs. 1 Nr 1-3 SGB III). **437**

Das Insolvenzgeld hat wegen der Vielzahl von Insolvenzen große praktische Bedeutung. Es verschafft den Arbeitnehmern im Insolvenzfall eine begrenzte eigenständige Sicherung, durch die sie insoweit von der Teilnahme am Insolvenzverfahren freigestellt sind. Das Insolvenzgeld, durch die Richtlinie 80/987/EWG europarechtlich unterfangen, wird von den Arbeitgebern allein finanziert (es fehlt also an dem für eine Versicherungsleistung typischen Gegenseitigkeitsverhältnis von Leistung und Beitrag). Die Mittel werden als Umlage erhoben und von den *Berufsgenossenschaften* eingezogen (§§ 359 ff SGB III).

2. Die **Höhe** des Insolvenzgelds richtet sich nach dem (um die gesetzlichen Abzüge verminderten) Nettoarbeitsentgelt. Das Arbeitsamt kann nach Maßgabe des § 186 SGB III einen **Vorschuss** auf das Insolvenzgeld zahlen. Die Ansprüche auf das Arbeitsentgelt, die durch das Insolvenzgeld kompensiert werden, gehen mit dem Moment der Beantragung des Insolvenzgeldes kraft Gesetzes (cessio legis) auf die Bundesanstalt für Arbeit über (§ 187 SGB III). **438**

---

56 Vgl Drittes SGB III-Änderungsgesetz vom 22.12.1999 (BGBl. I, S. 2624).
57 Näher *Lakies*, NZA 2000, 565 ff.

Vierter Teil

Soziale Entschädigung, Soziale Hilfe und Soziale Förderung

§ 13 Soziale Entschädigung bei Gesundheitsschäden

Schrifttum: *Gelhausen*, Soziales Entschädigungsrecht, 2. Aufl., 1998; *Kessler*, Die gesetzlichen Grundlagen des sozialen Entschädigungsrechts, ZfS 2001, 235; *Kunz/Zellner*, Opferentschädigungsgesetz, 4. Aufl., 1999; *Rohr/Sträßer*, Bundesversorgungsrecht mit Verfahrensrecht, Loseblattwerk; *Schulin*, Soziale Entschädigung als Teilsystem kollektiven Schadensausgleichs, 1981; *ders.*, Soziales Entschädigungsrecht, in: SRH, C.25.; *Wältermann*, Zur Änderung der Opferentschädigungsgesetzes und weiterer Gesetze, NJW 2001, 733; *Wilke*, Soziales Entschädigungsrecht, 7. Aufl., 1992.

439 Wer einen Gesundheitsschaden erleidet, für dessen Folgen die staatliche Gemeinschaft in Abgeltung eines besonderen Opfers oder aus anderen Gründen nach versorgungsrechtlichen Grundsätzen einsteht, hat gemäß **§ 5 SGB I** ein **soziales Recht** auf (1) die notwendigen Maßnahmen zur Erhaltung, zur Besserung und zur Wiederherstellung der Gesundheit und der Leistungsfähigkeit und (2) angemessene wirtschaftliche Versorgung. Ein Recht auf wirtschaftliche Versorgung haben auch die Hinterbliebenen eines Beschädigten. Die **Einweisungsvorschrift** des **§ 24 SGB I** benennt die vorgesehenen Versorgungsleistungen und die zuständigen Träger. Die Einzelheiten des Entschädigungsrechts regeln Spezialgesetze, hauptsächlich und für das Recht der sozialen Entschädigung grundlegend das **Bundesversorgungsgesetz (BVG)**[1].

I. Grundsätzliches

440 Das Recht der sozialen Entschädigung wegen Gesundheitsschäden beruht auf dem Gedanken, dass eine Abgeltung persönlicher Gesundheitsschäden durch die staatliche Gemeinschaft in bestimmten Fällen wegen einer **besonderen Opfersituation** des betroffenen Bürgers oder auf Grund anderer Umstände angemessen erscheint. Das Entschädigungsrecht folgt dem Kausalprinzip[2]. Seine Leistungen werden aus Steuermitteln finanziert[3].

Leistungen der Kriegsopferversorgung in Form von Renten, Heilbehandlung usw erhielten zum 1. Januar 2001 noch 825 000 Personen, die Ausgaben für diese Leistungen betrugen 1999 rund 9 Mrd. DM[4].

1 BGBl. I 1950, S. 791.
2 Siehe oben Rn 66.
3 Näher dazu *Gitter/Schmitt*, Sozialrecht, § 34, Rn 1 f.
4 *Statistisches Bundesamt* (Hrsg.), Statistisches Jahrbuch 2001 für die Bundesrepublik Deutschland, S. 479 f.

II. Entschädigungstatbestände

1. Kriegsopferversorgung als Grundfall

Der klassische Fall der sozialen Entschädigung wegen Gesundheitsschäden auf Grund einer besonderen Opfersituation des Geschädigten ist die Kriegsopferversorgung. Das Recht der Kriegsopferversorgung nach dem **Bundesversorgungsgesetz (BVG)** bildet den Kern des sozialen Entschädigungsrechts, das Bundesversorgungsgesetz hat für das Entschädigungsrecht **grundsätzlichen Charakter**[5]. Auf seine Regelungen, insbesondere auf die Vorschriften des Leistungsrechts, wird in anderen Entschädigungsgesetzen verwiesen. **441**

Die staatliche Sorge für die Opfer des Krieges ist nicht erst eine Folge der Weltkriege des 20. Jahrhunderts. Bereits im Anschluss an die Einführung der Wehrpflicht im 19. Jahrhundert wurden in Deutschland Systeme der Kriegsopferfürsorge geschaffen[6]. Nach Beendigung des Ersten Weltkrieges wurde die Kriegsopferversorgung mit der Verabschiedung des Reichsversorgungsgesetzes (RVG) sozialrechtlich geregelt. Das Bundesversorgungsgesetz normiert die Anspruchsvoraussetzungen und regelt in den §§ 9-53 BVG Art und Umfang der in der Einweisungsvorschrift des § 24 SGB I und in § 9 BVG aufgezählten Leistungen.

a) Den **Grundtatbestand** für eine Versorgung nach dem Bundesversorgungsgesetz regelt § 1 Abs. 1 BVG. Voraussetzung ist, dass jemand durch eine militärische oder militärähnliche Dienstverrichtung, durch einen Unfall während der Ausübung eines militärischen oder militärähnlichen Dienstes oder durch die diesem Dienst eigentümlichen Verhältnisse eine gesundheitliche Schädigung erlitten hat. In § 1 Abs. 2 BVG werden unter anderem gesundheitliche Schädigungen durch Kriegsgefangenschaft, Internierung oder durch unmittelbare Kriegseinwirkungen gleichgestellt. **442**

b) Wie in der gesetzlichen Unfallversicherung muss es im Entschädigungsrecht, damit ein **Versorgungsfall** (zB Wehrdienstbeschädigung iSv § 1 Abs. 1 BVG) vorliegt, **bei einer entschädigungsrelevanten Tätigkeit** zu einem **Schadensereignis** gekommen sein, und dieses Schadensereignis muss zu einem **Gesundheitsschaden oder zu einem wirtschaftlichen Nachteil** (oder zu beidem) geführt haben. Zwischen der entschädigungsrelevanten Tätigkeit und dem Schadensereignis und zwischen dem Schadensereignis und dem Gesundheitsschaden bzw dem wirtschaftlichen Nachteil müssen jeweils ein **Kausalzusammenhang** und bei wertender Betrachtung ein **Zurechnungszusammenhang** bestehen[7]. **443**

2. Weitere Entschädigungstatbestände

Ausgehend von der Kriegsopferversorgung als dem klassischen Fall sozialer Entschädigung wegen Gesundheitsschäden hat der Gesetzgeber im Laufe der Zeit das **444**

---

5 Siehe BT-Drucks. 7/868, S. 24.

6 Siehe zu den geschichtlichen Hintergründen und zur Entwicklung der Kriegsopferversorgung *Schulin*, in: SRH, C.25., Rn 8 ff.

7 Vgl *Gitter/Schmitt*, Sozialrecht, § 33, Rn 2-4; zur gesetzlichen Unfallversicherung siehe oben Rn 281 ff.

Recht der sozialen Entschädigung durch weitere Tatbestände ergänzt. Dabei geht es zum einen um Tatbestände sozialer Entschädigung, mit denen weitere kriegsbedingte oder verteidigungsbedingte Sonderopfer abgegolten werden sollen; der Gesetzgeber hat darüber hinaus auch Tatbestände geschaffen, die in keinem Zusammenhang mit kriegs- oder verteidigungsbedingten Sonderopfern stehen, zB die soziale Entschädigung für Impfschäden.

445 a) In einem gewissen sachlichen Zusammenhang mit dem Recht der Kriegsopferversorgung steht die soziale Entschädigung bei Gesundheitsschäden, welche **Soldaten** der Bundeswehr, **Dienst Leistende** beim Bundesgrenzschutz und beim Zivildienst im Rahmen ihres Dienstes erleiden (§§ 80 ff SVG; §§ 51 ff BGSG; §§ 47 ff ZDG). Soziale Entschädigung nach dem **Häftlingshilfegesetz** erhalten Deutsche, die außerhalb der Bundesrepublik aus politischen Gründen in Gewahrsam genommen wurden. **Opfer staatlichen Unrechts** in der ehemaligen DDR, zB Opfer politisch motivierter Strafverfolgungsmaßnahmen, können auf der Grundlage des Strafrechtlichen Rehabilitationsgesetzes (StrRehaG) vom 29. Oktober 1992[8] und des Verwaltungsrechtlichen Rehabilitierungsgesetzes (VwRehaG) vom 23. Juni 1994[9] soziale Entschädigung erhalten[10].

446 b) Auf Grund der §§ 60 ff Infektionsschutzgesetz (IfSG)[11] können Personen Versorgungsleistungen erhalten, die bei einer staatlich veranlassten Impfung (Einzelheiten § 60 Abs. 1-3 IfSG) einem **Impfschaden** erlitten haben. Schon Impfschäden, die auf Grund einer nur behördlich empfohlenen Impfung eintreten, können Ansprüche auslösen (§ 60 Abs. 1 Nr 1 IfSG)[12]. Opfern von vorsätzlichen, rechtswidrigen tätlichen Angriffen gegen die Person und von anderen Gewalttaten ist im Hinblick auf die erlittenen Gesundheitsschäden auf der Grundlage des **Opferentschädigungsgesetzes (OEG)**[13] soziale Entschädigung zu leisten.

3. Unechte Unfallversicherung

447 Einige soziale Leistungen, die systematisch dem Recht der sozialen Entschädigung iSd § 5 SGB I zuzuordnen sind, werden von der gesetzlichen Unfallversicherung im Rahmen der sog. **unechten Unfallversicherung**[14] abgedeckt. So werden von der Unfallversicherung beispielsweise Leistungen für Schäden erbracht, die Nothelfern, Blut- und Transplantatspendern, ehrenamtlich Tätigen, Zeugen, usw erwachsen.

---

8 BGBl. I, S. 1814.
9 BGBl. I, S. 1311.
10 Dazu *Bürger*, DtZ 1995, 106 ff.
11 BGBl. I 2000, S. 1045.
12 Die Rechtsprechung hat die dieser Vorschrift entsprechende frühere Regelung des § 51 Abs. 1 S. 1 Nr 3 BseuchG zu Gunsten Geschädigter zum Teil großzügig angewandt. So kann dem Tatbestand einer öffentlich empfohlenen Impfung sogar der Fall gleichzusetzen sein, dass die zuständige Behörde den Rechtschein einer solchen Empfehlung verursacht hat, siehe BSGE 50, 136 (LS., 137 ff).
13 BGBl. I 1976, S. 1181.
14 Siehe oben Rn 242 f, 256 ff, 316.

III. Leistungen nach dem BVG

Das Bundesversorgungsgesetz sieht ein ganzes Bündel von Leistungen vor, um gesundheitlichen Schädigungen zu begegnen und Folgeschäden auszugleichen. Die Versorgung umfasst (1) Heilbehandlung, Versehrtenleibesübungen und Krankenbehandlung einschließlich Versorgungskrankengeld und anderer spezieller Leistungen (§§ 10-24a BVG), (2) Leistungen der Kriegsopferfürsorge (§§ 25-27j BVG), (3) Beschädigtenrente (§§ 29-34 BVG), (4) Pflegezulage (§ 35 BVG), (5) Bestattungs- und Sterbegeld (§§ 36, 37 BVG), (6) Hinterbliebenenrente (§§ 38-52 BVG) und (7) Bestattungsgeld beim Tode von Hinterbliebenen (§ 53 BVG). **448**

1. **Heilbehandlung** (§ 11 BVG) wird Beschädigten für Gesundheitsstörungen gewährt, die als Folge einer (kriegsbedingten oder gleichgestellten) Schädigung anerkannt oder durch eine anerkannte Schädigungsfolge verursacht worden sind (§ 10 Abs. 1 BVG). **449**

Die Heilbehandlung entspricht im Wesentlichen den Leistungen der gesetzlichen Krankenversicherung. Schwerbeschädigte haben Anspruch auf Heilbehandlung auch für andere Gesundheitsstörungen. Neben der Heilbehandlung wird Krankenbehandlung (§ 12 BVG) gewährt, durch deren Leistungen vor allem Ehegatten, Kinder und andere Angehörige eines Schwerbeschädigten – ähnlich wie mit der Familienversicherung in der gesetzlichen Krankenversicherung – im Krankheitsfall versorgt werden (zu den Einzelheiten der medizinischen Versorgung siehe § 10 BVG). Die Leistungen werden grundsätzlich durch die Krankenkassen nach dem Sachleistungsprinzip gewährt (§ 18 BVG), wobei der Krankenkasse Erstattungsansprüche gegen die zuständige Verwaltungsbehörde zustehen.

2. Die Nachteile, die der Beschädigte durch eine Minderung der Erwerbsfähigkeit erleidet, sollen durch die **Beschädigtenrente** bewältigt werden. Sie wird bei Minderung der Erwerbsfähigkeit um mindestens 30% in Form einer **Grundrente** (§ 31 BVG) gewährt, deren Höhe vom Grad der Minderung der Erwerbsfähigkeit abhängt, und sie ist unabhängig vom sonstigen Einkommen des Beschädigten. Unter besonderen Voraussetzungen kann die Grundrente durch eine einkommensabhängige **Ausgleichsrente** (§ 32 BVG), zur Sicherung der sozialen Stellung durch einen **Berufsschadensausgleich** (§ 30 Abs. 3 und 4 BVG) und durch **Ehegatten- und Kinderzuschläge** (§§ 33a, 33b BVG) ergänzt werden. **450**

3. Ist der Beschädigte an den Folgen einer Schädigung gestorben, haben Witwen (und Witwer), Waisen, Eltern und Voreltern Anspruch auf **Hinterbliebenenrente** (§ 38 Abs. 1 BVG) in Form von Witwenrente, Waisenrente oder Elternrente (§§ 38-47, 49-51 BVG). Ist der Beschädigte nicht an den Folgen einer Schädigung gestorben und war der Beschädigte schädigungsbedingt nicht in der Lage, für die Versorgung der Hinterbliebenen zu sorgen, kommt für Witwen und Waisen eine **Witwen- und Waisenbeihilfe** in Betracht (§ 48 BVG). **451**

4. Durch die **Kriegsopferfürsorge** (§§ 25-27j BVG) werden Leistungen nach Grundsätzen wie bei der Sozialhilfe gewährt. Beschädigte und Hinterbliebene, die einen gesetzlich fixierten Mindestbedarf trotz der übrigen Leistungen nach dem Bundesversorgungsgesetz und auch aus ihrem übrigen Einkommen nicht decken können, erhalten Leistungen als besondere Hilfen im Einzelfall. Die in § 25b BVG **452**

aufgezählten Leistungen umfassen zB Hilfen zur beruflichen Rehabilitation, Kranken- und Altenhilfe, Erziehungsbeihilfe, Wohnungshilfe und Hilfen in besonderen Lebenslagen.

§ 14 Sozialhilfe

Schrifttum: *Birk ua*, Bundessozialhilfegesetz, 5. Aufl., 1998; *Brühl*, Mein Recht auf Sozialhilfe, mit Asylbewerberleistungen, 16. Aufl., 2000; *Bundesministerium für Arbeit und Sozialordnung* (Hrsg.), Übersicht über das Sozialrecht, 6. Aufl., 2000, S. 574 ff; *Dahmen/Hulsiak*, 50 Fälle und Lösungen zum Sozialhilferecht, 4. Aufl., 1999; *Deutscher Verein für öffentliche und private Fürsorge* (Hrsg.), Sozialhilfe, Eine Einführung, 1999; *Fichtner* (Hrsg.), Bundessozialhilfegesetz, 1999; *Giese*, Das Regelsatzsystem des Sozialhilferechts, ZfSH/SGB 1987, 505; *Klinger/Kunkel*, Sozialhilferecht, 6. Aufl., 1997; *Lehner*, Einkommenssteuerrecht und Sozialhilferecht, 1993; *Mergler/Zink/Dahlinger*, Bundessozialhilfegesetz, Loseblattwerk; *Oestreicher/Schelter/Kunz/Decker*, Bundessozialhilfegesetz, Loseblattwerk; *Rothkegel*, Die Strukturprinzipien des Sozialhilferechts, 2000; *Ruland*, Sozialhilfe als Grundsicherung?!, NJW 2000, 3257; *Salje*, Der Vertrag zulasten Dritter im Sozialrecht, NZA 1990, 299; *Schellhorn/Jirasek/Seipp*, Bundessozialhilfegesetz, 16. Aufl., 2002; *Schoch*, Sozialhilfe, 3. Aufl., 2001; *Schoch/Brühl/Schmidbauer*, Sozialhilferecht – Fälle und Lösungen, 2. Aufl., 1996; *Schwabe/Burucker*, Sozialhilfe, 16. Aufl., 2000; *Trenk-Hinterberger*, Sozialhilferecht, in: SRH, C.22.; *ders.*, Sozialhilferecht und Jugendhilferecht in Rechtsprechung und Literatur, Jahrbuch des Sozialrechts der Gegenwart, Bd. 22, 2000, S. 291

Fall 13: (nach BVerwGE 108, 296 ff = NJW 1999, 3649 ff) A war bis Ende August 2001 berufstätig, seit September 2001 ist sie beurlaubt, damit sie sich der Erziehung ihres sechsjährigen Kindes K widmen kann. A hat kein Einkommen, ihre Lebensversicherung mit einem Rückkaufswert von 950 Euro und ihr Bausparguthaben von 1750 Euro hat A an die Bank B zur Sicherheit für ein Darlehen über 3850 Euro abgetreten. Der zuständige Sozialhilfeträger S gewährt ab September 2001 Hilfe zum Lebensunterhalt, die Verwertung von Lebensversicherung und Bausparguthaben verlangt S nicht. Als A für das Jahr 2001 eine Einkommensteuererstattung von 1500 Euro erhält, setzt S durch Bescheid die Steuererstattung für ein Jahr lang mit monatlich 125 Euro als Einkommen an und kürzt die Sozialhilfe entsprechend. A meint, die Steuererstattung stelle Vermögen dar, nicht Einkommen, denn sie sei nicht für den Zeitraum ab September 2001 bestimmt, für den sie Sozialhilfe bekomme. Durfte S anrechnen?

I. Grundlagen

1. Rechtsgrundlagen

453 Die Sozialhilfe gibt gemäß **§ 9 SGB I** denjenigen, die nicht in der Lage sind, aus eigenen Kräften ihren Lebensunterhalt zu bestreiten oder in besonderen Lebenslagen sich selbst zu helfen, und die auch von anderer Seite keine ausreichende Hilfe erhal-

ten, ein **soziales Recht** auf persönliche und wirtschaftliche Hilfe; diese Hilfe ist an dem besonderen Bedarf der Hilfebedürftigen ausgerichtet, sie soll sie zur Selbsthilfe befähigen, die Teilnahme am Leben in der Gemeinschaft ermöglichen und die Führung eines menschenwürdigen Lebens sichern. Leistungen der Sozialhilfe sind nach der **Einweisungsvorschrift** des **§ 28 Abs. 1 SGB I** die Hilfe zum Lebensunterhalt, die Hilfe in besonderen Lebenslagen, die Beratung Behinderter und ihrer Personensorgeberechtigten und die Hilfe bei der Beschaffung und Erhaltung einer Wohnung. Die Einzelheiten des Sozialhilferechts regelt das **Bundessozialhilfegesetz (BSHG)**[1]. Neben dem BSHG sind die zu den §§ 22, 47, 72, 76, 81, 88 und 117 BSHG erlassenen sieben bundesrechtlichen **Durchführungsverordnungen** (zB die RegelsatzVO zu § 22 BSHG, die EingliederungshilfeVO zu § 47 BSHG) sowie die Ausführungsgesetze und Rechtsverordnungen der Länder zum BSHG einschlägig.

Aus dem BSHG ausgegliedert sind die Regelungen über Leistungen an Asylbewerber. Der Personenkreis, der vom Geltungsbereich des **Asylbewerberleistungsgesetzes** (AsylbLG) vom 30. Juni 1993[2] erfasst ist, erhält an Stelle der Sozialhilfe (vgl § 120 Abs. 2 BSHG) Leistungen nach diesem Gesetz[3].

2. Hintergrund

a) Die Sozialhilfe knüpft nicht an ein bestimmtes Lebensrisiko (wie zB Krankheit oder Arbeitslosigkeit) oder an bestimmte Bedarfs- oder Schadensursachen (Ausbildung, Unfall oder Sonderopfer) an. Die Sozialhilfe greift ohne Vorbedingungen ein, wenn **Bedürftigkeit** besteht; auf den Grund der Hilfsbedürftigkeit und namentlich auf eigenes Verschulden kommt es nicht an. Es handelt sich um eine **finale Sozialleistung**[4]. Bei Bedürftigkeit kommt (unbeschadet der für Ausländer geltenden Besonderheiten) **jeder** als Leistungsempfänger in Betracht. Das Sozialhilferecht bestimmt im Grundsatz folglich weder einen leistungsberechtigten Personenkreis noch beschreibt es Leistungsfälle (wie die Versicherungsfälle der Sozialversicherung). **454**

b) Die Sozialhilfe soll gemäß § 1 Abs. 2 S. 1 BSHG dem Hilfeempfänger eine Lebensführung ermöglichen, die der **Würde des Menschen** entspricht. Diese Zielsetzung folgt aus dem Sozialstaatsgebot des Art. 20 Abs. 1 GG und der Verpflichtung des Staates zum Schutz der Menschenwürde (Art. 1 Abs. 1 GG) sowie aus dem Recht der freien Entfaltung der Persönlichkeit (Art. 2 Abs. 1 GG)[5]. Seit der Entscheidung des BVerwG vom 24. Juni 1954 ist ein **Rechtsanspruch auf Sozialhilfe** anerkannt[6], der Hilfesuchende ist vor dem Hintergrund der Verfassung nicht lediglich Bittsteller (§ 4 Abs. 1 BSHG). Liegen die Voraussetzungen für einen Anspruch auf Sozialhilfe vor, ist über **Form und Maß** grundsätzlich nach pflichtgemäßem **455**

1 BGBl. I 1961, S. 815.
2 BGBl. I, S. 1074.
3 Dazu näher *Kunkel*, NVwZ 1994, 352 ff; *Ost/Mohr/Estelmann*, Sozialrecht, S. 407 f.
4 Lies aber § 92a BSHG und dazu BVerwGE 67, 163 (166 ff).
5 BVerwGE 1, 159 (161 f).
6 BVerwGE 1, 159 ff.

Ermessen zu entscheiden (§ 4 Abs. 2 BSHG). Sozialhilfe wird **von Amts wegen** gewährt, sobald der Sozialhilfeträger Kenntnis von der Hilfebedürftigkeit erlangt (§ 5 BSHG). In der Praxis erfahren die Sozialhilfeträger zwar regelmäßig erst von einer Notlage, wenn ein Antrag auf Sozialhilfe gestellt ist, die Sozialhilfeträger dürfen aber nicht darauf warten, bis Hilfebedürftige einen Antrag stellen. Auch sind die Träger bei der Leistungsgewährung nicht an den Antrag gebunden, sie haben umfassend die Hilfebedürftigkeit zu prüfen.

456 c) Die Sozialhilfe ist ihrem Zweck nach **subsidiäre Basissicherung**, die nur eingreift, wenn das primäre soziale Netz einen Fall nicht auffängt. Für diesen Fall garantiert sie die **Erfüllung von Grundbedürfnissen**. Das Auffangnetz der Basissicherung Sozialhilfe muss naturgemäß umso mehr leisten, je weiter die Maschen des primären sozialen Netzes sind. Es hängt also von der jeweiligen gesetzlichen Ausgestaltung des sozialen Netzes, namentlich der Ausgestaltung der Sozialversicherung ab, welche Belastungen der steuerfinanzierten Sozialhilfe zuwachsen oder, wie durch Einführung der Pflegeversicherung geschehen, genommen werden.

3. Nachrang und Ausrichtung am Einzelfall

Die Gewährung der Leistungen nach dem BSHG ist geprägt von den Grundsätzen des Nachrangs der Hilfe (Grundsatz der Subsidiarität) und der Ausrichtung der Hilfe am Einzelfall (Grundsatz der Individualisierung).

457 a) Der **Grundsatz der Subsidiarität** versagt Leistungen nach dem BSHG, wenn sich der Hilfebedürftige selbst helfen kann oder von anderer Seite (insbesondere von Angehörigen und von anderen Sozialleistungsträgern) die zur Beseitigung der Notlage erforderliche Hilfe erhält. Dies ist in § 2 Abs. 1 BSHG ausdrücklich bestimmt, und dies kommt in zahlreichen weiteren Vorschriften (zB §§ 11, 18, 25, 28, 76 ff BSHG) zum Ausdruck. Auch der Hilfebedürftige ist zur Solidarität verpflichtet.

458 aa) Hilfebedürftige müssen (mit Unterschieden bei der Hilfe zum Lebensunterhalt und der Hilfe in besonderen Lebenslagen) zunächst ihr **eigenes Einkommen** und ihr **eigenes Vermögen** einsetzen. Die §§ 76 ff BSHG bestimmen im einzelnen, was zum Einkommen gehört und was anzurechnen ist, die §§ 88, 89 BSHG bestimmen, unter welchen Voraussetzungen Vermögen eingesetzt werden muss. Vom Einsatz des in § 88 Abs. 2 BSHG aufgeführten sog. **Schonvermögens** darf die Sozialhilfe nicht abhängig gemacht werden (zB angemessener Hausrat; Familien- und Erbstücke, deren Veräußerung für den Hilfesuchenden oder seine Familie eine besondere Härte bedeuten würde; ein angemessenes, selbst genutztes Hausgrundstück). § 18 Abs. 1 BSHG bestimmt, dass jeder Hilfesuchende seine **Arbeitskraft** zur Beschaffung des Lebensunterhalts für sich und seine unterhaltsberechtigten Angehörigen einsetzen muss. Die §§ 18-20 BSHG enthalten in diesem Zusammenhang Vorschriften über die Zumutbarkeit von Arbeiten zum Erwerb des Lebensunterhalts und Hilfeleistungen zur Unterstützung der Arbeitsaufnahme und zur Schaffung von Arbeitsgelegenheiten.

459 bb) Nach dem Bürgerlichen Recht sind Verwandte in gerader Linie verpflichtet, einander **Unterhalt** zu gewähren (§ 1601 BGB)[7]. Sind Kinder oder Eltern außer Stande, sich selbst zu

7 Siehe näher *Schlüter*, Familienrecht, 9. Aufl. 2001, Rn 297 ff.

unterhalten, haben sie einen Unterhaltsanspruch gegen ihre leistungsfähigen Eltern oder Kinder nach den Vorschriften des Familienrechts. Vor dem Hintergrund des Sozialrechts betrachtet, ist das nicht mehr selbstverständlich. Denn die Lastenverteilung zwischen den Generationen beruht heute nicht mehr auf der individuellen Familienbindung, vor allem die Unterhaltssicherung für den Lebensabschnitt des Alters ist durch die Altersvorsorgesysteme heute kollektiviert[8]. Die Kinder würden, von ihren Eltern auf Unterhalt in Anspruch genommen, zweifach leisten: in die wirtschaftlich (und im Umlageverfahren rechtlich) an die Älteren abfließende Altersversorgung und durch den Unterhalt[9]. Im Zuge der **Rentenreform 2001** wurde im Zusammenhang mit dem Altersvermögensgesetz (AVmG) durch das „Gesetz über eine bedarfsorientierte Grundsicherung im Alter und bei Erwerbsminderung" daraus die Konsequenz gezogen. § 91 Abs. 1a BSHG nF[10] schränkt die Subsidiarität der Sozialhilfe dadurch ein, dass der Übergang des Unterhaltsanspruchs in bestimmten Fällen ausgeschlossen oder begrenzt wird[11].

cc) Im Zusammenhang mit sog. **Behindertentestamenten** hat der BGH entschieden, dass **460**
der Grundsatz der Testierfreiheit zum Schutz der Leistungsfähigkeit der Sozialhilfe nur in schwerwiegenden Ausnahmefällen eingeschränkt ist[12]. Im Hinblick auf das sozialhilferechtliche Subsidiaritätsprinzip ist es danach nicht gemäß § 138 BGB sittenwidrig, wenn Eltern das Interesse ihres behinderten Kindes an einer hinreichenden Versorgung über das Interesse der Allgemeinheit an der Leistungsfähigkeit der Sozialhilfeträger stellen und ihr Vermögen so weiterleiten, dass die Sozialbehörden keine Möglichkeit haben, ihre Aufwendungen für das Kind daraus (teilweise) zu decken[13]. Der **Grundsatz der Subsidiarität** bezieht sich auf die Person (und also auf das Vermögen) des Behinderten, es verpflichtet nicht den Testierenden, Teile *seines* Nachlasses dem Zugriff der Sozialhilfeträger zu überlassen. Anders ist dagegen der **Verzicht auf nachehelichen Unterhalt** zu beurteilen. Allerdings können die Ehegatten gemäß § 1585c BGB über die Unterhaltspflicht für die Zeit nach der Scheidung Vereinbarungen treffen, und in Bezug auf den Inhalt gilt auch bei einem privatrechtlich vereinbarten Unterhaltsverzicht die Vertragsfreiheit. Die Vereinbarung ist aber gemäß § 138 BGB nichtig, wenn die Ehegatten objektiv eine Regelung zum Nachteil der Sozialhilfeträger getroffen haben. Die Ehegatten müssen nicht in Schädigungsabsicht gehandelt haben; es genügt, dass ihnen die Auswirkungen ihres Unterhaltsverzichts bewusst waren bzw sie sich dieser Erkenntnis grob fahrlässig verschlossen haben[14]. Nicht gegen die guten Sitten, aber gegen den Grundsatz von Treu und Glauben verstößt ein Ehemann, wenn er sich auf einen vereinbarten Unterhaltsverzicht beruft und die Sozialhilfe nur gewährt wird, weil die Ehefrau ein gemeinsames Kind betreuen muss und daher nicht erwerbstätig sein kann[15].

b) Der Grundsatz der Individualisierung (§§ 3, 7 BSHG) verlangt, dass Art, Form **461**
und Maß der Sozialhilfe an den Besonderheiten des Einzelfalles orientiert sind (vor allem an der Person des Hilfeempfängers, der Art seines Bedarfs, den besonderen Verhältnissen in seiner Familie und an den örtlichen Verhältnissen). Bei der Hilfe in besonderen Lebenslagen kommt der Grundsatz der Individualisierung naturgemäß

8 Vgl näher unten Rn 518 f.
9 Siehe zur Symmetrie des Gebens und Nehmens in der Gesellschaft unten Rn 519.
10 Diese Regelung tritt zum 1.1.2003 in Kraft.
11 Zu dieser und anderen, zum 1.1.2002 in Kraft getretenen, Änderungen des § 91 BSHG vgl *Münder*, NJW 2001, 2201 ff; *van Els*, JAmt 2001, 209 ff.
12 BGHZ 111, 36 (39 f); 123, 368 (371). Kritisch *Eichenhofer*, JZ 1999, 226 ff.
13 Dahingestellt blieb, ob dies auch gelten kann, wenn durch eine geschickt gewählte Erbeinsetzung ein für eine lebenslange, umfassende Versorgung ausreichender Pflichtteil dem Zugriff der Sozialhilfeträger entzogen ist, BGHZ 111, 36 (40); 123, 368 (379). Vgl auch *Köbl*, ZfSH/SGB 1990, 449 (462 ff).
14 Vgl BGHZ 86, 82 (88 f); BGH, NJW 1985, 1833 (1834); NJW 1987, 1546 (1548).
15 BGH, NJW 1991, 913 (914); NJW 1992, 3164 (3166).

deutlicher zum Tragen als bei der laufenden Hilfe zum Lebensunterhalt. Er stellt Qualitätsanforderungen an die Arbeit der Sozialhilfeträger, die gerade bei der Hilfe in besonderen Lebenslagen statt pauschaler Lösungen auf die Verhältnisse der Hilfesuchenden und dessen Umfeld zugeschnittene Hilfe leisten sollen. Sozialhilfeleistungen sollen immer ein **Mittel zur Selbsthilfe**[16] sein und den Hilfeempfänger befähigen, unabhängig von der Sozialhilfe zu leben (§ 1 Abs. 2 S. 2 BSHG).

4. Organisation

a) Träger

Sozialhilfe wird von örtlichen und überörtlichen Trägern gewährt (§ 9 BSHG).

462 aa) Gemäß § 99 BSHG sind grundsätzlich die **örtlichen Träger**, dh die kreisfreien Städte und die Landkreise (§ 96 Abs. 1 S. 1 BSHG), sachlich zuständig. Gemäß § 96 Abs. 1 S. 2 BSHG können die Länder bestimmen, dass und inwieweit die Landkreise die kreisangehörigen Gemeinden oder Gemeindeverbände zur Durchführung von Aufgaben nach dem BSHG heranziehen können. Welcher Träger örtlich zuständig ist, bestimmt sich nach dem tatsächlichen Aufenthaltsort des Hilfebedürftigen (§ 97 Abs. 1 S. 1 BSHG). Ist der Hilfebedürftige in einer Anstalt, einem Heim oder einer vergleichbaren Einrichtung untergebracht, richtet sich die örtliche Zuständigkeit gemäß § 97 Abs. 2 S. 1 BSHG nach dem gewöhnlichen Aufenthalt iSv § 30 Abs. 3 S. 2 SGB I.

463 bb) Die Länder bestimmen gemäß § 96 Abs. 2 S. 1 BSHG die **überörtlichen Träger**. Dies sind in Baden-Württemberg, Hessen und Sachsen die Landeswohlfahrtsverbände, in Bayern die Bezirke, in Nordrhein-Westfalen die Landschaftsverbände und in den anderen Bundesländern die Länder bzw Stadtstaaten selbst[17]. Die sachliche Zuständigkeit der überörtlichen Träger, also die Abgrenzung der Zuständigkeiten von örtlichen und überörtlichen Trägern, regelt primär das Landesrecht. Soweit nicht das Landesrecht anderes bestimmt, sind die überörtlichen Träger gemäß § 100 BSHG für Hilfen in besonderen Lebenslagen zuständig, vor allem für Hilfen, die mit der Unterbringung in einer Einrichtung verbunden sind. Darüber hinaus gewähren die überörtlichen Träger Sozialhilfe an Deutsche im Ausland (§ 119 Abs. 5 BSHG).

b) Freie Wohlfahrtspflege

464 Die Armenfürsorge ist im Laufe der Geschichte durch die Städte, vor allem im Mittelalter aber auch durch die Klöster und Kirchengemeinden geleistet worden. Auch heute stehen bei der Erbringung von Sozialhilfeleistungen staatliche Träger und freie Träger nebeneinander[18]. Durch das BSHG wird die Stellung der **Kirchen und**

16 BVerwGE 47, 103 (106).
17 Siehe die jeweiligen Ausführungsgesetze zum BSHG.
18 BVerfGE 22, 180 (200 ff).

Religionsgesellschaften des Öffentlichen Rechts sowie der **Verbände der freien Wohlfahrtspflege** (deren Spitzenverbände sind die *Arbeiterwohlfahrt*, der *Deutsche Caritasverband*, der *Deutsche Paritätische Wohlfahrtsverband*, das *Deutsche Rote Kreuz*, das *Diakonische Werk* und die *Zentral-Wohlfahrtsstelle der Juden in Deutschland*) als Träger eigener sozialer Aufgaben und ihre Tätigkeit zur Erfüllung dieser Aufgaben nicht berührt (§ 10 Abs. 1 BSHG). Gemäß § 10 Abs. 2 BSHG sollen die Träger der Sozialhilfe bei der Durchführung des BSHG mit den Kirchen und Religionsgesellschaften des öffentlichen Rechts sowie den Verbänden der freien Wohlfahrtspflege zusammenarbeiten und dabei deren Selbständigkeit in Zielsetzung und Durchführung ihrer Aufgaben achten.

Die **Zusammenarbeit** soll gemäß § 10 Abs. 3 BSHG in der Weise erfolgen, dass sich die Sozialhilfe und die Tätigkeit der freien Wohlfahrtspflege **wirksam ergänzen**[19]. Soweit die freie Wohlfahrtspflege im Einzelfall Hilfe leistet oder geeignete Einrichtungen der Hilfegewährung zur Verfügung stellt, sollen die Träger der Sozialhilfe von eigenen Leistungen absehen, § 10 Abs. 4 BSHG. Dies entspricht auch dem Grundsatz der Subsidiarität der Sozialhilfe. Es bleibt aber zu beachten, dass die staatlichen Träger, auch wenn Hilfen tatsächlich von den Organisationen der freien Wohlfahrtspflege gewährt werden, den Hilfebedürftigen gegenüber immer die Verantwortung dafür tragen, dass ihnen die nach dem BSHG erforderlichen Hilfen zuteil werden, § 10 Abs. 5 S. 2 BSHG[20]. Die Gewährung von Geldleistungen bleibt Sache der staatlichen Träger, § 10 Abs. 4 BSHG.

5. Finanzierung

Die Sozialhilfe ist **steuerfinanziert**. Zu rund 80% werden die Mittel von den kreis- **465**
freien Städten, Kreisen und den als kommunale Körperschaften organisierten überörtlichen Trägern aufgebracht. Die Länder sind an der Finanzierung mit rund 20% beteiligt, der Bund ist so gut wie nicht beteiligt.

Weil Sozialhilfe erst gewährt wird, wenn andere Mittel nicht zu erlangen sind, kommt es zum Anstieg der staatlichen Ausgaben für die Sozialhilfe, wenn an anderer Stelle, zB im Arbeitsförderungsrecht, Leistungen gekürzt werden oder wenn die Leistungen des primären sozialen Netzes (vor dem Hintergrund hoher Arbeitslosigkeit) häufiger ausgeschöpft sind[21]. Anfang der neunziger Jahre sind die Sozialhilfeausgaben stark angestiegen, in den letzten drei Jahren stagnieren sie bei knapp 23 Mrd. Euro mit neuerdings leicht rückläufiger Tendenz.

II. Die Leistungen

1. Grundsätzliches

a) Das Sozialhilferecht unterscheidet zwischen der Hilfe zum Lebensunterhalt **466**
(§§ 11-26 BSHG) und der Hilfe in besonderen Lebenslagen (§§ 27-75 BSHG). Bei

---

19 Siehe *Benda*, Die Arbeit der Freien Wohlfahrtspflege als Gestaltungselement des Sozialstaates, Soziale Arbeit 1989, 251 ff; *Flierl*, Freie und öffentliche Wohlfahrtspflege, 1982.
20 Siehe auch BVerwGE 37, 133 (135).
21 *Schulte*, NVwZ 1995, 1066 (1067); *Trenk-Hinterberger*, in: SRH, C.22., Rn 18.

der **Hilfe zum Lebensunterhalt** geht es um die Deckung des allgemein notwendigen Lebensunterhalts; dieser umfasst insbesondere Ernährung, Unterkunft, Kleidung, Körperpflege, Hausrat, Heizung und persönliche Bedürfnisse des täglichen Lebens (§ 12 Abs. 1 BSHG). Die **Hilfe in besonderen Lebenslagen** soll dagegen einen besonderen Bedarf sichern, sie umfasst gemäß § 27 Abs. 1 Nr 1-8 BSHG zB Krankenhilfe, Eingliederungshilfe für Behinderte, Blindenhilfe, Hilfe zur Überwindung besonderer sozialer Schwierigkeiten oder Altenhilfe. Die Hilfe zum Lebensunterhalt kann man als „**Grundhilfe**", die Hilfe in besonderen Lebenslagen als „**Spezialhilfe**" bezeichnen. Die beiden Hilfearten unterscheiden sich auch dadurch, dass die Hilfe zum Lebensunterhalt weitgehend nach Leistungspauschalen erfolgt.

Die **Pauschalierung** weiterer Leistungen der Sozialhilfe soll bis Juni 2005 erprobt werden. Dazu ist eine sog. **Experimentierklausel** mit § 101a BSHG[22] eingefügt worden. Die Landesregierungen können danach die Träger der Sozialhilfe ermächtigen, in Modellvorhaben solche Leistungen der Sozialhilfe pauschaliert zu erbringen, für die Beiträge nicht schon auf Grund der Vorschriften des BSHG feststehen. Weitere Einzelheiten regelt § 101a S. 3-6 BSHG.

467 b) Entscheidend für die Gewährung von Sozialhilfeleistungen zum Lebensunterhalt und in besonderen Lebenslagen ist grundsätzlich das Vorliegen einer **gegenwärtigen Notlage** des Bedürftigen[23]. Eine Hilfe für vergangene Notlagen ist in der Regel ausgeschlossen (**sog. Bedarfsdeckungsprinzip**)[24]. Ausnahmen von diesem Prinzip lässt das BVerwG in Eilfällen zu, insbesondere wenn zwischenzeitlich ein Dritter Hilfe geleistet hat, ferner bei Einlegung von Rechtsbehelfen[25].

468 c) Die Sozialhilfe wird in Form **persönlicher Hilfe**, durch **Geldleistungen** und durch **Sachleistungen** gewährt (§ 8 BSHG).

2. Hilfe zum Lebensunterhalt

469 Hilfe zum Lebensunterhalt erhält, wer seinen **notwendigen Lebensunterhalt** nicht oder nicht ausreichend aus eigenen Kräften und Mitteln, vor allem aus seinem Einkommen und Vermögen, beschaffen kann (§ 11 Abs. 1 S. 1 BSHG). Bezweckt ist die Sicherung des durch die allgemeine Lebensführung entstehenden **Grundbedarfs**. Vor dem Hintergrund des **Subsidiaritätsprinzips** wird Hilfe zum Lebensunterhalt im Grundsatz erst geleistet, wenn der Bedürftige durch den Einsatz seines gesamten Einkommens und Vermögens versucht hat, seine Notlage zu überwinden. Was den Einsatz von Einkommen und Vermögen angeht, bilden nicht getrennt lebende Ehegatten sowie minderjährige unverheiratete Kinder, die dem Haushalt angehören, eine **Bedarfsgemeinschaft** (§ 11 Abs. 1 S. 2, 3 BSHG).

470 a) **Zum notwendigen Lebensunterhalt gehören** nach der nicht abschließenden Aufzählung in § 12 Abs. 1 BSHG **insbesondere**: Ernährung, Unterkunft, Kleidung,

---

22 Siehe 7. Gesetz zur Änderung des BSHG v. 25.6.1999, BGBl. I, S. 1442.
23 BVerwGE 66, 335 (338, 341); 79, 46 (49 f).
24 BVerwGE 66, 335 (338); 90, 154 (156).
25 BVerwGE 94, 127 (133 ff); 99, 149 (156).

Körperpflege, Hausrat, Heizung, persönliche Bedürfnisse des täglichen Lebens und in vertretbarem Umfang auch Beziehungen zur Umwelt und eine Teilnahme am kulturellen Leben (zB Bezug einer Tageszeitung[26], Besitz eines Radiogeräts, inzwischen Besitz eines gebrauchten (kostengünstigen) Fernsehgeräts[27]). Dem Hilfesuchenden wird nicht nur das „nackte Überleben" gesichert, sondern ihm wird die Führung eines menschenwürdigen Lebens in der Gesellschaft ermöglicht[28]. Der Umfang des notwendigen Lebensunterhalts kann schwanken, er ist unter Berücksichtigung der allgemeinen Lebensumstände und der Umstände des Einzelfalles zu bestimmen[29]. Einzelheiten regeln die §§ 12-17 BSHG, zu beachten ist ferner die gemäß § 22 BSHG erlassene **Regelsatzverordnung**, die über § 12 Abs. 1 BSHG hinaus weitere Bestandteile des notwendigen Lebensunterhalts (zB Haushaltsenergie) benennt.

b) Hilfe zum Lebensunterhalt kann gemäß § 21 Abs. 1 BSHG durch laufende Leistungen und durch einmalige Leistungen gewährt werden. **471**

aa) Die **laufende Hilfe zum Lebensunterhalt** soll den wiederkehrenden notwendigen Bedarf decken. Sie wird grundsätzlich nach Regelsätzen gemäß den Vorgaben der **Regelsatzverordnung** gewährt. Die Regelsätze umfassen die laufenden Leistungen für Ernährung, hauswirtschaftlichen Bedarf einschließlich Haushaltsenergie sowie die persönlichen Bedürfnisse des täglichen Lebens (§ 1 RegelsatzVO). Wird ein Bedarf über die Regelsätze abgedeckt, kommen darüber hinaus einmalige Leistungen nicht mehr in Betracht, man spricht von einem „**geschlossenen Regelsatzsystem**"[30]. Die Regelsätze müssen gemäß § 22 Abs. 4 BSHG so bemessen sein, dass sie unter den monatlichen durchschnittlichen Nettoarbeitsverdiensten der unteren Lohn- und Gehaltsgruppen (einschließlich anteiliger einmaliger Zahlungen zuzüglich Kindergeld und Wohngeld) bleiben. **472**

bb) **Einmalige Leistungen zum Lebensunterhalt** beziehen sich auf den Bedarf, der nicht fortlaufend entsteht, sondern in längeren Zeitabständen (mehr oder weniger regelmäßig) auftritt und der nicht schon in der Grundhilfe berücksichtigt ist. Die sozusagen klassischen einmaligen Leistungen sind gemäß § 21 Abs. 1a BSHG Hilfen für Bekleidung, Beschaffung von Brennstoff, Beschaffung von Lernmitteln für Schüler oder Hilfen für die Beschaffung von Gebrauchsgütern von längerer Gebrauchsdauer und höherem Anschaffungswert. Anspruch auf einmalige Leistungen haben (mit einer Selbstbeteiligung) auch Hilfebedürftige, die keine laufenden Leistungen benötigen, die aber einen einmaligen notwendigen Bedarf nicht aus eigener Kraft decken können (§ 21 Abs. 2 BSHG). **473**

In Bezug auf die einmaligen Leistungen zum Lebensunterhalt haben sich die Gerichte häufig mit der Frage zu befassen, ob eine begehrte Leistung nicht schon aus den Regelsätzen abgedeckt ist. Nach der Rechtsprechung können einmalige Leistungen zB gewährt werden für die

26 BVerwGE 48, 237 (239).
27 Verneinend BVerwGE 80, 349 (352 ff); 95, 145 (146 f); bejahend jetzt BVerwGE 106, 99 (101 ff).
28 BVerwGE 35, 178 (180 f); 87, 212 (214); 92, 6 (7).
29 BVerwGE 80, 349 (353).
30 BVerwGE 87, 212 (215); 95, 145 (146).

Kosten einer Prozessführung, BVerfGE 78, 104 (118); für Tauffeiern, BVerwGE 92, 109 (110 f); Erstkommunion, BVerwGE 92, 102 (103 ff) und Hochzeitsfeiern, BVerwGE 92, 112 (113 ff) jeweils in schlichter Form und kleinem Kreis; für eine Schultüte, BVerwGE 92, 6 (7 f); für den Einschulungsbedarf, BVerwGE 101, 34 (35 f) oder für eine mehrtägige Klassenfahrt, BVerwGE 97, 376 (377 ff). Dagegen sind die Kosten für Kinderspielzeug, BVerwGE 87, 212 (215 f) und für eine Geburtstagsfeier, BVerwGE 92, 106 (107 f) vom Regelbedarf gedeckt.

474 c) Sowohl laufende als auch einmalige Leistungen zum Lebensunterhalt werden den in § 11 Abs. 1 S. 1 und 2 BSHG genannten oder den zur Haushaltsgemeinschaft (§ 16 BSHG) gehörenden Personen nur erbracht, wenn sie das Einkommen, das verwertbare Vermögen und die Arbeitskraft eingesetzt haben.

Zum **Einkommen** gehören neben dem Arbeitsentgelt zB Arbeitslosengeld oder -hilfe, Krankengeld oder Renten, aber auch Mieteinnahmen und Wohngeld. Die Einzelheiten ergeben sich aus §§ 76 ff BSHG. Zum **Vermögen** gehört gemäß § 88 BSHG das gesamte verwertbare Vermögen mit Ausnahme des in § 88 Abs. 2 BSHG aufgeführten Schonvermögens. In Härtefällen können unter den Vorausetzungen des § 88 Abs. 3 BSHG Ausnahmen gemacht werden.

Im **Fall 13** kommt es entscheidend darauf an, ob die Steuererstattung als Einkommen oder als Vermögen anzusehen ist, weil der Einsatz von Einkommen und Vermögen in §§ 76 ff BSHG einerseits und §§ 88 f BSHG andererseits unterschiedlich geregelt ist. Einkommen ist auf die Leistung voll, Vermögen nur eingeschränkt anzurechnen. Das BVerwG hat unter Aufgabe seiner früheren Rechtsprechung (sog. Identitätstheorie) die Steuererstattung als Einkommen angesehen. Gemäß § 76 Abs. 1 BSHG gehören zum Einkommen im Sinne des BSHG alle Einkünfte in Geld oder Geldeswert (mit Ausnahme der dort aufgezählten Sozialleistungen). Als Einkommen gelten nach allgemeiner Meinung alle eingehenden Einnahmen, Zahlungen, Zuflüsse, Zuwendungen oder wie auch immer man eingehende Leistungen sonst nennen mag, welche das Geld oder die geldwerten Mittel vermehren. Vermögen im Sinne von § 88 BSHG ist dagegen der Inbegriff dessen, was einem Rechtssubjekt bereits zusteht, das was man schon hat. Dabei ist grundsätzlich vom tatsächlichen Zufluss auszugehen, es sei denn, das Recht bestimmt einen anderen Zufluss als maßgeblich. An diesem Grundsatz ändert es nichts, dass Einkommen regelmäßig aus schon bestehenden Rechtspositionen erzielt wird: Die dem Inhaber zustehende noch nicht erfüllte Forderung ist Vermögen. Wie § 76 BSHG zu entnehmen ist, interessiert aber das BSHG im Fall der Erfüllung nicht das Schicksal der Forderung, sondern die aus der Erfüllung resultierende Einkunft. Das gilt nur dann nicht, wenn eine Forderung mit bereits erzielten Einkünften bewusst „angespart" wird, namentlich bei einer Bank oder Versicherung; der spätere Rückgriff auf das Angesparte ist dann nicht (erneut) Einkommen. Eine Steuererstattung ist danach Einkommen im Sinne von § 76 Abs. 1 BSHG. Daran ändert es nichts, dass ihr Grund in der im Vorjahr zu viel gezahlten Steuer liegt, die nicht angespart wurde. Das vom BVerwG früher (BVerwGE 29, 295 [298 f]) herangezogene Merkmal der „Zweck- und Zeitraumidentität" kennt das Gesetz nicht, es wurde zu Recht aufgegeben[31].

31 Siehe auch *Eichenhofer*, Sozialrecht, Fälle und Lösungen, 3. Aufl., 2000, Fall 16.

Gemäß § 18 Abs. 1 BSHG ist jeder Hilfesuchende grundsätzlich verpflichtet, seine **Arbeitskraft** einzusetzen. Diese Verpflichtung besteht nur dann nicht, wenn dem Hilfesuchenden eine Arbeit unter den Voraussetzungen des § 18 Abs. 3 BSHG nicht zugemutet werden darf. Für Hilfesuchende, insbesondere für junge Menschen, die keine Arbeit finden können, sollen gemäß § 19 Abs. 1 BSHG Arbeitsgelegenheiten geschaffen werden (durch den Sozialhilfeträger selbst oder mit dessen Förderung durch Dritte).

Gemäß § 19 Abs. 2 BSHG kann für Hilfesuchende Gelegenheit zu gemeinnütziger und (grundsätzlich) zusätzlicher Arbeit geschaffen werden. In diesem Fall kann der Sozialhilfeträger nach pflichtgemäßem Ermessen mit dem Hilfesuchenden ein Arbeitsverhältnis begründen oder Hilfe zum Lebensunterhalt zuzüglich einer angemessenen Entschädigung für Mehraufwendungen gewähren. Zusätzlich ist nur eine Arbeit, die sonst nicht, nicht in diesem Umfang oder nicht zu diesem Zeitpunkt verrichtet werden würde. Wird zumutbare Arbeit nicht geleistet oder eine zumutbare Arbeitsgelegenheit nicht angenommen, entfällt der Anspruch auf Hilfe zum Lebensunterhalt nach Maßgabe des § 25 BSHG.

3. Hilfe in besonderen Lebenslagen

a) Die Leistungen zur Hilfe in besonderen Lebenslagen sind in den §§ 30-75 **475**
BSHG, **nach Leistungstypen geordnet**, im einzelnen geregelt. Die **Aufzählung in § 27 Abs. 1 BSHG**, der die Regelung der Voraussetzungen in den §§ 30-75 BSHG folgt, ist nicht abschließend. Über die typisierten Bedarfssituationen hinaus kann Hilfe auf Grund der Generalklausel des § 27 Abs. 2 BSHG gewährt werden.

Die größte praktische Bedeutung haben die Krankenhilfe (§ 27 Abs. 1 Nr 2 BSHG), die Eingliederungshilfe für behinderte Menschen (§ 27 Abs. 1 Nr 3 BSHG) und die Hilfe zur Pflege (§ 27 Abs. 1 Nr 5 BSHG). Die **Krankenhilfe** umfasst gemäß § 37 BSHG die Hilfe bei Krankheit, wofür Leistungen zur Krankenbehandlung entsprechend dem Dritten Kapitel, Fünften Abschnitt, Ersten Titel des SGB V gewährt werden, und die vorbeugende Hilfe zur Verhütung und Früherkennung von Krankheiten (Abs. 2). Die in §§ 39-47 BSHG im Einzelnen beschriebenen **Eingliederungshilfen für behinderte Menschen** entsprechen der Rehabilitationsaufgabe der Sozialhilfe. Unter der Voraussetzung der Bedürftigkeit wird die sozialhilferechtliche **Hilfe zur Pflege** (§§ 68-69c BSHG) geleistet. Die Voraussetzungen für Leistungen und die Leistungen selbst decken sich weitgehend mit denen der Pflegeversicherung. Neben der Pflegeversicherung kommt die sozialhilferechtliche Hilfe zur Pflege praktisch vor allem in Betracht, wenn Bedürftige nicht Mitglieder der Pflegeversicherung sind, wenn notwendiger Pflegeaufwand unterhalb der Pflegestufe I der Pflegeversicherung[32] liegt, wenn Bedarf über das von der Pflegeversicherung zu Leistende hinaus besteht; ohnehin von der Pflegeversicherung nicht erfasst sind die Kosten für Unterkunft und Verpflegung bei der stationären Pflege.

Im Jahr 1999 wurden etwa 25 Mrd. DM für Hilfen in besonderen Lebenslagen aufgewandt. Dies waren rund 56% der Sozialhilfeausgaben. Die Hilfe in besonderen Lebenslagen wurde

32 Siehe oben Rn 221.

zu 98% für Krankenhilfe, Eingliederungshilfe für Behinderte und für Hilfe zur Pflege gewährt. Dabei entfielen etwa 87% auf Hilfen innerhalb von Einrichtungen[33].

476 b) Ein wichtiger Unterschied zwischen der Hilfe zum Lebensunterhalt und der Hilfe in besonderen Lebenslagen liegt in der gesetzlichen Ausgestaltung der **Anrechnung von Einkommen und Vermögen**. Die Hilfe zum Lebensunterhalt setzt, wie dargelegt, grundsätzlich den vollen Einsatz des Einkommens, Vermögens und der Arbeitskraft voraus. Der Anspruch auf Hilfe in besonderen Lebenslagen ist demgegenüber schon dann gegeben, wenn die Aufbringung der Mittel aus dem Einkommen und dem Vermögen (des Hilfesuchenden, seines nicht getrennt lebenden Ehegatten und, wenn er minderjährig und unverheiratet ist, seinen Eltern) nach Maßgabe der §§ 79-89 BSHG nicht zumutbar ist (§ 28 Abs. 1 BSHG). Der Einsatz der Arbeitskraft ist nicht gefordert. Durch diese Erleichterung soll eine nachhaltige wirtschaftliche Herabstufung des Hilfeempfängers vermieden werden[34].

4. Sozialhilfe für Ausländer

477 a) Leistungsberechtigte nach § 1 des **Asylbewerberleistungsgesetzes** erhalten keine Leistungen der Sozialhilfe (§ 120 Abs. 2 BSHG), sie erhalten Leistungen nach dem AsylbLG. Danach bekommen namentlich Asylsuchende, Bürgerkriegsflüchtlinge und geduldete Ausländer in den ersten drei Jahren Grundleistungen, die idR durch Sachleistungen gewährt werden, und Leistungen bei Krankheit, Schwangerschaft und Geburt (siehe §§ 2-4 AsylbLG)[35].

b) Gemäß § 120 Abs. 1 S. 3 BSHG bleiben Rechtsvorschriften unberührt, nach denen Ausländern **weitergehende Leistungen** zu gewähren sind, als sie § 120 BSHG vorsieht. Solche weitergehenden Vorschriften, die Ausländern im Wesentlichen die gleiche sozialhilferechtliche Stellung einräumen, wie sie deutsche Staatsangehörige haben, sind namentlich **Art. 7 Abs. 2 VO (EWG) Nr 1612/68** (Staatsangehörige eines EU-Mitgliedstaates), das **Europäische Fürsorgeabkommen** und Art. 23 des **Abkommens über die Rechtsstellung der Flüchtlinge**.

c) Im übrigen haben Ausländer gemäß § 120 Abs. 1 BSHG grundsätzlich nicht die gleichen Sozialhilfeansprüche wie Deutsche. Sie können gemäß § 120 Abs. 1 S. 1 BSHG nur Hilfe zum Lebensunterhalt und Krankenhilfe (§ 37 BSHG), Hilfe bei Schwangerschaft und Mutterschaft (§ 36b BSHG) und Hilfe zur Pflege (§§ 68-69c BSHG) beanspruchen.

III. Inanspruchnahme Dritter

478 1. Wird Sozialhilfe gewährt, obwohl ein **anderer Sozialleistungsträger**, zB die Krankenversicherung, zur Leistung verpflichet ist, richtet sich der Ausgleich unter

33 *Statistisches Bundesamt* (Hrsg.), Statistisches Jahrbuch 2001 für die Bundesrepublik Deutschland, S. 484.

34 BVerwGE 35, 360 (363).

35 Vgl zu den Vorschriften im einzelnen *Birk*, BSHG, 5. Aufl., 1998, §§ 2-4 AsylbLG; *Oestreicher/Schelter/Kunz/Decker*, BSHG, Anhang zu § 120 BSHG.

den Sozialleistungsträgern nach den §§ 102-114 SGB X[36]. Bestehen **privatrechtliche Ansprüche des Hilfesuchenden** gegen seinen Arbeitgeber oder gegen Schadensersatzpflichtige, gehen diese Ansprüche gemäß den §§ 115-119 SGB X auf die Sozialhilfeträger über. Bestehen Unterhaltsansprüche, richtet sich die Inanspruchnahme Dritter nach den §§ 90-91a BSHG.

Gemäß § 91 Abs. 1 S. 1 BSHG gehen **privatrechtliche Unterhaltsansprüche** des Hilfeempfängers für Zeiten der Hilfegewährung und bis zur Höhe der geleisteten Hilfe kraft Gesetzes auf die Sozialhilfeträger über (*cessio legis*). Der nach dem Bürgerlichen Recht unterhaltsberechtigte Hilfeempfänger ist damit im Umfang des Forderungsübergangs nicht aktivlegitimiert. Soweit der Unterhaltsanspruchanspruch nach Rechtshängigkeit übergeht, bleibt der klagende Hilfeempfänger allerdings weiterhin prozessführungsbefugt, er muss jedoch den Klageantrag gemäß § 265 Abs. 2 S. 1 ZPO der materiellen Rechtslage anpassen und Zahlung an den Sozialhilfeträger beantragen.

2. Die Kostenerstattung im Verhältnis der **Sozialhilfeträger untereinander** richtet **479**
sich nach den §§ 103-113 BSHG.

IV. Kostenersatz

Soweit nicht die Sozialhilfe als Darlehen bewilligt wurde (zB gemäß §§ 15a Abs. 1 **480**
S. 4, 15b BSHG), besteht keine Rückzahlungspflicht für Sozialhilfeleistungen (§ 92 Abs. 1 BSHG). Dieser Grundsatz gilt nicht für den **Kostenersatz bei schuldhaftem Verhalten** gemäß § 92a BSHG und für den **Kostenersatz durch Erben** gemäß § 92c BSHG.

§ 15 Kinder- und Jugendhilfe

Schrifttum: *Bock-Pünder*, Rechtsanspruch auf Besuch eines Kindergartens: Voraussetzungen daseinsvorsorgender Verwaltung im sozialen Rechtsstaat, 1998; *Coester*, Die Bedeutung des Kinder- und Jugendhilfegesetzes für das Familienrecht, FamRZ 1991, 253; *Fieseler/Schleicher* (Hrsg.), GK-SGB VIII, Kommentar, Loseblattwerk; *Hauck/Gressmann/Grube/Mainberger/Stähr*, SGB VIII, Kinder- und Jugendhilfe, Loseblattwerk; *Jans/Happe/Saurbier*, Kinder- und Jugendhilferecht, Kommentar, Loseblattwerk; *Jordan/Sengling*, Kinder- und Jugendhilfe, 2000; *Krug/Grüner/Dalichau*, Kinder- und Jugendhilfe, Kommentar, Loseblattwerk; *Kunkel*, Grundlagen des Jugendhilferechts, 4. Aufl., 2001; *Lakies*, Probleme des Jugendhilferechts im System des Sozialgesetzbuches, ZfJ 1996, 451; *Mrozynski*, Kinder- und Jugendhilfegesetz (SGB VIII), 3. Aufl., 1998; *Münder ua*, Frankfurter Lehr- und Praxiskommentar zum KJHG/SGB VIII, 3. Aufl., 1998; *Münder*, Jugendhilferecht, in: SRH, C.23.; *Oberloskamp/Adams*, Jugendhilferechtliche Fälle für Studium und Praxis, 10. Aufl., 2001; *Rüfner*, Kinder- und Jugendhilferecht, in: Achterberg/Püttner/Würtenberger (Hrsg.), Besonderes Verwaltungsrecht, Bd. 2, 2. Aufl., 2000, S. 968-985; *Schellhorn/Wienand*, SGB VIII/

36 Dazu unten Rn 588.

KJHG, 2. Aufl., 1999; *Wiesner/Mörsberger/Oberloskamp/Struck*, SGB VIII, Kinder- und Jugendhilfe, 2. Aufl., 2000.

I. Grundlagen

1. Rechtsgrundlagen

481 Junge Menschen und Personensorgeberechtigte haben gemäß **§ 8 SGB I** im Rahmen des Sozialgesetzbuchs ein **soziales Recht**, Leistungen der öffentlichen Jugendhilfe in Anspruch zu nehmen. Diese Leistungen sollen die Entwicklung junger Menschen fördern und die Erziehung in der Familie unterstützen und ergänzen. Die **Einweisungsvorschrift** des **§ 27 SGB I** zählt die Leistungen der Kinder- und Jugendhilfe auf. Die Einzelheiten regelt das zum 1. Januar 1991 in Kraft getretene **SGB VIII**[1].

2. Hintergrund

482 a) Das Sozialrecht erfüllt seine Aufgabe, soziale Gerechtigkeit und soziale Sicherheit herzustellen, meist dadurch, dass es geldwerte Leistungen (zB Sachleistungen der gesetzlichen Krankenversicherung) erbringt oder Geld (zB Renten, Wohngeld) auszahlt, das der Sicherung der materiellen Existenz zugute kommt. Das Sozialrecht ist aber hierauf keineswegs beschränkt, wie das Kinder- und Jugendhilferecht zeigt. Es bietet Hilfen an, wenn Kinder (noch nicht 14 Jahre alt), Jugendliche (14, aber noch nicht 18) oder junge Volljährige (18, aber noch nicht 27, siehe die Begriffsbestimmungen in § 7 Abs. 1 SGB VIII) die Hilfe des Staates und der Gesellschaft benötigen. **Gedanklicher Ausgangspunkt** des Kinder- und Jugendhilferechts ist das Recht des jungen Menschen auf Förderung seiner Entwicklung und auf Erziehung zu einer eigenverantwortlichen und gemeinschaftsfähigen Persönlichkeit (§ 1 Abs. 1 SGB VIII). Zur Erfüllung dieser Aufgabe werden nicht in erster Linie finanzielle Leistungen erbracht, es stehen vielmehr **persönliche Hilfen** im Vordergrund. Dabei ist vielfach vorgesehen, dass die Jugendlichen oder ihre Familien mit Kosten der Hilfeleistungen nicht belastet werden.

483 b) Die Kinder- und Jugendhilfe steht in einem **Spannungsfeld**, gebildet aus den Rechten der Kinder und Jugendlichen, den Elternrechten und Elternpflichten und der staatlichen Schutzpflicht (siehe **Art. 6 Abs. 1-5 GG**). Dabei respektiert die Kinder- und Jugendhilfe den Vorrang des verfassungsrechtlich verbürgten Elternrechts vor dem Wächteramt des Staates (siehe Art. 6 Abs. 2 GG, den § 1 Abs. 2 SGB VIII wiederholt).

Jugendhilfe soll in diesem Sinn gemäß § 1 Abs. 3 SGB VIII insbesondere

(1) junge Menschen in ihrer individuellen und sozialen Entwicklung fördern und dazu beitragen, Benachteiligungen zu vermeiden oder abzubauen,

---

1 BGBl. I 1990, S. 1163. In den neuen Bundesländern in Kraft getreten zum 3.10.1990.

(2) Eltern und andere Erziehungsberechtigte bei der Erziehung beraten und unterstützen,

(3) Kinder und Jugendliche vor Gefahren für ihr Wohl schützen und

(4) dazu beitragen, positive Lebensbedingungen für junge Menschen und ihre Familien sowie eine kinder- und familienfreundliche Umwelt zu erhalten und zu schaffen.

Vor diesem Hintergrund wendet sich das SGB VIII überwiegend an die Personensorgeberechtigten und räumt ihnen Ansprüche ein.

c) Das Kinder- und Jugendhilferecht weist Verschränkungen mit dem **Familienrecht**, insbesondere mit dem **Recht der elterlichen Sorge** als Teil des Kindschaftsrechts auf[2]. Die Eltern sind ihrer Erziehungsaufgabe nicht immer (voll) gewachsen, zum Teil ist die Lebenssituation von Kindern und Jugendlichen in ihren Familien untragbar. Neben die Förderungsleistungen des Kinder- und Jugendhilferechts treten angesichts dessen familienrechtlich geregelte Unterstützungsaufgaben und subsidiär Eingriffsbefugnisse der Familiengerichte (siehe § 1631 Abs. 3 BGB, §§ 1712-1717 BGB[3], §§ 1666, 1666a, 1667 BGB). Die Familiengerichte und die Jugendämter wirken in unterschiedlicher Weise zusammen (siehe §§ 50 ff SGB VIII, ferner etwa §§ 1712 ff BGB). **484**

3. Entwicklung

Bis 1990 war das Jugendhilferecht im **Jugendwohlfahrtsgesetz (JWG)** von 1922 geregelt. Eine grundlegende Reform des 1953 und 1961 novellierten JWG scheiterte 1980, als das vom Bundestag verabschiedete Jugendhilfegesetz im Bundesrat abgelehnt wurde[4]. Bis 1990 standen die Praxis der Kinder- und Jugendhilfe und das Recht disharmonisch nebeneinander. Das **Kinder- und Jugendhilfegesetz (KJHG)** vom 26. Juni 1990[5] hat das Jugendhilferecht in das Sozialgesetzbuch als SGB VIII eingeordnet und auf völlig neue Beine gestellt. Anders als das JWG ist das SGB VIII ein **Leistungsgesetz** mit Leistungsangeboten an die jungen Menschen und (vor allem) die Personensorgeberechtigten. Die Praxis hatte längst von den Eingriffsbefugnissen des JWG kaum noch Gebrauch gemacht und in erster Linie **Dienste und Einrichtungen** angeboten. Leistungen dieser Art machen nunmehr den Schwerpunkt des SGB VIII aus, ordnungspolitische und fürsorgerische Aspekte sind in den Hintergrund getreten. **485**

4. Grundprinzipien des SGB VIII

a) Die ordnungspolitische und fürsorgerische Ausrichtung des Jugendhilferechts nach dem JWG war durch Eingriffsmöglichkeiten (zB „Fürsorgeerziehung") ge- **486**

2 Siehe dazu *Schlüter*, Familienrecht, 9. Aufl., 2001, Rn 343 ff.

3 Zu den durch das Beistandsschaftsgesetz (BGBl. I 1997, S. 2846) mit Wirkung zum 1.7.1998 eingeführten Regelungen der §§ 1712-1717 BGB siehe *Schlüter*, Familienrecht, 9. Aufl., Rn 386 ff; *Schwab*, Familienrecht, 11. Aufl., 2001, Rn 623 ff.

4 Siehe näher *Münder*, in: SRH, C.23., Rn 8.

5 BGBl. I, S. 1163.

kennzeichnet. Das SGB VIII dagegen misst dem **Aspekt der Hilfe und Förderung** größtes Gewicht bei. Im Kinder- und Jugendhilferecht haben dabei **infrastrukturelle Aufgaben** der Jugendhilfeträger besondere Bedeutung; die Jugendhilfeträger haben dafür zu sorgen, dass die erforderlichen Leistungen, Dienste, Einrichtungen etc vorhanden sind.

487 b) Während die kinder- und jugendhilferechtlichen Verpflichtungen die öffentlichen Jugendhilfeträger treffen, wird die konkrete Leistungserbringung überwiegend durch **freie Träger** erbracht (vgl § 3 Abs. 2 SGB VIII). Die Jugendhilfe ist gemäß § 3 Abs. 1 SGB VIII durch die **Vielfalt von Trägern** unterschiedlicher Wertorientierungen und durch die **Vielfalt von Inhalten, Methoden und Arbeitsformen** gekennzeichnet. Die öffentliche Jugendhilfe soll mit der freien Jugendhilfe zum Wohl der jungen Menschen und ihrer Familien partnerschaftlich zusammenarbeiten, sie hat dabei die Selbständigkeit der freien Jugendhilfe in Zielsetzung und Durchführung ihrer Aufgaben sowie in der Gestaltung der Ordnungsstruktur zu achten (§ 4 Abs. 1 SGB VIII). Soweit geeignete Einrichtungen, Dienste und Veranstaltungen von anerkannten Trägern der freien Jugendhilfe betrieben werden oder rechtzeitig geschaffen werden können, soll die öffentliche Jugendhilfe von eigenen Maßnahmen absehen (§ 4 Abs. 2 SGB VIII). Die Leistungsberechtigten haben gemäß § 5 SGB VIII das Recht, zwischen Einrichtungen und Diensten verschiedener Träger zu wählen und Wünsche hinsichtlich der Gestaltung der Hilfe zu äußern. Der Wahl und den Wünschen soll entsprochen werden, sofern dies nicht mit unverhältnismäßigen Mehrkosten verbunden ist.

Es werden etwa zwei Drittel der Aufgaben der Jugendhilfe von freien Trägern wahrgenommen, wobei die Kirchen und die kirchlich orientierten Träger den größten Anteil haben. Die Kirchen und Religionsgemeinschaften des öffentlichen Rechts und die auf Bundesebene zusammengeschlossenen Verbände der freien Wohlfahrtspflege sind gemäß § 75 Abs. 3 SGB VIII anerkannte Träger der freien Jugendhilfe, andere können unter den Voraussetzungen des § 75 Abs. 1, 2 SGB VIII als Träger der freien Jugendhilfe anerkannt werden.

5. Organisation

488 a) Träger der öffentlichen Jugendhilfe sind die **örtlichen** und die **überörtlichen** Träger (§ 69 Abs. 1 S. 1 SGB VIII). Örtliche Träger sind die Kreise und kreisfreie Städte (§ 69 Abs. 1 S. 2 SGB VIII), wer überörtlicher Träger ist, bestimmt das Landesrecht (§ 69 Abs. 1 S. 3 SGB VIII). Für die Aufgabenwahrnehmung errichtet jeder überörtliche Träger ein Landesjugendamt (§ 69 Abs. 3 SGB VIII).

489 b) Die **Jugendämter** nehmen die Aufgaben des örtlichen Trägers der Kinder- und Jugendhilfe wahr (§ 69 Abs. 3 HS 1 SGB VIII). Das Jugendamt ist zweigliedrig organisiert[6]: Es besteht aus dem Jugendhilfeausschuss und der Verwaltung (§ 70 Abs. 1 SGB VIII). Der **Jugendhilfeausschuss** befasst sich gemäß § 71 Abs. 2 SGB

6 Zur im Gesetzgebungsverfahren umstrittenen Regelung der Zweigliedrigkeit des Jugendamts BT-Drucks. 11/5948, S. 95.

VIII insbesondere mit der Erörterung aktueller Problemlagen junger Menschen und ihrer Familien sowie mit Anregungen und Vorschlägen für die Weiterentwicklung der Jugendhilfe, mit der Jugendhilfeplanung (siehe § 80 SGB VIII) und mit der Förderung der freien Jugendhilfe (siehe § 74 SGB VIII).

Der Jugendhilfeausschuss tritt nach Bedarf zusammen, auf Antrag von mindestens einem Fünftel der Stimmberechtigten ist er einzuberufen (§ 71 Abs. 3 S. 3 SGB VIII). Stimmberechtigte Mitglieder sind zu drei Fünfteln Mitglieder der Vertretungskörperschaft des Jugendhilfeträgers oder von ihr gewählte, in der Jugendhilfe erfahrene Frauen und Männer, und zu zwei Fünfteln sind es auf Vorschlag der im Bereich wirkenden und anerkannten freien Trägern von der Vertretungskörperschaft gewählte Personen, § 71 Abs. 1 SGB VIII.

Die **Verwaltung** des Jugendamts obliegt dem Leiter der Verwaltung der Gebietskör- **490**
perschaft (also insbesondere der Kreise und kreisfreien Städte, § 69 Abs. 1 SGB VIII) oder in seinem Auftrag dem Leiter des Jugendamts (siehe § 70 Abs. 2 SGB VIII). Die örtliche Zuständigkeit richtet sich gemäß § 86 Abs. 1 SGB VIII in der Regel nach dem Aufenthaltsort der Eltern.

6. Finanzierung

Den ganz überwiegenden Teil der Finanzaufwendungen für die Kinder- und Ju- **491**
gendhilfe (1999 etwa 32 Mrd. DM[7]) tragen die **Gemeinden** und die **Länder** aus Steuermitteln. Die Aufwendungen resultieren zunächst aus Verwaltungs- und Investitionskosten der Träger der Kinder- und Jugendhilfe selbst, im Übrigen vor allem aus den Zuschüssen zur Finanzierung der freien Träger. Die Förderung von Kindern in Tageseinrichtungen macht etwa 57% der Jugendhilfeausgaben aus, etwa 22% entfallen auf die Hilfe zur Erziehung (mit Heimbetreuung). Zu Einzelheiten der Erhebung von Teilnahmebeiträgen, der Heranziehung zu den Kosten von Maßnahmen und zur Überleitung von Ansprüchen siehe §§ 90-97a SGB VIII.

II. Leistungen und andere Aufgaben

1. Leistungen der Jugendhilfe

a) Die Jugendhilfe umfasst zunächst **Angebote der Jugendarbeit, der Jugendso-** **492**
zialarbeit und des erzieherischen Kinder- und Jugendschutzes (§ 2 Abs. 2 Nr 1, §§ 11-14 SGB VIII). Die Schwerpunkte der **Jugendarbeit** sind in § 11 Abs. 3 SGB VIII aufgezählt, dazu gehören die außerschulische Jugendbildung (zB in politischer, sozialer, kultureller Hinsicht), der Bereich Sport, Spiel und Geselligkeit, die arbeitswelt-, schul- und familienbezogene Jugendarbeit, die internationale Jugendarbeit, die Kinder- und Jugenderholung und die Jugendberatung. Es sollen Initiative, Mitsprache und Mitverantwortung der Jugendlichen angeregt und gefördert werden (§ 11 Abs. 1 SGB VIII). Die **Jugendsozialarbeit** (§ 13 SGB VIII) ist auf die Unter-

7 Vgl *Statistisches Bundesamt* (Hrsg.), Statistisches Jahrbuch 2001 für die Bundesrepublik Deutschland, S. 495.

stützung sozial benachteiligter Jugendlicher gerichtet. Durch sozialpädagogische Hilfen sollen ihre schulische und berufliche Ausbildung, die Eingliederung in die Arbeitswelt und ihre soziale Integration gefördert werden. Der **erzieherische Kinder- und Jugendschutz** (§ 14 SGB VIII) ist vom Präventionsgedanken geprägt. Der Schutz bezieht sich auf das Erkennen von gefährdenden Einflüssen und soll diese eindämmen helfen.

493 b) Die Jugendhilfe fördert gemäß § 2 Abs. 2 Nr 2, §§ 16-21 SGB VIII die **Erziehung in der Familie**. Vor dem Hintergrund des verfassungsrechtlich garantierten Erziehungsrechts der Eltern (Art. 6 Abs. 2 GG) strebt das Kinder- und Jugendhilferecht die Unterstützung der Familien an. Neben die Bildung und Beratung in Erziehungsfragen (§ 16 SGB VIII und Landesrecht) treten die Beratung in bestimmten Problemsituationen (Partnerschaftskrisen, Trennung und Scheidung) nach näherer Maßgabe des § 17 SGB VIII; § 17 Abs. 1 S. 1 SGB VIII gibt in seiner Neufassung durch das Kindschaftsrechtsrefomgesetz (KindRG) v. 16. Dezember 1997[8] Müttern und Vätern einen Rechtsanspruch. § 18 SGB VIII regelt die Beratung und Unterstützung Alleinerziehender bei der Ausübung der familienrechtlichen Personensorge (§ 1631 Abs. 1 BGB)[9] einschließlich der Geltendmachung von Unterhalts- oder Unterhaltsersatzansprüchen des Kindes oder Jugendlichen.

494 c) Die **Förderung von Kindern in Tageseinrichtungen und in Tagespflege** (§ 2 Abs. 2 Nr 3, §§ 22-25 SGB VIII) hat zum Ziel, die Entwicklung des Kindes zu einer eigenverantwortlichen und gemeinschaftsfähigen Persönlichkeit in Kindergärten, Horten und anderen Tageseinrichtungen zu unterstützen. Zur Förderung der Entwicklung des Kindes kann nach Maßgabe des § 23 SGB VIII auch eine Tagespflegeperson vermittelt werden. Gemäß § 23 Abs. 3 S. 2 SGB VIII übernimmt das Jugendamt die Kosten für eine von den Eltern selbst organisierte Tagespflege, wenn es die Geeignetheit und Erforderlichkeit der Tagespflege für das Wohl des Kindes feststellt. Diese Feststellung ist ein Verwaltungsakt, dessen Erteilung im Ermessen des Jugendamts liegt[10].

Das Merkmal der Erforderlichkeit hat das BVerwG bei einer Betreuung durch die Großeltern abgelehnt, wenn die Eltern bei der Erziehung keine jugendhilfespezifische Unterstützung benötigen[11]. Eine Förderung durch die öffentliche Jugendhilfe ist auch dann nicht erforderlich, wenn es einem Elternteil zugemutet werden kann, seine Ausbildung zumindest zeitweilig zu unterbrechen[12].

495 Gemäß § 24 S. 1 SGB VIII haben Kinder vom vollendeten dritten Lebensjahr bis zum Schuleintritt **Anspruch auf den Besuch eines Kindergartens**, für Kinder unter drei Jahren (und für Schulkinder im schulpflichtigen Alter) sind gemäß § 24 S. 2 SGB VIII nach Bedarf Plätze in Tageseinrichtungen vorzuhalten. Diese seit dem 1. Januar 1996 geltende Regelung erleichtert es, Berufstätigkeit und Familie zu ver-

---

8 BGBl. I, S. 942.
9 Siehe zur Personensorge näher *Schlüter*, Familienrecht, 9. Aufl., 2001, Rn 364 ff.
10 BVerwGE 102, 56 (58).
11 BVerwGE 102, 56 (60 ff).
12 BVerwGE 102, 274 (281 f).

binden. Von Müttern, Vätern und anderen Erziehungsberechtigten selbst organisierte Förderung von Kindern soll unterstützt und Mütter, Väter und andere Erziehungsberechtigte sollen beraten werden (§ 25 SGB VIII). Das bezieht sich vor allem auf Elterninitiativen, die Engpässe bei der Betreuung von Kindern unter drei Jahren ausgleichen wollen (Spiel- oder Krabbelgruppen).

d) **Hilfe zur Erziehung, Eingliederungshilfe für seelisch behinderte Kinder und Jugendliche und Hilfe für junge Volljährige** (§ 2 Abs. 2 Nr 4, 5, 6, §§ 27-41 SGB VIII) wird geleistet, wenn das Wohl des Kindes oder des Jugendlichen gefährdet ist (§ 27 Abs. 1 SGB VIII), wenn die seelische Gesundheit der Kinder und Jugendlichen mit hoher Wahrscheinlichkeit länger als sechs Monate von dem für ihr Lebensalter typischen Zustand abweicht und daher ihre Teilhabe am Leben in der Gesellschaft beeinträchtigt ist oder eine solche Beeinträchtigung zu erwarten ist (§ 35a Abs. 1 SGB VIII) oder wenn Hilfe für die Persönlichkeitsentwicklung und zu einer eigenverantwortlichen Lebensführung wegen der individuellen Situation eines jungen Volljährigen notwendig ist (§ 41 Abs. 1 SGB VIII). Es geht bei den in diesem Abschnitt geregelten Hilfen nicht, wie früher, um staatliche Eingriffe, sondern um ein qualifiziertes Leistungsangebot, auf das dem Grunde nach ein Rechtsanspruch des Personensorgeberechtigten besteht. **496**

Neben die jugendhilferechtliche Hilfe und Unterstützung tritt die **Eingriffsnorm des § 1666 BGB**, wenn das körperliche, geistige oder seelische Wohl des Kindes durch missbräuchliche Ausübung der elterlichen Sorge, durch Vernachlässigung des Kindes, durch unverschuldetes Versagen der Eltern oder durch das Verhalten eines Dritten gefährdet ist. Unter diesen Voraussetzungen hat gemäß § 1666 Abs. 1 BGB das **Familiengericht** die zur Abwendung der Gefahr erforderlichen Maßnahmen zu treffen, wenn die Eltern nicht gewillt oder nicht in der Lage sind, die Gefahr abzuwenden. Das staatliche Wächteramt gebietet es dann, das Kind gegenüber seinen Eltern zu schützen[13]. § 1666a BGB konkretisiert den Grundsatz der Verhältnismäßigkeit dahin, dass besonders einschneidende Maßnahmen wie Trennung des Kindes von der elterlichen Familie oder Entziehung der gesamten Personensorge nur möglich sind, wenn der Gefahr nicht auf andere Weise, auch nicht durch öffentliche Hilfen – dh namentlich die Hilfen gemäß §§ 27 ff SGB VIII – begegnet werden kann. **497**

2. Andere Aufgaben der Jugendhilfe

Das Kinder- und Jugendhilferecht kennt neben den Leistungen unter besonderen Voraussetzungen **Eingriffsaufgaben**.

a) In **Eil- und Notfällen** kann das Jugendamt **vorläufige Maßnahmen** zum Schutz von Kindern und Jugendlichen treffen. Es kann unter den Voraussetzungen des § 42 SGB VIII Kinder und Jugendliche in Obhut nehmen und unter den Voraussetzungen **498**

13 Siehe näher *Schlüter*, Familienrecht, 9. Aufl., 2001, Rn 400 ff mwN; *Schwab*, Familienrecht, 11. Aufl., 2001, Rn 634 ff.

des § 43 SGB VIII Kinder oder Jugendliche ohne Einwilligung des Personensorgeberechtigten aus einer ungeeigneten Unterbringung (bei Einzelpersonen, Familien oder in Einrichtungen) herausnehmen.

Inobhutnahme ist die vorläufige Unterbringung des Kindes oder Jugendlichen bei einer geeigneten Person oder in einer Einrichtung oder in einer sonstigen betreuten Wohnform (§ 42 Abs. 1 SGB VIII). Mit der Inobhutnahme muss dem Kind oder dem Jugendlichen unverzüglich Gelegenheit gegeben werden, eine Person seines Vertrauens zu benachrichtigen. Gemäß § 42 Abs. 3 S. 1 SGB VIII ist das Jugendamt verpflichtet, ein Kind oder einen Jugendlichen in Obhut zu nehmen, wenn eine dringende Gefahr für das Wohl des Kindes oder Jugendlichen die Inobhutnahme erfordert. Das Jugendamt ist ferner gemäß § 42 Abs. 2 S. 1 SGB VIII verpflichtet, ein Kind oder einen Jugendlichen in seine Obhut zu nehmen, wenn das Kind oder der Jugendliche um Obhut bittet. Die vorläufige Unterbringung, die in Form einer freiheitsentziehenden Maßnahme erfolgt, setzt die Erforderlichkeit zur Abwendung einer Gefahr für Leib oder Lebens des Kindes oder des Jugendlichen oder einer Gefahr für Leib oder Leben Dritter voraus (§ 42 Abs. 3 S. 2 SGB VIII). Die Freiheitsentziehung ist ohne gerichtliche Entscheidung spätestens mit dem Ablauf des Tages nach ihrem Beginn zu beenden. Nimmt das Jugendamt ein Kind oder einen Jugendlichen in seine Obhut, muss es den Personensorge- oder Erziehungsberechtigten von der Inobhutnahme unterrichten, bei Widerspruch muss das Kind oder der Jugendliche unverzüglich dem Personensorge- oder Erziehungsberechtigten übergeben oder es muss eine Entscheidung des Familiengerichts über die erforderlichen Maßnahmen zum Wohl des Kindes oder des Jugendlichen herbeigeführt werden (§ 42 Abs. 2 S. 2, 3 SGB VIII).

Die **Herausnahme** gemäß § 43 SGB VIII setzt voraus, dass die Voraussetzungen des § 1666 BGB vorliegen und zudem Gefahr im Verzug ist. Das Jugendamt hat auch hier unverzüglich den Personensorgeberechtigten von den getroffenen Maßnahmen zu unterrichten und, wenn dieser nicht zustimmt, unverzüglich eine Entscheidung des Familiengerichts herbeizuführen.

499 b) **Kinder und Jugendliche in Familienpflege und in Einrichtungen** stehen unter dem besonderen Schutz des Jugendhilferechts. Die **Erziehung außerhalb des Elternhauses** bedarf unter den Voraussetzungen des § 44 SGB VIII der Erlaubniserteilung in einem Verwaltungsverfahren. Die Erlaubnis zum Betrieb einer **Betreuungseinrichtung** regelt § 45 SGB VIII. Die zuständige Behörde hat gemäß § 46 SGB VIII nach den Erfordernissen des Einzelfalles an Ort und Stelle zu prüfen, ob die Voraussetzungen für die Erteilung der Erlaubnis weiterbestehen. Die zuständige Behörde kann unter den Voraussetzungen des § 48 SGB VIII dem Träger einer erlaubnispflichtigen Einrichtung die weitere Beschäftigung des Leiters, eines Beschäftigten oder eines sonstigen Mitarbeiters untersagen.

500 c) Nach Maßgabe der §§ 50-52 SGB VIII obliegt den Jugendämtern die **Mitwirkung in gerichtlichen Verfahren**. Das Jugendamt unterstützt gemäß § 50 Abs. 1 SGB VIII das Vormundschaftsgericht und das Familiengericht bei allen Maßnahmen, die die Personensorge von Kindern und Jugendlichen betreffen. Es hat in den in §§ 49, 49a FGG genannten Verfahren vor dem Vormundschafts – und dem Familiengericht mitzuwirken. Die Jugendämter haben das Gericht anzurufen, wenn sie dessen Eingreifen zur Abwehr einer Gefährdung des Kindeswohls für erforderlich halten (§ 50 Abs. 3 SGB VIII). In der Praxis kommt es häufig zu einer Zusammenarbeit von Gerichten und Jugendämtern, namentlich auch in Gestalt der durch das Jugendamt auszuübenden Jugendgerichtshilfe in Jugendstrafverfahren (§ 52 SGB

VIII, § 38 JGG). Die Jugendhilfe nimmt ihre gesetzliche Aufgabe dabei selbständig wahr, das Jugendamt ist nicht weisungsgebunden.

d) Durch das KindRG und durch das BeistandschaftsG ist in den §§ 1712-1717 BGB eine freiwillige **Beistandschaft** als Unterstützungsmöglichkeit für Alleinerziehende eingeführt worden. Ein Elternteil, dem die elterliche Sorge oder ein Sorgebereich allein obliegt, kann beim Jugendamt den schriftlichen Antrag auf Beistandschaft in bestimmten Angelegenheiten (Feststellung der Vaterschaft, Geltendmachung von Unterhaltsansprüchen) stellen (§ 1712 Abs. 1 BGB). Unabhängig von einem Antrag auf Beistand hat das Jugendamt nach den neu gefassten Vorschriften der §§ 52a-58a SGB VIII nach der Geburt eines Kindes, dessen Eltern nicht miteinander verheiratet sind, unverzüglich der Mutter Beratung und Unterstützung insbesondere bei der Vaterschaftsfeststellung und der Geltendmachung von Unterhaltsansprüchen des Kindes anzubieten (§ 52a Abs. 1 SGB VIII). Dies ist von einem Antrag auf Beistand gemäß § 1712 Abs. 1 BGB, den auch miteinander verheiratete Eltern des Kindes zB bei Trennung stellen können, unabhängig. Das Jugendamt hat aber unter anderem auf die Möglichkeit der Beistandschaft hinzuweisen (§ 52a Abs. 1 S. 2 Nr 4 SGB VIII). **501**

III. Schutz der Sozialdaten

Wegen der erhöhten Sensibilität der Daten im Bereich der Jugendhilfe sind in das SGB VIII mit den §§ 61-68 SGB VIII besondere Datenschutzvorschriften aufgenommen, die zu den Bestimmungen der §§ 67 ff SGB X hinzutreten und diese teilweise verdrängen. §§ 64 Abs. 2, 65 SGB VIII sind Ausdruck eines gesteigerten Offenbarungsschutzes in der Kinder- und Jugendhilfe. **502**

§ 16 Soziale Förderung

I. Ausbildungsförderung

Schrifttum: *Bachmann*, Bundesausbildungsförderungsgesetz, 22. Aufl., 2001; *Blanke*, Ausbildungsförderungsrecht, Vorschriftensammlung mit einer erläuternden Einführung, 29. Aufl., 2001; *Eylert*, Ausbildungsförderung, in: *von Maydell* (Hrsg.), Lexikon des Rechts, Sozialrecht, 2. Aufl., 1994, S. 55; *Ramsauer/Stallbaum*, Bundesausbildungsförderungsgesetz, Kommentar, 3. Aufl., 1991 (mit Nachtrag 1993); *Richter*, Ausbildungsförderung, in: SRH, C.30.; *Rothe/Blanke*, Bundesausbildungsförderungsgesetz, Kommentar, Loseblattwerk; siehe im übrigen die umfangreiche Schrifttumsübersicht bei *Eylert*, aaO.

1. Grundlagen und Entwicklung

Wer an einer Ausbildung teilnimmt, die seiner Neigung, Eignung und Leistung entspricht, hat ein **soziales Recht** auf individuelle Förderung seiner Ausbildung, wenn **503** ihm die hierfür erforderlichen Mittel nicht anderweitig zur Verfügung stehen (§ 3 Abs. 1 SGB I, § 1 BAföG). Die **Einweisungsvorschrift** des § 18 SGB I sieht als Leistungen Zuschüsse und Darlehen für den Lebensunterhalt und die Ausbildung vor. Rechtsansprüche auf Ausbildungsförderung bestehen nach Maßgabe des **Bundesausbildungsförderungsgesetzes (BAföG)**[1] und der zum BAföG erlassenen Rechtsverordnungen[2].

504 Die sozialrechtliche Ausbildungsförderung ist nicht nur im BAföG geregelt, sondern auch im **Recht der Arbeitsförderung** durch die Förderung der Berufsbildung (§§ 59 ff SGB III) und durch die Förderung der beruflichen Weiterbildung (§§ 77 ff SGB III)[3]. Über diese Formen sozialrechtlicher Ausbildungsförderung hinaus ist auf weitere Instrumente der Ausbildungsförderung hinzuweisen. Die **Ausbildungsförderungsgesetze der Länder** sehen eine individuelle Ausbildungsförderung für Schüler vor, häufig handelt es sich um eine Begabtenförderung[4]. Zu nennen sind ferner das **Gesetz zur Förderung der beruflichen Aufstiegsfortbildung (AFBG)**[5], das die Regelungen zum sog. Meister-BAföG enthält, sowie die **Begabtenförderungsprogramme**[6] und die **Graduiertenförderung**[7]. Über diese **individuelle Förderung** hinaus wird Ausbildungsförderung schließlich im Wege **institutioneller Förderung** durch Schaffung und Unterhaltung von Ausbildungseinrichtungen in öffentlicher Trägerschaft bewirkt.

505 b) Eine allgemeine Förderung von Studierenden an wissenschaftlichen Hochschulen wurde erstmals 1953 durch eine zwischen Bund und Ländern geschlossene Verwaltungsvereinbarung („**Honnefer-Modell**") geschaffen. Das Bundesausbildungsförderungsgesetz (**BAföG**) erließ der Gesetzgeber 1971, nachdem zuvor die konkurrierende Zuständigkeit des Bundes für die Regelung der Ausbildungsbeihilfen in Art. 74 Nr 13 GG verankert worden war. Das BAföG geht von der freien Wahl des Ausbildungsplatzes (Art. 12 Abs. 1 GG) aus. Dabei ist es neben der individuellen Förderung zugleich Anliegen des Gesetzes, Ausbildungspotenziale zu nutzen. Es geht der individuellen Ausbildungsförderung nicht um eine Hochbegabtenförderung, sondern darum, die Grundbildung zu fördern, die sonst aus Mangel an Mitteln unterbleiben würde (Gedanke der **Chancengleichheit**).

506 Kinder von Eltern mit höherem Bildungshintergrund, besserer beruflicher Stellung und höherem Einkommen sind stärker an den Gymnasien und Hochschulen vertreten als Kinder aus anderen sozialen Herkunftsgruppen. Der Anteil der nach dem BAföG geförderten Studierenden lag 1982 bei rund 37%, 1997 waren es in den alten Bundesländern nur noch 17%, im Jahr 2000 stieg die Zahl der geförderten Studierenden erstmals wieder um 2% an. Rund 65% aller Studierenden sind in irgendeiner Form erwerbstätig, sowohl in den Semesterferien als auch

---

1 BGBl. I 1971, S. 1409.
2 Übersicht bei *Gitter/Schmitt*, Sozialrecht, § 35, Rn 1, Fn 1.
3 Vgl § 3 Abs. 2 Nr 2 SGB I und oben Rn 396.
4 Vgl dazu *Ramsauer/Stallbaum*, BAföG, 3. Aufl., 1991, Anhang nach § 2 Rn 1 ff.
5 Gesetz zur Förderung der beruflichen Aufstiegsfortbildung (Aufstiegsfortbildungsförderungsgesetz – AFBG) v. 23.4.1996, BGBl. I, S. 623.
6 Überblick bei *Ramsauer/Stallbaum*, BAföG, 3. Aufl., 1991, § 2 Rn 100.
7 Gesetz über die Förderung des wissenschaftlichen Nachwuchses an den Hochschulen (Graduiertenförderungsgesetz – GFG) in der Bekanntmachung v. 22.1.1976, BGBl. I, S. 207.
8 Siehe zur sozialen Lage der Studentenschaft *Schnitzer/Isserstedt/Middendorff*, Die wirtschaftliche und soziale Lage der Studierenden in der Bundesrepublik Deutschland 2000, 16. Sozialerhebung des Deutschen Studentenwerks, hrsg. vom Bundesministerium für Bildung und Forschung, 2001, S. 9 ff, 11 ff, 21 ff, 105 ff, 127 ff, 213 ff, 277 ff.

im Semester; die Zahl der erwerbstätigen Studierenden hat sich seit Anfang der Achtzigerjahre bis 1997 jedes Jahr um rund 2% erhöht, seit 1997 ist sie gleich geblieben[8]. Zum 1. April 2001 ist das neue BAföG in Kraft getreten[9]. Kernpunkte der Änderung sind eine beträchtliche Anhebung der Bedarfssätze, durch die der Förderungshöchstbetrag um rund 10% steigt, und deutliche Verbesserungen und Vereinfachungen beim Freibetragssystem. Außerdem steigt die Einkommensgrenze, bis zu der künftig noch BAföG-Vollförderung geleistet wird; bei einem Ehepaar mit zwei studierenden Kindern findet eine Anhebung der Einkommensgrenze um über 35% statt. Darüber hinaus wird das Kindergeld nicht mehr angerechnet. Finanziell werden jährlich rund 660 Mio. Euro für Ausbildungsförderung zusätzlich zur Verfügung gestellt; die Ausgaben werden damit gegenüber 1998 insgesamt um fast 50% erhöht[10].

2. Die Leistungen

Leistungen nach Maßgabe des BAföG setzen voraus, dass der Auszubildende eine **förderungsfähige Ausbildung** (§§ 2-7 BAföG) gewählt hat, die **persönlichen Förderungsvoraussetzungen** (§§ 8-10 BAföG) und **weitere Leistungsvoraussetzungen** (§§ 11 ff BAföG) erfüllt. **507**

a) **Förderungsfähige Ausbildung** ist der Besuch weiterführender allgemein bildender, berufsbildender und akademischer Einrichtungen, wie sie in § 2 Abs. 1, 2 bis 4 BAföG genannt sind (**zB allgemeinbildende Schulen, Fachoberschulen, Abendgymnasien, Hochschulen**). Außerdem können gemäß § 3 BAföG bestimmte staatlich zugelassene Fernunterrichtslehrgänge gefördert werden. **508**

Die Förderung des Besuchs weiterführender allgemeinbildender **Schulen ab Klasse 10** und anderer in § 2 Abs. 1 Nr 1 BAföG genannter Ausbildungsstätten (zB sog. Schüler-BAföG zur Förderung des Besuchs der gymnasialen Oberstufe) kommt nach Einfügung des § 2 Abs. 1a BAföG nur noch in Betracht, wenn der Auszubildende aus besonderen Gründen nicht bei seinen Eltern wohnt, etwa weil die Ausbildungsstätte von der Wohnung der Eltern aus nicht erreichbar ist.

Förderungsfähig ist **grundsätzlich** nur eine **inländische Ausbildung**. Die **Ausbildung im Ausland** wird nur ausnahmsweise unter besonderen Voraussetzungen unterstützt (§§ 5-6 BAföG), gefördert werden zB notwendige und nützliche Auslandsausbildungen (zB Auslandssemester während eines Hochschulstudiums) oder die Auslandsausbildung von Grenzgängern. Förderungsfähig ist grundsätzlich nur eine **Erstausbildung** iSd § 7 Abs. 1 BAföG. Der Anspruch auf Förderung einer Ausbildung wird durch eine vorangegangene förderungsfähige (abgebrochene oder beendete Erst-) Ausbildung grundsätzlich auch dann ausgeschlossen, wenn für diese Ausbildung keine Förderung in Anspruch genommen wurde[11]. **509**

---

9 Vgl dazu Ausbildungsförderung, hrsg. vom Bundesministerium für Bildung und Forschung, August 2001; *Ramsauer/Stallbaum*, Das Gesetz zur Reform und Verbesserung der Ausbildungsförderung, NVwZ 2001, 882 ff.

10 Ausbildungsförderung, hrsg. vom Bundesministerium für Bildung und Forschung, August 2001, Vorwort.

11 BVerwGE 67, 235 (238 f); *Ramsauer/Stallbaum*, BAföG, 3. Aufl., 1991, § 7 Rn 3. Sinn der Ausbildungsförderung ist es nicht, jeden bedürftigen Auszubildenden zumindest bei einer Ausbildung zu fördern, sondern nur dann eine Ausbildung wirtschaftlich zu ermöglichen, wenn der Auszubildende über einen bestimmten Ausbildungsstand noch nicht verfügt.

Vor dem Hintergrund dieser Beschränkung kommt § 7 Abs. 2 BAföG, wonach ausnahmsweise doch die Förderung einer **weiteren Ausbildung** in Betracht kommt, große praktische Bedeutung zu. Auch die in § 7 Abs. 3 BAföG geregelte Frage der Förderung einer **anderen Ausbildung** bei Abbruch der Ausbildung oder bei Wechsel der Fachrichtung beschäftigt die Praxis häufig[12].

510 b) Was die **persönlichen Förderungsvoraussetzungen** angeht, sind grundsätzlich nur Personen förderungsberechtigt, die das 30. Lebensjahr noch nicht vollendet haben (siehe § 10 BAföG, auch zu den Ausnahmen). Die Ausbildung wird gefördert, wenn die Leistungen des Auszubildenden erwarten lassen, dass er das angestrebte Ausbildungsziel erreichen wird (§ 9 Abs. 1 BAföG). In der Regel wird das angenommen, solange der Auszubildende die Ausbildungsstätte besucht. Bei dem Besuch einer Höheren Fachschule, Akademie oder Hochschule sind die der jeweiligen Ausbildungs- und Prüfungsordnung entsprechenden Studienfortschritte (meist nach dem vierten Fachsemester) nachzuweisen (§ 9 Abs. 2 BAföG). Überdurchschnittliche Leistungen werden nicht gefordert, die Erfüllung von Mindestanforderungen reicht aus, weil mit dem BAföG keine Begabtenförderung angestrebt, sondern Chancengleichheit hergestellt werden soll.

511 c) **Weitere Leistungsvoraussetzungen** sowie der **Umfang und die Art** der Leistungen ergeben sich aus den §§ 11 ff BAföG.

512 aa) Ausbildungsförderung dient der Deckung des **Bedarfs** des Auszubildenden für den Lebensunterhalt und die Ausbildung (vgl § 11 Abs. 1 BAföG). Der Höhe nach wird der Bedarf durch das Gesetz pauschal festgelegt (Einzelheiten §§ 12 bis 14a BAföG).

Für **Schüler** gilt ein von der Art der Ausbildung abhängiger fester Bedarfssatz (§ 12 BAföG). Bei der Bedarfsermittlung von **Studierenden** wird ein betraglich fixierter Grundbedarf (Höchstsatz zZ 650 DM) um einen Betrag für die Unterkunft (Höchstsatz zZ 260 DM) erhöht, für Auszubildende, die ausschließlich in der gesetzlichen Krankenversicherung bzw der sozialen Pflegeversicherung beitragspflichtig versichert sind, erhöht sich der Bedarf entsprechend (siehe § 13a BAföG). Auch für eine Auslandsausbildung (§ 13 Abs. 4 BAföG) und bei Härtefällen (§ 14a BAföG) kommt eine Bedarfserhöhung in Betracht.

513 bb) Bis zur Höhe des Bedarfs wird der Auszubildende gefördert, soweit nicht im Hinblick auf eigenes Einkommen und Vermögen beziehungsweise im Hinblick auf Einkommen und Vermögen des Ehegatten oder der Eltern Beträge anzurechnen sind (§ 11 Abs. 2 BAföG). Das BAföG gewährt eine subsidiäre, an der **Bedürftigkeit** des Auszubildenden orientierte Ausbildungsförderung (vgl § 1 BAföG). Die Einzelheiten der Einkommens- und Vermögensanrechnung sind detailliert geregelt (vgl §§ 11 Abs. 2 bis 4, 21 ff, 26 ff BAföG). In bestimmten Grenzen bleiben Einkünfte und Vermögen anrechnungsfrei (zB §§ 23, 29 BAföG). Nur ausnahmsweise – bei sog. **elternunabhängiger Förderung** – bleibt das Einkommen der Eltern gänzlich außer Ansatz (vgl § 11 Abs. 2a und 3 BAföG).

---

12 Vgl zu diesen Fragenkreisen den Überblick und die Hinweise auf die Rechtsprechung bei *Erlenkämper/Fichte*, Sozialrecht, III. 2.5., S. 182 ff.

Leisten die Eltern des Auszubildenden ihren Beitrag zum Unterhalt des Auszubildenden nicht oder wirken sie bei der Festsetzung der Ausbildungsförderung nicht mit, erhält der Auszubildende nach Maßgabe des § 36 BAföG eine **Vorausleistung** von Ausbildungsförderung. Ein bestehender Unterhaltsanspruch des Auszubildenden gegen seine Eltern geht nebst Auskunftsanspruch unter den Voraussetzungen des § 37 BAföG kraft Gesetzes auf das Land über (*cessio legis*).

cc) Die Ausbildungsförderung wird für die gesamte **Dauer** der Ausbildung einschließlich der unterrichts- und vorlesungsfreien Zeit gezahlt[13], bei Ausbildungs- und Studiengängen, für die eine Förderungshöchstdauer festgelegt ist, jedoch grundsätzlich nicht über die **Förderungshöchstdauer** hinaus (zu den Einzelheiten §§ 15, 15a BAföG). **514**

Die Möglichkeiten einer Ausbildungsförderung über die Förderungshöchstdauer sind in § 15 Abs. 3 BAföG als Ausnahmetatbestände (zB erstmaliges Nichtbestehen einer Abschlussprüfung, Behinderung, Schwangerschaft und andere Gründe) geregelt. Für Studierende an Hochschulen kommt auch eine **Studienabschlussförderung** nach § 15 Abs. 3a BAföG in Betracht.

dd) Die Ausbildungsförderung erfolgt durch eine monatliche Geldzahlung in Höhe des um die Anrechnungsbeträge reduzierten Bedarfs. Gesetzessystematisch wird die Ausbildungsförderung grundsätzlich als **Zuschuss** gezahlt (§ 17 Abs. 1 BAföG). In den praktisch bedeutsameren Fällen der Förderung einer Ausbildung an einer Höheren Fachschule, einer Akademie und einer Hochschule erfolgt die Zahlung indessen nur zur Hälfte als Zuschuss, die andere Hälfte wird als **zinsloses Darlehen** gewährt, das für Ausbildungsabschnitte, die nach dem 28.2.2001 beginnen, höchstens bis zu einem Gesamtbetrag von 20 000 DM zurückzuzahlen ist (§ 17 Abs. 2 BAföG). Die Bedingungen des Darlehens und seiner Rückzahlung sind in den §§ 18-18b BAföG geregelt. Von der zur Hälfte darlehensweisen Förderung ist die Ausbildungsförderung durch ein **verzinsliches Bankdarlehen** zu unterscheiden, das in bestimmten Fällen der Förderung (zB bei der Förderung nach Überschreiten der Förderungshöchstdauer) gewährt wird (Einzelheiten §§ 17 Abs. 3, 18c BAföG). **515**

3. Organisation, Finanzierung und Verfahren

Die Ausbildungsförderung wird von den Ländern im Auftrag des Bundes durch **Ämter und Landesämter für Ausbildungsförderung** durchgeführt; die Verwaltung der staatlichen Förderdarlehen besorgt das Bundesverwaltungsamt (zu den Einzelheiten siehe §§ 39-45a BAföG). Die **Kosten** der Durchführung des BAföG tragen der Bund zu 65% und die Länder zu 35%. Über die Ausbildungsförderung wird auf Antrag durch Bescheid für einen Bewilligungszeitraum von einem Jahr entschieden (Einzelheiten §§ 46, 50 BAföG). Die Änderung des Bescheids während des Bewilligungszeitraums ist in § 53 BAföG geregelt. **516**

---

13 Freilich muss der Auszubildende regelmäßig an den Ausbildungsveranstaltungen teilnehmen, vergleiche etwa: BVerwGE 55, 288 (290 ff) (Boykott von Lehrveranstaltungen) oder BVerwGE 58, 132 (135 f) (Erkrankung).

II. Familienleistungen

Schrifttum: *Borchert*, Familienlastenausgleich, in: *von Maydell* (Hrsg.), Lexikon des Rechts, Sozialrecht, 2. Aufl., 1994, S. 101; *Bundesministerium für Familie, Senioren, Frauen und Jugend* (Hrsg.), 5. Familienbericht, Stellungnahme der Bundesregierung und Bericht der Sachverständigen-Kommission, 1995, BT-Drucks. 12/7560; *Fuchs*, Welche Maßnahmen empfehlen sich, die Vereinbarkeit von Berufstätigkeit und Familie zu verbessern?, in: Verhandlungen des 60. DJT 1994, Bd. 1, F 1; *Igl*, Familienlastenausgleichsrecht, in: SRH, C.19.; *Hönsch*, Elternzeit und Erziehungsgeld, 2001; *Jaeger*, Familienleistungen in der Rentenversicherung, VSSR 1996, 125; *P. Kirchhof*, Ehe- und familiengerechte Gestaltung der Einkommensteuer, NJW 2000, 2792; *Köbl*, Welche Maßnahmen empfehlen sich, die Vereinbarkeit von Berufstätigkeit und Familie zu verbessern?, JZ 1994, 840; *Lindermann/Simon*, Die neue Elternzeit, NJW 2001, 258; *E.M. v. Münch*, Ehe und Familie, in: *Benda/Maihofer/Vogel* (Hrsg.), Handbuch des Verfassungsrechts, 2. Aufl., 1994, § 9; *Reiserer/Lemke*, Erziehungsgeld und Elternzeit – Ein Überblick über die Neuregelungen, MDR 2001, 241; *Ruland*, Sozialrechtliche Maßnahmen zur Verbesserung der Vereinbarkeit von Berufstätigkeit und Familie, NJW 1994, 2049; *Rust*, Familienlastenausgleich in der gesetzlichen Kranken-, Unfall- und Rentenversicherung, 1990; *dies.*, Historische Entwicklung und gegenwärtige Beteiligung von Familienleistungen in der Sozialversicherung, VSSR 1996, 103; *Söllner*, Zum verfassungsrechtlich gebotenen Schutz von Ehe und Familie im Sozialrecht, in: Festschrift für Krasney, 1997, S. 527; *Zacher*, Ehe und Familie in der Sozialrechtsordnung, in: Gedächtnisschrift für Geck, 1989, S. 955.

1. Grundlagen und Hintergrund

517 a) Die normative Vorgabe des **Art. 6 Abs. 1 GG** „Ehe und Familie stehen unter dem besonderen Schutz der staatlichen Ordnung“ und die gemäß Art. 6 Abs. 4 GG bestehende Schutz- und Fürsorgepflicht gegenüber Müttern haben auch für das Sozialrecht Bedeutung. Wer Kindern Unterhalt zu leisten hat oder leistet, hat gemäß **§ 6 SGB I** ein **soziales Recht** auf Minderung der dadurch entstehenden wirtschaftlichen Belastungen. Die **Einweisungsvorschrift** des **§ 25 SGB I** sieht die Zahlung von Kindergeld bzw einen einkommensteuerrechtlichen Familienleistungsausgleich und ein Recht auf Erziehungsgeld vor.

518 b) Traditionell haben die Gesellschaften die **Lastenverteilung zwischen den Generationen** im Rahmen von Familienbindungen durch individuelle Unterhaltsleistungen organisiert. Mit der Fortentwicklung der Industrie- und Sozialstaaten ist die auf privatem Unterhalt und privater Fürsorge basierende Lastenverteilung zwischen den Generationen für den **Lebensabschnitt des Alters** durch **Altersvorsorgesysteme** neu organisiert worden, die Unterhaltssicherung ist dort heute kollektiviert. Vor dem Hintergrund des die gesetzliche Altersversorgung seit 1957 beherrschenden Umlageverfahrens[14] geben die Erwerbstätigen dort einen Teil ihres Einkommens an die Alten ab, diese haben zuvor ebenfalls mit ihren Beiträgen die Renten der während ihrer Erwerbstätigkeit Alten sichergestellt. Dieser **Generationenvertrag** hat das stetige **Heranwachsen weiterer Generationen** zur Voraussetzung, die

14 Siehe oben Rn 324.

als Erwerbstätige Beiträge leisten, um später Altersruhegeld beziehen zu können. Vor diesem Hintergrund bekommt das **Aufziehen von Kindern** über den individuellen Aspekt hinaus **gesamtgesellschaftliche Bedeutung**: Für die Funktionsfähigkeit der auf dem Generationenvertrag basierenden Altersversorgungssysteme (das betrifft nicht nur die gesetzliche Rentenversicherung) ist, andere Gefährdungen wie zB Mangel an Arbeitsplätzen hinweggedacht, eine hinreichend zahlreich nachwachsende Generation die notwendige Voraussetzung.

Obwohl der Generationenvertrag in seiner gegenwärtigen Ausgestaltung die **Unterhaltspflicht gegenüber den Alten** durch kollektive Systeme bewältigt, ist das **Aufziehen von Kindern** bisher im Wesentlichen Sache der Einzelnen geblieben. Das Aufziehen von Kindern ist bekanntlich nicht nur mühsam, es führt auch zu erheblichen finanziellen Belastungen, die die **wirtschaftliche Leistungsfähigkeit der Eltern beeinträchtigen**[15]. Erwerbstätige mit Kindern sind gegenüber Erwerbstätigen ohne Kinder in doppelter Hinsicht finanziell benachteiligt: Die Kinder führen auf der einen Seite zu Aufwendungen für ihre Versorgung und Betreuung, und sie verhindern oder erschweren auf der anderen Seite die Erwerbstätigkeit meist eines Elternteils mit der Folge geringeren Einkommens und geringerer Altersversorgungsleistungen[16]. Es ist daher nicht verwunderlich, dass in den Industrie- und Sozialstaaten das für den Staat allgemein und für die sozialen Sicherungssysteme im Besonderen wichtige **Nachwachsen der Generationen gestört** ist. Der Generationenvertrag benötigt für sein Funktionieren nicht nur die *vertikal* gerechte Lastenverteilung zwischen den Generationen, sondern auch die *horizontal* gerechte Lastenverteilung zwischen Erwerbstätigen mit Kindern auf der einen und Erwerbstätigen ohne Kinder auf der anderen Seite[17]. Das zeigt auch folgende Überlegung zur **Symmetrie des Gebens und Nehmens in der Gesellschaft**[18]: Jeder erhält in seinem Leben zweimal Leistungen, zuerst als Kind in Gestalt des Unterhalts und dann im Alter in Gestalt der unterschiedlichen Leistungen der Alterssicherung. Verläuft die Generationenfolge symmetrisch, erbringt jeder auch zweimal Leistungen, zum einen durch die Unterhaltung seiner Kinder, zum anderen durch die Finanzierungsleistungen (Beiträge bzw Prämien, Steuern, Kapitalbildung) zu Gunsten der Altersversorgung. In Bezug auf die Altersversorgung sieht der Generationenvertrag vor, dass den zur Sicherung der Alten aufgebrachten Beträgen die eigene Altersversorgung gegenübersteht. Insofern ist die Rechnung ausgeglichen: einmal genommen, einmal bekommen. Auf der anderen Seite des Gebens und Nehmens ist die Rechnung dagegen bei denen nicht ausgeglichen, die (gleich aus welchem Grund) keine Kinder aufziehen. Sie erhalten zweimal Leistungen, leisten selbst aber nur einmal. **519**

c) Wie die Familienlasten **gerecht und vorausschauend** in Ansatz gebracht werden können, ist eine Frage von großer gesellschaftlicher Bedeutung. Das BVerfG hat in seinen Entscheidungen vom 10. November 1998[19] der Politik insoweit ein bemerkenswertes familienpolitisches Versagen attestiert. Unter Hinweis auf die durch den Betreuungsbedarf geminderte Leistungsfähigkeit der Eltern hat es (erneut) festgestellt, dass das vom Staat im Umfang des Existenzminimums steuerfrei zu belassende Einkommen sich bei Familien auf das Existenzminimum sämtlicher Mitglieder, auch der Kinder, bezieht. Würde der auf der elterlichen Pflicht zur Erziehung **520**

15 Vgl BVerfGE 43, 1 (8 ff); 82, 60 (86 ff); 87, 153 (170); 99, 216 (233 f).
16 Vgl BVerfGE 82, 60 (80 f); 87, 1 (37 ff).
17 Vgl BVerfGE 82, 60 (89); 99, 216 (233 f).
18 Siehe *Ruland*, NJW 1994, 1572 f.
19 BVerfGE 99, 216 ff und 246 ff.

und Betreuung der Kinder beruhende Bedarf bei der Bemessung der Einkommensteuer außer Betracht gelassen, wären die Eltern gegenüber Kinderlosen benachteiligt, deren Leistungsfähigkeit nicht durch die Erfüllung elterlicher Pflichten gemindert wird[20]. Steuerrecht und Sozialrecht stehen dabei insofern in einem Zusammenhang, als Sozialleistungen (etwa Kindergeld) die Minderung der Leistungsfähigkeit von Steuerpflichtigen wirtschaftlich ausgleichen können (nicht allerdings eine in das Existenzminimum zuvor eingreifende Besteuerung ausgleichen sollen[21])[22].

In Zukunft wird die Gesellschaft weit mehr für die Kosten ihres Nachwuchses aufkommen müssen als bisher. Dies wird aber kaum in der Weise geschehen können, dass Sozialleistungen die Belastungen der Eltern im Verhältnis zu den Kinderlosen ausgleichen. Von der Größenordnung der Sozialleistungen abgesehen ergibt sich dies schon daraus, dass die Aufwendungen für diese Form des Lastenausgleichs umso mehr steigen müssten, je mehr das Ziel, das Nachwachsen der Generationen zu fördern, erreicht würde – wobei die Familien an den steuerfinanzierten Leistungen zunehmend beteiligt wären. Es kommt eher in Betracht, Vorteile abzuschöpfen, die aus dem Fehlen der einen Leistung bei den Kinderlosen im Gefüge des zweimaligen Gebens und Nehmens (in dem oben dargelegten Sinn) resultieren.

521 d) Gestaltungsmöglichkeiten zur Erreichung eines gerechten Familienlastenausgleichs liegen auch im **Sozialrecht**. Das gegenwärtige Sozialrecht sieht einen Familienlastenausgleich an unterschiedlichen Stellen vor. Auf der Grundlage von § 25 SGB I wird – soweit nicht der Familienleistungsausgleich nach § 31 EStG zur Anwendung kommt – Kindergeld nach dem **Bundeskindergeldgesetz (BKGG)**[23] gewährt. Nach Maßgabe des **Bundeserziehungsgeldgesetzes (BErzGG)**[24] kann im Grundsatz für jedes Kind Erziehungsgeld in Anspruch genommen werden. Darüber hinaus finden sich dem Familienleistungsausgleich dienende Regelungen in weiteren Bereichen des Sozialrechts. Innerhalb der gesetzlichen **Rentenversicherung** erfolgt ein sozialer Ausgleich der Familienlasten durch die Gewährung von Hinterbliebenenrenten (§§ 46 ff SGB VI) und durch die Berücksichtigung von Kindererziehungszeiten (§ 56 SGB VI) und Berücksichtigungszeiten (§ 57 SGB VI). In der gesetzlichen **Krankenversicherung** und in der **Pflegeversicherung** führt die beitragsfreie Familienversicherung (§ 10 SGB V, § 25 SGB XI) zu einer Minderung des Familienaufwands. In der gesetzlichen **Unfallversicherung** sind Kinder, Schüler und Studierende gemäß § 2 Abs. 1 Nr 8 SGB VII beim Besuch von Erziehungs- und Ausbildungseinrichtungen unentgeltlich versichert, wobei der Versicherung aber auch eine Haftungsfreistellung der Schädiger korrespondiert, die sozusagen in den Genuss einer Haftpflichtversicherung kommen (§ 106 SGB VII). Direkte Fami-

20 BVerfGE 82, 60 (85); 87, 153 (169); 99, 216 (233 f).

21 Vgl BVerfGE 82, 60 (86) einerseits, BVerfGE 87, 153 (169 ff) andererseits, und näher *Söllner*, in: Festschrift für Krasney, 1997, S. 527 (539 f).

22 Zu den den Familienlastenausgleich betreffenden Entscheidungen des BVerfG zur Pflegeversicherung siehe oben Rn 100 und 208. Danach ergibt sich aus dem Grundgesetz die Pflicht, für Versicherte, die Kinder großziehen, niedrigere Beiträge vorzusehen, siehe BVerfGE 102, 242 ff; vgl dazu auch *Estelmann*, SGb 2002, 245 ff und *Felix*, NJW 2001, 3073 ff.

23 BGBl. I 1999, S. 770.

24 BGBl. I 1994, S. 180.

lienleistungen sind wiederum Leistungen nach dem **BAföG** und die Leistungen bei **Schwangerschaft und Mutterschaft** gemäß §§ 195 ff RVO, §§ 11 ff MuSchG.

2. Kindergeld

Schrifttum (auch für 3.): *Borchert*, Kindergeldrecht, in: *von Maydell* (Hrsg.), Lexikon des Rechts, Sozialrecht, 2. Aufl., 1994, S. 185; *Hambüchen*, Kindergeldrecht, Bundeserziehungsgeldgesetz, Kommentar, Loseblattwerk; *Hönsch*, Erziehungs- und Kindergeldrecht, 3. Aufl., 1998; *Igl*, Kindergeld und Erziehungsgeld, Kommentar, 3. Aufl., 1993 (mit Nachtrag 1994); *Niermann/Plenker*, Jahressteuergesetz 1996: Neuregelung des Familienlastenausgleichs, DB 1995, 1930; *Tipke/Lang*, Steuerrecht, 16. Aufl., 1998, § 91; *Vial/Schwetz*, Der sozialrechtliche Kindergeldanspruch des neuen Familienleistungsausgleichs, SGb 1997, 245.

a) Seit dem **Jahressteuergesetz 1996** liegt der Schwerpunkt des Kindergeldrechts 522
im Steuerrecht (§§ 31 f, 62 ff EStG). Etwa 99% der Anspruchsberechtigten erhält das **„steuerrechtliche Kindergeld“** (in Gestalt eines Kinderfreibetrages gemäß § 32 EStG oder als monatlich zu zahlende Steuervergütung gemäß § 62 ff EStG), nur knapp 1% der Anspruchsberechtigten erhält Kindergeld nach den sozialrechtlichen Vorschriften des BKGG. Das steuerrechtliche und das nur noch für die in § 1 Abs. 1 BKGG genannten Personengruppen bestimmte sozialrechtliche Kindergeld stimmen in der Höhe überein. Das Kindergeld beträgt gemäß § 66 Abs. 1 EStG, § 6 Abs. 1 BKGG für das erste, zweite und dritte Kind 145 Euro monatlich und für das vierte und jedes weitere Kind jeweils 179 Euro. Im Fall des § 1 Abs. 2 BKGG (Kindergeld für sich selbst) beträgt das Kindergeld 154 Euro.

b) **Voraussetzung** des Kindergeldanspruchs sowohl nach dem EStG als auch nach 523
dem BKGG ist, dass (1) eine Anspruchsberechtigung vorliegt, (2) Kinder berücksichtigungsfähig sind und (3) ein Antrag gestellt wurde. Die Anspruchsberechtigung stellt (zugleich) das wichtigste Abgrenzungsmerkmal zwischen dem EStG und dem BKGG dar. Alle sonstigen Vorschriften zum Kindergeldrecht sind im EStG und BKGG weitgehend wortgleich geregelt.

aa) **Die Vorschriften des EStG** sind auf diejenigen **Anspruchsberechtigten** anzu- 524
wenden, die mit Wohnsitz oder gewöhnlichem Aufenthalt im Inland gemäß § 1 Abs. 1 EStG oder ohne Wohnsitz oder gewöhnlichen Aufenthalt im Inland gemäß § 1 Abs. 2 EStG unbeschränkt steuerpflichtig sind oder die gemäß § 1 Abs. 3 EStG als unbeschränkt einkommensteuerpflichtig behandelt werden. Die **Vorschriften des BKGG** erfassen diejenigen Anspruchsberechtigten, bei denen ein sog. **Auslandsbezug** vorliegt. Gemäß § 1 Abs. 1 BKGG erhält Kindergeld für seine Kinder, wer nicht gemäß § 1 Abs. 1 und 2 EStG unbeschränkt steuerpflichtig ist und nicht gemäß § 1 Abs. 3 EStG so behandelt wird und zusätzlich

(1) in einem Versicherungsverhältnis zur Bundesanstalt für Arbeit nach § 24 SGB III steht oder versicherungsfrei nach § 28 Nr 1 SGB III ist oder

(2) als Entwicklungshelfer Unterhaltsleistungen iSd § 4 Abs. 1 Nr 1 EhfG erhält oder als Missionar bei einem der in § 1 Abs. 1 BKGG genannten Missionswerke tätig ist oder

(3) eine außerhalb Deutschlands zugewiesene Tätigkeit nach § 123a BRRG ausübt oder

(4) als Ehegatte eines Mitglieds der Truppe oder des zivilen Gefolges eines NATO-Mitgliedstaates die Staatsangehörigkeit eines EU/EWR-Mitgliedstaates besitzt und in Deutschland seinen Wohnsitz oder gewöhnlichen Aufenthalt hat.

Zudem erhält seit einigen Jahren **Kindergeld für sich selbst**, wer in Deutschland seinen Wohnsitz oder gewöhnlichen Aufenthalt hat, Vollwaise ist oder den Aufenthalt seiner Eltern nicht kennt und bei keiner anderen Person als Kind zu berücksichtigen ist, § 1 Abs. 2 BKGG.

525 bb) Wann Kinder **berücksichtigungsfähig** sind, ist im EStG und im BKGG weitgehend übereinstimmend geregelt. Zu berücksichtigen sind Kinder iSd § 32 Abs. 1 EStG (leibliche Kinder, Pflegekinder), in den Haushalt des Berechtigten aufgenommene Kinder des Ehegatten sowie aufgenommenen Enkel, § 63 EStG, § 2 BKGG.

526 Zu beachten sind bestimmte **Altersgrenzen**: Bis zur Vollendung des **18. Lebensjahres** werden Kinder grundsätzlich ohne weiteres berücksichtigt, bis zur Vollendung des **21. Lebensjahres** werden sie berücksichtigt, wenn sie arbeitslos im Sinne des SGB III sind (§ 32 Abs. 4 S. 1 Nr 1 EStG, § 2 Abs. 2 S. 1 Nr 1, Abs. 3 BKGG). Bis zur Vollendung des **27. Lebensjahres** werden berücksichtigt: Kinder in Berufsausbildung, Kinder in der Übergangszeit zwischen zwei Ausbildungsabschnitten von höchstens vier Monaten, ausbildungswillige Kinder ohne Ausbildungsplatz, Kinder im freiwilligen sozialen oder ökologischen Jahr und Kinder, die einen Freiwilligendienst im Sinne des Beschlusses Nr 1031/2000/EG oder einen anderen Dienst im Ausland im Sinne von § 14b des ZDG leisten (§ 32 Abs. 4 S. 1 Nr 2a-d EStG, § 2 Abs. 2 S. 1 Nr 2a-d, Abs. 3 BKGG). **Behinderte Kinder** (§ 32 Abs. 4 S. 1 Nr 3 EStG, § 2 Abs. 2 S. 1 Nr 3 BKGG) werden über das 27. Lebensjahr hinaus berücksichtigt, wenn sie wegen der Behinderung außer Stande sind, sich selbst zu unterhalten. Voraussetzung ist, dass die Behinderung vor Vollendung des 27. Lebensjahres eingetreten ist. Mit Ausnahme der behinderten Kinder sind Kinder nur zu berücksichtigen, wenn ihre eigenen Einkünfte und Bezüge die **Einkommensgrenze** von jährlich 7188 Euro nicht übersteigen, § 32 Abs. 4 S. 2-7 EStG, §§ 2 Abs. 2 S. 2, 20 Abs. 1 BKGG. Zu den Einkünften und Bezügen, die zur Bestreitung des Unterhalts oder der Berufsausbildung bestimmt und geeignet sein müssen, gehören insbesondere Einkünfte iSd § 2 Abs. 1 EStG (zB Einkünfte aus nichtselbständiger Arbeit, aus Vermietung und Verpachtung, aus Kapitalvermögen), Lohnersatzleistungen (Arbeitslosengeld, Mutterschaftsgeld, Renten aus der Unfallversicherung ua). Kommt ein Kindergeldanspruch für mehrere Berechtigte in Betracht, stellen § 64 Abs. 1 EStG und § 3 Abs. 1 BKGG klar, dass für jedes Kind **nur einem Berechtigten** Kindergeld gezahlt wird.

527 cc) Das Kindergeld muss schriftlich bei der örtlich zuständigen Familienkasse **beantragt** werden (§ 67 S. 1 EStG, § 9 Abs. 1 BKGG). Über den Anspruch entscheiden grundsätzlich die Familienkassen (§ 70 Abs. 1 S. 1 EStG, § 7 Abs. 2 BKGG); dies sind die Arbeitsämter gem. §§ 7, 13 BKGG. Angehörigen des öffentlichen Dienstes wird das Kindergeld von ihrem Dienstherrn bzw Arbeitgeber ausgezahlt, der zugleich die Aufgabe der Familienkasse wahrnimmt (§ 72 EStG).

528 c) Wird Kindergeld nach dem EStG gewährt, ist der Rechtsweg zu den **Finanzgerichten** eröffnet. Zuvor ist das Einspruchsverfahren nach § 347 Abs. 1 S. 1 Nr 1 AO durchzuführen. Der Rechtsweg zu den **Sozialgerichten** ist eröffnet, wenn Kindergeld nach dem BKGG gewährt wird, § 15 BKGG. Zuvor ist das Vorverfahren gemäß §§ 77-86 SGG durchzuführen.

3. Erziehungsgeld

a) Das in **§§ 1-14 BErzGG** geregelte Erziehungsgeld soll einen finanziellen Ausgleich für die Erziehung in der ersten Lebensphase eines Kindes schaffen. Durch das Reformgesetz vom 12. Oktober 2000[25] wurde das BErzGG umfassend novelliert. Es gilt für Kinder vom Geburtsjahr 2001 an bzw für Kinder, die von diesem Zeitpunkt an mit dem Ziel der Adoption in Obhut genommen werden. Für die vor dem 1. Januar 2001 geborenen (bzw mit dem Ziel der Adoption in Obhut genommenen) Kinder bleibt das alte Recht anwendbar (vgl § 24 Abs. 1 BErzGG). **529**

Zu den wichtigsten Novellierungen zählen die Erhöhung der Einkommensgrenzen für das ungekürzte Erziehungsgeld, die Begründung eines Anspruchs auf Erziehungsgeld auch für anerkannte Asylberechtigte und Flüchtlinge und die Aufhebung der Unvereinbarkeit des gleichzeitigen Bezuges von Arbeitslosengeld und Erziehungsgeld. Zudem können die Eltern den Erziehungsgeldbezug auf ein Jahr beschränken (sog. Budget), sie erhalten dafür ein höheres Erziehungsgeld (bis zu 460 Euro). Daneben sind Vorschriften über den Erziehungsurlaub (künftig Elternzeit) geändert worden, namentlich können die Eltern den Erziehungsurlaub ganz oder teilweise gemeinsam nehmen.

b) Die **Anspruchsvoraussetzungen** erfüllt, wer (1) seinen Wohnsitz oder seinen gewöhnlichen Aufenthalt in Deutschland hat, (2) mit einem Kind, für das ihm nach dem Bürgerlichen Recht (§§ 1626 ff BGB) die Personensorge zusteht, in einem Haushalt lebt, (3) dieses Kind (unbeschadet der Unterstützung durch Dritte) selbst betreut und erzieht und (4) keine oder nach Maßgabe von § 2 BErzGG keine volle Erwerbstätigkeit ausübt (§ 1 Abs. 1 BErzGG). **530**

§ 1 Abs. 2 BErzGG regelt Ausnahmen vom Territorialitätsgrundsatz des § 1 Abs. 1 Nr 1 BErzGG. § 1 Abs. 6 und 7 BErzGG enthält Sonderregeln für Angehörige eines Mitgliedstaates der Europäischen Union und für Grenzgänger aus an die Bundesrepublik Deutschland unmittelbar angrenzenden Staaten, die nicht Mitglied der Europäischen Union sind. Gemäß § 3 Abs. 2 BErzGG können die Eltern bestimmen, wem das Erziehungsgeld gewährt wird. Der Antragsteller übt gemäß § 2 Abs. 1 BErzGG insbesondere dann keine volle Erwerbstätigkeit aus, wenn die wöchentliche Arbeitszeit 30 Stunden nicht übersteigt. **531**

c) Den **Inhalt des Anspruchs** regeln §§ 4 ff BErzGG. Erziehungsgeld wird bis zur Vollendung des 24. Lebensmonats bzw von der Inobhutnahme an für die Dauer von bis zu zwei Jahren und längstens bis zur Vollendung des achten Lebensjahres gewährt. Mutterschaftsgeld und entsprechende Bezüge werden nach Maßgabe des § 7 BErzGG angerechnet. Das Erziehungsgeld beträgt gemäß § 5 Abs. 1 BErzGG 460 Euro bzw 307 Euro monatlich[26]. Im Gegensatz zum Kindergeld wird das Erziehungsgeld nach Maßgabe der §§ 5, 6 BErzGG einkommensabhängig gewährt. **532**

Für die ersten sechs Lebensmonate des Kindes entfällt das Erziehungsgeld, wenn das Einkommen gemäß §§ 5 Abs. 2 S. 1, 6 BErzGG bei Verheirateten, die von ihrem Ehegatten nicht dauernd getrennt leben, 51 130 DM und bei anderen Berechtigten 38 350 DM übersteigt. Vom Beginn des siebten Lebensmonats an wird das Erziehungsgeld bereits gemindert,

25 BGBl. I, S. 1426.
26 Diese Euro-Beträge gelten nur für die nach dem 31.12.2001 geborenen oder mit dem Ziel der Adoption in Obhut genommenen Kinder, § 24 Abs. 1 S. 2, 3 BErzGG.

wenn das Einkommen gemäß §§ 5 Abs. 2 S. 2, 6 BErzGG bei Verheirateten, die von ihrem Ehegatten nicht dauernd getrennt leben, 16 470 Euro und bei anderen Berechtigten 13 498 Euro übersteigt. Die Beträge beider Einkommensgrenzen erhöhen sich nach Maßgabe von § 5 Abs. 2 S. 3, Abs. 5 Nr 1 BErzGG um 2797 Euro für jedes weitere Kind[27].

533 d) **Organisatorisch** wird das Erziehungsgeld gemäß § 10 BErzGG von landesrechtlich bestimmten Behörden gewährt (zB Versorgungsämter, Landeskreditbanken, Jugendämter). Die **Kosten** trägt der Bund (§ 11 BErzGG).

4. Unterhaltsvorschuss

534 a) Das **Unterhaltsvorschussgesetz (UhVG)**[28] soll Alleinerziehende und deren Kinder unterstützen, wenn der andere Elternteil, bei dem das Kind nicht lebt, sich seiner Unterhaltspflicht ganz oder teilweise entzieht, zur Unterhaltsleistung nicht oder nicht in hinreichendem Maß in der Lage ist oder verstorben ist.

535 b) **Anspruch auf Leistungen** zur Unterhaltssicherung haben nach Maßgabe von § 1 Abs. 1 UhVG unter zwölf Jahre alte Kinder allein stehender Mütter und Väter. Das Kind muss sich bei einem Elternteil aufhalten, der ledig, verwitwet oder geschieden ist oder der dauernd getrennt lebt, und das Kind darf nicht oder nicht regelmäßig wenigstens den Regelunterhalt nach der Regelunterhalt-VO beziehen. Auf die Unterhaltsleistung werden Einkünfte des Kindes aus Unterhaltszahlungen des Elternteils, bei dem es nicht lebt, oder Waisenbezügen angerechnet (§ 2 Abs. 3 UhVG). Der Anspruch ist auf längstens 72 Monate begrenzt (§ 3 UhVG).

536 c) Steht den Kindern ein Unterhaltsanspruch zu, leistet der Unterhaltsverpflichtete aber tatsächlich nicht, kommt es zum **Forderungsübergang kraft Gesetzes**. Die Ansprüche des Kindes gegen den bürgerlich-rechtlichen Unterhaltspflichtigen gehen gemäß § 7 UhVG in Höhe der Unterhaltsleistung auf den zuständigen Sozialleistungsträger über.

III. Teilhabe behinderter Menschen

Schrifttum: *Bethmann ua*, Schwerbehindertengesetz, Basiskommentar, 5. Aufl., 1999; *Bihr/Fuchs/Krauskopf/Lewering* (Hrsg.), SGB IX, Kommentar, 2002, Loseblattwerk; *Cramer*, Schwerbehindertengesetz, 5. Aufl., 1998; *Dau/Düwell/Haines*, Rehabilitation und Teilhabe behinderter Menschen, Kommentar SGB IX, 2002; *Deutscher Sozialrechtsverband* (Hrsg.), Die Behinderten in der sozialen Sicherung, 2002; *Ebsen*, Schwerbehindertenrecht, in: SRH, C.26.; *Ernst/Adlhoch/Seel*, SGB IX, Kommentar, 2002, Loseblattwerk; *Fuchs/Stähler*, Schwerbehindertengesetz, 2. Aufl., 1994; *Gröninger/Thomas*, Schwerbehindertengesetz, Loseblattwerk; *Großmann/Schimanski ua*, Gemeinschaftskommentar zum Schwerbehindertengesetz, 2. Aufl., 1999; *Hansen*, Die Änderungen im Schwerbehindertenrecht durch das SGB IX, NZA 2001, 985; *Hauck/Noftz*, Sozialgesetzbuch SGB IX, Kommentar, 2001, Loseblattwerk; *Igl/Welti* (Hrsg.), Die Verantwortung des sozialen Rechtsstaats für Personen

27 Siehe Fn 26; beachte zudem die unterschiedlichen Beträge für im Jahr 2001 bzw 2003 geborene bzw in Obhut genommene Kinder, §§ 5 Abs. 2 S. 3, Abs. 5 Nr 2 BErzGG.
28 BGBl. I 1979, S. 1184.

mit Behinderung und für die Rehabilitation, 2001; *Kolb*, Rehabilitationsrecht, in: SRH, C.27.; *Kossens/von der Heide/Maaß* (Hrsg.), Praxiskommentar zum Behindertenrecht (SGB IX), 2002; *Mrozynski*, Rehabilitationsrecht, 3. Aufl., 1992; *ders.*, SGB IX Teil 1, Kommentar, 2002; *Neumann/Pahlen*, Schwerbehindertengesetz, 9. Aufl., 1999; *Schulin*, Die soziale Sicherung der Behinderten, 1980; *Trenk-Hinterberger*, Die Rechte behinderter Menschen und ihrer Angehörigen, 28. Aufl., 2000; *Welti*, Das neue SGB IX, NJW 2001, 2210; *Wiegand* (Hrsg.), Schwerbehindertengesetz, Kommentar, Loseblattwerk.

1. Grundlagen

a) Wer körperlich, geistig oder seelisch behindert ist oder wem eine solche Behinderung droht, hat unabhängig von der Ursache der Behinderung zur Förderung der Selbstbestimmung und gleichberechtigten Teilhabe gemäß **§ 10 SGB I** ein **soziales Recht** auf die Hilfe, die notwendig ist, um (1) die Behinderung abzuwenden, zu beseitigen, zu mindern, ihre Verschlimmerung zu verhüten oder ihre Folgen zu mildern, um (2) Einschränkungen der Erwerbsfähigkeit oder Pflegebedürftigkeit zu vermeiden, zu überwinden, zu mindern oder eine Verschlimmerung zu verhüten sowie den vorzeitigen Bezug von Sozialleistungen zu vermeiden oder laufende Sozialleistungen zu mindern, um (3) ihm einen seinen Neigungen und Fähigkeiten entsprechenden Platz im Arbeitsleben zu sichern, um (4) ihre Entwicklung zu fördern und ihre Teilhabe am Leben in der Gesellschaft und eine möglichst selbständige und selbstbestimmte Lebensführung zu ermöglichen oder zu erleichtern und schließlich (5) Benachteiligungen auf Grund der Behinderung entgegenzuwirken. Die **Einweisungsvorschrift** des **§ 29 SGB I** bestimmt die Leistungen sowie die organisatorisch zuständigen Stellen. Als **Leistungen zur Eingliederung Behinderter** können gemäß § 29 Abs. 1 SGB I nach Maßgabe der einschlägigen sozialrechtlichen Spezialvorschriften medizinische Leistungen, Leistungen zur Teilhabe am Arbeitsleben, Leistungen zur allgemeinen sozialen Teilhabe und ergänzende Leistungen (wie Übergangs- oder Krankengeld) sowie besondere Leistungen und Hilfen zur Teilhabe in Gesellschaft und Arbeitsleben in Anspruch genommen werden. **537**

b) Das Sozialrecht kennt seit dem In-Kraft-Treten des SGB IX am 1. Juli 2001 ein eigenständiges Buch zum Behindertenrecht. **538**

Das sozialrechtliche „Rehabilitationsrecht" war in den einzelnen Spezialgesetzen der Sozialversicherung, der sozialen Entschädigung und der sozialen Hilfe geregelt. Die Rehabilitationsleistungen waren dabei mit den jeweils spezifischen Zielsetzungen der einzelnen Bücher verbunden. Die Zersplitterung des Rehabilitationsrechts führte zu Abstimmungsschwierigkeiten zwischen den jeweils zuständigen Trägern. Das **Rehabilitationsangleichungsgesetz (RehaAnglG)** von 1974[29] diente dem Ziel, die Vereinheitlichung der Rehabilitationsleistungen zu erreichen[30].

Nunmehr gilt ein einheitliches Recht der Rehabilitation und Teilhabe behinderter Menschen, durch das auch das Verfassungsgebot des Art. 3 Abs. 3 S. 2 GG umge-

29 BGBl. I, S. 1881.

30 Siehe dazu die Beiträge in: *Deutscher Sozialrechtsverband* (Hrsg.), Kodifikation des Rehabilitationsrechts, 1993.

setzt wird. Dabei kommt in Gesetzesüberschrift und Gesetzesformulierung zum Ausdruck, dass es dem „Behindertenrecht" nicht mehr nur um die Hilfe, sondern entsprechend der Fortentwicklung im Verständnis der Gesellschaft um die **selbstbestimmte Teilhabe** in Gesellschaft und Arbeitsleben geht[31]. Das SGB IX fasst in seinem Ersten Teil bisher im Sozialrecht verstreute Regelungen zu Rehabilitationsleistungen unter dem neuen Begriff der **Teilhabe** zusammen (§§ 1-67 SGB IX) und kodifiziert in seinem Zweiten Teil das im Überschneidungsbereich von Arbeitsrecht und Sozialrecht liegende **Schwerbehindertenrecht** (§§ 68-160 SGB IX). Das RehaAnglG und das SchwbG sind außer Kraft getreten.

539 c) § 2 Abs. 1 SGB IX kodifiziert nunmehr einen einheitlichen **Begriff der Behinderung**. Danach sind Menschen behindert, wenn ihre körperliche Funktion, geistige Fähigkeit oder seelische Gesundheit mit hoher Wahrscheinlichkeit länger als sechs Monate von dem für das Lebensalter typischen Zustand abweichen und daher ihre Teilhabe am Leben in der Gesellschaft beeinträchtigt ist. Menschen sind von Behinderung bedroht, wenn die Beeinträchtigung zu erwarten ist.

Damit knüpft das SGB IX an den von der Weltgesundheitsorganisation (WHO) entwickelten Behinderungsbegriff der „International classification of Functioning, Disability and Health – ICF" (ICIDH – 2) an, der sowohl medizinisch als auch sozialrechtlich orientiert ist.

2. Rehabilitation und Teilhabe

540 Das SGB IX ist nicht auf die Rehabilitation im früheren Sinn beschränkt[32], es geht darum, trotz Krankheit und Behinderung die selbstbestimmte **Teilhabe** behinderter Menschen zu ermöglichen. Der Begriff der Rehabilitation ist im SGB IX auf die medizinische Rehabilitation ausgerichtet (vgl § 5 Nr 1 SGB IX). Das Gesetz bezeichnet aber gleichwohl die Träger der Leistungen zur Teilhabe als Rehabilitationsträger (§ 6 SGB IX). Der Begriff der Teilhabe fasst das Ziel der verschiedenen (in § 10 SGB I vorstrukturierten) Leistungen zusammen. Leistungen zur Teilhabe haben Vorrang vor Rentenleistungen und ähnlichen dauernden Sozialleistungen.

541 Auf die Eingliederung Behinderter beziehen sich namentlich folgende Gesetzesvorschriften des Sozialgesetzbuchs: §§ 97-111 SGB III; §§ 11 Abs. 2, 27 Abs. 1 Nr 6, 40-43 SGB V; §§ 15, 16 SGB VI; §§ 26-55 SGB VII (hier wurde die Überschrift mit der Einführung des SGB IX neu gefasst); § 35a SGB VIII; §§ 31, 32 SGB XI; §§ 39-47, 67 BSHG.

3. Schwerbehindertenrecht

542 Das Schwerbehindertenrecht im Zweiten Teil des SGB IX bezweckt den Schutz und insbesondere die Eingliederung der schwerbehinderten Menschen (§ 2 Abs. 2 SGB

31 Beachte auch das Behindertengleichstellungsgesetz (BGG), BGBl. I 2002, S. 1467, welches am 1.5.2002 im Wesentlichen in Kraft getreten ist und die Herstellung einer umfassend verstandenen Barrierefreiheit bzgl aller Lebensbereiche bezweckt.

32 Siehe *Vorauflage*, Rn 540.

IX) in Arbeit, Beruf und Gesellschaft. Der Schwerpunkt liegt auf dem Schutz der schwerbehinderten Menschen im Arbeitsleben. Besonders markant ist der arbeitsrechtliche Sonderkündigungsschutz Schwerbehinderter (§§ 85 ff SGB IX), zu erwähnen sind ferner arbeitsrechtliche Regeln über Zusatzurlaub (§ 125 SGB IX), Freistellung bei Mehrarbeit (§ 124 SGB IX) und über besondere Schwerbehindertenvertretungen in Betrieben und Dienststellen (§§ 94 ff SGB IX). Die übrigen Vorschriften des Zweiten Teils des SGB IX beziehen sich insbesondere auf die Feststellung der Behinderteneigenschaft und den Grad der Behinderung (GdB) durch die für die Durchführung des Bundesversorgungsgesetzes zuständigen Behörden (§ 69 SGB IX), die Verpflichtung der Arbeitgeber, bei mehr als zwanzig Arbeitsplätzen iSd § 73 SGB IX wenigstens 5% der Arbeitsplätze mit schwerbehinderten Menschen zu besetzen (§ 71 SGB IX)[33] bzw eine monatliche Ausgleichsabgabe in gemäß § 77 SGB IX zu bestimmender Höhe für jeden unbesetzten Pflichtarbeitsplatz zu zahlen. Schwerbehinderte Menschen, die infolge ihrer Behinderung in ihrer Bewegungsfähigkeit im Straßenverkehr erheblich beeinträchtigt oder hilflos oder gehörlos sind, haben nach Maßgabe der §§ 145 ff SGB IX Anspruch auf unentgeltliche Beförderung im öffentlichen Personenverkehr[34].

IV. Wohngeld

Schrifttum: *Buchsbaum ua*, Wohngeldrecht, Kommentar, Loseblattwerk; *Fuchs*, Wohngeldrecht, in: SRH, C.28.; *Stadtler/Gutekunst*, Zweites Wohngeldgesetz, Kommentar, Loseblattwerk.

1. Grundlagen

Wer für eine angemessene Wohnung außergewöhnliche Aufwendungen erbringen muss, die ihm nicht zugemutet werden können, hat gemäß **§ 7 SGB I** ein **soziales Recht** auf Zuschuss zur Miete oder zu vergleichbaren Aufwendungen. Die **Einweisungsvorschrift** des **§ 26 Abs. 1 SGB I** verweist für den Zuschuss zur Miete oder für einen Zuschuss zu den Aufwendungen für die eigengenutze Wohnung auf das Wohngeldrecht, das im Wesentlichen im **Wohngeldgesetz (WoGG)**[35] geregelt ist. 1996 erhielten rund 2,8 Millionen Haushalte Wohngeld, das sind über 7% aller Privathaushalte[36]. **543**

33 Dieser Pflichtsatz kann sich unter den in § 71 Abs. 2 SGB IX näher geregelten Voraussetzungen ab 1.1.2003 auf 6% erhöhen.

34 Siehe näher *Ebsen*, in: SRH, C.26., Rn 120 ff. Zur subsidiären zusätzlichen Förderung siehe dort Rn 107 ff.

35 In der Fassung der Bekanntmachung vom 2.1.2001, BGBl. I, S. 2. Vgl auch die auf Grund § 36 Abs. 1 WoGG erlassene Wohngeldverordnung (WoGV), BGBl. I 2001, S. 2722, die vor allem Regelungen zur Mietenermittlung und zur Lastenberechnung enthält.

36 *Statistisches Bundesamt* (Hrsg.), Statistisches Jahrbuch 2001 für die Bundesrepublik Deutschland, S. 473, dort auch Hinweise zur sozialen Stellung der Antragsteller und Antragstellerinnen.

2. Die Leistungen

544 Wohngeld wird als **Mietzuschuss** oder als **Lastenzuschuss** gewährt. Einen Mietzuschuss können neben Mietern von Wohnraum unter anderem auch mietähnlich Nutzungsberechtigte (zB Inhaber von Dauerwohnrechten) und Bewohner von (Alten-) Heimen beantragen. Eigentümer eines Eigenheims, einer Eigentumswohnung usw können einen Lastenzuschuss, dh einen Zuschuss zu den Lasten des Kapitaldienstes und der Bewirtschaftung (§ 6 WoGG), beantragen (zu Einzelheiten der Antragsberechtigung siehe § 3 WoGG).

545 a) Wohngeld wird einem antragsberechtigten Antragsteller nach Maßgabe der in § 2 Abs. 1 WoGG festgelegten Formel iVm mit den dem WoGG beigefügten sieben Anlagen gewährt. Ob und in welchem Umfang Wohngeld zu gewähren ist, hängt danach neben (1) der Antragsberechtigung gemäß § 3 WoGG, (2) von der Zahl der im Haushalt des Antragstellers lebenden Familienmitglieder, (3) von der Höhe der zu berücksichtigenden Miete (§§ 5, 7 WoGG) bzw von der Höhe der zu berücksichtigenden Lasten (§§ 6, 7 WoGG) und (4) von der Höhe des Familieneinkommens ab; übersteigt das Familieneinkommen einen Höchstbetrag, wird Wohngeld nicht gewährt. Außerdem dürfen (5) keine Ausschlussgründe vorliegen. Wohngeld wird unter anderem nicht gewährt, soweit eine Inanspruchnahme missbräuchlich wäre (§ 18 Nr 6 WoGG)[37] oder wenn für die wirtschaftliche Sicherung von Wohnraum andere öffentliche Leistungen erbracht werden, die mit dem Wohngeld vergleichbar sind (§ 18 Nr 1 WoGG).

In Hinblick auf das Verhältnis des Wohngeldes zu anderen Leistungen wie zB Ausbildungsförderung nach dem BAföG oder nach § 59 SGB III ist § 41 WoGG zu beachten; darüber hinaus regeln §§ 31 ff WoGG das Verhältnis von Mietzuschüssen nach dem WoGG und Leistungen nach dem BSHG und BVG.

546 b) Den Regelungen der §§ 4-14 WoGG ist zu entnehmen, wie die Zahl der Familienmitglieder (siehe § 4 WoGG), die zu berücksichtigende Miete oder die zu berücksichtigenden Belastungen (siehe §§ 5-8 WoGG) und wie das Familieneinkommen (§§ 9-14 WoGG) zu ermitteln sind. Im Einzelnen sind umfangreiche Berechnungen erforderlich. Bei der Einkommensermittlung werden bestimmte Einkünfte nicht angerechnet, Freibeträge sind zu beachten. Ergänzende Regelungen für die Berechnung von Mieten und Lasten enthält die Wohngeldverordnung (WoGV).

547 c) **Besonderheiten** sind beim Wohngeld für Empfänger von Leistungen der Sozialhilfe und der Kriegsopferfürsorge zu beachten. Angehörige dieses Personenkreises erhalten Wohngeld aus Gründen der Verwaltungsvereinfachung im Rahmen der Gewährung der Sozialhilfe- bzw der Kriegsopferfürsorgeleistungen unter den Voraussetzungen des §§ 31-33 WoGG als Wohngeld, ohne dass ein besonderer Antrag erforderlich wäre.

37 Dazu *Fuchs*, in: SRH, C.28., Rn 7 ff.

3. Organisation und Finanzierung

Zuständig sind die nach Landesrecht für zuständig erklärten Landesbehörden (§§ 26 Abs. 2 SGB I, 23 Abs. 1 S. 1 WoGG). Finanziert werden die Leistungen durch den Bund und die Länder; der Bund erstattet den Ländern die Hälfte des gezahlten Wohngeldes (§ 34 WoGG). **548**

Fünfter Teil

Allgemeine Vorschriften, Verwaltungsverfahren, Rechtsschutz

§ 17 Der Allgemeine Teil des Sozialgesetzbuchs

Schrifttum: *Giese* (Hrsg.), Sozialgesetzbuch – Allgemeiner Teil und Verfahrensrecht –, Kommentar, Loseblattwerk; *Kittner/Reinhard*, Allgemeiner Teil, Gemeinsame Vorschriften, Verwaltungsverfahren, SGB I, IV und X, Kommentar, 1997; *Kretschmer/von Maydell/ Schellhorn*, Gemeinschaftskommentar zum Sozialgesetzbuch, Allgemeiner Teil (GK-SGB I), 3. Aufl., 1996; *Mrozynski*, Sozialgesetzbuch – Allgemeiner Teil –, Kommentar, 2. Aufl., 1995; *Wertenbruch* (Hrsg.), Bochumer Kommentar zum Sozialgesetzbuch, Allgemeiner Teil, 1979.

I. Soziale Rechte

549 Die bereits an verschiedenen Stellen zur Sprache gekommenen **sozialen Rechte** der **§§ 3-10 SGB I** dienen der Erfüllung der in § 1 SGB I genannten Aufgaben des Sozialrechts. Aus den sozialen Rechten können Ansprüche nur insoweit hergeleitet werden, als deren Voraussetzungen und Inhalt durch die Vorschriften der besonderen Teile des Sozialgesetzbuchs im einzelnen bestimmt sind (§ 2 Abs. 1 S. 2 SGB I). Die in §§ 3-10 SGB I formulierten sozialen Rechte sind aber bei der Auslegung des Sozialgesetzbuchs und bei der Ermessensausübung zu beachten; dabei ist sicherzustellen, dass die sozialen Rechte möglichst weitgehend verwirklicht werden (§ 2 Abs. 2 SGB I). Gegenstand der sozialen Rechte sind gemäß § 11 SGB I die im Sozialgesetzbuch vorgesehenen Dienst-, Sach- und Geldleistungen; das Gesetz fasst die in § 11 genannten Leistungsarten in dem Klammerzusatz des § 11 S. 1 SGB I unter dem Oberbegriff „Sozialleistungen" zusammen. Die §§ 11-17 SGB I enthalten allgemeine Vorschriften über die Sozialleistungen und die Sozialleistungsträger (zB zu Leistungsarten, Aufklärungspflicht und Antragstellung).

II. Gemeinsame Vorschriften für alle Sozialleistungsbereiche

550 Die §§ 30-67 SGB I enthalten die gemeinsamen Vorschriften für alle Bereiche des Sozialgesetzbuchs, (natürlich) auch soweit sie gemäß § 68 SGB I zu den besonderen Teilen des SGB gehören.

1. Allgemeine Grundsätze

a) Das Sozialrecht knüpft, wie dargelegt wurde[1], an die **Territorialität** an, seine Vorschriften gelten gemäß § 30 Abs. 1 SGB I für alle Personen, die ihren Wohnsitz oder gewöhnlichen Aufenthalt in seinem Geltungsbereich haben. Gemäß § 37 SGB I gilt dies allerdings nur, soweit sich nicht aus anderen Büchern des SGB (siehe zB §§ 3 ff SGB IV) einschließlich der besonderen Teile des SGB iSv § 68 SGB I etwas anderes ergibt. Dieser Vorbehalt des § 37 SGB I zu Gunsten der spezielleren Bücher gilt allgemein; ausgenommen von diesem Vorbehalt sind gemäß § 37 S. 2 SGB I nur die §§ 1-17 und 31-36 SGB I. **551**

b) § 31 SGB I ordnet für das Sozialrecht einen strengen **Vorbehalt des Gesetzes**[2] an. **Privatrechtliche Vereinbarungen**, die zum Nachteil des Sozialleistungsberechtigten von Vorschriften des SGB abweichen, sind gemäß § 32 SGB I nichtig[3]. **552**

c) § 36 SGB I regelt die **Handlungsfähigkeit** derjenigen Personen in Bezug auf die Beantragung, Verfolgung und Entgegennahme von Sozialleistungen besonders, die das fünfzehnte Lebensjahr vollendet haben[4]. **553**

2. Grundsätze des Leistungsrechts

a) Rechtsanspruch auf die Sozialleistung

aa) Gemäß § 38 SGB I besteht auf Sozialleistungen ein Rechtsanspruch, soweit nicht nach den besonderen Teilen des Sozialgesetzbuchs die Leistungsträger zu einer Ermessensentscheidung (insoweit gilt § 39 SGB I) ermächtigt sind. Ob ein Rechtsanspruch besteht und wie weit er reicht, richtet sich nach den Anspruchsgrundlagen der besonderen Teile des Sozialgesetzbuchs, § 38 SGB I selbst ist keine Anspruchsgrundlage. § 38 SGB I bekräftigt, dass die Sozialleistungen des SGB mehr als eine reflexartige Begünstigung des Berechtigten sind. Die Unterscheidung von Pflicht- und Ermessensleistungen folgt den allgemeinen Grundsätzen[5], auch in Bezug auf die durch § 39 SGB I geleitete Ermessensausübung gilt nichts anderes als im Verwaltungsrecht sonst. **554**

Ob eine Sozialleistung beansprucht werden kann, richtet sich also danach, ob die Voraussetzungen der einschlägigen sozialrechtlichen Anspruchsgrundlage erfüllt sind. Ist dies der Fall, spricht man von einer **Leistungsbeziehung**[6], so wie die Leistungsrechte bzw die Leistungspflichten im Gefüge des privatrechtlichen Schuldverhältnisses stehen, ist diese Leistungsbeziehung Teil des zwischen dem Sozialleistungsberechtigten und dem Sozialleistungsträger bestehenden **Sozialrechtsverhältnisses** als **öffentlich-rechtlichem (Dauer-) Schuldverhältnis**[7]. So- **555**

1 Siehe oben Rn 89.
2 Siehe näher *Rüfner*, Sozialrecht, § 5 II 1.
3 Siehe näher *Bürck*, VSSR 1990, 287 (290).
4 Siehe näher *Gitter*, in: Bochumer Kommentar zum Sozialgesetzbuch, Allgemeiner Teil, 1979, § 36 Rn 11 ff. Im übrigen gelten die Vorschriften des Bürgerlichen Rechts analog.
5 Siehe zB *Peine*, Allgemeines Verwaltungsrecht, 6. Aufl., 2002, Rn 65 ff.
6 Siehe KassKomm/*Seewald*, vor §§ 38-47 SGB I, Rn 2, 6.
7 Siehe oben Rn 22.

weit nicht Besonderheiten des öffentlich-rechtlichen Sozialrechtsverhältnisses entgegenstehen und die meist dispositiven Vorschriften des bürgerlich-rechtlichen Schuldverhältnisses passen, sind sie entsprechend anzuwenden. Neben dem Leistungsrecht (Anspruch) und den Leistungspflichten (als hauptsächlichem Inhalt des Sozialrechtsverhältnisses) stehen, nicht anders als im bürgerlich-rechtlichen Schuldverhältnis, **Nebenpflichten** wie Sorgfaltspflichten, Fürsorgepflichten oder Aufklärungspflichten. Wie das Schuldverhältnis im Privatrecht ist somit das Sozialrechtsverhältnis rechtlich ein Gefüge, in das die einzelnen (Haupt-) Leistungspflichten und Nebenpflichten eingebettet sind.

556 bb) Das Sozialrecht legt besonderen Wert darauf, dass bestehende Rechtsansprüche auch tatsächlich **realisiert** werden. Gemäß § 17 I SGB I sind die Leistungsträger verpflichtet, darauf hinzuwirken, dass jeder Berechtigte die ihm zustehenden Sozialleistungen in zeitgemäßer Weise, umfassend und schnell erhält, die zur Ausführung von Sozialleistungen erforderlichen sozialen Dienste und Einrichtungen rechtzeitig und ausreichend zur Verfügung stehen und der Zugang zu den Sozialleistungen möglichst einfach gestaltet wird, insbesondere durch Verwendung allgemein verständlicher Antragsvordrucke. Aufklärung, Beratung und Auskunftspflichten der Leistungsträger regeln die §§ 13 ff SGB I.

b) Entstehung und Entwicklung des Sozialleistungsanspruchs

557 Die §§ 40-52 SGB I treffen allgemein Regelungen zu Entstehung (§ 40 SGB I), Fälligkeit (§ 41 SGB I), Verzinsung von Ansprüchen auf Geldleistungen (§ 44 SGB I) und Verjährung der Sozialleistungsansprüche (§ 45 SGB I), sie regeln ferner, unter welchen Voraussetzungen allgemein Vorschüsse (§ 42 SGB I) und vorläufige Leistungen (§ 43 SGB I) vorgesehen sind. Sie regeln die Anforderungen an den Verzicht des Berechtigten auf Sozialleistungen (§ 46 SGB I) und bestimmen die allgemeinen Regeln über die Auszahlung von Geldleistungen einschließlich Aufrechnung und Verrechnung (§§ 47-52 SGB I).

558 Die Feststellung des Leistungsanspruchs im Verwaltungsverfahren (durch Verwaltungsakt gemäß § 31 SGB X) konkretisiert im Verhältnis zwischen dem Sozialleistungsträger und dem Berechtigten die Rechtslage, der Anspruch als solcher besteht jedoch unabhängig von der Feststellung nach materiellem Recht schon dann, wenn die Voraussetzungen der Anspruchsgrundlage erfüllt sind[8]. Der Anspruch auf die Sozialleistung entsteht also in dem Moment, in dem der Antrag mit Aussicht auf Erfolg gestellt werden kann. Leistungen, die (im Sozialrecht ausnahmsweise) im Ermessen des Leistungsträgers stehen, können erst beansprucht werden, wenn der Leistungsträger über die Leistung entschieden hat (siehe auch § 40 Abs. 2 SGB I).

c) Verfügung, Pfändung, Rechtsnachfolge

559 Das Sozialgesetzbuch kennt eine weitgehende **Verkehrsfähigkeit** der Sozialleistungen. Sozialleistungen sollen, vergleichbar dem Arbeitseinkommen, grundsätzlich übertragen und verpfändet (§ 53 SGB I) sowie gepfändet (§§ 54, 55 SGB I) werden können. Die Anerkennung der grundsätzlichen Verkehrsfähigkeit von Sozi-

8 Siehe Wannagat/*Rüfner*, Sozialgesetzbuch, § 40 SGB I, Rn 3 ff.

alleistungsansprüchen schließt an die Anerkennung des Rechtsanspruchs auf die Sozialleistung an. Konsequent können Sozialleistungsansprüche auch Haftungsgegenstand sein[9].

Auch wenn demnach Sozialleistungsansprüche **vermögensrechtliche Qualität** besitzen[10], ist ihre Verkehrsfähigkeit dennoch nach Maßgabe der §§ 53-55 SGB I eingeschränkt. Ansprüche auf Dienst- und Sachleistungen können nicht übertragen und nicht verpfändet werden; die Erbringung an Dritte würde regelmäßig den Zweck der Leistung verfehlen. Auch im Bürgerlichen Recht können Forderungen gemäß § 399 S. 1, 1. Fall BGB nicht abgetreten werden, wenn die Leistung an einen anderen als den ursprünglichen Gläubiger nicht ohne Veränderung ihres Inhalts erfolgen kann. Ansprüche auf laufende Geldleistungen, die zur Sicherung des Lebensunterhalts dienen, können insoweit nicht übertragen und verpfändet werden, als sie unterhalb der Pfändungsgrenzen für Arbeitseinkommen (§§ 850 ff ZPO) liegen. Die Einzelheiten zu den Beschränkungen der Übertragung, Verpfändung und Pfändung ergeben sich aus den §§ 53-55 SGB I[11].

Die Verkehrsfähigkeit von Sozialleistungsansprüchen äußert sich auch darin, dass diese im **Todesfall** auf den Rechtsnachfolger übergehen können. Für fällige Ansprüche auf laufende Geldleistungen ordnet § 56 SGB I beim Tod des Berechtigten eine Sonderrechtsnachfolge an, soweit fällige Ansprüche auf Geldleistungen nicht gemäß §§ 56 und 57 SGB I einem Sonderrechtsnachfolger zustehen, werden sie nach den Vorschriften des Bürgerlichen Gesetzbuchs vererbt (§ 58 SGB I). Die personenbezogenen Ansprüche auf Dienst- und Sachleistungen erlöschen mit dem Tod des Berechtigten (§ 59 S. 1 SGB I).

d) Mitwirkung des Leistungsberechtigten

Die in §§ 60-67 SGB I geregelte Mitwirkung des Leistungsberechtigten formuliert **560**
Obliegenheiten derjenigen, die Sozialleistungen beantragen oder erhalten. Die Folgen fehlender Mitwirkung normiert § 66 SGB I, wobei dem Leistungsträger in Bezug auf die Konsequenzen der Obliegenheitsverletzung ein Ermessen zusteht.

§ 18 Sozialrechtliches Verwaltungsverfahren

Schrifttum: *Kieser*, Das Verwaltungsverfahren in der Sozialversicherung, 1999; *Kittner/Reinhard*, Allgemeiner Teil, Gemeinsame Vorschriften, Verwaltungsverfahren, SGB I, IV und X, Kommentar, 1997; *Krause/von Mutius/Schnapp/Siewert*, Gemeinschaftskommentar zum Sozialgesetzbuch – Verwaltungsverfahren (GK-SGB X 1), 1991; *Meyer*, Zehntes Buch des Sozialgesetzbuches – SGB X – Verwaltungsverfahren, 1999; *Pickel*, Lehrbuch des sozialrechtlichen Verwaltungsverfahrens, 2. Aufl., 1985; *Schaaf*, Das sozialrechtliche Verwal-

---

9 Zur Konkursbefangenheit eines Anspruchs auf Altersruhegeld siehe BGHZ 92, 339 ff.

10 Zur Eigentumsqualität sozialrechtlicher Positionen siehe Rn 15.

11 Zu den Ähnlichkeiten mit den entsprechenden Regelungen des Bürgerlichen Rechts siehe *Fuchs*, Zivilrecht und Sozialrecht, 1992, S. 242 ff; *Heinze*, in: Bochumer Kommentar zum Sozialgesetzbuch, Allgemeiner Teil, 1979, § 53.

tungsverfahren, 1998; *Schnapp*, Die Folgen von Verfahrensfehlern im Sozialrecht, SGb 1988, 309; *Schur*, Die Beteiligungsrechte im sozialrechtlichen Verwaltungsverfahren, 1999; *Wallerath*, Verfahrensrecht, in: SRH, B.12.; *Wannagat*, Das sozialrechtliche Verwaltungsverfahren aus der Sicht des Bürgers, SGb 1990, 217 (vgl auch die weiteren Beiträge zum zehnjährigen Inkrafttreten des SGB X/1 in SGb 1990, Heft 6); *von Wulffen* (Hrsg.), SGB X, Sozialverwaltungsverfahren und Sozialdatenschutz, 4. Aufl., 2001.

I. Grundlagen

561 1. Das sozialrechtliche Verwaltungsverfahren ist seit 1980 im **Ersten Kapitel des SGB X** einheitlich geregelt (**§§ 1-66 SGB X**). Existieren besondere verfahrensrechtliche Regeln in den einzelnen Büchern des SGB, sind diese vorrangig zu beachten (§ 37 S. 1 SGB I). Außerdem sind einige mit dem Verwaltungsverfahren zumindest in engem Zusammenhang stehende Regelungen (insbesondere die näheren Bestimmungen über die auch in § 21 Abs. 2 SGB X angesprochenen Mitwirkungspflichten des Leistungsberechtigten in den §§ 60 ff SGB I und die Bestimmungen über Aufklärung, Beratung und Auskunft in den §§ 13-15 SGB I) unsystematisch im Allgemeinen Teil des SGB enthalten, der bereits am 1. Januar 1976 in Kraft getreten ist.

562 Der Gesetzgeber hat im SGB X für das sozialrechtliche Verwaltungsverfahren weitgehend Regelungen getroffen, die denen des **Allgemeinen Verwaltungsrechts** entsprechen. Angesichts der vielfach vergleichbaren Sachverhalte konnten etliche Regelungen des VwVfG übernommen werden. Insoweit gilt nichts anderes als nach den Verwaltungsverfahrensgesetzen des Bundes und der Länder, es kann also auf die Kenntnis des allgemeinen Verwaltungsrechts zurückgegriffen werden. Allerdings ist stets zu beachten, dass das sozialrechtliche Verwaltungsverfahren in besonderem Maße von den verfassungsrechtlichen Grundsätzen des Rechtsstaats und des Sozialstaats beeinflusst wird[1].

563 2. Die Vorschriften der §§ 1-66 SGB X sind gemäß § 1 Abs. 1 S. 1 SGB X auf alle Behörden (vgl § 1 Abs. 2 SGB X) anwendbar, die auf Grund des SGB tätig werden. Damit sind sämtliche **Behörden der Sozialverwaltung** des Bundes und der Länder erfasst. Der Begriff des Verwaltungsverfahrens ist in § 8 SGB X definiert[2].

564 3. Das sozialrechtliche Verwaltungsverfahren ist grundsätzlich formfrei (§ 9 SGB X). Es wird nach § 20 SGB X vom **Amtsermittlungsgrundsatz** bestimmt. Hinsichtlich des Beginns eines Verwaltungsverfahrens ist die differenzierte Regelung des § 18 SGB X zu beachten. Praktisch überwiegen die Fälle, in denen eine Behörde erst auf Antrag tätig wird.

1 *Wallerath*, in: SRH, B.12., Rn 17 f; vgl aber auch *Felix*, NZS 2001, 341 ff.
2 Zur Kritik an dieser Definition vgl *Wallerath*, in: SRH, B.12., Rn 12 ff.

II. Einzelne Regelungen

1. Zuständigkeit

Die **sachliche Zuständigkeit** ist in den Einweisungsvorschriften der §§ 18-29 SGB I zu den einzelnen Sozialleistungen bestimmt. Die **örtliche Zuständigkeit** regeln jeweils die „besonderen Teile" des SGB. § 2 SGB X stellt lediglich Grundsätze für einige Zweifelsfälle auf. So gilt bei mehreren örtlich zuständigen Behörden der Grundsatz der Erstbefassung (§ 2 Abs. 1 S. 1 SGB X). In Eilfällen kann bei unaufschiebbaren Maßnahmen gemäß § 2 Abs. 4 S. 1 SGB X jede Behörde tätig werden. **565**

2. Handlungsformen

a) Auch im sozialrechtlichen Verfahren steht im Mittelpunkt des Verwaltungshandelns der **Verwaltungsakt**. Die Definition dieses Begriffs in § 31 SGB X entspricht der des § 35 VwVfG. Wann im Bereich der **Leistungsverwaltung** ein Verwaltungsakt erforderlich ist, ist umstritten[3]. Zum Teil ist die vorherige Festsetzung durch Verwaltungsakt gesetzlich angeordnet[4]. Im übrigen ist für die Abgrenzung eines Verwaltungsakts von bloßen Realakten auf den Regelungscharakter einer Maßnahme abzustellen. Ein Verwaltungsakt ist danach gegeben, wenn die Behörde eine verbindliche Entscheidung getroffen hat[5]. Wegen der weitgehend gleichen Rechtsfolgen (vgl zB § 50 Abs. 2 SGB X) hat die Unterscheidung zwischen Verwaltungs- und Realakt jedoch an Bedeutung verloren[6]. Erlässt die Behörde einen Verwaltungsakt, so stellt dieser den **Rechtsgrund** für die Gewährung der Leistung dar. Er kann in **Bestandskraft** erwachsen[7]. **566**

Die **Wirksamkeit** des Verwaltungsakts setzt auch im sozialrechtlichen Verwaltungsverfahren nicht dessen Rechtmäßigkeit voraus. Nichtig ist ein Verwaltungsakt gemäß § 40 SGB X wie im sonstigen Verwaltungsverfahrensrecht nur, wenn er an einem besonders schwerwiegenden und evidenten Fehler leidet (Abs. 1) oder einer der in Abs. 2 genannten Gründe vorliegt. Verfahrens- und Formfehler, die nicht zur Nichtigkeit führen, können gemäß § 41 SGB X geheilt werden oder gemäß § 42 SGB X unbeachtlich sein. Strenger als im allgemeinen Verwaltungsrecht ist die **Anhörungspflicht** (§ 24 SGB X) ausgestaltet, deren Verletzung nach § 42 S. 2 SGB X stets beachtlich ist[8]. Ein fehlerhafter Verwaltungsakt kann gemäß § 43 Abs. 1 SGB X **umgedeutet** werden. **567**

b) Neben dem Verwaltungsakt steht auch im Sozialverwaltungsverfahren als Handlungsform der **öffentlich-rechtliche Vertrag** zur Verfügung. Die Regelungen in **568**

---

3 Siehe Wannagat/*Rüfner*, Sozialgesetzbuch, § 31 SGB X, Rn 22 ff; *Wallerath*, in: SRH, B.12., Rn 142 ff.
4 ZB in § 50 Abs. 1 BAföG.
5 Vgl zB BSG, NVwZ 1987, 927 (928) für die Gewährung von Krankengeld.
6 *Wallerath*, in: SRH, B.12., Rn 143.
7 Dazu unten 3.
8 Allerdings kann die Anhörung nach § 41 Abs. 1 Nr 3 SGB X mit heilender Wirkung bis zur letzten Tatsacheninstanz eines sozial- oder verwaltungsgerichtlichen Verfahrens (§ 41 Abs. 2 SGB X) nachgeholt werden.

den §§ 53 ff SGB X entsprechen weitgehend denen der §§ 54 ff VwVfG. Für Verträge über Sozialleistungen ist jedoch die Beschränkung auf Ermessensleistungen in § 53 Abs. 2 SGB X zu beachten, von der in § 54 Abs. 2 und § 55 Abs. 3 SGB X Ausnahmen gemacht werden. Auch wegen dieser Einschränkung haben subordinationsrechtliche Verträge (§ 53 Abs. 1 S. 2 SGB X) im sozialrechtlichen Verwaltungsverfahren keine größere Bedeutung erlangt[9]. Dagegen bestehen zahlreiche koordinationsrechtliche Verträge (zB Vereinbarungen zwischen den Leistungsträgern gemäß § 96 Abs. 2 SGB X).

3. Aufhebung von Verwaltungsakten

569 Von besonderer Bedeutung für das sozialrechtliche Verwaltungsverfahren sind die Vorschriften der §§ 44-51 SGB X über die Aufhebung von Verwaltungsakten[10]. Der **Vertrauensschutz** des Bürgers ist hier gegenüber dem allgemeinen Verwaltungsverfahrensrecht verstärkt.

570 Das Verständnis dieser Regelungen setzt zunächst eine Differenzierung nach der **Bindungswirkung** voraus. Ein Verwaltungsakt wird gemäß § 39 Abs. 1 SGB X mit seiner Bekanntgabe an den Adressaten wirksam, mit Eintritt der Wirksamkeit ist die erlassende Behörde gemäß § 39 Abs. 2 SGB X an seinen Inhalt gebunden. Verzichtet nun der Betroffene auf die Einlegung von Rechtsmitteln, ist die Aufhebung des Verwaltungsakts durch die Behörde – unabhängig vom Eintritt der Bestandskraft – nur unter den Voraussetzungen der §§ 44 ff SGB X möglich. Wenn der Adressat dagegen den Verwaltungsakt anficht, hat die Behörde erneut eine umfassende Aufhebungsbefugnis[11]. Dies gilt gemäß § 49 SGB X auch in dem (im Sozialrecht allerdings seltenen[12]) Fall, dass ein Dritter einen begünstigenden Verwaltungsakt angefochten hat. Kommt es schließlich zu einem rechtskräftigen sozialgerichtlichen Urteil, das den Verwaltungsakt bestätigt, kann die Behörde diesen danach selbst bei Vorliegen der Voraussetzungen der §§ 44 ff SGB X nicht mehr aufheben.

571 Sind danach die §§ 44 ff SGB X einschlägig, ist nach dem Inhalt des aufzuhebenden Verwaltungsakts zu differenzieren. Wie §§ 48, 49 VwVfG spricht das SGB X von der Rücknahme rechtswidriger und dem Widerruf rechtmäßiger Verwaltungsakte. Für die Aufhebung von Verwaltungsakten mit Dauerwirkung finden sich wegen deren besonderer Bedeutung im Sozialrecht spezielle Regelungen im SGB X.

a) Die Rücknahme rechtswidriger Verwaltungsakte

572 aa) Die Aufhebung eines **belastenden Verwaltungsakts**, der von Anfang an rechtswidrig war, ist in § 44 SGB X geregelt. Gemäß § 44 Abs. 1 S. 1 SGB X besteht ein Anspruch auf Rücknahme auch für die Vergangenheit, wenn zu Unrecht

---

9 *Wallerath*, in: SRH, B.12., Rn 249.

10 Vgl dazu *Dörr*, Bescheidkorrekturen, Rückforderung, 2. Aufl. 2000; *Jung*, SGb 2002, 1 ff.

11 Str. ist, ob dann der Vertrauensschutz des Betroffenen noch soweit geht, dass eine *reformatio in peius* im Widerspruchsverfahren unzulässig ist, siehe BSGE 71, 274.

12 Beispiele für solche Verwaltungsakte mit Doppelwirkung finden sich bei GK-SGB X 1/*Krause*, 1991, § 49 Rn 6.

Sozialleistungen versagt oder Beiträge erhoben wurden, es sei denn, es liegt einer der Ausnahmefälle des S. 2 vor. Die Rückabwicklung richtet sich dann nach § 44 Abs. 4 SGB X. Bei allen anderen belastenden Verwaltungsakten ist der Aufhebungsanspruch gemäß § 44 Abs. 2 SGB X auf eine Rücknahme mit Wirkung für die Zukunft beschränkt, den Verwaltungsakt auch für die Vergangenheit aufzuheben, steht im Ermessen der Behörde. Die Aufhebung erfolgt jeweils durch Verwaltungsakt, der auf Antrag oder nach erneuter Prüfung durch die Behörde ergeht.

bb) Ein **begünstigender Verwaltungsakt** kann gemäß § 45 SGB X nur zurückge- **573**
nommen werden, wenn das **öffentliche Interesse** an der Rechtmäßigkeit der Verwaltung den **Vertrauensschutz** des Einzelnen überwiegt. Für diese Abwägung enthält § 45 Abs. 2 S. 2 SGB X Regelbeispiele, bei deren Vorliegen das Vertrauen des Betroffenen grundsätzlich schutzwürdig ist. Vertrauensschutz besteht nicht, wenn der Begünstigte die Rechtswidrigkeit verursacht hat oder wenn er sie kannte bzw kennen musste. Ist einer der Tatbestände des § 45 Abs. 2 S. 3 SGB X erfüllt, wird der Verwaltungsakt in der Regel rückwirkend aufgehoben (§ 45 Abs. 4 S. 1 SGB X), während die Rücknahme sonst nur mit Wirkung für die Zukunft in Betracht kommt. Entfällt dadurch der Rechtsgrund auch für die Vergangenheit, sind die erlangten Leistungen gemäß § 50 Abs. 1 SGB X zurückzugewähren.

Bei der Rücknahme eines begünstigenden Verwaltungsakts mit **Dauerwirkung**[13] ist **574**
§ 45 Abs. 3 SGB X zu beachten. Wegen des besonderen Vertrauens des Adressaten auf den Bestand des Dauerverwaltungsakts ist die Aufhebung grundsätzlich nicht zeitlich unbegrenzt möglich. Im Regelfall gilt gemäß § 45 Abs. 3 S. 1 SGB X eine Rücknahmefrist von zwei Jahren.

b) Der Widerruf rechtmäßiger Verwaltungsakte

aa) Der Widerruf eines **belastenden Verwaltungsakts** ist gemäß § 46 SGB X **575**
möglich, wenn die Behörde nicht daraufhin sofort eine neue Regelung gleichen Inhalts treffen müsste und keine speziellen Unzulässigkeitsgründe vorliegen. Wegen der Rechtmäßigkeit der Ausgangsentscheidung besteht auf die Aufhebung jedoch kein Anspruch, der Widerruf steht im Ermessen der Behörde. Der Widerruf erfolgt gemäß § 46 Abs. 1 SGB X mit Wirkung für die Zukunft.

bb) Den höchsten Bestandsschutz haben rechtmäßige **begünstigende Verwal-** **576**
tungsakte. Ein Widerruf ist gemäß § 47 Abs. 1 SGB X nur zulässig, wenn eine besondere Rechtsvorschrift dies vorsieht oder der Verwaltungsakt – zulässigerweise – einen Widerrufsvorbehalt oder eine (vom Berechtigten nicht erfüllte) Auflage enthielt. Der Widerruf hat auch hier nur Wirkung für die Zukunft. Eine Aufhebung für die Vergangenheit kommt gemäß § 47 Abs. 2 SGB X nur in Betracht, wenn der Verwaltungsakt Grundlage für eine zweckgebundene Geld- oder Sachleistung war. Wird der Zweck nicht erreicht oder erfüllt der Begünstigte eine Auflage nicht, kann der Ausgangsbescheid widerrufen werden, soweit das Vertrauen des Berechtigten

13 Zum Begriff unten c).

auf den Bestand nicht schutzwürdig ist. Die Entscheidung über den Widerruf steht in beiden Fällen im Ermessen der Behörde.

c) Die Aufhebung von Verwaltungsakten mit Dauerwirkung

577 Die Aufhebung von (bei Erlass richtigen) Verwaltungsakten mit Dauerwirkung bei Änderung der Verhältnisse regelt § 48 SGB X. Sozialrechtliche Verwaltungsakte haben **Dauerwirkung**, wenn sie nicht lediglich eine einmalige Regelung treffen, sondern ein Rechtsverhältnis begründen oder ändern, das für eine gewisse Zeit besteht (Beispiele: laufende Rente, laufendes Krankengeld). Nach dieser Definition sind die Ablehnung und die Aufhebung eines Dauerverwaltungsakts keine Verwaltungsakte mit Dauerwirkung[14]. Ein Dauerverwaltungsakt ist nach § 48 Abs. 1 S. 1 SGB X mit Wirkung für die Zukunft aufzuheben, wenn nach seinem Erlass eine **wesentliche Änderung**[15] der tatsächlichen oder rechtlichen Umstände eingetreten ist. Das ist der Fall, wenn der Verwaltungsakt unter Berücksichtigung der geänderten Verhältnisse rechtswidrig ist. Ausreichend ist gemäß § 48 Abs. 2 SGB X auch eine Veränderung der ständigen höchstrichterlichen Rechtsprechung. Unter bestimmten Voraussetzungen (§ 48 Abs. 1 S. 2 SGB X) kommt auch eine Aufhebung für die Vergangenheit (vom Zeitpunkt der Veränderung an) in Betracht.

§ 19 Schutz der Sozialdaten

Schrifttum: *André*, Sozialdatenschutz neu geregelt, BArbBl. 1994, Heft 10, 10; *Beckmann*, Der Schutz personenbezogener Daten im sozialen Sicherungssystem, 2000; *Binne*, Sozialdatenschutz, in: SRH, B.11.; *ders.*, Das neue Recht des Sozialdatenschutzes, NZS 1995, 97; *Borchert/Hase/Walz*, Gemeinschaftskommentar zum Sozialgesetzbuch, Schutz der Sozialdaten (GK-SGB X 2), 1989; *Krahmer*, Sozialdatenschutz nach dem SGB I und X: Einführung mit Schaubildern, Kommentar, 1996; *Kunkel*, Datenschutz in der Sozial- und Jugendhilfe nach der Neuregelung des Sozialdatenschutzes, ZfSH/SGB 1995, 225; *Mrozynski*, Zum Schutz von Sozialdaten im Recht der Leistungserbringer, NZS 1996, 545; *Pickel*, Die Zulässigkeit der Übermittlung von Sozialdaten und ihre Einschränkungen, SGb 1999, 493; *ders.*, Rechte der Betroffenen im Sozialdatenschutz, SGb 2001, 57; *Stähler*, Datenschutzrechtliche Aspekte der Weitergabe von Sozialdaten, 2000.

I. Hintergrund und Rechtsgrundlagen

578 1. Der Sozialdatenschutz hat im Sozialrecht besondere Bedeutung, weil die sozialen Rechte typischerweise von persönlichen Umständen und Verhältnissen abhän-

14 Siehe *Wiesner*, in: von Wulffen (Hrsg.), SGB X, 4. Aufl., 2001, § 48 Rn 4 mwN; aA GK-SGB X 1/*Schnapp*, 1991, § 48 Rn 19; *Pickel*, Lehrbuch des sozialrechtlichen Verwaltungsverfahrens, 2. Aufl., 1985, § 27 VI 2, S. 351.

15 Zum Begriff der Änderung *Gagel*, SGb 1990, 252 (252 f).

gen. Im Bereich der Sozialverwaltung werden viele personenbezogene Daten erhoben, gespeichert und verarbeitet. Das grundgesetzlich als Bestandteil des allgemeinen Persönlichkeitsrechts gewährleistete **Recht auf informationelle Selbstbestimmung (Art. 2 Abs. 1 iVm Art. 1 Abs. 1 GG)** schützt den Einzelnen gegen den unbegrenzten Umgang mit seinen persönlichen Daten und gewährleistet die Befugnis des Einzelnen, grundsätzlich selbst über die Preisgabe und Verwendung seiner persönlichen Daten zu bestimmen[1]. Vor diesem Hintergrund bedarf es im Sozialrecht besonderer gesetzlicher Vorkehrungen in Hinblick auf den Datenschutz.

2. Der Datenschutz wird **allgemein** durch das Bundesdatenschutzgesetz (BDSG)[2] **579**
und durch die Datenschutzgesetze der Länder gewährleistet. Für den Bereich des Sozialrechts gibt es besondere Bestimmungen über den Schutz von Sozialdaten, man spricht von **Sozialdatenschutz**. Die grundlegenden Regelungen des Sozialdatenschutzes finden sich in § 35 SGB I und im Zweiten Kapitel „Schutz der Sozialdaten" des SGB X (§§ 67-85a SGB X). Soweit die sozialrechtlichen Regelungen des Sozialdatenschutzes anzuwenden sind, gehen sie dem BDSG (vgl § 1 Abs. 4 S. 1 BDSG) und den Datenschutzgesetzen der Länder vor[3]. Sozialdatenschutz wird über die grundlegenden Regelungen (§ 35 SGB I, §§ 67-85a SGB X) hinaus durch eine Reihe weiterer spezieller Regelungen, sog. **bereichsspezifische Datenschutznormen,** gewährleistet und ergänzt, zB im Krankenversicherungsrecht durch die §§ 284 ff SGB V, im Kinder- und Jugendhilferecht durch die (strengen) datenschutzrechtlichen Regelungen der §§ 61 ff SGB VIII[4]. Eine Änderung erfuhren die genannten Regelungen durch das am 23. Mai 01 in Kraft getretene Gesetz zur Änderung des Bundesdatenschutzgesetzes und anderer Gesetze; diese Änderung diente der Umsetzung der EG-Richtlinie Datenschutz (95/46/EG). Diese Richtlinie erweitert die Informationsrechte der Bürger und vereinheitlicht das Datenschutzniveau unter den Mitgliedstaaten[5].

II. Die Grundzüge

Die folgenden Grundzüge des Sozialdatenschutzes seien hervorgehoben:

1. Gemäß § 35 Abs. 1, 4 SGB I hat jeder einen Anspruch darauf, dass die ihn be- **580**
treffenden Sozialdaten – also die ihn betreffenden Einzelangaben über persönliche oder sachliche Verhältnisse (§ 67 Abs. 1 S. 1 SGB X) – und die den Sozialdaten gleichgestellten Betriebs- und Geschäftsgeheimnisse (§§ 35 Abs. 4 SGB I, 67 Abs. 1 S. 2 SGB X) von den Leistungsträgern und ihnen gleichgestellten Einrich-

1 Vgl BVerfGE 65, 1 (41 ff).
2 BGBl. I 1990, S. 2954.
3 Zwischen dem Sozialdatenschutz nach dem SGB und dem allgemeinen Datenschutzrecht besteht das Verhältnis der Subsidiarität. Dazu *Mrozynski*, SGB I, 2. Aufl., 1995, § 35 Rn 3; *Binne*, NZS 1995, 97 (98); *Roos*, in: von Wulffen (Hrsg.), SGB X, 4. Aufl., 2001, Vor § 67 Rn 19; GK-SGB I/*Schellhorn*, 3. Aufl., 1996, § 35 Rn 147.
4 Überblick bei *Roos*, in: von Wulffen (Hrsg.), SGB X, 4. Aufl., 2001, Vor § 67 Rn 17 f.
5 Vgl insgesamt dazu: *Steinbach*, NZS 2002, 15 ff; *Paulus*, DAngVers 2001, 405 ff.

tungen nicht unbefugt erhoben, verbreitet oder genutzt werden; die Leistungsträger haben sicherzustellen, dass die erhobenen Sozialdaten der Betroffenen nur Befugten zugänglich sind oder nur an diese weitergegeben werden. Das Gesetz definiert diese Gewährleistung als **Sozialgeheimnis**.

In gewisser Weise ist die Kennzeichnung als Sozialgeheimnis ungenau, weil es bei den Sozialdaten iSv § 67 Abs. 1 S. 1 SGB X nicht um geheime Daten gehen muss. Auch Daten wie Name, Vorname, Geburtsdatum, Geburtsort und Arbeitgeber (vgl § 68 Abs. 1 SGB X) unterliegen dem Sozialdatenschutz. Anders verhält es sich bei den gleichgestellten Betriebs- und Geschäftsgeheimnissen, bei denen es auf einen Geheimnischarakter ankommt, vgl § 67 Abs. 1 S. 2 SGB X.

581 2. Die Grenzen befugten Umgangs mit Daten iSd § 35 SGB I sind in den §§ 67 ff SGB X im Einzelnen geregelt. Die Erhebung, Verarbeitung und Nutzung von Sozialdaten ist nur unter den Voraussetzungen dieser Bestimmungen zulässig (§ 35 Abs. 2 SGB I). Sozialdaten dürfen grundsätzlich nur **erhoben** werden, wenn dies zur Erfüllung einer Aufgabe der erhebenden Stelle erforderlich ist; sie dürfen grundsätzlich nur beim Betroffenen erhoben werden (vgl § 67a SGB X, auch zu den Ausnahmen und Einzelheiten der Erhebung); auf diese Weise wird die verfassungsrechtlich abgesicherte Befugnis des Einzelnen verwirklicht, grundsätzlich selbst über die Preisgabe und Verwendung seiner persönlichen Daten zu entscheiden. Die **Verarbeitung** (§ 67 Abs. 6 SGB X) und die **Nutzung** (§ 67 Abs. 7 SGB X) von Sozialdaten ist entweder mit einer den besonderen gesetzlichen Anforderungen genügenden Einwilligung des Betroffenen oder auf der Grundlage einer besonderen gesetzlichen Befugnis zulässig; die Befugnis kann sich aus den §§ 67c ff SGB X oder aus anderen Rechtsvorschriften des Sozialgesetzbuchs[6] ergeben (§ 67b Abs. 1 SGB X). Eine Befugnis für das Speichern und Verändern – Formen der Verarbeitung (§ 67 Abs. 6 SGB X) – sowie das Nutzen von Sozialdaten ist zB in §§ 67c, 78 Abs. 4 SGB X geregelt.

582 3. Eine besonders sensible Form der Verarbeitung von Sozialdaten ist die **Übermittlung von Daten an Dritte**. Die Zulässigkeit dieser Form der Datenverarbeitung regeln neben der Grundnorm des § 67b SGB X die §§ 67d ff SGB X. Hat der Betroffene in eine Übermittlung nicht eingewilligt (§ 67b Abs. 1, 2. Fall SGB X), ist eine Übermittlung nur auf Grund von im Sozialgesetzbuch geregelten Übermittlungsbefugnissen zulässig (§ 35 Abs. 1 S. 1 SGB I; §§ 67b Abs. 1, 67d Abs. 1 SGB X), wie sie auch in den §§ 68-77 SGB X geregelt sind.

583 Nach Maßgabe dieser Regelungen ist die Übermittlung unter anderem im Rahmen der Amtshilfe (Rechtspflege, Gefahrenabwehr usw), zur Erfüllung sozialer Aufgaben, zur Durchführung des Arbeitsschutzes, für den Schutz der inneren und äußeren Sicherheit usw zulässig (Einzelheiten §§ 68-77 SGB X). Allerdings ist die Befugnis zur Datenübermittlung bei einzelnen Befugnisnormen auf weniger sensible Daten beschränkt (vgl § 68 Abs. 1 S. 1 SGB X). Weitere Beschränkungen gelten in Bezug

6 Vgl die Übersicht bei *Roos*, in: von Wulffen (Hrsg.), SGB X, 4. Aufl., 2001, § 67c Rn 8 iVm § 67b Rn 10 f.

auf Sozialdaten, die der Daten verarbeitenden Stelle von Geheimnisträgern iSd § 203 StGB zugänglich gemacht worden sind (§ 76 SGB X), und bei der Sozialdatenübermittlung in das Ausland (§ 77 SGB X). Soweit nach besonderen Bestimmungen des Sozialgesetzbuchs eine Übermittlung nicht zulässig ist, besteht auch keine Auskunftspflicht, keine Zeugnispflicht und keine Pflicht zur Vorlegung oder Auslieferung von Schriftstücken, Akten und Dateien (§ 35 Abs. 3 SGB I). Die Zweckbindung und die Geheimhaltungspflicht dritter Datenempfänger regelt § 78 SGB X.

§ 20 Zusammenarbeit der Leistungsträger und ihre Beziehungen zu Dritten

Schrifttum: *Eichenhofer*, Ausgleichsansprüche der Sozialleistungsträger, DVBl. 1991, 77; *Fuchs*, Deliktsrecht, 3. Aufl., 2001; *Geigel*, Der Haftpflichtprozess, 23. Aufl., 2001; *Kötz*, Deliktsrecht, 9. Aufl., 2001; *Krauskopf/Marburger*, Die Ersatzansprüche nach § 116 SGB X, Bd. 1, 5. Aufl., 2000; Bd. 2, 5. Aufl., 2000; *Küppersbusch*, Ersatzansprüche bei Personenschaden, 7. Aufl., 2000; *H. Lange*, Schadensersatz, 2. Aufl., 1990, § 11 C.II.; *Marschall von Bieberstein*, ZVersWiss 1983, 99; *H. Plagemann*, Ersatzpflichten Dritter, in: SRH, B.10.; *Rische*, Ausgleichsansprüche zwischen Sozialleistungsträgern – Systembildung und Rangfolge, 1978; *Schellhorn*, Zusammenarbeit der Leistungsträger, in: SRH, B.9.; *von Maydell/Schellhorn*, Gemeinschaftskommentar zum Sozialgesetzbuch, Zusammenarbeit der Leistungsträger und ihre Beziehung zu Dritten (GK-SGB X 3), 1984; *Waltermann*, Abstimmung von Zivilrecht und Sozialrecht – am Beispiel des Schadensregresses der Sozialleistungsträger, in: Festschrift für Gitter, 1995, S. 1039; *ders.*, Forderungsübergang auf Sozialleistungsträger, NJW 1996, 1644.

I. Zusammenarbeit der Leistungsträger untereinander und mit Dritten

Die Ausführung des Sozialrechts ist einer Vielzahl von Leistungsträgern übertragen. Dies fördert Eigenverantwortlichkeit und Spezialisierung, es führt aber auch zu Zuständigkeitskonflikten und kann zu einer unerwünschten Kumulierung von Leistungen führen. **584**

Dafür, dass eine Uneinigkeit der Leistungsträger über ihre Zuständigkeit nicht zu Nachteilen für die Sozialleistungsberechtigten führt, sorgt § 43 Abs. 1 SGB I. Der zuerst angegangene Leistungsträger kann die Leistung vorläufig erbringen, er muss sie erbringen, wenn der Berechtigte es beantragt. **585**

1. Die Vorschriften über die **Zusammenarbeit der Leistungsträger untereinander** finden sich im **Dritten Kapitel des SGB X**, dort in den **§§ 86-96 SGB X**. Welche Fragen insoweit regelungsbedürftig sind (zB Beschleunigung der Zusammenarbeit, Beauftragung anderer Leistungsträger, Zusammenarbeit bei Planung und Forschung) und wie das Gesetz sie regelt, ergibt die Lektüre dieser Gesetzesvorschriften. **586**

587 2. Die zuständigen Leistungsträger kommen bei der Leistungserbringung nicht nur mit dem Berechtigten (der Mitwirkungspflichten hat) und mit anderen Leistungsträgern, sondern auch mit Dritten in Berührung. Die **Zusammenarbeit der Leistungsträger mit Dritten** regeln die **§§ 97-101a SGB X**. Unter den Voraussetzungen des § 98 SGB X haben Arbeitgeber auf Verlangen Auskunft über die Art und Dauer der Beschäftigung eines Arbeitnehmers, über den Beschäftigungsort und über das Arbeitsentgelt zu erteilen, Arbeitgeber haben ferner zB Auskunft über diejenigen Tatsachen zu geben, die für die Beitragserhebung notwendig sind. Auch Angehörige und Unterhaltspflichtige (§ 99 SGB X) sowie Ärzte (§ 100 SGB X) sind in bestimmten Hinsichten zur Auskunft verpflichtet.

II. Erstattungsansprüche der Leistungsträger untereinander

Fall 14: Arbeitnehmer A erleidet im Zusammenhang mit einer Fahrt zur Arbeit einen Verkehrsunfall. Die zuständige Berufsgenossenschaft (BG) kommt für die Heilbehandlung auf und zahlt Verletztengeld. Als sich später bei genauer Prüfung herausstellt, dass es sich nicht um einen Wegeunfall handelt, weil sich A aus eigenwirtschaftlichen Motiven, als der Unfall passierte, auf einem Umweg[1] befand, fragt die BG, ob sie die zuständige AOK in Anspruch nehmen kann.

588 Werden Sozialleistungen zu Unrecht erbracht und ist der zu Grunde liegende Verwaltungsakt aufgehoben worden, besteht unter den Voraussetzungen des § 50 SGB X ein **Erstattungsanspruch** des Leistungsträgers gegen den Leistungsempfänger. Steht dem Empfänger eine erbrachte Sozialleistung dagegen letztlich zu, hat jedoch ein anderer als der zuständige Träger die Leistung erbracht, bestehen **Erstattungsansprüche der Leistungsträger** untereinander gemäß §§ 102-114 SGB X. Die Voraussetzungen solcher Erstattungsansprüche richten sich danach, ob der unzuständige Leistungsträger auf Grund Gesetzes vorläufig gehandelt hat (§ 102 SGB X), ob seine Leistungspflicht nachträglich entfallen ist (§ 103 SGB X), ob er nur nachrangig verpflichtet ist (§ 104 SGB X) oder ob ein unzuständiger Leistungsträger Sozialleistungen erbracht hat, ohne dass er zu vorläufiger Leistung verpflichtet war (105 SGB X). Der Anspruch des Leistungsberechtigten gegen den zur Leistung letztlich verpflichteten Leistungsträger gilt dann, soweit ein Erstattungsanspruch besteht, als erfüllt (§ 107 Abs. 1 SGB X).

Lösung zu Fall 14: Als Anspruchsgrundlage für den Erstattungsanspruch der BG gegen die AOK kommt § 105 Abs. 1 SGB X in Betracht. Die BG hat als unzuständiger Leistungsträger (§ 12 SGB I) Sozialleistungen gemäß § 11 SGB I in Gestalt von Heilbehandlung und Verletztengeld erbracht, ohne dabei gemäß § 102 Abs. 1 SGB X als vorläufig leistender Träger (zB gemäß § 43 Abs. 1 SGB I) zu handeln. Der Erstattungsanspruch ist nicht nach dem auch insoweit geltenden Grundsatz von Treu und Glauben

1 Siehe oben Rn 289.

(§ 242 BGB analog) ausgeschlossen, weil die unzuständige BG nicht in Kenntnis ihrer Unzuständigkeit geleistet hat. Der somit bestehende Erstattungsanspruch richtet sich allerdings nur auf materiell-rechtlich rechtmäßig erbrachte Leistungen (§ 105 Abs. 2 SGB X). Unterstellt, die durch die BG erbrachte Heilbehandlung habe der Krankenbehandlung gemäß § 27 SGB V entsprochen, kann die BG insoweit Ausgleich verlangen. Im Hinblick auf das gezahlte Verletztengeld (in Höhe von 80% des Regelentgelts, § 47 Abs. 1 SGB VII) kann sie keine volle Erstattung verlangen, weil das Krankengeld gemäß § 47 Abs. 1 SGB V nur 70% des Regelentgelts beträgt. Die Differenz müsste die BG gemäß § 50 Abs. 1 SGB X von A zurückfordern. (Was das im Fall nicht gefragte Verhältnis zwischen der AOK und A betrifft, sei auf § 107 SGB X hingewiesen: Soweit der Erstattungsanspruch der BG besteht, gilt der Anspruch des A gegen die AOK als erfüllt.)

III. Erstattungs- und Ersatzansprüche der Leistungsträger gegenüber Dritten

Fall 15: Arbeitnehmer A wird auf dem Rückweg von einem Fußballspiel seiner Kreisliga-Mannschaft am Sonntag durch einen Verkehrsunfall am Arm verletzt. Den für A unvermeidbaren Unfall hat S durch Rücksichtslosigkeit herbeigeführt. A wird fünf Wochen lang im Krankenhaus behandelt, er ist insgesamt neun Wochen lang krankgeschrieben. A will S, auch um wegen der rücksichtslosen Fahrweise des S Genugtuung zu erlangen, in allen rechtlich möglichen Hinsichten auf Schadensersatz in Anspruch nehmen. S meint, dazu werde A wenig Gelegenheit haben, weil die Krankenkasse des A die Krankenbehandlung als Sachleistung erbracht habe und der Verdienstausfallschaden des A zunächst durch die Entgeltfortzahlung seines Arbeitgebers und dann durch das von der Krankenkasse gezahlte Krankengeld gedeckt sei, er meint, wegen der gesetzlichen Krankenversicherung des A insoweit überhaupt nicht auf Schadensersatz in Anspruch genommen werden zu können, weil es an einem Schaden des A fehle. Wie ist die Rechtslage?

1. Ausgangslage

a) Es wurde bereits dargelegt, dass Sozialrecht und Zivilrecht in vielen Hinsichten **589**
Berührungspunkte aufweisen[2]. Das Zivilrecht und das Sozialrecht teilen sich die Aufgabe der Existenzsicherung. Das Zivilrecht findet durch das Sozialrecht in vielen Hinsichten die sozialstaatlich geforderte Ergänzung, während auf der anderen Seite sozialrechtliche Gestaltungen vielfach an zivilrechtliche Institutionen anknüpfen, wie schon die Anbindung der Sozialversicherung an die Beschäftigung in abhängiger Arbeit belegt[3].

2 Siehe oben Rn 24 ff.
3 Zu den Konstellationen oben Rn 31.

590 Im Zivilrecht können sich wegen des Nebeneinanders beider Gebiete Rechtsfragen gerade deshalb stellen, weil es das Sozialrecht gibt. So stellt sich im bürgerlich-rechtlichen Schadensersatzrecht die (im Fall von S aufgeworfene) Frage, ob, wenn Sozialleistungen einen Unfallschaden kompensieren, überhaupt ein Schaden vorliegt. Nach der **Differenzhypothese**, die in der zivilrechtlichen Dogmatik den Ausgangspunkt bei der Schadensfeststellung bildet[4], muss eine Differenz zweier Vermögenslagen (insgesamt oder im Hinblick auf einzelne Schadensposten) gegeben sein, damit ein Schaden vorliegt. Was die Leistung von Krankenbehandlung, Krankengeld etc durch die gesetzliche Sozialversicherung angeht, ist dies zu bejahen. Bei dem Geschädigten (hier A) entsteht im Sinne der Differenzhypothese eine Einbuße, weil die Quelle des Einkommens aus dem Arbeitsvertrag nach dem Ende der Entgeltfortzahlung des Arbeitgebers versiegt[5], diese Einbuße wird durch die Sozialleistung nur **kompensiert**. Dann schließt sich aber sofort die weitere schadensersatzrechtliche Frage an, ob die Kompensation der Einbuße durch die Sozialleistung nicht schadensersatzrechtlich als **Vorteil**[6] zu berücksichtigen ist (dazu im Folgenden).

591 b) In dem Nebeneinander von Zivilrecht und Sozialrecht erbringen Sozialleistungsträger häufig Sozialleistungen, obwohl der Leistungsempfänger andere Ansprüche hat, deren Erfüllung die Sozialleistung überflüssig machen würde oder die ihm zumindest nicht neben der Sozialleistung belassen werden sollen. Das gilt vor allem im Fall der Schädigung durch Dritte, aber auch im Hinblick auf Unterhaltsansprüche des Leistungsempfängers. Der Schädiger oder der Unterhaltsverpflichtete sollen nicht dadurch entlastet werden, dass dem Geschädigten oder dem Unterhaltsberechtigten auf Grund sozialrechtlicher Vorschriften Leistunganspruche zustehen. Um dies zu vermeiden, ordnet das Sozialrecht an vielen Stellen, insbesondere in **§ 116 SGB X** (bis 1983 galt § 1542 RVO) den **Forderungsübergang auf den Sozialleistungsträger** an. So geht gemäß § 116 Abs. 1 SGB X der Schadensersatzanspruch des Geschädigten insoweit auf den Sozialleistungsträger über, als dieser auf Grund des Schadensereignisses Sozialleistungen zu erbringen hat, die der Behebung eines Schadens der gleichen Art dienen (sachliche Kongruenz) und die sich auf denselben Zeitraum wie der vom Schädiger zu leistende Schadensersatz beziehen (zeitliche Kongruenz). Der im Sozialrecht angeordnete Forderungsübergang hat zur Konsequenz, dass der zivilrechtliche Anspruch dem Geschädigten nicht mehr zusteht.

592 Im **Fall 15** kann also der gemäß § 5 Abs. 1 Nr 1 SGB V krankenversicherte A den S nicht wegen seines Körperschadens auf Schadensersatz in Anspruch nehmen, soweit sachlich und zeitlich kongruente Leistungen durch seine Krankenversicherung zu erbringen sind (§ 116 Abs. 1 SGB X). Das gilt namentlich für die Kompensation seines Erwerbsschadens durch das Krankengeld in Höhe von 70%. Eine auf Schadensersatz für den Körperschaden gerichtete Klage müsste insoweit abgewiesen werden, A kann nur den über die 70% hinausgehenden Schaden ersetzt verlangen. Sachschäden und Schmer-

4 Siehe grundlegend *F. Mommsen*, Zur Lehre von dem Interesse, 1855, S. 3 ff; *Lange*, Schadensersatz, 2. Aufl., 1990, § 1 I; BGHZ 27, 181 (183 f); 86, 128 (130).

5 Zu der Rechtslage während der Entgeltfortzahlung siehe *Waltermann*, in: Festschrift für Gitter, 1995, S. 1039 (1045, Fn 19 mwN).

6 Zur Vorteilsausgleichung siehe zB *Brox*, Schuldrecht AT, 27. Aufl., 2000, Rn 344 ff.

zensgeld kann A demgegenüber von S beanspruchen. Angesichts der großen Verbreitung der gesetzlichen Sozialversicherung wird vor den Zivilgerichten deshalb meist um Schadensersatz wegen der Sachschäden und um Schmerzensgeld gestritten.

2. Einzelheiten zum Übergang von Schadensersatzansprüchen

a) Zentrale Regressvorschrift für den Bereich des Schadensrechts ist **§ 116 SGB X**. **593**
§ 116 SGB X sorgt dafür, dass die in sich verschiedenen Systeme der Schadensausgleichung des Zivilrechts einerseits und des Sozialrechts andererseits aufeinander abgestimmt sind. Der Forderungsübergang führt dazu, dass der nach dem bürgerlich-rechtlichen Schadensersatzrecht verantwortliche Schädiger letztlich den Schaden zu tragen hat. § 116 SGB X ist die Grundnorm zum Forderungsübergang auf Sozialleistungsträger.

§ 116 SGB X gilt für **Sozialversicherungsträger** (auch die Bundesanstalt für Arbeit ist ge- **594**
mäß § 116 Abs. 10 SGB X Sozialversicherungsträger im Sinne dieser Vorschrift) und für die **Sozialhilfeträger**. Die Vorschrift erfasst den Großteil der praktisch vorkommenden Fälle. Deckungsgleiche (kongruente) Leistungen der Sozialversicherungsträger und Sozialhilfeträger betreffen fast durchweg die Wiederherstellung der Gesundheit sowie den Ersatz des Erwerbsausfalls[7]. Schmerzensgeldansprüche und Ersatzansprüche wegen Sachschäden können vom Geschädigten geltend gemacht werden.

Im Bereich der **sozialen Entschädigung** geht der deliktische Schadensersatzanspruch kraft **595**
Gesetzes auf den Versorgungsträger über (vgl § 81a BVG, auf den § 5 Abs. 1 OEG, § 4 Abs. 1 HHG und § 47 Abs. 1 ZDG verweisen); für die Fälle der Versorgung wegen der gesundheitlichen und wirtschaftlichen Folgen einer Wehrdienstbeschädigung ordnet das Soldatenversorgungsgesetz (§ 80 SVG) für die Versorgung insgesamt die entsprechende Anwendung der Vorschriften des Bundesversorgungsgesetzes an, sodass auch insoweit § 81a BVG entsprechend gilt. Weitere Vorschriften zum Übergang von Schadensersatzansprüchen finden sich in § 7 UnterhVG und § 54 Abs. 2 BSeuchG.

b) Große praktische Bedeutung hat die Frage, zu welchem **Zeitpunkt** die Forde- **596**
rung auf den Sozialleistungsträger übergeht. Anders als im Privatversicherungsrecht beim Forderungsübergang gemäß § 67 Abs. 1 VVG und anders als im Arbeitsrecht gemäß § 6 Abs. 1 EFZG ist der Forderungsübergang auf die Sozialleistungsträger gemäß (bzw entsprechend) § 116 SGB X sowie gemäß (oder entsprechend) § 81a BVG nicht an die tatsächliche Erbringung der Leistung geknüpft, der Anspruch geht vielmehr schon in dem Augenblick über, in dem die Sozialleistungsträger auf Grund des Schadensereignisses Leistungen zu erbringen haben[8]. Der Forderungsübergang vollzieht sich also in der Regel **im Zeitpunkt des Schadensereignisses**[9]. Das dient dem Schutz der Sozialleistungsträger, diese sollen auch im Hinblick auf künftig zu erbringende Leistungen geschützt sein. Dazu muss dem Empfänger der Sozialleis-

7 Gegenüberstellung bei *Geigel/Plagemann*, Der Haftpflichtprozess, 23. Aufl., 2001, 30. Kap., Rn 22-30; *Schmalz*, in: von Wulffen (Hrsg.), SGB X, 4. Aufl., 2001, § 116 Rn 5-12.
8 Näher *Waltermann*, NJW 1996, 1644 (1645 ff).
9 Zum Ganzen BGHZ 48, 181 (188 ff); BGHZ 132, 39 (44) = NJW 1996, 1674.

tung die Verfügungsmöglichkeit über künftige Schadensersatzansprüche verbaut werden. Ein **Abfindungsvergleich** mit dem Geschädigten kann dem Schädiger oder dessen Versicherung also nichts nützen, es sei denn, Schädiger oder Versicherung könnten sich auf guten Glauben berufen (siehe §§ 412, 407 BGB). Dabei genügt beim gesetzlichen Forderungsübergang für die Bösgläubigkeit die Kenntnis derjenigen Tatsachen, aus denen sich der Forderungsübergang ergibt, wobei hinsichtlich der Kenntnis des Schuldners keine hohen Anforderungen gestellt werden[10]. Beim Übergang kraft Gesetzes auf einen Sozialversicherungsträger fehlt der gute Glaube schon bei Kenntnis solcher Tatsachen, die eine Sozialversicherungspflicht begründen.

597 c) Die gesetzlichen Vorschriften zum Übergang von Schadensersatzforderungen auf Sozialleistungsträger, insbesondere § 116 SGB X, werfen eine **Vielzahl von zum Teil schwierigen praxisrelevanten Einzelfragen** auf. Diese beziehen sich vor allem auch auf die Regelungen in den einzelnen Absätzen des § 116 SGB X[11].

3. Übergang von Lohn- und Gehaltsansprüchen

598 **§ 115 Abs. 1 SGB X** ordnet an, dass der Anspruch des Arbeitnehmers gegen den Arbeitgeber auf Arbeitsentgelt auf den Sozialleistungsträger übergeht, soweit dieser Sozialleistungen erbracht hat, weil der Arbeitgeber den Anspruch auf Arbeitsentgelt (teilweise) nicht erfüllt hat.

Beispiel 1: Firma F weigert sich, dem arbeitsunfähig kranken Arbeitnehmer A das Gehalt fortzuzahlen, die Krankenkasse gewährt A deshalb gemäß §§ 44, 46 S. 1 Nr 2 SGB V Krankengeld. Dadurch wird die gemäß § 611 BGB, § 3 EFZG zur Entgeltfortzahlung verpflichtete Firma F nicht frei, der Anspruch auf Entgeltfortzahlung geht gemäß § 115 SGB X auf die Krankenkasse über.

Beispiel 2: Firma F kündigt Arbeitnehmer B und stellt diesen ohne Fortzahlung seines Gehalts von der Arbeitsleistung frei. Im arbeitsgerichtlichen Kündigungsschutzprozess stellt sich heraus, dass die Kündigung unwirksam ist. Von Beginn an hat A Arbeitslosengeld erhalten. Gemäß § 143 Abs. 3 S. 1 SGB III stand B Arbeitslosengeld zu, weil er das geschuldete Arbeitsentgelt tatsächlich nicht erhielt. Der Anspruch des B ging mit der Gewährung des Arbeitslosengeldes in Höhe der erbrachten Leistung gemäß § 115 SGB X auf das Arbeitsamt über.

4. Übergang von Unterhaltsansprüchen

599 Der Forderungsübergang hat schließlich Bedeutung in Bezug auf Unterhaltsansprüche, insbesondere bei der Verfolgung zivilrechtlicher Unterhaltsansprüche vor den Familiengerichten. Gemäß **§ 91 Abs. 1 S. 1 BSHG** gehen Unterhaltsansprüche

10 Siehe näher Palandt/*Heinrichs*, BGB, 60. Aufl., 2001, § 407 Rn 8; BGH, NJW 1984, 607 (608); NJW 1994, 3097 (3099); NJW 1996, 726 (729).

11 Überblick dazu bei *Waltermann*, NJW 1996, 1644 (1647 f) mwN. Siehe näher zB *Geigel/Plagemann*, Der Haftpflichtprozess, 23. Aufl., 2001, 30. Kap., Rn 60-114; *Küppersbusch*, Ersatzansprüche bei Personenschaden, 7. Aufl., 2000, Rn 436-505.

kraft Gesetzes auf die Sozialhilfeträger über, und zwar für die Zeit, für die Hilfe gewährt wird und bis zur Höhe der geleisteten Hilfe[12].

§ 21 Rechtsschutz im Sozialrecht

Schrifttum: *Hennig*, Sozialgerichtsgesetz, Kommentar, Loseblattwerk; *Krasney/Udsching*, Handbuch des sozialgerichtlichen Verfahrens, 2. Aufl., 1997; *Kummer*, Das sozialgerichtliche Verfahren, 1996; *Meyer-Ladewig*, Sozialgerichtsgesetz, 7. Aufl., 2002; *Niesel*, Der Sozialgerichtsprozess, 3. Aufl., 1996; *Peters/Sautter/Wolff*, Kommentar zur Sozialgerichtsbarkeit, Loseblattwerk; *Wollenschläger/Löcher*, Grundzüge des sozialgerichtlichen Verfahrens, SozVers 2001, 257; *Zeihe*, Das Sozialgerichtsgesetz, Kommentar, Loseblattwerk.

I. Einführung

1. Für sozialrechtliche Streitigkeiten gibt es keinen einheitlichen Rechtsweg. Zunächst kommen die in § 51 Abs. 1 Nr 1-10 SGG bestimmten öffentlich-rechtlichen Streitigkeiten vor die **Sozialgerichte**. Soweit öffentlich-rechtliche Streitigkeiten nicht den Sozialgerichten besonders zugewiesen sind, ist gemäß § 40 Abs. 1 VwGO der **Verwaltungsrechtsweg** gegeben, zB für Streitigkeiten nach WoGG, BAföG, SGB VIII oder BSHG. In den Fällen des § 40 Abs. 2 VwGO entscheiden die **ordentlichen Gerichte**. **600**

2. Die Sozialgerichtsbarkeit ist ein besonderer Zweig der Verwaltungsgerichtsbarkeit. Das sozialgerichtliche Verfahren ist so ausgestaltet, dass die Durchsetzung sozialrechtlicher Ansprüche so einfach wie möglich erfolgen kann[1]. **601**

II. Aufbau der Sozialgerichtsbarkeit

Der Gerichtsaufbau der Sozialgerichtsbarkeit ist dreistufig (siehe § 2 SGG). Die Spruchkörper setzen sich aus Berufsrichtern und ehrenamtlichen Richtern zusammen (siehe §§ 3, 12 SGG; § 33 SGG; § 40 SGG; § 41 Abs. 5 SGG). Diese werden auf Grund von Vorschlagslisten für fünf Jahre aus dem Kreis der Versicherten, Ärzte, Krankenkassen, der Arbeitgeber und der Versorgungsberechtigten berufen (§§ 12 ff, 35, 45 ff SGG). **602**

---

12 Näher *Baltzer*, SGb 1998, 10 ff. Zu Einschränkungen durch die Rentenreform 2001 siehe oben Rn 459.

1 Vgl *Gitter/Schmitt*, Sozialrecht, § 52 II, Rn 8.

III. Der Rechtsschutz vor den Sozialgerichten

1. Rechtsweg zu den Sozialgerichten

603 Der Rechtsweg zu den Sozialgerichten ist gemäß § 51 Abs. 1 Nr 1, 2, 3 und 5 SGG zunächst in allen öffentlich-rechtlichen Streitigkeiten aus der **Sozialversicherung** eröffnet. Dies umfasst zum einen alle öffentlich-rechtlichen Streitigkeiten in Angelegenheiten des SGB V, SGB VI, SGB VII und SGB XI, wobei die öffentlich-rechtliche Natur des Rechtsverhältnisses zwischen den Versicherten und den Sozialversicherungsträgern gegeben ist[2]. Zu beachten ist, dass § 51 Abs. 1 Nr 2 bezüglich der Angelegenheiten des SGB XI eine umfassende Rechtswegzuweisung zu den Sozialgerichten normiert, ohne dass das Gesetz zwischen Streitigkeiten aus gesetzlicher und privater Pflegeversicherung unterscheidet[3]. Sodann ist der Rechtsweg vor die Sozialgerichte gemäß § 51 Abs. 1 Nr 4 SGG in allen öffentlich-rechtlichen Streitigkeiten in Angelegenheiten der **Arbeitsförderung** einschließlich der übrigen Aufgaben der Bundesanstalt für Arbeit eröffnet. Des Weiteren entscheiden die Sozialgerichte gemäß **§ 51 Nr 6-9 SGG** über Streitigkeiten im Bereich des sozialen Entschädigungsrechts, bei der Feststellung von Behinderungen, die auf Grund des Lohnfortzahlungsgesetzes entstehen[4] und die im Zusammenhang mit den im SGB III und SGB IV sowie im Arbeitnehmer-Entsendegesetz geregelten Aufgaben der Hauptzollämter entstehen.

Schließlich ist der Rechtsweg zu den Sozialgerichten gemäß § 51 Abs. 1 Nr 10 SGG in den Fällen einer **speziellen gesetzlichen Zuweisung** eröffnet und gemäß § 51 Abs. 2 bei **privatrechtlichen Streitigkeiten** in Angelegenheiten des SGB V und des SGB XI (namentlich für Streitigkeiten zwischen Versicherten und privat-rechtlichen Versicherungsunternehmen und deren Verbänden). Dies gilt nach § 51 Abs. 2 S. 2 SGG und § 87 Abs. 1 S. 3 GWB auch für kartellrechtliche Streitigkeiten zwischen Krankenkassen und Leistungserbringern iSd § 69 SGB V[5]. Besonderheiten gelten beim **Kindergeldrecht**. Hier ist der sozialgerichtliche Rechtsweg gemäß § 15 BKGG nur eröffnet, soweit das Kindergeld nach den Regelungen des BKGG als Sozialleistung gewährt wird; wird es dagegen nach dem EStG als Steuervergütung gewährt, ist der Rechtsweg zu den Finanzgerichten eröffnet[6].

2. Klagearten

604 a) Die **Anfechtungsklage** (§ 54 Abs. 1 S. 1, 1. und 2. Fall SGG) ist auf die Aufhebung eines Verwaltungsaktes oder auf dessen Abänderung gerichtet. Erledigt sich der Verwaltungsakt nach Klageerhebung, kann im Urteil die Feststellung getroffen

2 *Kreßel/Wollenschläger*, Sozialversicherungsrecht, 2. Teil, § 10 Rn 5.
3 Siehe *Neumann*, DAngVers 1996, 14 ff; *Schorn*, ZfS 1996, 12 ff.
4 Vgl §§ 10 ff LFZG: Ausgleich der Arbeitgeberaufwendungen; für diesen Bereich gilt das LFZG weiterhin und diesbzgl Streitigkeiten sind ausdrücklich den Sozialgerichten zugewiesen.
5 vgl dazu *Knispel*, NZS 2001, 466 ff.
6 Vgl *Gitter/Schmitt*, Sozialrecht, § 52 III 1, Rn 16.

werden, dass der angefochtene Verwaltungsakt rechtswidrig war (sog. **Fortsetzungsfeststellungsklage** iSd § 131 Abs. 1 S. 3 SGG).

Beispiel: Der Kläger wird durch einen **Beitragsbescheid** zur Beitragsleistung herangezogen. Begehrt er die Aufhebung des Bescheids, ist die Anfechtungsklage richtige Klageart.

b) Mit der **echten Leistungsklage** (§ 54 Abs. 5 SGG) erstrebt der Kläger eine Leistung, auf die er einen Rechtsanspruch hat und die keinen Verwaltungsakt voraussetzt. Echte Leistungsklage ist auch die Unterlassungsklage, insbesondere die vorbeugende Unterlassungsklage gegen eine unmittelbar bevorstehende Amtshandlung[7]. **605**

c) Eine überraschende Eigentümlichkeit des sozialgerichtlichen Verfahrens folgt aus § 54 Abs. 4 SGG. Mit der Leistungsklage kann eine Leistung begehrt werden, auf die der Kläger einen Rechtsanspruch hat und die von der Behörde durch Verwaltungsakt abgelehnt worden ist. Bei dieser Sachlage stehen im sozialgerichtlichen Verfahren die Anfechtungsklage, mit der der ablehnende Verwaltungsakt angegriffen wird, und die Leistungsklage nebeneinander (kombinierte Anfechtungs- und allgemeine Leistungsklage, sog. **unechte Leistungsklage**)[8]. Im Verwaltungsprozess wird diese Konstellation bekanntlich mit der Verpflichtungsklage bewältigt, vor den Sozialgerichten ist die Verpflichtungsklage in diesen Fällen nicht statthaft[9]. **606**

Beispiel: Der Kläger beantragt bei der Landesversicherungsanstalt Bewilligung von Altersruhegeld aus der gesetzlichen Rentenversicherung, und dieser Antrag wird durch Bescheid abgelehnt. Der Kläger kann, nach erfolgloser Durchführung des Vorverfahrens, dieses Begehren durch Klagen verfolgen, indem er den Bescheid mit der Anfechtungsklage angreift und die Leistung, da er auf sie einen Rechtsanspruch hat, mittels einer Leistungsklage geltend macht.

d) Mit der **Verpflichtungsklage** (§ 54 Abs. 1, 3. und 4. Fall SGG) erstrebt der Kläger den Erlass einer verweigerten Regelung in Form eines Verwaltungsakts, auf die er (vor allem wegen eines Ermessensspielraums der Behörde) keinen Rechtsanspruch hat. Hier ist im Rahmen von § 54 Abs. 1, 3. Fall SGG die weitere Besonderheit zu beachten, dass, anders als im Verwaltungsprozess, durch die Verpflichtungsklage nicht zugleich der ablehnende Verwaltungsakt angegriffen wird; im sozialrechtlichen Verfahren wird der ablehnende Bescheid isoliert mit der Anfechtungsklage angegriffen (kombinierte Anfechtungs- und Verpflichtungsklage)[10]. Ist die Klage begründet, hebt das Gericht den Verwaltungsakt auf und verpflichtet die Behörde, den Kläger unter Beachtung der Auffassung des Gerichts neu zu bescheiden (§ 131 Abs. 3 SGG). **607**

e) Mit der **Feststellungsklage** (§ 55 SGG) wird die Feststellung eines Rechtsverhältnisses in einer bestimmten Angelegenheit (§ 55 Abs. 1 Nr 1-4 SGG) verlangt. Die Feststellungsklage ist gegenüber Gestaltungs- und Leistungsklagen subsidiär[11], **608**

7 *Zeihe*, Sozialgerichtsgesetz, Kommentar, Loseblattwerk, § 54 Rn 41 b.
8 *Meyer-Ladewig*, Sozialgerichtsgesetz, 7. Aufl., 2002, § 54 Rn 3 a und 37.
9 BSGE 8, 3 (7); 41, 218 (219).
10 *Meyer-Ladewig*, Sozialgerichtsgesetz, 7. Aufl., 2002, § 54 Rn 3 a.
11 BSGE 43, 148 (150); 57, 184 (186); 58, 150 (152).

und der Kläger muss ein besonderes Interesse an der alsbaldigen gesonderten Feststellung geltend machen[12].

609 f) Für die Zulässigkeit der Anfechtungs- und der Verpflichtungsklage muss ein **Vorverfahren** gemäß §§ 78 ff SGG durchgeführt werden, auch dann, wenn sie mit anderen Klagen verbunden sind[13]. Gemäß § 78 Abs. 1 S. 1 SGG werden in dem Vorverfahren Rechtmäßigkeit und Zweckmäßigkeit des Verwaltungsakts nachgeprüft. Das Vorverfahren wird gemäß § 83 SGG mit der form- und fristgemäßen (§ 84 SGG) Erhebung des Widerspruchs eingeleitet und gemäß § 85 SGG durch Abhilfe oder, wenn nicht abgeholfen wird, durch Widerspruchsbescheid beendet.

3. Beendigung des Verfahrens

610 Das sozialgerichtliche Verfahren kann durch **Urteil** (vgl §§ 125, 131 SGG) oder durch **Gerichtsbescheid** gemäß § 105 SGG beendet werden. Es endet ferner ohne eine gerichtliche Entscheidung bei **Klagerücknahme**, die den Rechtsstreit ex nunc gemäß § 102 SGG in der Hauptsache erledigt, oder bei einem angenommenen **Anerkenntnis** gemäß § 101 Abs. 2 SGG. Schließlich ist gemäß § 101 Abs. 1 SGG ein gerichtlicher **Vergleich** möglich.

4. Rechtsmittel

611 Gegen Urteile der Sozialgerichte ist gemäß § 143 SGG die **Berufung** zu den **Landessozialgerichten** statthaft. Wenn die Berufung gemäß § 144 SGG der Zulassung bedarf und vom Sozialgericht nicht zugelassen worden ist, kann der Kläger gemäß § 145 SGG die Nichtzulassungsbeschwerde einlegen. Die Einzelheiten des Berufungsverfahrens regeln die §§ 151-159 SGG. Die Landessozialgerichte entscheiden gemäß §§ 172 ff SGG auch über **Beschwerden** gegen Entscheidungen der Sozialgerichte mit Ausnahme der Urteile und gegen Entscheidungen der Vorsitzenden dieser Gerichte, wenn nicht das Sozialgericht bzw der Vorsitzende abhilft (§ 174 SGG). Das **Bundessozialgericht** entscheidet als dritte Instanz über die **Revision** gegen Urteile der Landessozialgerichte und über die **Sprungrevision** gegen Urteile der Sozialgerichte (§§ 160, 161 SGG). Die Revision kann nur darauf gestützt werden, dass das angefochtene Urteil auf einer Verletzung des Rechts (§ 162 SGG) beruht, das Bundessozialgericht ist an die tatsächlichen Feststellungen des angefochtenen Urteils gebunden (siehe § 163 SGG). Die Revision ist nur statthaft, wenn sie zugelassen worden ist (§ 160 Abs. 1 SGG), sie ist nur zuzulassen, wenn die Gründe des § 160 Abs. 2 SGG vorliegen. Wenn die Revision nicht zugelassen ist, kann gemäß § 160a SGG Nichtzulassungsbeschwerde erhoben werden.

12 *Krasney/Udsching*, Handbuch des sozialgerichtlichen Verfahrens, 2. Aufl., 1997, IV, Rn 96.
13 *Niesel*, Sozialgerichtsprozess, 3. Aufl., 1996, Rn 94 und 99.

5. Verfahrensgrundsätze

a) Die allgemeinen Grundsätze des sozialgerichtlichen Verfahrens entsprechen weitgehend denen der VwGO. So gilt gemäß § 103 S. 1 SGG der **Untersuchungsgrundsatz**, das Gericht ist gemäß § 103 S. 2 SGG nicht an das Vorbringen und die Beweisanträge der Parteien gebunden. Gemäß § 106 Abs. 1 SGG besteht eine **Aufklärungspflicht** des Vorsitzenden. Weiterhin ist gemäß § 62 SGG vor jeder Entscheidung den Beteiligten **rechtliches Gehör** zu gewähren, und es gilt der **Grundsatz der Mündlichkeit des Verfahrens** (§ 124 SGG, siehe auch §§ 126, 127, 128 SGG). Schließlich gilt der **Grundsatz der Unmittelbarkeit** (§ 117 SGG), und es gilt gemäß § 106 Abs. 2 SGG die **Konzentrationsmaxime**. **612**

Eine Besonderheit des sozialgerichtlichen Verfahrens ist der **Grundsatz der Klägerfreundlichkeit**. Ausdruck findet dieser Grundsatz in solchen Verfahrensregelungen des SGG, nach denen möglichst wenig zwingende Formvorschriften für den Kläger zu beachten sind und unzureichende Prozesshandlungen nachgeholt, wiederholt oder verbessert werden können. So ist zB die Klage gemäß § 90 SGG zwar schriftlich zu erheben, alle weiteren Formvorschriften sind aber gemäß §§ 92 f SGG Sollvorschriften. Zweck dieses Grundsatzes ist es, einen möglichst umfassenden Rechtsschutz im Sozialrecht zu erreichen und den meist rechtsunkundigen Bürgern die Durchsetzung ihrer Begehren zu erleichtern. **613**

b) Der **vorläufige Rechtsschutz** war bis zum 1. Januar 2002 im sozialgerichtlichen Verfahren unzureichend geregelt. Diese Lücke im SGG wurde mit dem Sechsten Gesetz zur Änderung Sozialgerichtsgesetzes[14], in Kraft getreten am 2. Januar 2002 durch die §§ 86a und 86b SGG geschlossen[15]. Neu geregelt wurde zunächst die **aufschiebende Wirkung** von Widerspruch und Anfechtungsklage (§ 86a Abs. 1 SGG). Die grundsätzlich aufschiebende Wirkung von Widerspruch und Anfechtungsklage entfällt gemäß § 86a Abs. 2 SGG bei Streitigkeiten über Versicherungs-, Umlage- und Beitragspflichten, über Verwaltungsakte aus bestimmten Bereichen, die eine laufende Leistung entziehen oder herabsetzen, und außerdem in den durch Bundesgesetz vorgeschriebenen Fällen, schließlich wenn die Behörde die sofortige Vollziehung wegen eines besonderen Interesses an der Vollziehung anordnet. Zudem enthält das SGG durch die Neuregelung mehrere Möglichkeiten, eine einstweilige Sicherung von Rechtspositionen herbeizuführen. Das Gesetz entscheidet dabei zwischen einer behördlichen Entscheidung zur vorläufigen Sicherung gemäß § 86a Abs. 3 SGG und gerichtlichem einstweiligem Rechtsschutz gemäß § 86b SGG. **614**

§ 86a Abs. 3 SGG regelt dementsprechend, wann in den Fällen des Abs. 2 die Behörde die sofortige Vollziehung aussetzen kann bzw soll. In § 86b SGG finden sich Regelungen über den **einstweiligen Rechtsschutz** durch das Gericht der Hauptsache dergestalt, dass nach § 86b Abs. 1 SGG auf Antrag entweder die sofortige Vollziehung des Verwaltungsakts oder aber die aufschiebende Wirkung von Widerspruch und Anfechtungsklage angeordnet wird oder in den Fällen des § 86a Abs. 3 SGG die sofortige Vollziehung wiederhergestellt wird. Der einstweilige Rechtsschutz gemäß § 86b Abs. 1 SGG ist somit dem einstweiligen Rechtsschutz gemäß § 80 Abs. 5 und 80a VwGO nachgebildet. Zudem gewährt § 86b Abs. 2 SGG

14 BGBl. I, S. 2144.

15 Vgl insgesamt dazu *Schlarmann/Buchner*, NJW 2002, 644-646; *Kummer*, SGb 2001, 705 ff; *Krodel*, NZS 2001, 449 ff.

einstweiligen Rechtsschutz in den Fällen, in denen Abs. 1 nicht eingreift; dieser ist wiederum an den einstweiligen Rechtsschutz aus § 123 VwGO angelehnt. Hiernach kann das Gericht auf Antrag einstweilige Sicherungsanordnungen (S. 1) und Regelungsanordnungen (S. 2) treffen[16]. Die Anträge nach Abs. 1 und Abs. 2 sind schon vor Klageerhebung möglich, § 86b Abs. 3 SGG, das Gericht entscheidet gemäß Abs. 4 durch Beschluss.

6. Prozessvertretung und Kosten

615 a) Die Beteiligten können sich gemäß § 73 Abs. 1 SGG durch prozessfähige Bevollmächtigte (siehe § 166 Abs. 2 SGG) vertreten lassen. Vertretungszwang besteht nach Maßgabe von § 166 Abs. 1 SGG für sämtliche Verfahren vor dem BSG.

616 b) Das Verfahren vor den Sozialgerichten ist gemäß § 183 S. 1 SGG für Versicherte, Leistungsempfänger, Behinderte oder deren Sonderrechtsnachfolger nach § 56 SGB I kostenfrei, soweit sie in dieser jeweiligen Eigenschaft als Kläger oder Beklagte beteiligt sind; weitere Fälle der Kostenfreiheit ergeben sich aus S. 2-4. Gemäß §§ 184 ff SGG müssen Kläger und Beklagte, die nicht zu den in § 183 genannten Personen gehören, eine Pauschalgebühr bezahlen[17]. Für alle anderen Verfahren ordnet § 197a SGG jetzt an, dass Kosten nach dem Gerichtskostengesetz erhoben werden. Darüber hinaus können nach wie vor jedem Beteiligten die Kosten gemäß § 192 SGG wegen Prozessverschleppung oder Missbräuchlichkeit der Rechtsverfolgung auferlegt werden. Die außergerichtliche Kosten (zB Rechtsanwaltskosten) tragen die Beteiligte selbst, gemäß § 73a SGG iVm §§ 114 ff ZPO wird Prozesskostenhilfe gewährt. Das Gericht entscheidet gemäß § 193 Abs. 1 SGG im Urteil darüber, ob und in welchem Maße die Beteiligten einander außergerichtliche Kosten zu erstatten haben.

16 Näher *Krodel*, NZS 2002, 180 ff und 234 ff.
17 Vgl zur Verfassungsmäßigkeit BVerfGE 76, 130 (139).

Sechster Teil

Anhang

§ 22 Wichtige sozialrechtliche Daten im Überblick

Beitragsbemessungsgrenzen in Euro 617

	alte Bundesländer		neue Bundesländer	
	jährlich	monatlich	jährlich	monatlich
Rentenversicherung und Arbeitslosenversicherung **(2002)**	54 000,–	4 500,–	45 000,–	3 750,–
Rentenversicherung und Arbeitslosenversicherung **(2003)**				
Krankenversicherung und Pflegeversicherung **(2002)**	40 500,–	3 375,–	40 500,–	3 375,–
Krankenversicherung und Pflegeversicherung **(2003)**				
Knappschaftl. Rentenversicherung **(2002)**	66 600,–	5 550,–	55 800,–	4 650,–
Knappschaftl. Rentenversicherung **(2003)**				

Beitragssätze (zu Rn 127) 618

	2002	2003
Rentenversicherung	19,1%	
Arbeitslosenversicherung	6,5%	
Krankenversicherung	ca. 13,5% (je nach Wahl der Krankenkasse)	
Pflegeversicherung	1,7%	
Knappschaftl. Rentenversicherung	25,4%	

619 Bezugsgröße in Euro (zu Rn 103)

	alte Bundesländer		neue Bundesländer	
	2002	2003	2002	2003
jährlich	28 140,–		23 520,–	
monatlich	2 345,–		1 960,–	
1/7 der monatlichen Bezugsgröße[1]	335,–		280,–	
festgeschriebener Betrag	325,–		325,–	

620 Entgelt-Geringfügigkeitsgrenze in Euro (zu Rn 146)

	alte Bundesländer	neue Bundesländer
monatlich	325,–	325,–

621 Beitrag für krankenversicherungspflichtige Studenten in Euro (zu Rn 146)

	alte Bundesländer monatlich		neue Bundesländer monatlich	
	WS 02/03	WS 03/04	WS 02/03	WS 03/04
Krankenversicherung	45,67		45,67	
Pflegeversicherung	7,92		7,92	
Gesamtbeitrag	53,59		53,59	

1 Vgl zB §§ 10 Abs. 1 Nr 5 SGB V, 3 Abs. 1 S. 1 KSVG, in anderen Vorschriften nunmehr ersetzt durch den festgeschriebenen Betrag iHv 325,– Euro.

Höhe des monatlichen Kinder- und Erziehungsgeldes in Euro (zu Rn 522, 532) **622**

	monatlich
Kindergeld für das erste, zweite und dritte Kind,	154,–
für das vierte und jedes weitere Kind,	179,–
für sich selbst,	154,–
Erziehungsgeld für jedes Kind	307,– (wahlweise für nach dem 31.12.2000 Geborene 460,– als Budget) (aber: Einkommensgrenze)

Anspruch auf häusliche Pflege oder Anspruch auf Pflegegeld in Euro (zu Rn 221, 226 f) **623**

	Pflegesachleistungen bis zum Gesamtwert von monatlich	oder	Pflegegeld in Höhe von monatlich
Pflegestufe I	384,–		204,–
Pflegestufe II	921,–		410,–
Pflegestufe III	1 432,–		665,–

Geringfügige Beschäftigung, § 8 SGB IV (zu Rn 117 ff) **623a**

Beschäftigung regelmäßig weniger als	15 Std. wöchentlich	und
Arbeitsentgelt übersteigt regelmäßig nicht	325,– Euro	
oder		
Beschäftigung innerhalb eines Jahres beschränkt auf längstens	2 Monate oder 50 Arbeitstage	

§ 23 Zusammenfassende Übersicht zum Sozialversicherungsrecht *

624

		SGB III (Arbeitsförderung)	SGB V (Krankenversicherung)
1.	Geschichte		
	a) Eingeführt	1927	1883
	b) Eingefügt in das SGB	1998	1989
2.	Einweisungsvorschrift	§ 19 I Nr 6 SGB I	§ 21 SGB I
3.	Versicherter Personenkreis		
	a) Versicherungspflicht	Beschäftigte und sonstige Versicherungspflichtige, § 24 I	insb. Arbeiter, Angestellte, § 5
	b) Versicherungsfreiheit	insbes. Beamte und geringfügig Beschäftigte, § 27	insb. Beamte, ferner Arbeiter und Angestellte, deren regelmäßiges Jahresarbeitsentgelt 75% der Beitragsbemessungsgrenze der gesetzlichen Rentenversicherung übersteigt, § 6; geringfügig Beschäftigte, § 7
	c) Freiwillige Vers.	nicht möglich	diverse Personengruppen, § 9
	d) Besonderheiten		Befreiung von der Versicherungspflicht, § 8; Familienversicherung, § 10
4.	Zentraler leistungsauslösender Versicherungsfall (nicht für alle Leistungen Voraussetzung)	Arbeitslosigkeit, § 118	Krankheit (Begriff gesetzlich nicht geregelt)
5.	Leistungen	aktive Arbeitsförderung (Beratung, Vermittlung, Berufsausbildungs- und Weiterbildungsförderung, Kurzarbeitergeld, Leistungen an Arbeitgeber) und Entgeltersatz (Arbeitslosen-, Teilarbeitslosen-, Insolvenzgeld, Arbeitslosenhilfe), § 3	Sachleistungsprinzip, § 2 II 1; Übersicht über die Leistungsarten, § 11
6.	Organisation	Bundesanstalt für Arbeit als Trägerin der Arbeitsförderung, §§ 367-401	Krankenkassen (Allg. Orts-, Betriebs-, Innungs- und Seekrankenkassen; Landwirtschaftliche Krankenkassen; Ersatzkassen, Bundesknappschaft), §§ 4 II, 143-206
7.	Finanzierung	Beiträge (§§ 341-353), Umlage (§§ 354-362), Mittel des Bundes (§§ 363-365); Halbteilungsgrundsatz, § 346	Beiträge und sonstige Einnahmen, §§ 220-274; Halbteilungsgrundsatz, § 249 I
8.	Sonstige Besonderheiten	auch Arbeitgeber als mögliche Leistungsempfänger, §§ 217-239; Arbeitslosenhilfe ist steuerfinanziert (keine Versicherungsleistung), § 363 I; nicht alle Vorschriften des SGB IV gelten für die Arbeitsförderung, § 1 I 2 SGB IV	Leistungserbringungsrecht (Beziehung der Krankenkassen zu den Leistungserbringern, §§ 69-140); str. Rechtsverhältnis zwischen Versicherten und Leistungserbringern

* Zur Vorbereitung auf die eigene mündliche Examensprüfung erarbeitet von Wiss.-Mitarb. *Dr. Timo Hebeler*; Gießen.

SGB VI (Rentenversicherung)	SGB VII (Unfallversicherung)	SGB XI (Pflegeversicherung)
1889	1884	1995
1992	1997	1995
§ 23 SGB I	§ 22 SGB I	§ 21 a SGB I
Beschäftigte, bestimmte selbständig Tätige, sonstige Versicherte, §§ 1-3	Beschäftigte und sog. „Wie-Beschäftigte", § 2	alle, die in der gesetzlichen Rentenversicherung oder freiwillig versichert sind, § 1 II 1
insb. Beamte und geringfügig Beschäftigte, § 5	insb. Beamte, § 4	
möglich, § 7	Unternehmer, § 6	
geringfügig Beschäftigte können Versicherungspflicht wählen, § 5 II 2; Befreiung von Versicherungspflicht, § 6; Nachversicherung und Versorgungsausgleich, § 8	Versicherungspflicht kraft Satzung, § 3	
Alter, §§ 35-40, 237, 237 a; Erwerbsminderung, §§ 43-45; Tod, §§ 46-48	Arbeitsunfall (inkl. Wegeunfall und Arbeitsgeräteunfall), § 8; Berufskrankheit, § 9	Pflegebedürftigkeit, § 14
Rehabilitationsleistungen, §§ 9-31; Rentenleistungen (Altersrente, Rente wegen verminderter Erwerbsfähigkeit, Rente wegen Todes), §§ 33 ff	Präventionsleistungen, §§ 14-25; Heilbehandlung, Rehabilitation, Pflege, Geldleistungen (insb. Verletztenrente), §§ 26-55	Vorrang der Rehabilitation, § 31; Übersicht über die Pflegeleistungen, § 28 I
Landesversicherungsanstalten, Bahnversicherungsanstalt, Seekasse; BfA; Bundesknappschaft, §§ 125-152	gewerbliche und landwirtschaftliche Berufsgenossenschaften („echte" Unfallversicherung), sog. Eigenunfallversicherungsträger („unechte" Unfallversicherung), §§ 114-139	Pflegekassen, die bei den Krankenkassen errichtet werden, § 46 I
Beiträge und Zuschüsse des Bundes, §§ 153-227; Umlageverfahren, § 153 I; Halbteilungsgrundsatz, § 168 I	„echte" Unfallversicherung: allein durch Beiträge der Unternehmer bzw Auftraggeber, Reeder, § 150; „unechte" Unfallversicherung durch Steuern	Beiträge und sonstige Einnahmen, §§ 54-68; Halbteilungsgrundsatz (außer in Sachsen), § 58 I, III
Leistungsgewährung knüpft idR an die Erfüllung bestimmter Wartezeiten an, §§ 50-53; daneben Berücksichtigung rentenrechtlicher Zeiten, §§ 54-62	Mitglieder sind die Unternehmer, versichert sind aber die Beschäftigten; „Haftungsfreistellung", Regress der Sozialversicherungsträger, §§ 104-113; Prinzip der abstrakten Schadensberechnung bei Verletztenrente	Leistungserbringungsrecht (Beziehung der Pflegekassen zu den Leistungserbringern, §§ 69-81); Sachleistungsprinzip weniger bedeutend als bei Krankenversicherung wegen Pflegegeld, vgl § 37; Vorversicherungszeit gem. § 33 II als Leistungsvoraussetzung

Sachverzeichnis

Die Angaben beziehen sich auf die Randnummern.

Notizen

Notizen

Notizen

Notizen